현업에서
쓰는 기술로

개발자
되기

Node.js 백엔드
개발자 되기

2쇄에서는
Node.js 20 버전으로
판올림하여 적용 후 모든 테스트를
완료했습니다.

〈되기〉 시리즈는 이름 그대로 IT 분야에서 성장하려는 여러분을 위해 준비한 책입니다.
엄선된 IT 기술들을 로드맵과 함께 제시하고, 실무 중심으로 공부할 수 있도록 안내합니다.
여러분이 해당 분야에서 실무자로 빠르게 성장할 수 있도록 지원하겠습니다.

GOLDEN RABBIT

환영합니다. 백엔드 개발자가 되고 싶은데 무엇을 어떻게 할지 모르겠는 분이라면, 잘 찾아오셨습니다. **이 책은 HTML/CSS/자바스크립트를 공부하고 나서 자바스크립트 기반 백엔드 입문자가 알아야 하는 내용을 알려줍니다.** 한 분야의 개발자로 성장하려면 참으로 많은 것을 알아야 합니다. 마냥 쉬운 것만 배워서는 안 됩니다. 조금 힘들더라도 실전에서 사용하는 기술 중심으로 깊이 있게 배워야 실력이 쌓입니다. 그래서 이 책은 입문자뿐만 아니라, 기본을 다시 다지고 싶은 현업 개발자에게도 유용한 내용을 Node.js를 중심으로 충실히 담았습니다. **타입스크립트를 알고 있으면 학습에 도움이 됩니다. 타입스크립트 문법은 부록에서 알려드립니다.**

Point 1

입문자를 위한 백엔드 로드맵

저자는 백엔드 개발자로 입문할 때 겪은 난감함을 떠올렸습니다. 무엇을 어떻게 할지 몰랐습니다. 로드맵이 필요했습니다. 하지만 누구도 제대로 된 로드맵을 제공해주지 않았습니다. 그래서 저자는 입문자에게 필요한 백엔드 로드맵을 먼저 제시하고 설명합니다. 로드맵에는 수많은 기술이 나열되어 있습니다. 책 한 권에 로드맵에 있는 모든 걸 담을 수도, 한 번에 모두 배울 수도 없습니다. **이 책은 그중에서도 출발점으로 삼을 기본 지식을 추려 알려줍니다.**

Point 2

실무에 유용한 기술

기술은 빠르게 변합니다. 지금은 대세이지만 지는 기술, 아직은 미약하지만 뜨는 기술이 있습니다. 트렌드가 변하는 데는 그럴 만한 이유가 있습니다. 반면 기본은 트렌드와 무관하게 변하지 않습니다. 그래서 **기본은 탄탄하게, 기술셋은 트렌디하면서 실무에 유용하게** 설명했습니다.

Point 3

경험을 녹인 고퀄리티 코드

인터넷을 검색하면 손쉽게 동작하는 코드를 얻을 수 있습니다. 그렇게 얻은 코드 대부분은 기능이 부족하거나 서비스가 성장하면서 다양한 이슈를 낳게 됩니다. 이 책에 들어 있는 코드는 그런 인터넷 복붙 코드가 아닙니다. **대규모 서비스를 개발하고 운영한 경험을 녹인 코드입니다.** 예를 들어 게시판 코드는 많지만, 실무에 진짜로 필요한 기능을 제대로 제공하는 코드는 인터넷에 없습니다. 이 책에서 검색, 댓글 첨삭, 페이지네이션, 파일 업로드, 소셜 로그인 기능을 담은 게시판과 방 기능을 제공하는 채팅 애플리케이션을 만나볼 수 있습니다.

이 책은 원고 단계에서 베타 리딩을 진행했습니다. 보내주신 의견을 바탕으로 더 좋은 원고로 만들어 출간합니다. 참여해주신 모든 분께 감사드립니다.

오늘날 웹 애플리케이션은 프론트엔드와 백엔드의 경계가 모호합니다. 심지어 자바스크립트만 알면 혼자서도 개발이 가능한 환경이 되었습니다. 이 책은 먼저 자바스크립트 백엔드 개발자가 갖추어야 할 DNS와 HTTP 같은 기초 백엔드 지식을 알려줍니다. 이어서 대표적인 자바스크립트 런타임 환경인 Node.js, 전통의 강자 익스프레스, 최근 핫하게 부상한 NestJS를 사용해 백엔드 개발에 필요한 데이터베이스 활용, 인증, 비동기 처리, 웹소켓 전송 같은 핵심 기능을 풍부한 예제를 곁들여 알려줍니다. 이 책은 백엔드 개발의 길이 막막했던 입문자와 개발자께 훌륭한 조력자가 되어줄 겁니다.

강상진_ Akamai Technologies 클라우드 스페셜리스트

백엔드 개발을 할 때 수많은 기술 중에서 필요한 기술을 선택해야 합니다. 그래서 기본 기술들이 무엇이고 왜 필요한지 이해하는 것이 중요합니다. 이 책은 백엔드 개발 로드맵을 제시하고, 학습 코스를 시각적으로 보여주고 나서 각 기술을 원리와 함께 차근차근 설명합니다. Node.js가 어떻게 동작하는지, 익스프레스가 어떻게 유용했는지, 그럼에도 왜 NestJS가 대두되는지를 이유를 들어 설명한 후, 서비스 개발에 필요한 회원 가입, 인증, 파일 업로드, 웹소켓을 사용해 게시판과 채팅 애플리케이션을 개발합니다. 백엔드 전문가가 쓴 이 책이 더 많은 백엔드 전문가를 낳는 토대가 되리라 고대합니다. **강대명_** 레몬트리 CTO

인터넷 세상이 열린 후 게시판은 항상 우리가 사용하던 애플리케이션입니다. 흔하기 때문에 쉽게 지나칠 수 있으나 사실 게시판을 제대로 만들려면 많은 어려움이 있고 고민할 지점이 적지 않습니다. 저자는 페이지네이션되고 댓글을 달 수 있는 게시판을 만드는 과정을 통해 자바스크립트와 타입스크립트를 익히고, Node.js/익스프레스/NestJS/몽고디비와 같이 널리 쓰이는 기술을 알려줍니다. 저자의 설명을 하나씩 따라 가고 코드를 입력하면 백엔드에 대해 기본적인 사항을 배울 수 있습니다. **정현준_** 개발자

프로덕트를 만들어내는 방법을 알고 적절한 기술을 선택하는 능력이 중요한 시대가 되었습니다. 이 책은 백엔드 전반에 걸쳐 주요 개념을 친절히 소개합니다. 현업에서 많이 쓰는 기술을 사용한 예제가 가득합니다. 지금의 기술 실력을 키울 수 있을 뿐만 아니라, 시간이 흘러 기술이 변화하더라도 이 책을 통해 배운 기초 실력은 쉽게 흔들리지 않을 겁니다. 백엔드 개발을 이 책으로 입문하시길 적극 추천드립니다.

서지연_ 컨택스츠아이오 백엔드 개발자

백엔드 개발자는 애플리케이션에 생명을 부여하는 직군입니다. 백엔드 개발자가 되려면 하나 이상의 언어에 능숙하고, 해당 언어의 프레임워크를 알아야 합니다. 대표적인 백엔드 환경으로 자바/코틀린의 스프링, 파이썬의 장고/플라스크^{Django/flask}, Go 언어의 gin, C#의 .NET Framework, 자바스크립트의 Node.js(익스프레스^{express}/NestJS)가 있습니다. 이 책은 자바스크립트로 백엔드를 구축하는 핵심 기술인 Node.js를 중심으로 설명합니다. 이 책을 학습하면 **자바스크립트 백엔드 개발자로서 기본 소양을 갖출 수 있습니다.** 1장에서 각 영역을 좀 더 자세히 설명합니다.

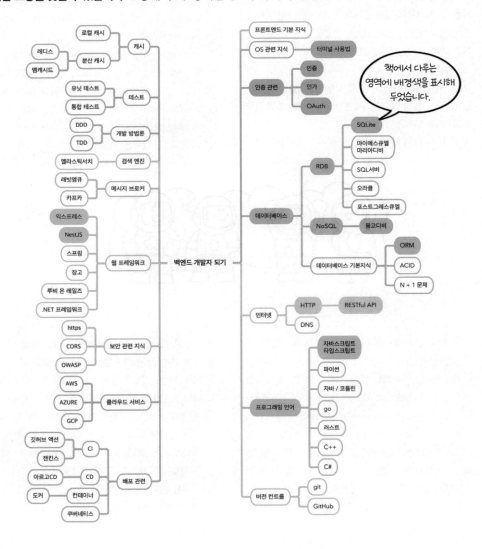

자바스크립트 백엔드는 〈프로그래밍 언어〉, 〈런타임〉, 〈웹 프레임워크〉 3대장으로 시작하세요. 자바스크립트 백엔드 환경의 핵심은 Node.js입니다. Node.js를 강력하게 이용하려면 객체지향 프로그래밍 기법을 제공하는 타입스크립트가 필요합니다. 지금까지 Node.js는 서버 프레임워크로 익스프레스를 사용해왔지만 최근에는 NestJS를 채택하는 추세입니다. 현업에서는 둘 다 할 줄 알아야 하므로 이 책은 익스프레스와 NestJS를 모두 다룹니다. 그러면 3대장을 구체적으로 알아볼까요?

프로그래밍 언어

타입스크립트는 자바스크립트를 기반으로 정적 타입 문법을 추가한 프로그래밍 언어입니다. 대형 프로젝트에서 많이 사용하며, 요즘 대부분의 회사에서는 팀 작업 시 필수로 선택하는 언어입니다. ES6를 기반으로 한 새로운 문법을 제공하며, 자바스크립트와 완벽히 호환됩니다. 마이크로소프트의 지원을 받아 비교적 최근 언어이지만, 강력한 생태계를 가지고 있습니다(부록 A 참고).

Node.js는 서버 단에서 자바스크립트를 실행할 수 있는 자바스크립트 런타임입니다. Node.js는 요구사항이 많고 빠르게 변하는 환경에 있는 개발자에게 좋은 선택입니다. 프론트엔드와 같은 코드를 사용할 수도 있으며, Node.js의 개발자 생태계는 매우 풍성해서 개발 시간 단축 및 시스템의 안정성을 높일 수 있는 장점이 있습니다.

런 타임

웹 프레임워크

익스프레스는 Node.js에서 가장 많이 사용되는 웹 프레임워크입니다. 미니멀리스트 프레임워크를 지향하고 있으며, 확장이 용이한 구조로 되어 있어 많은 확장 라이브러리가 있습니다. NestJS는 자바스크립트 최신 기술을 적용해, 생산성 있는 웹 애플리케이션을 빠르고 안정적으로 만들 수 있게 도와주는 웹 프레임워크입니다.

이 책에 실린 코드는 인터넷 복붙이 아니라 한땀한땀 저자가 직접 작성한 코드입니다. 다년간 대규모 서비스의 백엔드 개발 노하우를 담은 이 책을 읽고 나면 나만의 프로그램을 만들 수 있는 백엔드 개발자로서 기본 소양을 갖추게 됩니다. **200% 효과를 얻는 학습 방법을 알려드리오니, 꼭 실천해주세요.**

변경하거나 수정한 표시를 확인하세요. 현업에서처럼 이 책에서도 지속적으로 코드를 수정해 완성하기 때문에 변경 사항이 있는 코드를 삭제선과 보라 배경색으로 표시했습니다.

```
constructor() {
    this.blogRepository = new BlogFileRepository();        ──── 삭제된 곳 표시
}
// ❶ 생성자를 통한 의존성 주입
constructor(private blogRepository: BlogFileRepository) {}  ──── 변경된 곳 표시
// ... 생략 ...
```

이 책은 학습 흐름을 끊지 않기 위해 개발 환경부터 미리 구축해놓은 후, Node.js를 중심으로 레벨 1부터 레벨 3로 나눠 자바스크립트 백엔드 개발 소양을 쌓아 나갑니다. 모든 장에는 연습문제를 수록했으며, 부록 A에서는 '타입스크립트 입문에서 고급 기능까지', 부록 B에서는 '꼭 알아야 하는 리눅스 명령어 21개'를 알려드립니다.

Level 1 백엔드 개발자 입문하기

0장에서 개발 환경을 구축한 후에, 1장에서 백엔드 개발자가 무엇을 알아야 하는지와 어떤 일을 하는지 안내합니다. 알아두면 도움이 되는 넓고 얕은 지식을 알려드리기 때문에 생소한 단어가 많이 출현할 겁니다. 한 번에 모든 걸 이해하려 들지 않아도 됩니다. 처음에 한 번 읽고 나서, 나머지 책 분량을 모두 읽은 후 다시 읽어보세요. 그러면 '백엔드 개발자 되기'라는 궁극의 의도를 제대로 파악할 수 있을 겁니다.

Level 2 Node.js와 Express로 백엔드 입문하기

Level2의 최종 목표는 익스프레스Express로 게시판을 만들 수 있는 능력을 습득하는 겁니다. 사용자의 요구사항을 처리하고 반영하고 수정하는 게시판을 만들면 실무에 필요한 다양한 기술을 익힐 수 있습니다. 2장에서는 Node.js 동작 방식, 3장에서는 익스프레스로 웹 서버 만들기, 4장에서는 npm 사용 방법, 5장에서는 자바스크립트 비동기 처리 방법, 6장에서는 몽고디비를 다룹니다. 7장에서는 검색과 댓글 첨삭과 페이지네이션이 되는 게시판을 만듭니다.

Level 3 NestJS 프레임워크로 점핑하기

NestJS를 활용해 개발하는 방법을 알아봅시다. 8장에서는 NestJS를 알아보고, 9장에서는 NestJS 환경 변수 설정하기, 10장에서는 회원 가입과 로그인, 11장에서는 OAuth를 사용한 구글 로그인 인증, 12장에서는 파일 업로드 기능을 구현합니다. 마지막으로 13장에서는 웹소켓으로 실시간 채팅을 구현합니다.

express로 댓글 첨삭과 페이지네이션이 되는 게시판 만들기(7장)
게시판은 웹 프레임워크로 만들 때 자주 등장하는 예제입니다. 하지만 제대로 된 게시판을 만들려면 생각보다 고려해야 할 사항이 많습니다. 검색, 페이징, 상세페이지에서 댓글 영역 처리하기 등을 제공하는 일은 상당히 까다롭습니다. 게시판만 잘 만들 수 있다면 현업에 필요한 대부분의 로직을 만들 수 있다고 해도 아주 틀린 말은 아닐 겁니다. 실제로 사용할 수 있을 정도의 기능을 가지고 있는 게시판을 구현해봅니다.

구글 OAuth를 사용해 구글 로그인 구현해보기(10장, 11장)
구글의 OAuth를 사용해 인증을 구현합니다. OAuth는 2006년에 구글과 트위터가 만든 개방형 인가의 표준입니다. 네이버, 구글, 카카오톡 등이 OAuth 기능을 활용한 소셜 로그인을 지원합니다. OAuth를 사용하면 유저의 인증 정보를 외부에서 받아오기 때문에 상대적으로 안전합니다. 유저 입장에서는 회원가입을 일일이 하지 않아도 되고 ID와 패스워드를 외우지 않아도 되니 편리합니다.

파일 업로드 구현하기(12장)
파일 업로드 기능을 구현합니다. 문자뿐 아니라 영상이나 이미지 등의 포맷은 애플리케이션에 널리 활용됩니다. 이런 다양한 포맷을 애플리케이션에서 사용하려면 파일 업로드 기능이 필요합니다.

실시간 채팅 구현하기(13장)
실시간 채팅을 구현합니다. 웹소켓은 서버도 클라이언트의 요청 없이 응답을 줄 수 있습니다. 13장에서는 웹소켓이 무엇인지 알아보고, 메아리 애플리케이션과 채팅 애플리케이션을 만들어보면서 실시간으로 갱신되는 애플리케이션에 대한 감을 잡아봅시다.

 **레벨 1** **백엔드 개발자 입문하기**

레벨 2 **Node.js와 Express로 백엔드 입문하기**

레벨 3 NestJS 프레임워크로 점핑하기

레벨 1

백엔드 개발자
입문하기

0장에서 개발 환경을 구축한 후에, 1장에서 백엔드 개발자가 무엇을 알아야 하는지와 어떤 일을 하는지 안내합니다. 알아두면 도움이 되는 넓고 얕은 지식을 알려드리기 때문에 생소한 단어가 많이 출현할 겁니다. 한 번에 모든 걸 이해하려 들지 않아도 됩니다. 처음에 한 번 읽고 나서, 나머지 책 분량을 모두 읽은 후 다시 읽어보세요. 그러면 '백엔드 개발자 되기'라는 궁극의 의도를 제대로 파악할 수 있을 겁니다.

00장

개발 환경
구축하기

Node.js를 개발하는 환경을 구축합니다. 윈도우, 맥OS, 리눅스를 대상으로 합니다. 윈도우 사용자는 0.1절, 맥OS 사용자는 0.2절, 리눅스 사용자는 0.3절을 참고해 환경을 구축해주세요.

이 책에 실린 모든 예제는 다음과 같은 환경에서 실행했습니다.

- **Node.js** : 20.9.0

  2쇄에서는 Node.js 20 버전으로
  판올림하여 적용 후 모든 테스트를 완료했습니다.

- **비주얼 스튜디오 코드** : 1.74.0
- **운영체제** : 윈도우10 / 우분투 20.04 / 맥OS 11.6

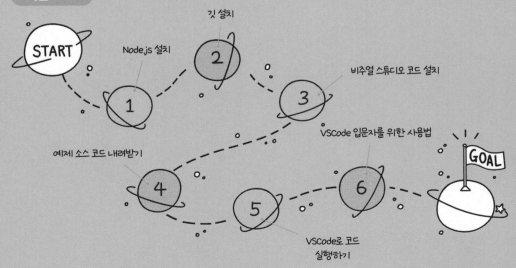

START

Node.js 설치

깃 설치

1

2

비주얼 스튜디오 코드 설치

3

VSCode 입문자를 위한 사용법

GOAL

예제 소스 코드 내려받기

4

5

6

VSCode로 코드
실행하기

0.1 윈도우 개발 환경 구축

Node.js 설치 → 깃 설치 → 비주얼 스튜디오 코드(이하 VSCode) 설치 순서로 진행합니다.

0.1.1 Node.js 설치

To do **01** 웹브라우저에서 Node.js 공식 사이트(https://nodejs.org)에 접속합니다.

02 LTS 버전이 명시된 버튼을 눌러서 설치 파일을 내려받습니다(책을 내려받는 시점에는 명시된 버전이 다를 수 있습니다. 버전이 다르더라도 이 책의 예제를 수행하는 데 특별한 이상은 없을 테니 안심하고 받아주세요. 만약에서 호환성 문제가 발생한다면 20.8.1 버전을 찾아 설치해주세요).

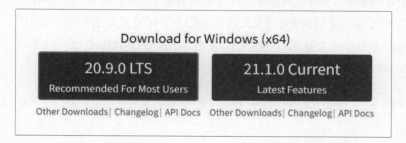

03 내려받은 파일을 더블 클릭해 실행한 후 기본 설치를 진행하다가 다음과 같은 화면을 만나면 **Tools for Native Modules**에서는 체크 항목을 체크해주세요. 필요한 툴들을 자동으로 설치할지 체크하는 항목입니다. [Next] 버튼을 눌러 다음으로 진행하고, 설치가 완료될 때까지 기본 설치로 진행합니다.

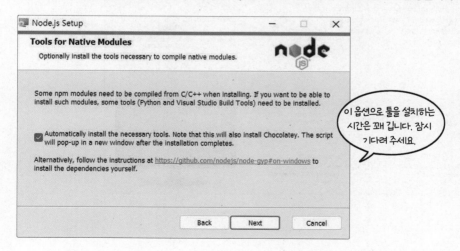

04 이제 명령 프롬프트를 띄워서 Node.js가 잘 설치되었는지 확인해봅시다. **'명령 프롬프트'**를 실행한 후에 **'node --version'** 입력하고 enter 를 치세요. 다음과 같이 버전 정보가 나오면 설치가 제대로 된 겁니다.[1]

```
C:\Users\andy>node --version
v20.9.0
```

0.1.2 깃 설치

깃git은 컴퓨터 파일의 변경 사항을 추적하고 사용자 간의 공동 작업을 조율하는 분산 버전 관리 시스템입니다. 이 책에서는 예제 코드를 내려받는 용도로만 사용합니다. 이미 깃이 설치되어 있다면 이 과정은 건너뛰어주세요. 윈도우에 깃을 설치하는 방법 중 윈도우용 클라이언트를 받아서 설치하는 방법을 알아보겠습니다.

To do 01 https://git-scm.com에 접속한 후 **[Download for Windows]** 버튼을 클릭해 안내에 따라 윈도우용 설치 파일을 내려받습니다.

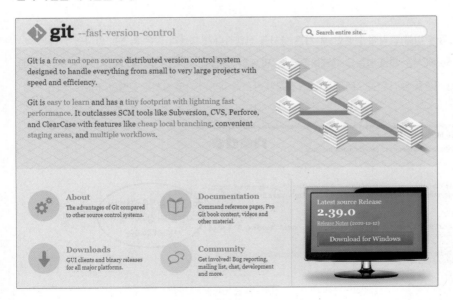

---

1   윈도우 파워쉘(Windows PowerShell)에서도 잘 되는지 확인해봅시다.

02 내려받은 설치 파일을 더블 클릭해 실행합니다. [Next] 버튼을 눌러 설치를 진행합니다.

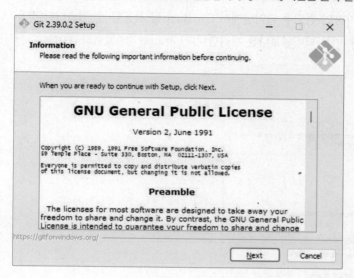

03 기본 설치 경로는 C:\Program Files\Git입니다. 기본 설정 그대로 두고 [Next] 버튼을 눌러 진행합니다.

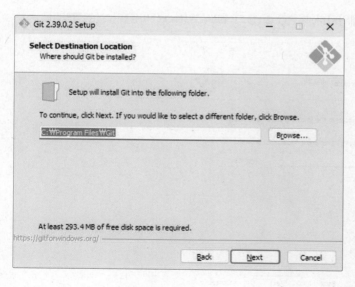

04 설정창이 보입니다. 'Add a Git Bash Profile to Windows Terminal'을 체크해주는 것을 추천드립니다. Git Bash Profile을 추가하면 윈도우 터미널에서 Git Bash를 사용할 수 있습니다(깃을 사용하기에는 Git Bash가 윈도우 기본 터미널보다는 편리합니다). [Next] 버튼을 눌러 진행합니다.

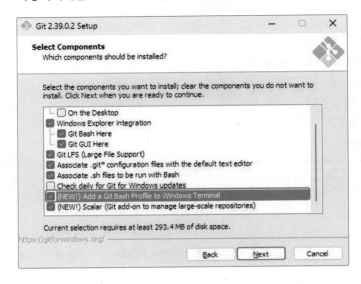

05 시작 메뉴 폴더를 선택할 차례입니다. 기본값 Git을 그대로 두고 [Next] 버튼을 눌러 진행합니다.

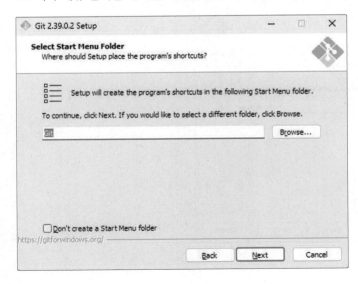

06 깃의 기본 에디터를 선택할 차례입니다. 익숙한 에디터를 선택하면 됩니다. 기본 설정은 Vim
으로 되어 있습니다. 주의 사항으로 Vim이 선택된 것은 역사적 이유이니 최신 GUI 에디터를 사
용하는 것을 권장한다고 되어 있습니다. 원하는 ❶ 편집기를 선택한 후 ❷ [Next] 버튼을 눌러서 다음으로
넘어갑시다.

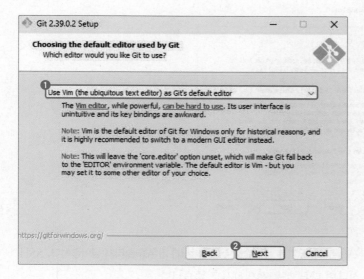

07 다음으로는 깃의 기본 브랜치명을 무엇으로 할지 정하는 설정입니다. 기본값은 master입니다.
master는 인종차별적인 단어라는 인식이 있어서 main을 사용하는 추세입니다. ❶ main을 사용하
는 옵션을 선택하고 ❷ [Next] 버튼을 눌러서 다음으로 넘어갑시다.

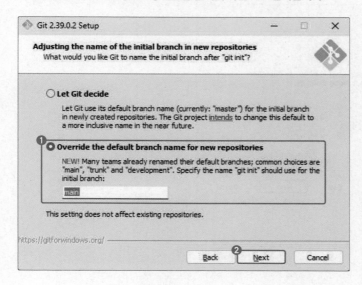

08 명령창command line에서 어떻게 깃을 사용하게 할지 정하는 설정입니다. **기본 설정을 그대로 두고 [Next]를 클릭합니다.**

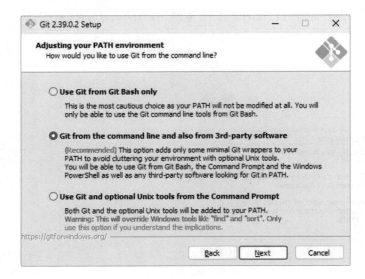

09 다음으로는 SSH 설정입니다. 이 부분도 기본 설정으로 두고 [Next] 버튼을 눌러서 넘어갑시다. SSH 관련된 부분을 직접 컨트롤하고 싶다면 다른 것을 선택하셔도 좋습니다.

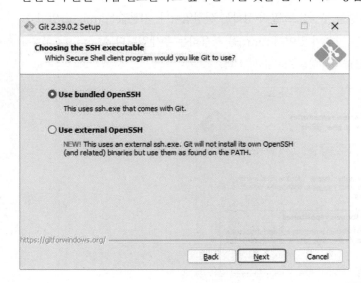

10 HTTPS 전송 계층 백엔드로 무엇을 사용할지 정하는 설정입니다. 기본 선택된 'Use the OpenSSL library'를 사용하도록 두고 [Next]를 클릭합니다.

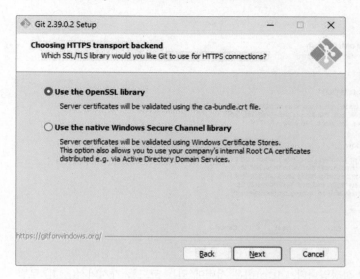

11 개행을 어떻게 다룰지에 대한 설정입니다. 윈도우와 유닉스는 개행을 다르게 다루고 있습니다. 이에 서로 변환이 필요한데, checkout(내려받기) 시에는 윈도우 스타일로 commit(업로드) 시에는 유닉스 스타일로 하는 것이 좋습니다. 이 부분이 잘 못되면 일일이 개행 관련 처리를 해야 할 수도 있기 때문입니다. 기본값 그대로 두고 [Next] 버튼을 눌러서 다음으로 넘어갑시다.

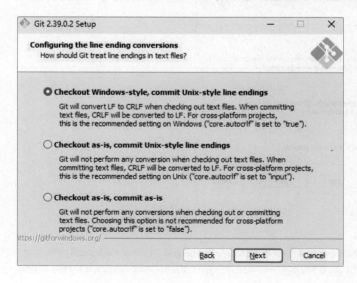

12 git bash로 사용할 터미널 에뮬레이터를 선택하는 설정입니다. 크게 관계없으니 기본으로 선택된 설정을 그대로 두고 [Next]를 클릭합니다.

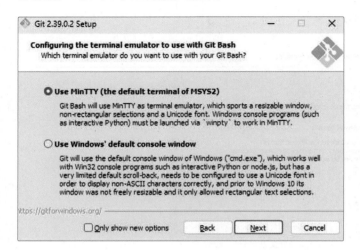

13 다음으로는 git pull 동작의 설정입니다. git pull은 서버에 있는 코드를 가져와서(pull) 로컬 머신의 코드에 합치는 작업입니다. 자세한 설명은 생략합니다만 초보자에게는 fast-forward or merge가 좋습니다. 그대로 두고 [Next] 버튼을 눌러서 넘어갑시다.[2]

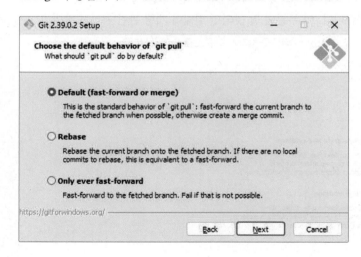

---

2 깃 Rebase에 익숙한 분은 해당 설정을 선택해도 좋습니다. Rebase는 fast-forward or merge와 마찬가지로 서버의 소스를 가져와 합치는 방법입니다. merge는 마지막 코드를 기반으로 코드를 병합한다면, Rebase는 모든 작업 이력을 비교해보고 소스 코드의 이력을 수정하면서 소스를 병합합니다.

14 깃의 인증서 관리자입니다. 기본 설정으로 두고 [Next] 버튼을 클릭합니다.

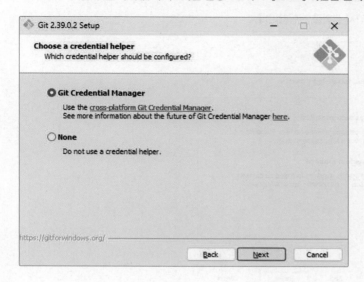

15 다음으로는 파일시스템 캐시와 심볼릭 링크를 사용할지에 대한 설정입니다. **기본 설정으로 두고 [Next] 버튼을 눌러 다음으로 넘어갑시다.** 참고로 첫 번째 설정은 파일시스템 캐시를 활성화하는 옵션으로써 활성화하면 메모리에서 읽어오는 성능이 향상됩니다. 두 번째 심볼릭 링크는 윈도우에서는 지원하지 않습니다. 따라서 소스 코드 저장소에는 심볼릭 링크를 저장하지 않는 것이 좋습니다만, 필요한 경우 여기서 활성화할 수 있습니다(심볼릭 링크는 윈도우의 바로가기와 비슷한 기능입니다).

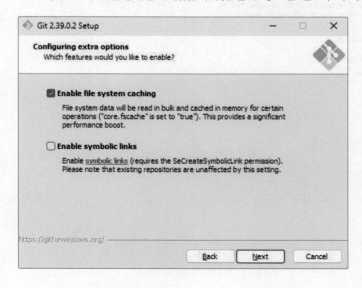

16 Git bash에 유사 콘솔 기능을 추가한다거나 시스템 모니터를 추가하는 등의 실험적 기능이므로 사용하지 않고 [Install]을 눌러서 설치를 진행합니다.

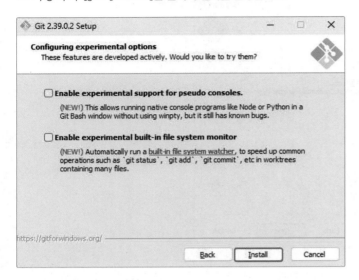

17 릴리즈 노트를 볼 필요는 없으니 ❶ 선택을 해제하고 ❷ [Finish]를 누르면 설치 완료입니다.

18 명령 프롬프트를 열어서 git --version 명령을 입력해 잘 설치됐는지 확인해봅시다.

```
> C:\Users\andy> git --version
git version 2.34.1.windows.1
```

0.1.3 비주얼 스튜디오 코드 설치

자바스크립트 기반에서 백엔드 개발을 할 때 VSCode는 현업에서 선호하는 통합 개발 환경Integrated Development Environment, IDE입니다. 이 책의 대상 독자가 HTML/CSS/자바스크립트를 익힌 백엔드 입문자이므로, 아직 익숙한 IDE가 없을 거라 가정해서 VSCode를 추천드리고 설치 및 간단한 사용법도 알려드립니다. 본문 내용이 VSCode에 의존적인 것은 아닙니다. 다른 IDE를 선호한다면 VSCode 설치를 하지 않아도 좋습니다.

To do **01** https://code.visualstudio.com에 접속 후 [Download for Windows] 버튼을 클릭해서 안내에 따라 설치 파일을 내려받습니다.

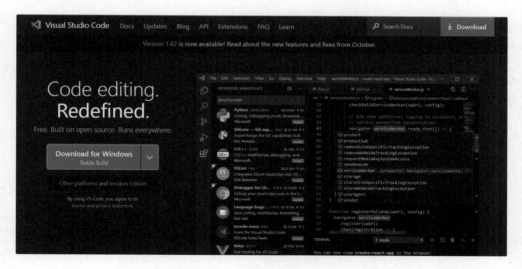

02 ❶ 라이선스에 동의하고 ❷ [다음(N) >] 버튼을 클릭해 진행합니다.

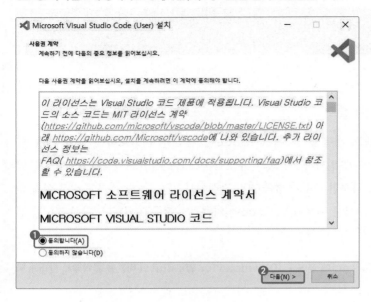

03 VSCode가 설치되는 위치는 다음과 같습니다. Users 아래 디렉터리는 사람마다 다르게 나옵니다. 특별히 수정할 것이 없으니 [다음(N) >] 버튼을 클릭해 다음으로 넘어가겠습니다.

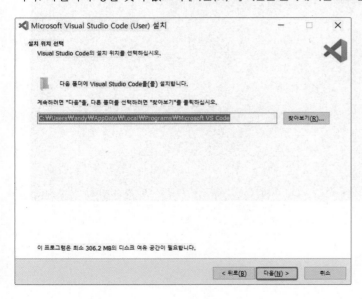

04 특별히 수정할 것이 없으니 [다음(N) >] 버튼을 클릭해 다음으로 넘어가겠습니다.

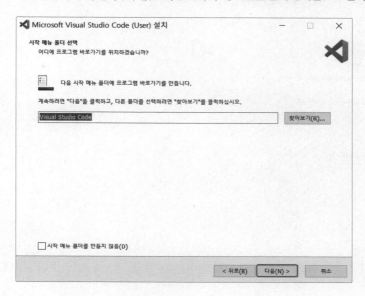

05 PATH에 추가를 하면 명령 프롬프트나 파워셸에서 code라는 명령어를 사용할 수 있습니다. code는 비주얼 스튜디오 코드를 실행하는 명령어입니다. ❶ [PATH에 추가]를 선택하고 ❷ [다음(N) >] 버튼을 클릭해 다음으로 넘어가겠습니다.

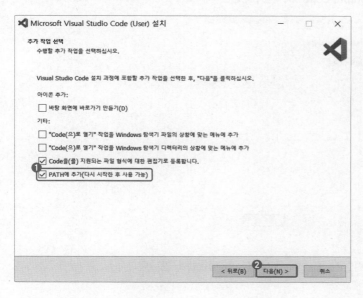

06 [설치(I)]를 눌러서 설치합니다.

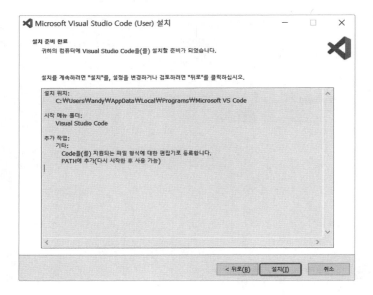

07 [종료(F)]를 눌러서 설치를 완료합니다!

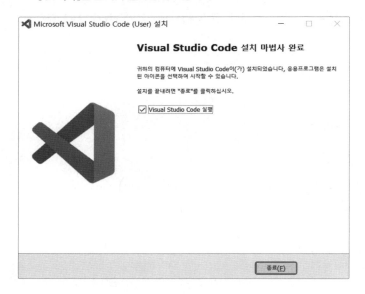

이제 0.4절 '예제 소스 코드 내려받기'로 가서 예제 코드를 다운로드합니다.

0.2 맥OS 개발 환경 구축

환경 구축은 Node.js 설치 → 깃 설치 → 비주얼 스튜디오 코드(이하 VSCode) 설치 순서로 진행합니다.

0.2.1 Node.js 설치

To do **01** 웹브라우저에서 **Node.js 공식사이트(https://nodejs.org)에 접속합니다.**

02 LTS를 클릭해 내려받습니다(책을 내려받는 시점에는 명시된 버전이 다를 수 있습니다. 버전이 다르더라도 이 책의 예제를 수행하는 데 특별한 이상은 없을 테니 안심하고 받아주세요. 만약에서 호환성 문제가 발생한다면 20.9.0 버전을 찾아 설치해주세요).

03 내려받은 설치 파일을 클릭해 기본값으로 설치를 진행합니다.

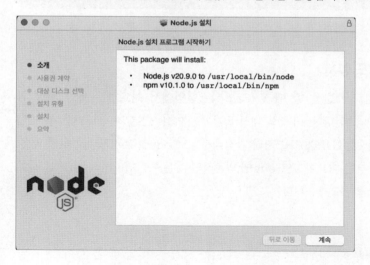

Node.js는 [/usr/local/bin/node]에, npm은 [/usr/local/bin/npm]에 설치됩니다. /usr/local/bin이 $PATH에 설정되어 있어야 자동으로 명령어가 인식됩니다.

04 설치가 완료되었으면 터미널을 띄워서 확인해봅시다. **파인더에서 [응용 프로그램] → [유틸리티]에서 터미널을 찾아 실행합니다.**

05 터미널의 명령창에 node --version을 입력하고 enter 를 누르세요. 그러면 Node.js의 버전이 표시됩니다. 버전이 표시되었다면 제대로 설치된 겁니다.

```
$ node --version
v20.9.0
```

0.2.2 깃 설치

깃git은 컴퓨터 파일의 변경 사항을 추적하고 사용자 간의 공동 작업을 조율하는 분산 버전 관리 시스템입니다. 이 책에서는 예제 코드를 내려받는 용도로만 사용합니다. 이미 깃이 설치되어 있다면 이 과정을 건너뛰어주세요.

깃은 홈브류[3]로 설치할 수 있습니다.

To do **01** 홈브류를 이용한 설치는 간단합니다. **다음과 같이 brew 명령어 한 줄을 입력해주세요.**

```
brew install git
```

0.2.3 비주얼 스튜디오 코드 설치

자바스크립트 기반에서 백엔드 개발을 할 때 VSCode는 현업에서 선호하는 통합 개발 환경Integrated Development Environment, IDE입니다. 이 책의 대상 독자가 HTML/CSS/자바스크립트를 익힌 백엔드 입문자이므로, 아직 익숙한 IDE가 없을 거라 가정해서 VSCode를 추천드리고 설치 및 간단한 사용법도 알려드립니다. 본문 내용이 VSCode에 의존적인 것은 아닙니다. 다른 IDE를 선호한다면 VSCode 설치를 하지 않아도 좋습니다.

---

3 homebrew. 설치법은 https://brew.sh/를 참고하세요.

To do **01 https://code.visualstudio.com에 접속합니다.**

02 [Download Mac Universal] 버튼을 클릭해 압축 파일을 내려받습니다.

03 내려받은 압축 파일을 클릭해 압축을 풀어주세요.

04 Visual Studio Code 실행 파일을 파인더의 [애플리케이션]으로 드래그 앤 드롭해 파일을 이동시키거나 복사 붙여넣기를 합니다.

이제 0.4절 '예제 소스 코드 내려받기'로 가서 예제 코드를 다운로드합니다.

0.3 리눅스 개발 환경 구축

환경 구축은 Node.js 설치 → 깃 설치 → 비주얼 스튜디오 코드(이하 VSCode) 설치 순서로 진행합니다.

리눅스는 여러 가지 배포판이 있습니다. 이 책에서는 사용하기 편한 배포판인 우분투를 기준으로 설명합니다. 우분투 버전은 20.04.3 LTS 버전으로 진행합니다.

0.3.1 Node.js 설치

apt-get install로 Node.js를 설치할 수 있습니다. 매우 오래된 버전이므로 가능하면 PPA나 NVM을 사용해주세요. 이 책에서는 가장 간단한 PPA를 사용하는 법을 다룹니다. NVM도 사용하기 어렵지 않으므로 관심 있는 분은 https://github.com/nvm-sh/nvm에서 확인해보시길 바랍니다.

To do **01** 우선 터미널 프로그램을 실행합니다(단축키 `control + alt + t`).

02 curl이 필요한데 우분투에는 기본적으로 설치되어 있지 않습니다. **curl**을 먼저 설치합니다.

```
$ sudo apt-get install curl -y
```

03 다음으로는 **PPA**를 추가합니다.

```
$ curl -fsSL https://deb.nodesource.com/setup_20.x | sudo -E bash -
```

04 Node.js를 설치합니다.

```
$ sudo apt-get install -y nodejs
```

05 Node.js가 잘 동작하는지 확인해봅시다.

```
$ node --version
v20.9.0
```

06 npm을 사용하려면 **build-essential** 패키지도 필요합니다. 다음 명령어를 사용해 설치해줍시다.

```
$ sudo apt-get install build-essential
```

0.3.2 깃 설치

깃git은 컴퓨터 파일의 변경 사항을 추적하고 사용자 간의 공동 작업을 조율하는 분산 버전 관리 시스템입니다. 이 책에서는 예제 코드를 내려받는 용도로만 사용합니다. 이미 깃이 설치되어 있다면 이 과정은 건너뛰어주세요. 깃을 설치합니다.

To do **01** 터미널에 **sudo apt-get update** 명령을 입력해 패키지 정보를 최신으로 변경합니다.

```
$ sudo apt-get update
```

02 apt-get install 명령으로 깃을 설치합니다.

```
$ sudo apt-get install git
```

03 잘 설치되었는지 깃 버전을 확인합니다.

```
$ git --version
git version 2.39.0
```

0.3.3 비주얼 스튜디오 코드 설치

자바스크립트 기반에서 백엔드 개발을 할 때 VSCode는 현업에서 선호하는 통합 개발 환경Integrated Development Environment, IDE입니다. 이 책의 대상 독자가 HTML/CSS/자바스크립트를 익힌 백엔드 입문자이므로, 아직 익숙한 IDE가 없을 거라 가정해서 VSCode를 추천드리고 설치 및 간단한 사용법도 알려드립니다. 본문 내용이 VSCode에 의존적인 것은 아닙니다. 다른 IDE를 선호한다면 VSCode 설치를 하지 않아도 좋습니다.

To do **01** 웹브라우저로 **https://code.visualstudio.com**에 접속합니다.

02 .deb 파일을 클릭합니다. 레드햇 계열은 [.rpm]을 클릭하면 됩니다.

03 창이 뜨면 파일을 저장합니다.

04 내려받은 파일을 ❶ 더블 클릭한 후 → ❷ [설치] 버튼을 클릭해 설치를 진행합니다.

05 설치가 완료되면 ▦ 아이콘 클릭 → 검색창에 "visual studio code"를 입력해 설치가 잘되었는지 확인합니다.

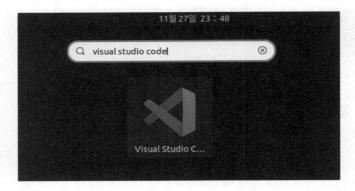

0.4 예제 소스 코드 내려받기

깃허브에서 예제 소스 코드를 내려받는 방법을 알아보겠습니다.

To do 01 터미널을 켠 후 내려받을 홈 디렉터리로 이동합니다.

- **윈도우 :** cd %USERPROFILE%
- **맥OS, 리눅스, 윈도우 파워셸 :** cd ~

02 git clone 명령어로 이 책의 저장소를 클론[4]합니다.

- **저장소 위치 :** https://github.com/wapj/jsbackend

```
$ git clone https://github.com/wapj/jsbackend
```

0.5 VSCode로 내려받은 소스 코드 실행하기

예제 소스는 장별로 디렉터리를 만들어 작성해두었습니다. 내려받은 예제 코드를 VSCode에서 실행하는 방법을 알아보겠습니다. VSCode에서 Node.js 코드를 실행하는 데 필요한 플러그인은 없습니다. 간단하니까 차근차근 따라와주세요. 이미 사용법을 아는 분은 1장으로 건너뛰세요. 0장의 hello-node.js 코드를 실행해보겠습니다.

To do **01** VSCode 메뉴에서 [File] → [Open Folder]를 클릭 후 깃 허브의 예제 소스를 내려받은 디렉터리를 선택합니다.

02 [chapter0]을 선택합니다.

03 hello-node.js 파일의 내용은 다음과 같습니다.

```
const http = require("http"); // ❶ http 객체 생성

let count = 0;

// 노드 서버 객체 생성
const server = http.createServer((req, res) => {
```

---

4 깃에서는 저장소를 복사해오는 것을 클론이라고 합니다.

```
  console.log((count += 1));
  res.statusCode = 200;
  res.setHeader("Content-Type", "text/plain");
  res.write("hello\n");
  // prettier-ignore
  setTimeout(() => {
    res.end("Node.js");
  }, 2000);
});

server.listen(8000, () => console.log("Hello Node.js"));
```

04 Ctrl + F5 를 눌러 실행해봅시다. 환경을 선택하는 창이 뜨게 됩니다. 여기서 **Node.js**를 선택합니다.

아래에 있는 디버그 콘솔창에 "Hello Node.js"라고 나오면 성공입니다.

```
문제    출력    디버그 콘솔    터미널    포트    ...              필터
  /Users/gyus/.asdf/shims/node ./chapter2/hello.js
  Hello Node.js
```

0.6 VSCode 입문자를 위한 사용법 안내

VSCode는 코딩, 컴파일, 디버깅을 모두 제공하는 강력한 도구입니다. 그만큼 다양한 기능을 제공하기 때문에 모든 기능을 여기서 다룰 수는 없습니다. 이 책에서 다루는 코드를 실행하고 디버깅하는 최소한의 기능만 알려드립니다.

0.6.1 코드 실행하기

VSCode에서 Node.js 코드를 실행하는 메뉴는 따로 없으며, 터미널에서 실행해야 합니다. VSCode에서는 터미널 기능도 제공을 합니다. 메뉴의 [View] → [Terminal]로 터미널을 열거나 단축키인 `Ctrl + F5` 나 `Ctrl + ` `[5]을 사용하여 터미널을 볼 수 있습니다. 바로 앞에서 다룬 hello-node.js 파일을 실행하려면 다음과 같이 명령을 입력해야 합니다. 이 책에서는 단축키를 사용하여 서버를 띄우는 방법보다는 주로 터미널에서 실행하는 방법을 사용합니다.

> **Note** 맥OS에서 `F5` 같은 펑션키를 사용할 때는 `fn` 키도 함께 눌러주세요. 예를 들어 `Ctrl + F5` 를 입력할 때는 `fn + Ctrl + F5` 로 입력하면 됩니다.

▼ cd 명령으로 hello-node.js가 있는 디렉터리까지 이동하기

윈도우에서	맥OS, 리눅스, 윈도우 파워셸에서

```$ cd %USERPROFILE%```
 ```$ cd jsbackend/chapter0```
 ```$ node hello-node.js```
	```$ cd ~```
	 ```$ cd jsbackend/chapter0```
	 ```$ node hello-node.js```

0.6.2 디버깅하기

`Ctrl + F5` 를 누르면 실행 모드로, `F5` 를 누르면 디버그 모드로 실행됩니다. 개발하는 입장에서 두 모드의 가장 큰 차이는 브레이크 포인트입니다. 디버그 모드로 실행할 때 브레이크 포인트가 지정된 곳은 코드 실행이 일시정지됩니다. 그러면 멈춘 순간의 변수의 값이나 로그들을 확인해볼 수 있습니다.

브레이크 포인트를 지정하는 방법은 두 가지입니다. 커서가 있는 곳에서 `F9` 를 누르거나, 코드 라인을 알려주는 숫자 왼쪽에 있는 빨간점을 마우스로 클릭하는 겁니다. 그러면 빨간점이 진해지면서 브레이크 포인트가 활성화됩니다.

To do 01 hello-node.js 예제로 디버깅 모드 방법을 실습해봅시다. 앞서 말씀드린 방법 중 하나로 **6번 라인에 브레이크 포인트 설정해주세요. 빨간점이 6이라는 숫자 옆에 표시되어야 합니다.**

```
   5    // 노드 서버 객체 생성
●  6    const server = http.createServer((req, res) => {
   7      console.log((count += 1)); //
```
└─ 브레이크 포인트

---

5 `Ctrl + F5` 는 실행 모드, `F5` 는 디버그 모드

02 이 상태에서 F5 를 눌러서 디버그 모드로 서버를 켜겠습니다. 그리고 브라우저에서 http://localhost:8000으로 접속합니다. 그러면 '사이트에 연결할 수 없음' 페이지가 보이게 됩니다. 그리고 브레이크 포인트를 설정한 6번 라인의 빨간 점에 노란 화살표가 생깁니다.

▼ 코드 중단 지점 활성화

왼쪽 메뉴 중 벌레와 재생 표시가 함께 있는 부분이 활성화됩니다. [VARIABLES]를 보면 현재 사용하는 변수들이 보입니다. 우리가 설정한 count 변수의 값이 보입니다.

▼ 디버깅 모드의 변수 확인

디버깅 창도 새로 뜨게 됩니다. 디버깅 작업창은 코드 실행이 브레이크 포인트로 인해, 중단된 상황에서 어떻게 진행할지 정할 수 있습니다. ❶ ▷은 다음 브레이크 포인트까지 진행합니다. ❷ 는 다음 라인으로 넘어가기, ❸ 은 함수 안으로 들어가기, ❹ 은 함수 밖으로 나오기, ❺ 는 서버 재실행하기, ❻ 는 서버 종료하기입니다.

▼ 디버깅 창

0.6.3 VSCode 단축키

입문자를 위한 기초 필수 단축키와 실전에서 자주 쓰는 유용한 단축키를 각각 표로 만들어보았습니다. 단축키는 한 번에 모두 외울 수 없습니다. 한 번씩 실행해보고 나서 나중에 필요할때마다 표를 확인해 사용하다 보면 외워지게 됩니다.

▼ 기초 필수 단축키

	윈도우	맥OS	우분투
복사하기	Ctrl + C	Cmd + C	Ctrl + C
잘라내기	Ctrl + X	Cmd + X	Ctrl + X
붙여넣기	Ctrl + V	Cmd + V	Ctrl + V
주석 토글	Ctrl + /	Cmd + /	Ctrl + /
찾기	Ctrl + F	Cmd + F	Ctrl + F
바꾸기	Ctrl + H	Cmd + H	Ctrl + H
전체 파일에서 찾기	Ctrl + Shift + F	Cmd + Shift + F	Ctrl + Shift + F
사이드바 토글	Ctrl + B	Cmd + B	Ctrl + B
터미널 토글	Ctrl + J	Cmd + J	Ctrl + J
탐색기 보기	Ctrl + Shift + E	Cmd + Shift + E	Ctrl + Shift + E
커서 아래 빈 줄 생성	Ctrl + enter	Cmd + enter	Ctrl + enter
새로운 탭 열기	Ctrl + N	Cmd + N	Ctrl + N
새로운 창 열기	Ctrl + Shift + N	Cmd + Shift + N	Ctrl + Shift + N
탭 닫기	Ctrl + W	Cmd + W	Ctrl + W

▼ 유용한 단축키

	윈도우	맥OS	우분투	
설정창 열기	Ctrl + ,(콤마)	Cmd + , (콤마)	Ctrl + ,(콤마)	
터미널 열기/닫기	Ctrl + `(백틱)	Ctrl + `(백틱)	Ctrl + `(백틱)	
단축키 설정 열기	Ctrl + K, Ctrl + S	Cmd + K, Cmd + S	Ctrl + K, Ctrl + S	
블럭 주석 처리 : 드래그 된 부분을 /* */ 로 주석 처리	Alt + Shift + A	Opt + Shift + A	Alt + Shift + A	
같은 줄 추가	Shift + Alt + ⬆ 혹은 ⬇	Opt + Shift + ⬆ 혹은 ⬇	Ctrl + Shift + Alt + ⬆ 혹은 ⬇	
빠른 파일 열기	Ctrl + P 후 파일명 입력	Cmd + P 후 파일명 입력	Ctrl + P 후 파일명 입력	

빠른 라인 이동	Ctrl + G 후 라인 번호 입력	Ctrl + G 후 라인 번호 입력	Ctrl + G 후 라인 번호 입력
커맨드 팔레트	Ctrl + Shift + P	Cmd + Shift + P	Ctrl + Shift + P
특정 문자열 여러 개 찾기 : 누른 횟수 만큼 지정됨	Ctrl + D	Cmd + D	Ctrl + D
선택한 항목 취소	Ctrl + U	Cmd + U	Ctrl + U
자동 코드 포매팅	Alt + Shift + F	Opt + Shift + F	Ctrl + Shift + F
커서가 위치한 코드 라인 위 아래로 이동	Alt + ⬆ 혹은 ⬇	Opt + ⬆ 혹은 ⬇	Alt + ⬆ 혹은 ⬇
방금 전에 닫은 탭 다시 열기	Ctrl + Shift + T	Cmd + Shift + t	Ctrl + Shift + T
커서가 위치한 함수의 정의로 가기	F12	F12	F12
커서가 위치한 라인 선택하기	Ctrl + L	Cmd + L	Ctrl + L

01장

알아두면 좋은
백엔드 개발자를
위한 지식

자바, JSP, SQL만 알아도 백엔드 개발자가 될 수 있던 시절이 있었습니다. 오늘날에는 백엔드 개발자가 되려면 알아야 하는 지식이 너무나 많습니다. 그래서 백엔드 개발자가 되려면 무엇을 공부해야 하는지 가늠조차 하기 어려운 분들에게 도움을 주고자 백엔드 개발자가 알아야 하는 지식을 넓고 얕게 소개합니다.

Note 한 권의 책에 알아야 하는 모든 정보를 다 담을 수는 없습니다. 우선은 무엇을 익혀야 하는지 아는 것만으로도 충분합니다. 초조해하지 마세요. 개발자는 평생 공부하는 직업입니다. 하나하나 익혀가면 분명 더 나은 백엔드 개발자로 성장한 나를 발견하게 될 겁니다. **1장 내용은 무료 강의로 제공합니다.** 1장을 읽다가 너무 어렵다는 생각이 든다면 다른 장부터 공부한 후에 마지막에 읽어도 좋습니다.

백엔드 개발 개발, 배포, QA, 유지보수
아키텍처 계층형 아키텍처, 이벤트 기반 아키텍처, 마이크로서비스 아키텍처
데이터베이스 트랜잭션, 무결성, ACID, 캐시, NoSQL
인프라 클라우드, 빌드, 네트워크
자바스크립트 npm, 리액트, NestJS

초보 백엔드 개발자 로드맵
http://bit.ly/3lVYqTW

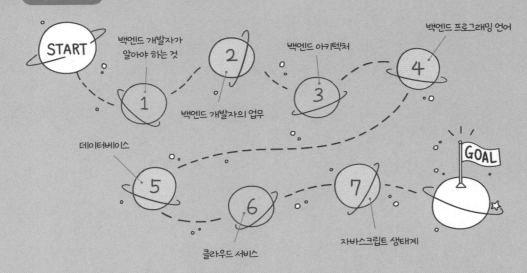

1.1 백엔드 개발자가 알아야 하는 것

백엔드 개발자는 어떠한 지식을 가지고 있어야 할까요? 어떤 전문성을 가지고 있어야 한 사람 몫을 하는 백엔드 개발자가 되는 것일까요? 백엔드 개발자가 알아야 하는 지식을 다음과 같이 로드맵으로 정리를 해보았습니다(이 책에서 다루는 내용에는 배경색을 칠해두었습니다).

▼ 백엔드 개발자가 알아야 하는 지식 로드맵

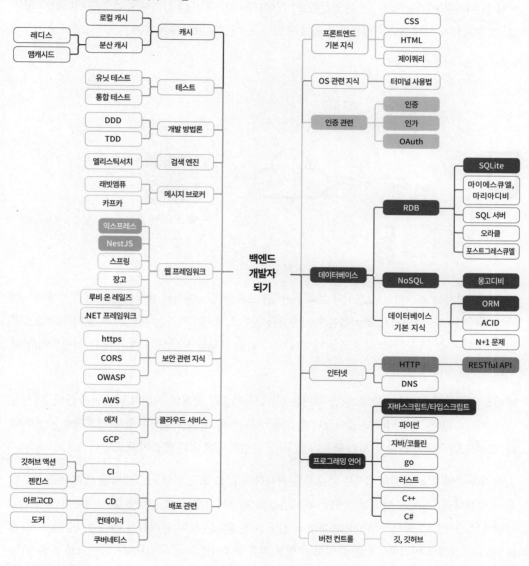

로드맵 하나하나를 살펴보기 전에 우선 백엔드의 의미부터 살펴봅시다. 백엔드는 시스템의 뒷단(백엔드)을 의미합니다. 예를 들어 국민 메신저 카카오톡을 생각해봅시다. 여러분과 친구가 메시지를 주고받으려면 중계자가 필요합니다. 이때 여러분 눈에 보이는 카카오톡 앱 화면은 프론트엔드(앞단)입니다.

한 가지 예를 더 들겠습니다. 여러분이 브라우저에서 웹사이트에 로그인을 할 때 웹사이트에서는 어떻게 '여러분'이라는 것을 알 수 있을까요? 아이디와 패스워드를 입력하고 검증을 어디선가 해주고, 그 정보를 유지시켜주는 인증자가 있어야 합니다. 이때는 브라우저가 프론트엔드입니다.

▼ 클라이언트 서버 구조

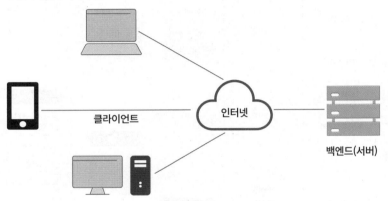

백엔드 개발자는 클라이언트(앱이나 브라우저 등) 프론트엔드 영역의 요청을 컴퓨터가 수행하도록 하는 사람입니다. 개인적으로는 백엔드 개발자를 서비스에 데이터라는 피가 흐르게 해주고 정보라는 숨을 불어넣어주는 사람이라고 소개합니다. 그만큼 오늘날 백엔드는 거의 모든 서비스에서 필수이기 때문입니다.

백엔드 개발자가 만드는 프로그램인 서버는 (장애나 특수한 상황을 제외하고) 1년 365일 24시간 내내 꺼지지 않는 컴퓨터에서 돌아갑니다. 주로 리눅스나 서버용 윈도우를 운영체제로 사용합니다. 그러므로 서버에 대한 이해가 필요하고, 서버 운영체제에 대한 학습이 필요합니다.

또한 대부분의 리눅스 서버에서는 마우스를 사용하지 않고 오직 키보드로 명령을 내려서 프로그램을 조작합니다. 서버의 컴퓨팅 자원을 최대한으로 활용하고 빠르게 명령어를 실행하려면 명령줄 인터페이스Command-Line Interface, CLI 환경에서 서버를 운영하는 것이 유리하기 때문입니다(참고로 윈도우 같은 그래픽 인터페이스를 운영하는 데는 컴퓨팅 리소스가 소모됩니다). 그러므로 리눅스 명령어나 윈도우의 CLI 명령어를 익혀서 자유자재로 명령을 내릴 수 있어야 합니다. 콘솔창에서 사용하는 에디터도 하나 정도는 익혀두는 것이 좋습니다. 빔^{vim}과 이맥스^{emacs}가 대표적입니다. 이 책의 부록 A에서는 자주 사용하는 리눅스 명령어 21가지를 알려드립니다. 급한 대로 이 정도 명령어를 알아두면 웬만한 기초적인 업무를 수행하는 데 무리가 없습니다. 하지만 추후에 책 한 권을 정해서 공부해두기 바랍니다.

다시 본론으로 돌아와 클라이언트는 서버로 요청을 보냅니다. 이때 미리 정해놓은 약속인 프로토콜을 사용합니다. 프로토콜은 네트워크라는 큰 범주의 일부입니다. 네트워크 지식으로는 HTTP, TCP/UDP, 라우팅, NAT, OSI 7 계층 등이 있습니다. 한 권 책으로 다 배우기는 어렵고 별도의 책으로 공부해야 합니다. 그중에서도 백엔드 개발자라면 우선 HTTP 프로토콜을 알아두어야 합니다. 클라이언트에서 서버로 요청을 보낼 때도 서버에서 서버로 요청을 보낼 때도 자주 사용하기 때문입니다. 이 책에서는 13장을 제외하고 모든 요청에 HTTP를 사용합니다. 3장, 6장, 12장에서 HTTP 사용법도 함께 알려드립니다. 3장에서는 GET 요청을 설명하고, 6장에서는 HTTP 요청의 body를 알려드리며, 12장에서는 파일 업로드 시 어떤 방식으로 데이터가 전송되는지 다룹니다.

HTTP와 더불어 함께 알아야 하는 것이 DNS^{Domain Name System}입니다. IP는 인터넷에서 주소 역할을 합니다. IP는 총 32비트로 이루어진 IPv4와 128비트로 이루어진 IPv6가 있습니다. 보통 이런 주소값을 외우지는 않기 때문에 사람이 외우기 편한 언어로 된 주소를 사용하는데 이것이 도메인이고 이런 도메인 주소를 IP 주소로 변경하는 것이 DNS입니다.

▼ DNS와 IP를 사용한 서버/클라이언트 통신

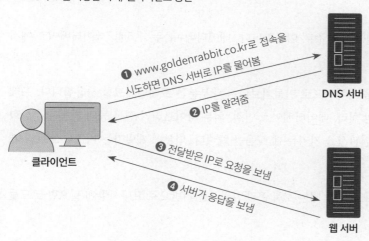

HTTP로 요청을 보냈을 때 서버에서는 어떻게 처리를 할까요? 서버에서는 HTTP 요청을 받아서 다양한 처리를 할 수 있는 프로그램을 실행시켜야 합니다. 클라이언트의 요청은 이미지 같은 파일일 수도 있고, 데이터 처리 작업일 수도 있습니다. 백엔드에서는 파일이나 이미지 같은 정적인 파일을 서비스하는 서버를 **웹 서버**, 데이터를 처리하는 서버를 **WAS** Web Application Server라고 부릅니다. 대표적인 웹 서버로 아파치Apache와 엔진엑스Nginx가 있으며 WAS로는 톰캣Apache Tomcat, 웹스피어WebSphere 등이 있습니다.

▼ 웹 서버와 WAS

	설명	대표 제품
웹 서버	요청된 웹페이지나 정보를 제공하는 서버, 주로 정적인 콘텐츠를 제공하는 데 사용됩니다.	아파치 HTTP Server, Nginx, IIS
WAS	동적인 웹 애플리케이션을 실행하는 데 사용되는 서버. 단독으로 사용하기보다는 웹 서버 뒤에서 요청에 대한 응답을 제공합니다.	아파치 톰캣, 웹스피어, JEUS, IIS

WAS도 정적 파일(클라이언트가 요청할 때 변하는 내용 없이 응답을 주는 파일들)을 처리할 수는 있지만, 이런 일은 Nginx 같은 웹 서버가 훨씬 더 잘하는 일입니다. 반면에 WAS는 스프링[1]이나 장고Django 같은 웹 프레임워크를 실행시켜서 요청받은 데이터를 처리하는 역할을 잘합니다. 데이터는 보통 데이터베이스DataBase, DB에 저장하게 되며, 클라이언트가 자주 요청하는 데이터는 캐시에 둡니다. 캐시는 디스크가 아니라 메모리에 데이터를 저장해서 읽는 속도를 높이는 방식을 말합니다.

데이터의 저장소로 데이터베이스를 주로 이용합니다. 데이터베이스는 1.5절 '데이터베이스'에서 다시 설명드립니다.

WAS에 사용하는 프로그램을 자체적으로 만들기보다는 대부분은 프레임워크를 사용합니다. 프레임워크는 개발에 필요한 예외 처리, 데이터베이스 연결, 외부 라이브러리 연동 등의 기능을 추상화해 제공해주어 코드 구조의 일관성을 지키는 데 도움을 줍니다. 덕분에 개발자는 비즈니스 로직 개발에 더 집중할 수 있습니다.

백엔드 개발자가 코딩을 한다고 말할 때는 보통 프레임워크를 기반으로 요구사항에 필요한 코드들

---

1   Spring. 엄밀하게는 스프링 MVC를 말합니다. 스프링은 자바 진영에서 범용 프레임워크로 사용하기 때문입니다.

을 추가한다는 의미입니다.[2] 코드를 작성하려면 프로그래밍 언어를 알아야 합니다. 백엔드 프로그래밍 언어로는 자바스크립트[JavaScript], 타입스크립트[TypeScript], 자바, 코틀린, 파이썬, 고랭, 러스트, C#, C++ 등이 있습니다. 자세한 내용은 1.4절 '백엔드 프로그래밍 언어'에서 다루겠습니다.

코드를 작성하는 것이 매우 중요하지만 작성한 코드를 관리하는 것도 매우 중요합니다. 최근에 대부분이 소스 코드 관리 시스템과 저장소로 깃[git]과 깃허브[GitHub]를 사용합니다. 따라서 깃과 깃허브의 기본적인 사용법은 알고 있어야 합니다. 개발은 혼자 하는 것이 아니므로 깃 풀 리퀘스트[Pull Request]까지는 적어도 사용할 줄 알아야 합니다. 깃도 책 한 권을 두고 공부하는 것이 좋습니다.

자, 서버도 구축했고, 코드도 작성했다면 테스트와 배포를 해야 합니다. 테스트는 사람이 수동으로 하는 테스트와 테스트 코드를 작성해서 하는 테스트가 있습니다. 개발 쪽에서 말하는 테스트는 대부분 테스트 코드로 실행하는 테스트를 말합니다. 단위 테스트는 하나의 작은 기능이 잘 동작하는지 테스트 코드를 작성하는 것을 말하고 통합 테스트는 함께 동작해야 하는 데이터베이스나 다른 서버 등과 의존성이 있는 상태에서 함께 테스트하는 것을 말합니다.

> **단위 테스트(Unit Test)**
> 소프트웨어의 단위(함수, 클래스 등)별로 테스트 코드를 작성해 수행하는 기법. 제3자(테스터)가 실행하기보다는 개발자가 코드를 작성하면서 같이 수행하는 경우가 많습니다.

배포는 개발하고 테스트가 완료된 코드를 서버에 전달[deploy]하고 실행하는 것을 의미합니다. 영어 음차 그대로 디플로이라고도 부릅니다. 소스 코드를 배포해서 실행하는 경우도 있고, 자바처럼 jar과 같은 패키지 형태를 받아서 실행하는 경우도 있습니다. 컨테이너 환경(예 : 도커[Docker])을 이용하면 개발과 실제 운영 서버의 환경을 동일하게 맞추어 테스트할 수 있습니다. 배포는 스크립트를 만들어서 배포하는 경우도 있으며, 컨테이너 환경의 경우 쿠버네티스[Kubernetes]라는 기술을 사용해 배포를 하기도 합니다.

약간 놀랍겠지만, 여기까지가 기본적으로 알아야 하는 지식입니다. 이 책에서는 백엔드 개발자가 되기 위해 알아야 하는 것 중에서 백엔드 프로그래밍 언어와 프레임워크를 다루고 있습니다.

---

2 프레임워크를 많이 사용하지만, 프레임워크를 사용하지 않는 것이 더 좋은 해결 방법인 경우도 있습니다. 상황에 따라 다릅니다.

1.2 백엔드 개발자의 업무

백엔드 개발자의 주된 업무는 서버 측 애플리케이션을 개발하는 일입니다. 개발하면서 서버에 대한 지식과 프로그래밍 지식, 만든 프로그램을 배포하고 안전하게 서비스할 수 있게 하는 지식을 활용합니다. 백엔드 개발자의 업무는 조직마다 천차만별이지만 대개는 ❶ 과제 할당 → ❷ 과제 분석 → ❸ 개발 → ❹ 테스트(리뷰) → ❺ QA 및 버그 수정 → ❻ 배포 → ❼ 유지보수 순서로 진행됩니다.

▼ 백엔드 개발자가 수행하는 업무 순서

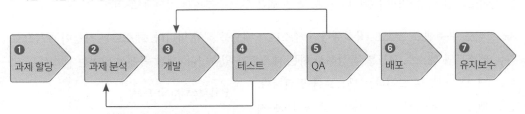

시작은 주어진 과제를 분석하는 일입니다. 사업부, 마케팅, 개발팀 등에서 개발 ❶ 과제가 **할당**됩니다. 잘 정리된 과제는 어떻게 개발해야 하고 무엇을 해야 하는지도 알려주지만, 대부분에 구체적인 개발 관점 검토는 개발자가 직접 해야 합니다.

예를 들어 '친구 초대 이벤트를 만들어주세요'라는 과제가 주어졌다고 하겠습니다.

'친구'는 무엇인지, '초대'는 무엇을 의미하는지, '이벤트'에는 어떤 조건이 필요하고 초대를 한 친구와 초대된 친구에게 보상을 어떻게 줄지, 이벤트를 위해서 어떤 데이터들을 저장하는지를 결정해야 합니다. 또한 제공할 성능과 사용할 기술을 검토하고, 문제가 있다면 해결 방법도 면밀하게 분석하고 정리해야 합니다.

오늘날 서비스는 복잡하므로 작은 기능에서 발생하는 문제 하나가 서비스 전체의 문제로 이어질 수 있습니다. 혼자 공부용으로 작성하는 예제 프로그램이 아니라면 ❷ **과제 분석**은 필수입니다.

과제 검토가 끝났으니 ❸ **개발**을 진행하면 됩니다. 늘 해본 일만 개발하는 것이 아닙니다. 그래서 개발 과제를 분석할 때 고려하지 않은 문제가 나타나기도 합니다. 그리고 한 번 만든 코드가 제대로 동작하는지도 테스트해야 합니다. 그래서 개발은 '분석 → 개발 → 테스트' 사이클을 반복하면서 완성도를 높여가며 진행됩니다. 개발한 코드는 깃허브 등의 프로그램을 사용해 동료의 리뷰를 받고 리뷰에 대한 내용을 반영해서 코드의 완성도를 높여 코드베이스에 추가합니다.

개발하면서 개발자 스스로 ❹ **테스트**를 해봐야 합니다. 로직상 문제는 없는지, 성능적인 한계는 어느 정도인지, 만든 코드가 읽기 편한지, 내가 만든 클래스/메서드/함수를 다른 사람이 간편하게 사용할 수 있는지 등을 검토하면서 테스트를 합니다. 조직이나 개발자에 따라 단위 테스트를 작성하는 경우도 있습니다. 때로는 코드보다 테스트를 먼저 작성하는 테스트 주도 개발 기법을 사용하기도 합니다.

개발과 테스트가 어느 정도 마무리됐다면 애플리케이션의 품질을 높이기 위해 ❺ **QA**를 신청합니다. QA팀이 없는 회사라면 개발 조직에서 담당합니다.

QA가 완료되면 서버에 ❻ **배포**를 진행합니다. 때에 따라서 여러 과제를 한 번에 병합(머지라고도 합니다)해서 배포하거나, 새로운 기능이 추가될 때마다 배포합니다. 애플리케이션을 쉽고 안전하게 배포하고, 문제 발생 시 쉽게 롤백(이전 버전으로 돌리는 것)할 수 있게 준비해둬야 합니다.

배포 방법은 여러 가지입니다. 먼저, 특정 개수의 서버들을 돌아가며 배포하는 롤링 배포, 똑같은 서버 인스턴스를 띄우고 로드밸런서 설정을 바꿔버리는 블루 그린 배포, 전체 서버의 특정 비율만큼 배포해보고 문제없는 경우 점점 배포를 늘려가는 카나리 배포 등이 있습니다.

도커 같은 컨테이너[3] 기술이 등장하면서 배포가 더욱 쉬워졌습니다. 쿠버네티스를 사용하면 배포와 관리를 쉽게 할 수 있는 장점이 있습니다. 서버를 돌아가면서 배포하는 롤링 배포도 앤서블^{Ansible}을 잘 사용하면 손쉽게 구현할 수 있습니다.

개발자는 코드의 개발부터 테스트, 배포, 모니터링까지 사실상 무한 반복을 합니다. 이것을 두고 흔히 CI$^{Continuous\ Integration}$/CD$^{Continuous\ Delivery\ \&\ Continuous\ Deployment}$라고 합니다. CI는 지속적인 통합이라는 뜻으로, 새로운 코드 변경 사항이 정기적으로 빌드 및 테스트되어 저장소에 통합되는 것을 의미합니다. CD는 지속적인 배포를 말합니다. CI는 저장소에 코드가 반영되는 것을 말하고, CD는 실제 프로덕션 환경까지 변경된 코드가 반영되는 것을 의미합니다.

---

3 소프트웨어의 실행에 필요한 실행 환경을 독립적으로 운용할 수 있도록 기반 환경 또는 다른 실행 환경과의 간섭을 막고 실행의 독립성을 확보해주는 운영체제 수준의 격리 기술

CI/CD와 같은 업무를 전담하는 데브옵스^{DevOps} 업무도 있습니다. 개발 Development과 운영Operations의 합성어이지만, 두 업무를 모두하는 것을 의미하는 것은 아닙니다. 주로 클라우드 마이그레이션, 피크 타임의 트래픽을 다루기, 데이터 파이프라인 작성, 모니터링 시스템 구축, 네트워크 보안, 코드를 통

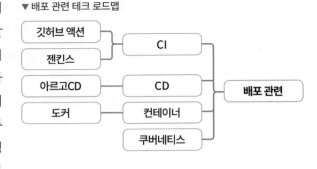

▼ 배포 관련 테크 로드맵

한 인프라 관리 등을 담당합니다. CI/CD는 데브옵스 엔지니어의 업무 중 하나입니다.

개발과 배포가 끝났다면 이제 ❼ **유지보수**를 해야 합니다. 배포 후에 실제 프로덕션 환경에서도 문제없이 돌아가는지 모니터링하면서 필요한 부분을 보충해나가야 합니다. 설계와 구현 문제로 성능이 부족하거나, 서비스 이용자가 급증해 서버가 느려질 수도 있습니다. 또한 개발팀 외부에서 새로운 요청도 지속적으로 들어올 수 있습니다. 기존 코드를 다듬거나 새로운 코드를 추가해야 할 수 있으며 테스트와 문서를 작성할 수도 있습니다. 다른 팀원들이 온다면 팀원들에게 코드와 시스템에 대한 지식을 전달할 수도 있습니다.

유지보수 시 서비스 모니터링 및 장애 대응을 위해서 온콜이라는 제도를 도입하는 회사도 있습니다. 온콜은 말 그대로 업무 시간 외에 문제 발생 시 전화를 받는 담당자를 지정하는 제도입니다. 문제 발생 시 혼자 처리할 수 있는 문제라면 처리하고 아니라면 다른 사람들에게 장애를 전파하는 역할을 담당합니다.

1.3 백엔드 아키텍처

오늘날 서비스는 동시에 많은 요청을 클라이언트에서 받아 다양한 응답을 제공합니다. 이렇게 규모가 있는 서비스를 즉흥적으로 코딩해서 완성도 있게 만드는 일은 불가능에 가깝습니다. 즉 계획을 잘 세워야 합니다. 조직에 따라서 사람에 따라서 정의가 상이하나 일반적으로 계획을 작성하는 사람을 아키텍트라고 하고 계획(종합적으로 분석, 계획, 정리한 것)은 아키텍처라고 합니다. 조직에 따라서 아키텍트라는 직함이 별도로 있는 곳도 있지만 프로그래머에게 주어지는 경우도 있습니다. 따라서 개발자라면 아키텍처를 알고 있는 편이 좋습니다. 그렇다면 아키텍처란 무엇일까요? 《소프트웨어 아키텍처 101》에서는 '총체적이고 종합적이고 상세하게 개발을 준비하는 것'이 바로

아키텍처라고 말합니다.

소프트웨어 아키텍처를 수행하는 것은 쉬운 일은 아닙니다. 다행히도 소프트웨어 구축에 대한 경험이 계속 쌓이면서 다양한 패턴이 정리되었습니다. 패턴 중 자주 사용하는 계층형 아키텍처와 이벤트 기반 아키텍처, 마이크로서비스 아키텍처를 간단히 소개해드리겠습니다. 실무에서 접하는 대부분의 아키텍처는 이 3가지의 조합으로 이루어집니다. 따라서 백엔드 프로그래머라면 기본적으로 알아두는 것이 좋습니다.

계층형 아키텍처

계층형 아키텍처layered architecture는 레이어드 아키텍처라고도 하며 말그대로 소프트웨어를 몇 가지 계층으로 나누어서 만드는 방식입니다. 가장 흔한 아키텍처 형태로 단순하고, 이해하기 쉽습니다. 게다가 각 계층이 논리적으로 분리되어 있기 때문에 소규모 애플리케이션에서 많이 채택합니다. 각 계층에서는 주어진 역할(프리젠테이션, 비즈니스 로직, 데이터 저장 등)을 수행하며, 의존성이 단방향이어야 합니다. 예를 들어 프리젠테이션 계층은 비즈니스 계층에만, 비즈니스 계층은 영속성 계층에만 의존성을 가지게 되는 것을 의미합니다. 계층이 분리 및 격리되어 있기 때문에 복잡도가 감소하며, 계층 내에서는 관련된 코드의 응집도가 높아집니다. 더불어 테스트가 쉽다는 장점이 있습니다. 단점으로는 다른 아키텍처에 비해 애플리케이션의 규모가 커지게 되면 계층이 거대해지면서 유지보수가 힘들어지고, 개발 속도가 떨어진다는 점입니다. 하나의 큰 덩어리를 여러 개 배포해야 하므로 배포도 쉽지 않습니다. TCP/IP 네트워크 계층은 계층형 아키텍처가 잘 적용된 예입니다.

▼ 계층형 아키텍처 예시

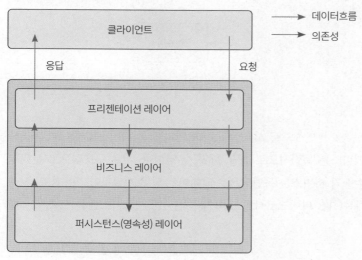

이벤트 기반 아키텍처

이벤트 기반 아키텍처event-driven architecture는 말그대로 이벤트의 상태 변화에 대응하는 소프트웨어 설계 패턴입니다. 이벤트는 시스템의 외부 또는 외부에서 시스템에 영향을 주는 상황들을 의미합니다. 예를 들면 사용자가 로그인 버튼을 눌렀을 때 로그인 이벤트가 발생합니다. 웹툰 애플리케이션이라면 웹툰을 열람하는 이벤트가 있을 것이고, 전자상거래 애플리케이션이라면 구매라는 이벤트가 있을 겁니다.

이벤트 기반 아키텍처는 이벤트를 발생시키는 프로듀서producer와 이벤트를 전달하는 브로커broker, 이벤트를 받는 컨슈머consumer로 구성됩니다. 이벤트 기반 아키텍처는 모든 요청을 비동기로 처리합니다. 그래서 확장성이 좋고 아키텍처 내 컴포넌트 간 의존성을 줄일 수 있습니다. 프로듀서, 브로커, 컨슈머 각각 수평 확장이 용이하기 때문입니다. 반면에 이벤트를 비동기로 처리하므로 이벤트 순서를 보장하기 어렵습니다. 에러가 발생했을 때 이벤트를 새로 받을지, 무시할지, 에러 처리를 할지 고려해야 합니다.

> **수평 확장(Scale Out)**
> 스케일아웃이라고도 합니다. 컴퓨팅 장비(서버, 메모리, CPU, 네트워크 등)를 추가해 시스템의 처리량을 늘리는 것을 의미합니다.

▼ 이벤트 기반 아키텍처 예시

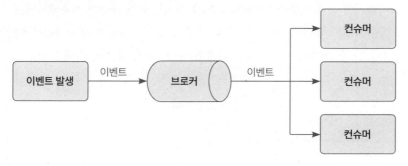

마이크로서비스 아키텍처

마이크로서비스 아키텍처microservices architecture는 시스템을 여러 개의 작은 서비스로 나누어 관리하는 설계 방식입니다. 이러한 서비스는 독립적으로 개발, 배포, 운영되며, 서로 구조적으로 분리되어 있습니다. 이러한 분리 덕분에 각 서비스는 독립적으로 업데이트 및 스케일링이 가능하고, 시스템 전체의 구조는 더욱 간결해집니다. 마이크로서비스 아키텍처는 대규모 시스템을 구축하는 데 유용합니다.

마이크로서비스 아키텍처 적용 시 주의할 점은 하나의 서비스를 너무 잘게 쪼개는 겁니다. 그러면 어느 정도 크기로 쪼개는 것이 좋을까요? 마이크로서비스 아키텍처 자체는 도메인 주도 설계domain-driven design에 영향을 많이 받았는데, 도메인은 사용자가 요구하는 문제 분야 내에서의 상황이나 내용을 말합니다. 계정 관리, 쇼핑몰 상품 관리 등이 도메인에 속합니다. 마이크로서비스 아키텍처에서는 하나의 서비스가 하나의 도메인을 담당하는 것이 좋습니다.

마이크로서비스 아키텍처는 확장성이 좋고, 업그레이드가 용이합니다. 각 서비스별로 확장하거나 서비스만 따로 업그레이드할 수 있기 때문입니다. 반면 트랜잭션을 처리하려면 분산 트랜잭션 등을 고려해야 하므로 난이도가 올라갑니다. 또한 이름은 '마이크로서비스'이지만, 실제 하나의 서비스를 운영하는 모든 구성을 갖추어야 하므로 유지보수하는 데 비용이 많이 들어갑니다. 소규모 팀에서 마이크로서비스 아키텍처를 도입하고자 할 때는 면밀히 검토가 필요합니다.

▼ 마이크로서비스 아키텍처 예시

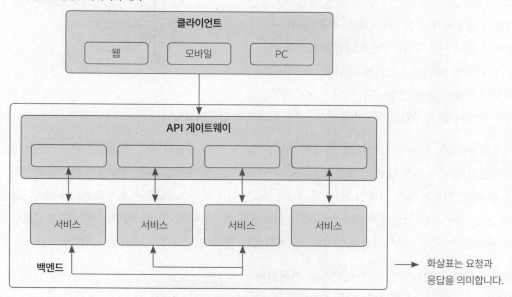

지금까지 백엔드 아키텍처에 대해 소개드렸습니다. 소개드린 아키텍처 외에도 파이프라인 아키텍처pipeline architecture, 마이크로커널 아키텍처microkernel architecture, 서비스 지향 아키텍처service oriented architecture, 공간 기반 아키텍처Space-based architecture 등이 있습니다. 더 자세한 내용은 앞서 언급한 《소프트웨어 아키텍처 101》을 참고해주세요.

1.4 백엔드 프로그래밍 언어

백엔드 개발에 애용되는 언어로는 무엇이 있을까요? 언어의 인기 순위를 매기는 지수인 TIOBE 인덱스에서는 2022년 기준으로 파이썬이 1위입니다. 다음으로 C, C++, 자바, C#, 비주얼 베이직, 자바스크립트 순서입니다. 이중에 백엔드에서 많이 사용하는 언어는 파이썬, C++, 자바, C#, 자바스크립트라고 할 수 있습니다.

데이터 분석 분야에서 인기가 많은 파이썬은 서버 개발에도 많이 사용합니다. 대표적인 프레임워크로는 플라스크와 장고, FastAPI가 있습니다. C++는 성능이 중요한 게임 서버 개발에서 많이 사용됩니다. 자바는 스프링이라는 매우 강력한 프레임워크를 기반으로 많은 곳에서 서버 개발에 사용되고 있습니다. C#은 국내보다는 미국에서 많이 사용됩니다. 닷넷 프레임워크가 매우 강력하며 마이크로소프트 계열의 소프트웨어와 호환성이 좋은 편입니다. 개발자들이 자주 찾는 사이트 중 하나인 스택오버플로가 C#을 기반으로 만들어졌습니다.

▼ 백엔드 프로그래밍 언어

```
                    ┌── 자바스크립트/타입스크립트
                    ├── 파이썬
                    ├── 자바/코틀린
   프로그래밍 언어 ──┼── go
                    ├── 러스트
                    ├── C++
                    └── C#
```

자바스크립트는 프론트엔드에서뿐 아니라 백엔드에서도 많이 사용합니다. 대표적인 웹 프레임워크로 익스프레스Express가 있으며, 최근 NestJS의 인기가 오르는 추세입니다. 개발자가 소수인 회사라면 자바스크립트가 좋은 선택이 될 수 있습니다. 2023년의 자바스크립트는 프론트엔드와 백엔드를 아우르는 풀스택을 거의 완벽하게 지원하는 언어이기 때문입니다. 자바스크립트 하나로 프론트엔드, 백엔드, 인프라 관리[4], 서버리스 지원, 앱 개발 등을 할 수 있어서 첫 시작으로도 적합합니다.

개발자 규모가 커진다면 정적 타이핑을 지원하는 언어를 쓰는 것이 좋습니다. 타입스크립트를 도입하면 자바스크립트 문법을 사용하면서 정적 타이핑을 도입할 수 있습니다. 타입이 미리 정해져 있어야 협업 시에 코드를 읽는 것이 편하고 버그

> **타입스크립트**
> 자바스크립트의 슈퍼셋인 오프소스 프로그래밍 언어입니다. 마이크로소프트에서 개발, 유지보수하고 있으며 엄격한 타입을 지원합니다. 타입스크립트에서는 자신이 원하는 타입을 정의하고 프로그래밍을 하면 자바스크립트로 컴파일해 실행할 수 있습니다.

---

4 https://www.pulumi.com/what-is/javascript-and-infrastructure-as-code/

수정 및 디버깅에 용이하기 때문입니다. 타입스크립트 문법은 부록 A에서 확인할 수 있습니다.

1.5 데이터베이스

데이터베이스는 검색과 축적이 쉽도록 정리된 데이터의 모음입니다. 대부분의 서버 애플리케이션은 클라이언트에서 받은 데이터를 어딘가에 저장합니다. 그것이 메모리일 수도 있고, 텍스트 파일일 수도 있고, 엑셀일 수도 있고, 특정 프로토콜을 통해 생성한 바이너리 파일일 수도 있습니다. 검색을 지원하고, 입력한 데이터 수정 및 삭제도 가능해야 하며, 수많은 읽기와 수정 삭제 요청이 동시다발로 이루어지는 상황을 생각해봅시다. 단순한 텍스트 파일로 그 모든 요구사항을 충족시키기는 어려울 겁니다.

일반적으로 현업에서 "데이터베이스"라고 말하면 데이터베이스 소프트웨어를 의미합니다. 따라서 이 책에서 부르는 데이터베이스 역시 데이터베이스 소프트웨어 의미로 사용하겠습니다. 데이터베이스는 데이터 저장 시 수많은 문제가 생길 수 있는 상황에서도 데이터를 가능한 한 안전하게 보관, 검색, 수정, 삭제가 가능하도록 하는 고마운 소프트웨어입니다.

▼ 주요 데이터베이스

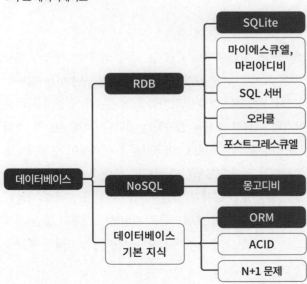

유명한 데이터베이스로는 오라클^{Oracle}, 마이에스큐엘^{MySQL}/마리아디비^{MariaDB}, 에스큐엘서버^{SQL} Server, 포스트그레스큐엘^{PostgreSQL}, 에스큐엘라이트^{SQLite}, 몽고디비^{MongoDB}, 카산드라^{Cassandra}, 다이 나모디비^{DynamoDB}, 네오포제이^{Neo4j}, 코크로치디비^{CockroachDB} 등이 있습니다. 앞서 열거한 것들은 모두 국외에서 만든 데이터베이스입니다. 국산 데이터베이스 소프트웨어로는 알티베이스, 큐브리 드, 티베로 등이 있습니다. 이름만 열거했는데도 굉장히 많습니다만, 무료로 사용 가능한 데이터베 이스 중에는 MySQL 인기가 가장 높습니다. 디비 엔진 랭킹[5]에 보면 이외에도 많은 데이터베이스 가 있습니다.

1.5.1 RDB

데이터베이스는 여러 가지로 구분할 수 있는데, RDB와 RDB가 아닌 것으로 보통 구분합니다. RDB는 Relational Database의 약자로 관계형 데이터베이스라는 뜻입니다. RDB가 아닌 데 이터베이스를 NoSQL 또는 NewSQL로 구분합니다. 관계형 데이터베이스는 데이터를 행^{row}과 열^{column}로 이루어진 테이블로 관리하며, 기본 키^{Primary key}를 사용해 각 행을 식별합니다. 또한 각 테이블 간에 관계를 지을 수 있습니다. RDB에서 가장 유명한 데이터베이스들은 오라클, 마이에스 큐엘, SQL 서버, 포스트그레스큐엘이 있습니다.

ACID 트랜잭션

RDB의 특징으로 ACID로 불리는 트랜잭션이 있습니다. ACID는 각각 원자성^{Atomicity}, 일관 성^{Consistency}, 격리성^{Isolation}, 내구성^{Durability}을 의미합니다. 원자성은 트랜잭션을 구성하는 명령이 하나의 묶음으로 처리되어서 함께 성공하거나 실패하는 것을 보장하는 기법입니다. 일관성은 트랜 잭션에서 실행된 변경 사항이 데이터베이스의 무결성 조건을 만족하는 겁니다. 격리성은 두 개의 트랜잭션이 서로에게 영향을 미칠 수 없는 성질을 의미합니다. 내구성은 트랜잭션이 성공적으로 끝나면 그 결과가 데이터베이스에 계속 유지되는 성질을 말합니다. ACID 트랜잭션은 데이터베이 스에서 데이터의 일관성을 유지하도록 해줍니다. 또한 문제가 생긴 때에는 이전의 상태로 되돌릴 수 있게 해줍니다. 최근에는 NoSQL 데이터베이스에서도 트랜잭션을 지원하는 경우가 많습니다. 다만, NoSQL은 보통 분산 데이터베이스를 가정하는 경우가 많아서 RDB보다는 추가적인 제약사 항이 있습니다.

---

5 https://db-engines.com/en/ranking

SQL

SQL은 Structured Query Language의 약자로 말그대로 쿼리(데이터 검색)를 하는 프로그래밍 언어입니다. SQL도 하나만 있는 것이 아니라 ANSI 표준 SQL이 있고, 각 RDB별로 방언이 있습니다. 데이터베이스 전문가가 아니라면 ANSI 표준 SQL을 익혀 두고 때에 맞게 활용하면 무방합니다. SQL도 사실 데이터 질의를 위한 언어이므로 RDB 전용이라고 보기는 힘듭니다. NoSQL에도 SQL 엔진을 도입해서 데이터를 조금 더 편하게 질의하도록 지원하는 경우가 많습니다.

1.5.2 NoSQL(Not Only SQL)

NoSQL의 뜻이 SQL을 안 쓴다는 의미로 사용되기도 합니다만, 최근에는 Not Only SQL의 의미로 많이 사용합니다. 애플리케이션을 작성할 때 RDB와 NoSQL의 장단점을 살려서 사용하면 좋기 때문에 Not Only SQL이라는 의견에 저도 조금 더 찬성합니다.

RDB는 데이터 저장, 질의, 수정, 삭제가 용이하지만 반면에 성능을 올리는 게 쉽지 않습니다. 데이터베이스의 성능을 높이려면 머신의 성능을 좋게 하는 스케일업 또는 머신을 여러 대로 분리하는 스케일아웃이 필요합니다. 스케일업은 장비를 좋게 하면 되지만, 스케일아웃은 데이터베이스가 여러 대가 되면서 분산되므로 이때 트랜잭션을 사용하면 성능이 떨어지게 됩니다. 또한 기본적으로는 스케일아웃을 지원하지 않습니다.[6] RDB의 이러한 문제들을 해결하기 위해 (통칭) NoSQL이 등장했습니다.

데이터 모델링을 어떻게 하느냐에 따라서 NoSQL을 구분할 수 있습니다.[7]

소규모 서비스라면 RDB만으로 충분합니다. 규모가 커지면 키 밸류 캐시, 키 밸류 스토어, 도큐먼트 스토어, 와이드 컬럼 스토어 정도를 사용합니다. 키 밸류 캐시, 키 밸류 스토어, 도큐먼트 스토어, 와이드 컬럼 스토어만 간단히 설명을 드리겠습니다.

키 밸류 캐시로 멤캐시드Memcached와 레디스Redis가 많이 사용됩니다. 멤캐시드는 키 밸류 형태의 데이터만 제공하며 레디스는 다양한 데이터 구조를 지원합니다. 둘 다 클러스터를 쉽게 지원하므로 분산 환경에서 편하게 사용할 수 있습니다. 레디스는 싱글 스레드라서 오래 걸리는 작업을 하면 서버가 멈추게 됩니다. 따라서 오래 걸리는 작업을 메인 스레드에서 하지 않는 것이 좋습니다.

---

6 마이에스큐엘의 경우 vitess를 사용하면 과거에 비해 조금 더 수월한 편입니다.

7 NoSQL 데이터베이스 소프트웨어 목록. https://en.wikipedia.org/wiki/NoSQL#Types_and_examples

맴캐시드는 멀티 스레드입니다.

키 밸류 스토어로는 다이나모디비, 카우치베이스Couchbase가 많이 사용됩니다. 앞서 언급한 캐시와 다른 점은 캐시는 서버를 껐다가 켜면 데이터가 휘발되어 날아갈 수 있지만, 키 밸류 스토어는 그렇지 않다는 겁니다. 쓰기와 업데이트가 빈번하게 일어나는 게임 서버에서 많이 사용합니다.

도큐먼트 스토어로는 몽고디비가 유명합니다. 피파 온라인에서 데이터베이스로 채택했고 라인에서도 많이 사용합니다. 데이터로 JSON과 매우 비슷하게 생긴 BSON이라는 문서 모델을 저장합니다. JSONJavaScript Object Notation은 데이터 저장 및 전송 시 사용하는 경량의 데이터 표현 형식입니다. 자바스크립트의 객체의 형식을 기반으로 만들어져 있습니다.

몽고디비에서는 테이블 개념인 컬렉션이라는 개념이 있으며, 검색 시 인덱스를 사용하거나, ACID 트랜잭션을 지원하는 등 RDB에서만 사용했던 기능을 많이 가져오려고 시도합니다.

와이드 컬럼 스토어는 RDB와 유사하게 행과 열 테이블을 사용합니다. RDB와 다른 점으로는 행마다 열의 이름과 타입이 다를 수 있다는 겁니다. 또한 2차원 키 밸류 저장소로 사용할 수도 있습니다. 대표적으로 구글의 빅테이블Bigtable이 있으며 오픈 소스로는 아파치 카산드라가 있습니다. 카산드라는 단일장애점Single Point Of Failure, SPOF이 없으며 확장성과 성능이 뛰어나다는 특징이 있습니다.

1.6 클라우드 서비스

여러분이 인터넷에 웹서비스를 만들어서 서비스한다고 가정해봅시다. 인터넷으로 연결되어서 제공되는 서비스이므로 어딘가에는 서비스를 제공해주는 서버가 필요합니다. 그럼 서버는 어디에 있어야 할까요? 서버는 인터넷으로 연결되어, 유저가 요청을 보내면 응답을 주어야 합니다. 상식적으로 생각해보면 물리적인 공간에 서버가 존재하고, 해당 서버에서 요청에 대한 응답을 주는 게 맞을 것 같습니다.

이것은 클라우드 이전의 시대에는 맞는 말이었습니다. 많은 기업이 IDCInternet Data Center라는 건물에 서버를 설치해두고 인터넷 서비스를 하였습니다. 서버 장비에 문제가 생기면 개발자들이 IDC에 뛰어가는 일도 있었습니다. 반면 클라우드를 이용하면 사용자는 이러한 물리적 서버를 직접 설치하지 않고도 서버 자원을 사용할 수 있습니다. 클라우드 컴퓨팅을 이용하면 서버 장비를 구매,

설치하지 않고, 서버의 기능을 하는 서비스를 인터넷으로 제공받게 됩니다.

매우 많은 서버의 CPU와 메모리, 매우 많은 네트워크 장비의 네트워크 대역폭을 잘게 쪼갠 다음 나누어서 서비스할 수 있다면 어떨까요? 그리고 장비에 문제가 생기더라도 정상인 다른 장비의 자원으로 손쉽게 교체할 수 있다면 어떨까요? 그것이 바로 클라우드 서비스입니다. 클라우드 서비스는 수많은 서버의 자원을 탄력적으로 제공합니다. 기술적으로는 하드웨어의 가상화가 필요합니다만, 사용자가 신경 쓸 사안은 아닙니다. 사용자는 그저 필요한 만큼 사용하면 됩니다.

클라우드 서비스를 제공하는 회사는 굉장히 많이 있습니다. 클라우드 서비스 중 아마존의 AWS와 마이크로소프트의 애저AZURE, 구글의 GCP가 가장 유명합니다. 2022년 1분기 기준 3사가 65%의 점유율을 가지고 있습니다.

▼ 주요 클라우드 서비스

▼ 클라우드 인프라 서비스 마켓 점유율[8]

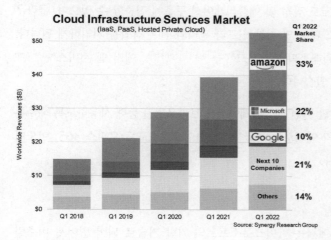

IDC와 클라우드 서비스를 구분짓는 큰 특징으로는 사용한 만큼 요금을 내는 것이 있습니다. 클라우드 서비스 제공자마다 다릅니다만, 대부분 1분 단위의 과금 기준을 가지고 있습니다. 실제로 서버 장비를 구매하여 유지보수하는 것보다는 비싼 편입니다만, 유저가 갑자기 몰리는 시간에 서버를 여러 대 더 띄워서 대응하거나 유저가 없을 때는 서버를 축소해서 비용을 아끼는 등의 전략이

---

8 https://www.srgresearch.com/articles/huge-cloud-market-is-still-growing-at-34-per-year-amazon-microsoft-and-google-now-account-for-65-of-all-cloud-revenues 단축url http://bit.ly/3KgHvUn

가능합니다. 그러므로 사용하지 않는 서버 자원을 적절히 종료해서 비용을 절감할 수 있습니다. 또는 유휴 자원의 서버를 저렴하게 사용할 수 있게 해주는 스팟 인스턴스(GCP에서는 스팟 VM) 서비스도 있어서 잘 사용하면 좋습니다.

클라우드 컴퓨팅의 유형

클라우드 서비스는 크게 3가지 유형이 있습니다. 서버 인프라 환경 서비스를 제공하는 IaaS^{Infrastructure as a Service}, 애플리케이션 개발 및 실행 환경을 제공하는 PaaS^{Platform as a Service}, 브라우저 기반으로 소프트웨어를 사용할 수 있게 하는 SaaS^{Software as a Service}입니다.

IaaS는 기존의 서버 환경의 인프라를 클라우드 서비스로 제공하는 것을 말합니다. 서버, 스토리지, 네트워킹과 같은 컴퓨팅 자원을 사용할 수 있습니다.

PaaS는 인프라를 구축할 필요 없이, 개발자가 코드만 작성하면 서버 환경이 구성되는 것을 의미합니다. PaaS를 사용하면 사용자는 코드 작성 및 애플리케이션 구축에 집중할 수 있으며, 클라우드 제공자는 서버 프로비저닝, 리소스 확장 및 기본 인프라 관리와 같은 작업을 처리하게 됩니다. 관련 서비스로 헤로쿠^{Heroku}, AWS 일래스틱 빈스토크^{AWS Elastic Beanstalk}, 애저 앱 서비스^{Azure App Service}, GCP의 앱 엔진^{App Engine} 등이 있습니다.

SaaS는 기존에는 패키지로 설치해야만 했던 애플리케이션을 브라우저를 통해 사용하도록 해주는 서비스를 의미합니다. SaaS 서비스의 예시로는 구글 독스, 마이크로소프트 오피스 365, 어도비 크리에이티브 클라우드 등이 있습니다.

클라우드 3사의 기능 비교표

기능적으로는 큰 차이가 없습니다. 애저는 마이크로소프트의 기반 기술로 되어 있어서 비주얼 스튜디오 등의 기능을 제공하는 점이나, GCP는 구글의 기술인 빅쿼리를 제공하는 등이 차이입니다.

▼ 클라우드 3사의 기능 비교표

기능	AWS	Azure	GCP
컴퓨팅	EC2, Elastic Beanstalk	Virtual Machines, AKS	Compute Engine, Kubernetes
스토리지	S3, EBS, Glacier	Blob Storage, ADLS	Cloud Storage, Cloud SQL
데이터베이스	RDS, DynamoDB, Redshift	Cosmos DB, Azure SQL	Cloud SQL, Bigtable
네트워킹	VPC, Route 53, Direct Connect	Virtual Network, ExpressRoute	Virtual Private Cloud, Cloud DNS
관리 & 거버넌스	IAM, CloudWatch, CloudFormation	Azure Policy, Azure Monitor	IAM, Stackdriver, Deployment Manager
인공지능, 머신러닝	SageMaker, Rekognition, Transcribe	Azure Machine Learning, Cognitive Services	Cloud AI Platform, Cloud ML Engine
사물 인터넷	IoT Core, Greengrass	IoT Hub, IoT Central	IoT Core, Cloud IoT Core
빅데이터	Redshift, Kinesis, EMR	HDInsight, Data Lake	BigQuery, Dataflow, Dataproc
개발자 툴	CodeStar, CodeCommit, CodeBuild	Azure DevOps, Visual Studio	Cloud SDK, Cloud Code, Cloud Build

비교를 위해 기능을 표로 만들어두긴 했습니다만, 노코드, 태스크 실행, 람다 등 훨씬 더 많은 기능들이 있습니다. 학습을 위해서는 각 클라우드 서비스의 웹사이트를 참고하는 것이 좋습니다. 백엔드 개발을 하고 있다면 필연적으로 사용하게 되는 것이 클라우드 서비스입니다. 가장 점유율이 높은 AWS를 기준으로 학습을 하거나, 회사에서 사용하는 클라우드 서비스를 중심으로 학습을 해보는 것이 좋습니다. 자원을 사용하는 만큼 비용이 청구되니, 학습 후에는 꼭 자원을 정리하는 것을 잊지 마세요.

1.7 자바스크립트 생태계

자바스크립트는 1995년에 넷스케이프에서 HTML을 동적으로 표현할 목적으로 만든 모카Mocha라는 이름의 스크립트 프로그래밍 언어로 탄생했습니다. 시작은 웹브라우저를 위한 언어였습니다. 자바스크립트의 구조와 기능은 ECMAScript(ECMA-262)에 정의되어 있습니다. ECMAScript는 스크립트 언어의 기본 규격을 정의한 국제 표준입니다. ECMAScript의 최신 버전은

ECMAScript 2021(ES11)이고, 이를 지원하는 최신 웹브라우저는 ECMAScript의 새로운 기능을 지원합니다. 과거에는 브라우저에서만 실행되는 언어로 취급되었지만, Node.js와 같은 런타임 환경이 출현하면서부터는 백엔드에서도 쓸 수 있게 되었습니다. 2023년 현시점에서 자바스크립트는 프론트엔드, 백엔드, 인프라, 서버리스, 앱 개발 등 안 쓰이는 곳이 거의 없는 범용 프로그래밍 언어로 자리잡았습니다. 프로그래밍 순위를 매기는 티오베[tiobe] 사이트에서는 2021년부터 7위의 자리를 지켜오고 있습니다.

▼ 2022년 11월 TIOBE 지수

Nov 2022	Nov 2021	Change		Programming Language	Ratings	Change
1	1			Python	17.18%	+5.41%
2	2			C	15.08%	+4.35%
3	3			Java	11.98%	+1.26%
4	4			C++	10.75%	+2.46%
5	5			C#	4.25%	-1.81%
6	6			Visual Basic	4.11%	-1.61%
7	7			JavaScript	2.74%	+0.08%
8	8			Assembly language	2.18%	-0.34%
9	9			SQL	1.82%	-0.30%
10	10			PHP	1.69%	-0.12%

자바스크립트는 생태계가 아주 튼튼하고 풍성합니다. 프로그래밍 언어를 선택할 때 해당 언어의 개발 환경의 성숙도는 탄탄한 생태계를 갖추고 있는지로 알 수 있습니다. 패키지 매니저, 빌드 자동화 도구, 코드 편집기, 프레임워크, 백엔드 개발 환경, 인프라 이렇게 6가지 항목으로 자바스크립트 개발 환경이 잘 준비되어 있는지 알아봅시다.

1.7.1 패키지 매니저

패키지 매니저는 npm과 yarn[안]이 대표적입니다. npm은 Node.js를 설치하면 자동으로 설치됩니다. npm은 용량 문제, 패키지 내려받기 속도 문제, 보안 문제를 가지고 있어서, 이런 한계를 개선한 yarn을 사용하기도 하고 사람에 따라서는 심볼릭 링크를 사용해서 npm의 문제를 해결한 pnpm을 사용하기도 합니다. npm에 대해서는 4장에서 더 자세하게 다룹니다.

1.7.2 빌드 도구

놀랍게도 자바스크립트에는 빌드 도구가 매우 많습니다. 예전에는 자바스크립트 라이브러리를 사용할 때 (즉 임포트할 때) 〈script〉 태그를 사용했지만, 최근에는 빌드 도구를 사용해 자바스크립트 코드를 하나의 파일 혹은 여러 파일로 뭉쳐주는 번들링 작업을 하고 번들링된 스크립트를 포함시키는 방식을 일반적으로 사용합니다. 이런 빌드 도구 중 가장 유명한 것은 웹팩webpack입니다. 웹팩은 다양한 모듈 시스템을 잘 지원해줍니다. 대신 느립니다. ES6 이후에는 표준 모듈 시스템이 있기 때문에 최근에 만든 빌드 도구들인 ESBuild, Vite 등은 ESM만 지원하며 웹팩에 비해 속도가 빠르고 편리한 기능이 더 추가되어 있습니다. 빌드 도구는 아직 표준화가 되지는 않아 많은 소프트웨어가 서로 경쟁하며 더 좋은 빌드 도구가 계속 나오고 있는 상황입니다.

1.7.3 개발 도구

과거에는 자바스크립트 개발을 하려면 서브라임 텍스트Sublime Text 같은 단순한 기능만을 가진 범용 도구를 사용했지만, 현재는 굉장히 많은 편의 기능을 제공하는 도구가 자바스크립트를 지원합니다. 대표적으로 마이크로소프트가 만든 비주얼 스튜디오 코드(이하 VSCode)가 있습니다. VSCode[9]는 에디터 자체도 일렉트론[10]으로 만들어서 자바스크립트의 슈퍼셋인 타입스크립트 코드가 대거 포함되어 있습니다. 다른 개발 도구로 젯브레인 사의 웹스톰WebStorm도 있습니다. 자바스크립트 디버깅, 단위 테스팅뿐 아니라 자바스크립트 특화된 기능도 대거 지원합니다.

> **슈퍼셋(superset)**
>
> 타입스크립트가 자바스크립트의 슈퍼셋이라는 의미는 타입스크립트는 자바스크립트의 기본 구문을 그대로 사용하면서, 자바스크립트가 지원하지 않는 추가적인 기능(정적 타입 시스템, 인터페이스, 추상 클래스 등)을 제공한다는 뜻입니다.

1.7.4 웹 프레임워크

자바스크립트로 만든 웹 프레임워크는 정말 너무나 많습니다. 프론트엔드 웹 프레임워크로는 리액트React와 Vue.js가 널리 쓰입니다. 최근에는 스벨트Svelte가 신흥 강자로 떠오르고 있습니다. 백엔드 웹 프레임워크로는 익스프레스Express와 NestJS가 널리 쓰입니다. Node.js 초창기에는 익스프

---

9 https://github.com/microsoft/vscode

10 Electron. 자바스크립트로 크로스 플랫폼 데스크톱 앱을 만드는 프레임워크. https://www.electronjs.org/

레스가 단짝이었습니다. 최근 NestJS가 출현하면서 빠르게 서비스를 만들 때는 익스프레스를, 팀으로 협업하면서 규모 있는 서비스를 만들 때는 NestJS를 채택하는 일이 많아졌습니다. 그래서 자바스크립트 백엔드 개발자라면 둘 다 다룰 줄 알아야 합니다. 익스프레스는 2장~7장에서, NestJS는 8~13장에서 더 깊게 살펴볼 수 있습니다. 자바스크립트는 프론트엔드, 백엔드뿐 아니라 앱 개발에서도 사용됩니다. 대표적인 프레임워크로 리액트 네이티브[React Native]와 일렉트론이 있습니다.

▼ 대표적인 백엔드 웹 프레임워크

1.7.5 백엔드 개발 환경

자바스크립트는 프론트엔드 언어로 시작했지만 Node.js 이후로 백엔드에서도 많이 사용됩니다. 가장 유명한 백엔드 런타임 환경은 Node.js입니다. 2023년 10월 현재 21.1.0 버전까지 나왔으며 계속 업데이트되고 있습니다. 다음으로 최근에 나온 개발 환경인 디노[Deno][11]가 있습니다. 디노의 개발자는 Node.js를 만든 라이언 달[Ryan Dahl]입니다. Node.js에서 개선하지 못했던 부분들을 더욱 개선해 만들었다고 말합니다. 디노가 상당히 좋은 자바스크립트 런타임인 것은 분명하지만 아직까지는 Node.js가 압도적으로 많이 사용되고 있습니다. 최근에는 npm을 지원하는 등 기존 Node.js의 생태계와 호환성을 높여서 Node.js 개발자들도 Deno를 사용하도록 유도합니다. 아직 호환성 문제 등 해결해야 하는 과제가 남아 있습니다. 개인적으로는 Node.js보다는 디노가 조금 더 일관된 개발 경험을 준다고 생각합니다. 관심 있는 독자는 작은 프로젝트부터 디노를 적용해보는 것도 좋을 것 같습니다.

1.7.6 인프라

자바스크립트로 인프라를 관리할 수 있을까요? 풀루미[pulumi][12]는 자바스크립트 코드로 클라우드 환경 기반에서 인프라를 관리하도록 해줍니다. 개인 용도로 사용하면 무료, 기업용으로 사용하면 유료입니다.

---

11 https://deno.land/
12 https://www.pulumi.com/what-is/javascript-and-infrastructure-as-code/

백엔드 개발자가 되려면 알아야 하는 최소한의 지식을 거시적인 관점에서 알아보았습니다. 굉장히 많은 용어가 등장해 아마 정신이 없을 수도 있습니다. 우선은 이런 것이 있구나 하고 훑고 지나가 주세요. 이 책을 다 읽고 나서 다시 한번 1장을 읽으며 이어서 무엇을 더 공부할지 참고해주세요.

핵심 용어

1 **프로토콜**은 컴퓨터 네트워크에서 컴퓨터가 서로 정보를 주고받을 수 있도록 규정한 규칙을 말합니다.

2 **데이터베이스**는 검색과 축적이 쉽도록 정리된 데이터의 모음 혹은 데이터를 의미하며 데이터베이스 애플리케이션 자체를 의미하기도 합니다.

3 **클라우드**는 인터넷 기반으로 제공하는 컴퓨팅 환경입니다. 인프라를 구축하는 IaaS, 애플리케이션 개발만 하면 되는 PaaS, 기존 패키지 소프트웨어를 브라우저에서 사용할 수 있게 한 SaaS 등이 있습니다.

4 **패키지 매니저**는 애플리케이션에 의존적인 패키지를 관리(설치, 삭제, 업데이트)하는 프로그램입니다.

5 **프레임워크**는 소프트웨어의 설계와 구현을 재사용이 가능하게끔 정리된 형태로 제공하는 것을 말합니다.

6 **인프라**는 하드웨어, 소프트웨어, 네트워크 등 애플리케이션 구축에 필요한 자원을 뜻합니다.

7 **소스 코드 관리 시스템**은 소스 코드의 버전 관리, 소스 코드의 추적 및 관리, 소스 코드의 공동 작업 등을 지원하는 시스템입니다.

8 **풀 리퀘스트**Pull Request, PR는 코드 공동 작업 시 소스 코드 수정 사항을 공유하기 위한 요청입니다. 저장소 관리자는 풀 리퀘스트를 검토해 저장소에 병합할지 여부를 결정합니다.

1 인터넷에서 주로 HTML 문서를 주고받는 데 사용하는 텍스트 기반 통신 규약(프로토콜)을 무엇이라고 할까요?

2 데이터를 행row과 열column로 이루어진 테이블로 관리하며, 기본 키Primary key를 사용해 각 행을 식별하는 데이터베이스를 무엇이라고 할까요?

3 총체적이고 종합적이고 상세하게 개발을 준비하는 것을 무엇이라고 할까요?

4 트랜잭션의 특징을 ACID로 설명할 수 있습니다. ACID는 각각 무엇을 의미할까요?

5 클라우드 컴퓨팅의 유형 중, 서버 인프라 환경을 제공하는 것을 의미하는 단어를 선택해주세요.

❶ Paas   ❷ IaaS   ❸ SaaS   ❹ lambda   ❺ AWS

1 **정답** HTTP

2 **정답** 관계형 데이터베이스(RDB)

3 **정답** 《소프트웨어 아키텍처 101》에 나온 아키텍처의 정의이므로, 정답은 '아키텍처'입니다.

4 **정답** 각각 원자성(Atomicity), 일관성(Consistency), 격리성(Isolation), 내구성(Durability)을 의미합니다.

5 **정답** ❷ IaaS(Infrastructure as a Service)

레벨 2

Node.js와
Express로 백엔드
입문하기

최종 목표는 익스프레스^{Express}로 게시판을 만드는 능력을 습득하는 겁니다. 사용자 요구사항을 처리하고 반영하고 수정하는 게시판을 만들면 실무에 필요한 다양한 기술을 익힐 수 있습니다. 2장에서는 Node.js 동작 방식, 3장에서는 익스프레스로 웹 서버 만들기, 4장에서는 npm 사용 방법, 5장에서는 자바스크립트 비동기 처리 방법, 6장에서는 몽고디비를 다룹니다. 7장에서는 검색과 댓글 첨삭과 페이지네이션이 되는 게시판을 만듭니다.

02장

Node.js로
백엔드 입문하기

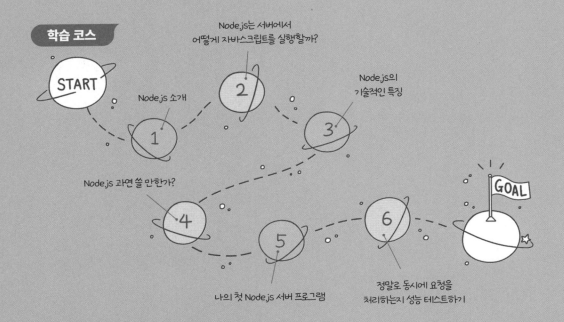

2.1 Node.js 소개

Node.js는 서버 측 자바스크립트 런타임 환경입니다. 라이언 달[1]이 2009년 오픈 소스로 공개했습니다. Node.js는 브라우저 밖에서 자바스크립트를 사용하는 V8 엔진[2]을 사용합니다. Node.js 이전에는 논블로킹[3]/비동기[4] API를 서버 환경에 구현하는 데 상당한 노고가 필요했습니다. 동시 실행되는 스레드와 공유 자원을 프로그래머가 직접 만들고 관리해야 했기 때문입니다. 라이언 달은 이런 개발 환경을 논블로킹 감옥[5]이라고 표현했습니다. 비동기로 API를 제공하는 것이 편리하다고 생각한 라이언 달은 이벤트 기반Event-Driven 비동기 환경을 만들고 'JSConf EU2009[6]'에서 Node.js라는 자바스크립트 런타임 환경을 처음 소개했습니다.

2010년에는 npm이라는 패키지 매니저를 공개했습니다. 오늘날 최신 언어들은 모두 잘 만든 패키지 매니저를 가지고 있습니다만, 2010년에는 npm처럼 편리한 패키지 매니저가 거의 없었습니다. 2011년에 마이크로소프트와 조이언트Joyent가 협력해 윈도우 버전의 Node.js를 출시했습니다. 그 전까지는 리눅스와 맥OS만 지원했습니다.

2012년에 npm을 만든 아이작 슐레이터로, 2014년에 티모시 J. 퐁텐으로 프로젝트 리더가 바뀝니다. 2014년 12월에는 Node.js 개발을 주도하던 조이언트 사와 지배구조 문제가 생겨서 io.js라는 이름으로 프로젝트가 분리되었습니다. 2015년 9월 Node.js v0.12와 io.js v3.3이 Node.js v4.0으로 병합됩니다. 이후 JS 재단과 Node.js 재단이 오픈JSOpenJS 재단으로 합쳐져 오늘날까지 이어지고 있습니다.

2021년 스택오버플로 설문에 따르면 가장 많이 사용되는 웹 프레임워크[7] 기술에서 익스프레스(Node.js 기반 웹 서버)가 3위를 차지할 정도로 Node.js는 많이 사용됩니다. Node.js는 I/O에 대한 관점을 완전히 새롭게 해주었다는 점에서는 프로그래밍 발전에 중요한 역할을 했습니다.

---

1 라이언 달은 현재 디노(Deno)라는 타입스크립트 기반 서버 런타임 환경을 만듭니다. Node를 No와 de로 잘라서 순서를 바꾸면 Deno가 됩니다. 라이언이 Node.js 프로젝트를 떠나게 된 것은 아쉽지만, 계속해서 좋은 발명품을 만들어서 개발 생태계를 풍성하게 해주길 기대합니다.

2 https://v8.dev/blog

3 논블로킹은 함수 실행 완료를 기다리지 않고 다음 코드를 실행하는 것을 말합니다. 자세한 내용은 Node.js의 공식 문서를 확인해주세요. https://nodejs.org/ko/docs/guides/blocking-vs-non-blocking/. 단축url http://bit.ly/3KvpgMx

4 5장 '자바스크립트의 비동기 처리'에서 비동기를 다룹니다.

5 https://www.youtube.com/watch?v=F6k8lTrAE2g

6 https://www.youtube.com/watch?v=YVvQhZbCb6c

7 스택오버플로 2021 개발자 설문 https://insights.stackoverflow.com/survey/2021#most-popular-technologies-webframe. 단축url http://bit.ly/3lXVmGp

깊이보기 2.2 Node.js는 서버에서 어떻게 자바스크립트를 실행할까?

Node.js는 V8 자바스크립트 엔진과 libuv 및 C/C++에 의존성을 가진 자바스크립트 런타임입니다. 런타임은 자바스크립트로 된 프로그램을 실행할 수 있는 프로그램입니다. 예를 들어 자바 코드는 자바 실행 환경인 JRE^Java Runtime Environment 위에서 실행됩니다. C# 코드는 CLR^Common Language Runtime이라는 런타임에서 실행됩니다.

> **Note** 반면 C 언어는 런타임 없이 코드를 실행합니다. C 언어처럼 컴파일한 결과물이 특정 CPU의 기계어인 언어를 네이티브 언어라고 합니다.

브라우저 세상에서만 작동하던 자바스크립트가 어떻게 해서 서버에서도 작동할 수 있게 되었는지 Node.js의 구성요소와 구조를 살펴봅시다.

2.2.1 Node.js의 구성요소

Node.js의 소스 코드[8]는 C++와 자바스크립트, 파이썬 등으로 이루어져 있습니다. 구성요소는 다음과 같습니다(파이썬 코드는 빌드와 테스트에만 사용되므로 구성요소에서는 제외했습니다).

▼ Node.js의 구성요소

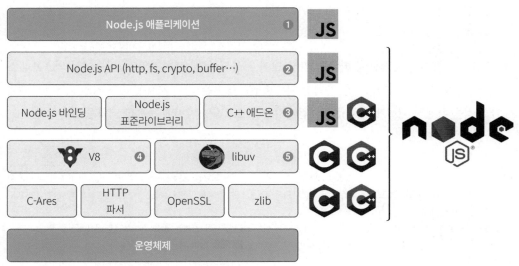

---

8   Node.js 소스 코드 URL : https://github.com/nodejs/node

Node.js는 각 계층이 각 하단에 있는 API를 사용하는 계층의 집합으로 설계되어 있습니다. 즉 ❶ 사용자 코드(자바스크립트)는 ❷ Node.js의 API를 사용하고, ❷ Node.js API는 Node.js에 바인딩되어 있는 소스이거나 직접 만든 ❸ C++ 애드온을 호출합니다. ❹ C++에서는 V8을 사용해 자바스크립트를 해석(JIT 컴파일러) 및 최적화하고 어떤 코드냐에 따라 C/C++ 종속성이 있는 코드를 실행합니다. 또한 DNS, HTTP 파서, OpenSSL, zlib 이외의 C/C++ 코드들은 ❺ libuv의 API를 사용해 해당 운영체제에 알맞은 API를 사용합니다.

Node.js의 구성요소 중 특히 V8과 libuv가 중요합니다. V8은 자바스크립트 코드를 실행하도록 해주고, libuv는 이벤트 루프 및 운영체제 계층 기능을 사용하도록 API를 제공합니다. V8과 이벤트 루프는 따로 다시 설명드리겠습니다. Node.js의 구성요소를 다음 표에 간략히 설명해두었습니다.

▼ Node.js의 구성요소

구성요소	설명
Node.js API(자바스크립트)	자바스크립트 API
Node.js 바인딩	자바스크립트에서 C/C++ 함수를 호출할 수 있게 합니다.
Node.js 표준 라이브러리(C++)	운영체제와 관련된 함수들. 타이머(setTimeout), 파일시스템(filesystem), 네트워크 요청(HTTP)
C/C++ 애드온	Node.js에서 C/C++ 소스를 실행할 수 있게 하는 애드온
V8(C++)	오픈 소스 자바스크립트 엔진. 자바스크립트를 파싱, 인터프리터, 컴파일, 최적화에 사용됩니다.
libuv(C++)	비동기 I/O에 초점을 맞춘 멀티플랫폼을 지원하는 라이브러리. 이벤트 루프, 스레드 풀 등을 사용합니다.
기타 C/C++ 컴포넌트	c-ares(DNS), HTTP 파서, OpenSSL, zlib

2.2.2 자바스크립트 실행을 위한 V8 엔진

V8[9]은 C++로 만든 오픈 소스 자바스크립트 엔진입니다. '엔진'은 사용자가 작성한 코드를 실행하는 프로그램을 말합니다. 엔진은 파서, 컴파일러, 인터프리터, 가비지 컬렉터, 콜 스택,

> **가비지 컬렉터(garbage collector)**
> 메모리 누수를 방지하기 위해 주기적으로 사용하지 않는 메모리 공간을 회수하는 기능입니다.

---

9 https://chromium.googlesource.com/v8/v8.git

힙으로 구성되어 있습니다. V8 엔진은 자바스크립트를 실행할 수 있는 엔진이며, 인터프리터 역할을 하는 이그니션과 컴파일러 역할을 하는 터보팬을 사용해 컴파일합니다.

다음은 V8 엔진이 어떤 방식으로 자바스크립트 소스를 컴파일하는지 나타내는 그림입니다.

> **콜 스택(call stack)**
> 콜 스택은 현재 실행 중인 서브 루틴에 관한 정보를 저장하는 스택
>
> **힙(heap)**
> 힙은 객체나 동적 데이터가 저장되는 메모리 공간. 자료구조의 힙이 아닙니다.

▼ V8 엔진의 자바스크립트 코드 컴파일 단계

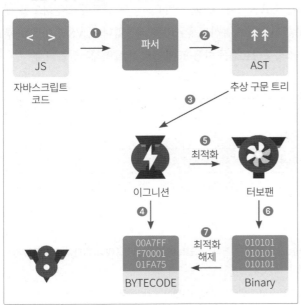

자바스크립트 코드는 ❶ 파서에 전달되어 → ❷ 추상 구문 트리로 만들어집니다. 이후 ❸ 이그니션 인터프리터에 전달되면 → 이그니션은 추상 구문 트리를 ❹ 바이트 코드로 만듭니다. ❺ 최적화가 필요한 경우이면 터보팬으로 넘깁니다. 그러면 ❺ 터보팬에서 컴파일 과정을 걸쳐서 ❻ 바이너리 코드가 됩니다. 최적화가 잘 안 된 경우는 ❼ 다시 최적화를 해제하고 이그니션의 인터프리터 기능을 사용합니다.

이처럼 인터프리터와 컴파일러의 장점을 동시에 가지고 있는 프로그램을 JIT^just-in time^ 컴파일러라고 합니다. 속도가 빠르며, 적재적소에 최적화할 수 있다는 장점과 컴파일러와 인터프리터가 동시에 실행되어 메모리를 더 많이 쓴다는 단점이 있습니다.

▼ 이그니션과 터보팬의 특징 비교

이그니션 인터프리터 특징	터보팬 컴파일러의 특징
● 매우 빠른 초기화 ● 매우 컴팩트한 바이트 코드 생성 ● 자주 실행되지 않는 코드에 적합	● 매우 빠른 기계어 생성 ● 최적화 제공 ● 자주 실행되는 코드에 적합

2.2.3 이벤트 루프와 운영체제 단 비동기 API 및 스레드 풀을 지원하는 libuv

V8 엔진을 사용해서 서버에서 자바스크립트를 실행할 수 있다는 것을 이제 알았습니다. 그러면 Node.js는 HTTP, 파일, 소켓 통신 IO 기능 등 자바스크립트에는 없는 기능을 어떻게 제공하는 걸까요?

Node.js는 이 문제를 libuv라는 C++ 라이브러리를 사용해 해결합니다(libuv는 비동기 입출력, 이벤트 기반에 초점을 맞춘 라이브러리입니다). 그래서 자바스크립트 언어에서 C++ 코드를 실행할 수 있게 해두었습니다. 자바스크립트로 C++ 코드를 감싸서 사용합니다(C++ 바인딩이라고 합니다).

▼ libuv 아키텍처 [10]

libuv는 다양한 플랫폼에서 사용할 수 있는 이벤트 루프를 제공합니다(리눅스는 epoll, 윈도우는 IOCP, 맥OS는 kqueue, SunOS는 이벤트 포트). 또한 네트워크, 파일 IO, DNS, 스레드 풀 기능을 추가로 제공합니다. Node.js에서는 C++ 바인딩 기능으로 자바스크립트에서 libuv의 API를 사용합니다.

2.2.4 Node.js 아키텍처

지금까지 Node.js를 구성하는 주요한 항목을 살펴보았습니다. 요약하면 Node.js는 자바스크립트 코드 실행에 필요한 런타임으로 V8 엔진을 사용하고, 자바스크립트 런타임에 필요한 이벤트 루프 및 운영체제 시스템 API를 사용하는 데는 libuv 라이브러리를 사용합니다. Node.js 애플리케

---

10 http://docs.libuv.org/en/v1.x/design.html

이션의 코드가 어떻게 실행되는지를 살펴봅시다.

▼ Node.js 아키텍처

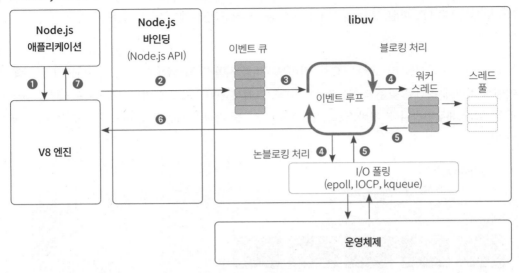

❶ 애플리케이션에서 요청이 발생합니다. V8 엔진은 자바스크립트 코드로 된 요청을 바이트 코드나 기계어로 변경합니다. ❷ 자바스크립트로 작성된 Node.js의 API는 C++로 작성된 코드를 사용합니다. ❸ V8 엔진은 이벤트 루프로 libuv를 사용하고 전달된 요청을 libuv 내부의 이벤트 큐에 추가합니다. ❹ 이벤트 큐에 쌓인 요청은 이벤트 루프에 전달되고, 운영체제 커널에 비동기 처리를 맡깁니다. 운영체제 내부적으로 비동기 처리가 힘든 경우(DB, DNS 룩업, 파일 처리 등)는 워커 스레드에서 처리합니다. ❺ 운영체제의 커널 또는 워커 스레드가 완료한 작업은 다시 이벤트 루프로 전달됩니다. ❻ 이벤트 루프에서는 콜백으로 전달된 요청에 대한 완료 처리를 하고 넘깁니다. ❼ 완료 처리된 응답을 Node.js 애플리케이션으로 전달합니다.

Node.js는 싱글 스레드라고 했는데, 워커 스레드가 있으면 싱글 스레드가 아니지 않나요?

Node.js의 이벤트 루프 부분이 싱글 스레드이고, 운영체제에서 비동기 I/O를 지원하지 않거나 구현이 복잡한 경우는 libuv 내부의 스레드 풀을 사용합니다. 즉 Node.js의 프로세스는 이벤트 루프에 사용하는 싱글 스레드 하나와 비동기 처리를 지원하는 스레드 풀로 구성되어 있습니다.

2.3 Node.js의 기술적인 특징

Node.js 이전의 자바스크립트는 브라우저에서 주로 실행되는 언어였습니다. 브라우저에는 V8 같은 자바스크립트 엔진이 들어 있습니다. 언어 자체가 싱글 스레드이고, 이벤트 기반^{event driven} 아키텍처입니다. 따라서 자바스크립트 런타임인 Node.js도 자연스럽게 싱글 스레드로 구현되고 이벤트 기반 아키텍처를 구현했습니다. 이번 절에서는 이러한 Node.js의 기술적인 특징을 알아봅시다.

2.3.1 싱글 스레드

자바스크립트 엔진(V8)은 자바스크립트를 실행하는 힙과 콜 스택을 가지고 있습니다. 그리고 싱글 스레드로 실행됩니다. 싱글 스레드라는 이야기는 콜 스택이 하나만 있다는 말입니다. 콜 스택이 하나이므로 한 번에 하나의 작업만 가능합니다.

간단한 코드로 콜 스택 동작을 알아봅시다.

▼ 싱글 스레드의 콜 스택

▼ 콜 스택 예제

chapter2/callstack.js

```
function func1() {
  console.log("1");
  func2();
  return;
}

function func2() {
  console.log("2");
  return;
}

func1();
```
```
1
2
```

func1(), func2() 함수 2개가 있습니다. 코드에서는 func1()만 실행하고 func1()에서는 1을 출력 후 func2()를 실행합니다. 1과 2와 출력될 때까지 콜 스택에는 어떤 일이 일어나는지 알아봅시다.

▼ 콜 스택 작동 예시

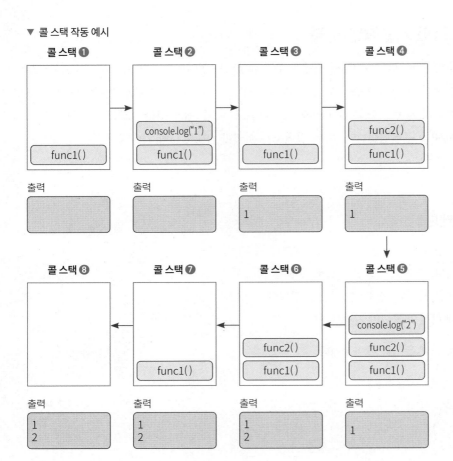

❶ 코드에서 func1()을 최초로 실행하므로 func1()이 콜 스택에 추가됩니다. ❷ func1() 함수 몸체 첫 번째 줄에 있는 console.log("1")이 콜 스택에 추가됩니다. ❸ console.log("1") 함수 가 실행 완료되어 1이 출력되고, console.log("1") 함수는 콜 스택에서 제거됩니다. ❹ 콜 스택에 func2() 함수가 추가됩니다. ❺ func2()에 있는 console.log("2") 함수가 콜 스택에 추가됩니다. ❻ console.log("2") 함수가 실행 완료되어 2가 출력되고, console.log("2") 함수는 콜 스택에서 제거됩니다. ❼ 함수 func2()의 return이 실행되어 종료되고, 콜 스택에서 제거됩니다. ❽ 함수 func1()의 return이 실행되어 종료되고, 콜 스택에서 제거됩니다.

콜 스택이 어떤 것인지 이해했으니, 비동기 처리로 넘어가봅시다.

2.3.2 이벤트 기반 아키텍처

Node.js처럼 싱글 스레드로 요청을 처리하는 서버가 있습니다. 한 번에 하나를 처리하는 서버에 0.1초가 걸리는 요청이 동시에 100개가 온다면 마지막에 요청한 사람은 10초를 기다려야 응답을 받을 수 있습니다. 멀티 스레드를 지원하는 언어라면 스레드를 100개 만들어서 동시에 처리할 수 있지만 싱글 스레드인 자바스크립트는 그렇게 할 수 없습니다. 어떻게 하면 요청을 하나의 스레드로 동시에 처리할 수 있을까요?

▼ 싱글 스레드에 100개의 요청을 동시에 보냈을 때

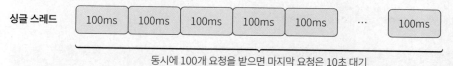

방법은 이벤트 기반 아키텍처를 적용하는 겁니다. 콜 스택에 쌓인 작업을 다른 곳에서 처리한 다음 처리가 완료되었을 때 알림을 받으면 스레드가 하나라도 빠르게 처리할 수 있습니다.

예를 들어 커피숍을 들 수 있습니다. 카운터에서 주문을 완료하면 주문은 제조를 하는 직원에게 건네집니다. 카운터는 커피가 나올 때까지 기다리지 않고 다음 고객의 주문을 받습니다. 진동벨을 받은 고객은 진동벨이 울릴 때까지 기다렸다가 울리면 주문한 음료를 받아갑니다. 이때 줄을 섰던 순서와는 다르게 빠르게 제조된 음료가 먼저 나올 수 있습니다.

이런 방식으로 처리하는 것이 이벤트 기반 아키텍처입니다. Node.js에서는 동시 요청을 어떻게 처리하는지 알아봅시다.

▼ Node.js의 이벤트 기반 아키텍처

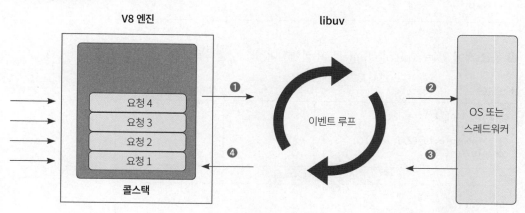

자바스크립트 코드는 ❶ V8의 콜 스택에 쌓이고 I/O 처리가 필요한 코드는 이벤트 루프로 보내게 됩니다. ❷ 이벤트 루프에서는 말그대로 루프를 실행하면서 운영체제 또는 스레드 워커에 I/O 처리를 맡기게 됩니다. ❸ 스레드 워커와 운영체제는 받은 요청에 대한 결과를 이벤트 루프로 돌려주고 ❹ 이벤트 루프에서는 결괏값에 대한 코드를 콜 스택에 다시 추가합니다.

전반적인 동작을 확인했으니 이번에는 간단한 코드를 사용해 이벤트 루프를 살펴봅시다.

▼ 콜 스택과 이벤트 루프

chapter2/callstackWithEventloop.js

```
console.log("1");
setTimeout(() => console.log(2), 1000);
console.log("3");
```
```
1
3
(1초 후)
2
```

❶ 소스 코드의 첫 번째 라인을 읽어서 콜 스택에 console.log("1") 함수가 추가됩니다.

소스 코드

```
console.log("1");
setTimeout(
() => console.log(2), 1000);
console.log("3");
```

콜 스택

console.log("1");

Node.js API

출력

태스크 큐

❷ 콜 스택에 있는 console.log("1")이 실행되어서 1이 출력됩니다.

소스 코드

```
console.log("1");
setTimeout(
() => console.log(2), 1000);
console.log("3");
```

콜 스택

Node.js API

출력

1

태스크 큐

❸ 콜 스택에 setTimeout()이 추가됩니다.

소스 코드
```
console.log("1");
setTimeout(
() => console.log(2), 1000);
console.log("3");
```

콜 스택

> setTimeout(...)

Node.js API

출력
```
1
```

태스크 큐

❹ setTimeout()은 Node.js API입니다. 주어진 시간 동안 대기합니다.

소스 코드
```
console.log("1");
setTimeout(
() => console.log(2), 1000);
console.log("3");
```

콜 스택

Node.js API

> setTimeout(...)

출력
```
1
```

태스크 큐

❺ setTimeout()이 기다리는 동안 console.log("3")을 콜 스택에 추가합니다.

소스 코드
```
console.log("1");
setTimeout(
() => console.log(2), 1000);
console.log("3");
```

콜 스택

> console.log("3");

Node.js API

> setTimeout(...)

출력
```
1
```

태스크 큐

❻ console.log("3")을 실행해서 3을 출력합니다.

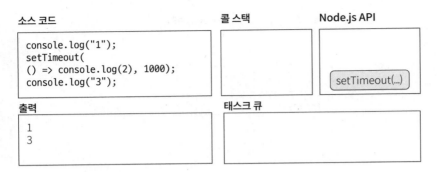

❼ 지정된 시간이 지나고 Node.js API에서 setTimeout()을 이벤트 루프의 태스크 큐로 추가합니다.

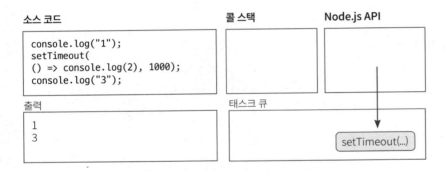

❽ 태스크 큐에 추가된 setTimeout()을 이벤트 루프의 각 단계를 진행하면서 콜 스택에 다시 추가합니다.

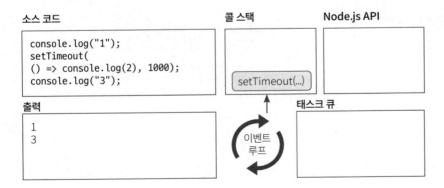

❾ 콜 스택에 추가한 setTimeout()을 실행해 2를 출력합니다.

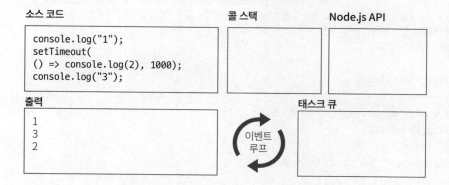

소스 코드	콜 스택	Node.js API

```
console.log("1");
setTimeout(
() => console.log(2), 1000);
console.log("3");
```

출력

```
1
3
2
```

이벤트
루프

태스크 큐

> **Note** setTimeout()의 두 번째 인수로 0을 넣어도 똑같은 결과가 나옵니다. Node.js API 영역에서 기다리는 시간이 0
> 일뿐 태스크 큐에 추가하고 이벤트 루프를 통해서 콜 스택에 추가하는 것은 동일하기 때문입니다. 궁금하면 인수값을 0으
> 로 변경해서 실행 결과가 같은지 살펴보세요.

Node.js는 오래 걸리는 일을 이벤트 루프에 맡긴다는 사실을 알게 되었습니다. 이벤트 기반 아키
텍처를 구현했기에, 10ms인 요청이 동시에 100개가 오더라도 Node.js는 그 요청을 거의 동시에
처리할 수 있습니다. 실제로 100개 요청을 동시에 처리하는지 2.6절 '정말로 동시에 요청을 처리
하는지 성능 테스트하기'에서 테스트합니다. 지금까지 이벤트 기반 아키텍처가 Node.js에 어떤 방
식으로 적용되었는지 알아보았습니다. 다음 절에서는 이벤트 루프를 더 자세하게 알아보겠습니다.

2.3.3 이벤트 루프

Node.js에서는 이벤트 기반 아키텍처를 구축하는 데 반응자 패턴reactor pattern을 사용했습니다.
반응자 패턴은 이벤트 디멀티플렉서와 이벤트 큐로 구성됩니다. 반응자 패턴은 이벤트를 추가하
는 주체와 해당 이벤트를 실행하는 주체를 분리decoupling하는 구조입니다. 반응자 패턴에서 이벤
트 루프는 필수입니다. Node.js의 이벤트 루프는 libuv에 있습니다. 각 운영체제의 계층(IOCP,
kqueue, epoll, 이벤트 포트)을 추상화한 기능을 제공합니다. libuv 소스[11] 파일의 uv_run() 함
수를 살펴보면 다음과 같은 while문을 사용해 반복 실행합니다.

---

[11] https://github.com/libuv/libuv/blob/v1.x/src/unix/core.c

▼ libuv의 이벤트 루프 구현 코드 일부

https://github.com/libuv/libuv/blob/v1.x/src/unix/core.c

```c
int uv_run(uv_loop_t* loop, uv_run_mode mode) {
  r = uv__loop_alive(loop);
  if (!r)
      uv__update_time(loop);

  while (r != 0 && loop->stop_flag == 0) {
      uv__update_time(loop);
      uv__run_timers(loop);
      ran_pending = uv__run_pending(loop);
      uv__run_idle(loop);
      uv__run_prepare(loop);
      uv__io_poll(loop, timeout);
      uv__metrics_update_idle_time(loop);
      uv__run_check(loop);
      uv__run_closing_handles(loop);
    r = uv__loop_alive(loop);
  }
```

▼ Node.js 이벤트 루프의 흐름 [12]

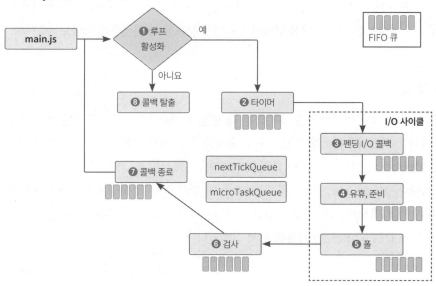

---

12 https://www.voidcanvas.com/nodejs-event-loop/

이벤트 루프는 여러 개의 FIFO 큐로 이루어져 있습니다. 각 단계를 돌면서 각 큐에 쌓인 이벤트를 모두 처리합니다. ❶ 이벤트 루프의 시작 및 각 반복^{iteration}의 마지막에 루프가 활성화 상태인지 체크합니다. ❷ 타이머 단계에서는 타이머 큐^{timer queue}를 처리합니다. setTimeout(), setInterval()을 여기서 처리합니다. ❸ 펜딩^{pending} I/O 콜백 단계에서는 다음 반복^{iteration}으로 연기된 콜백을 처리합니다. ❹ 유휴^{Idle}, 준비^{prepare} 단계는 내부적으로만 사용됩니다. ❺ 폴^{Poll} 단계에서는 새로운 연결(소켓 등)을 맺고, 파일 읽기 등의 작업을 합니다. 각 작업은 비동기 I/O를 사용하거나 스레드 풀을 사용합니다. ❻ 검사^{check} 단계에서는 setImmediate()를 처리합니다. ❼ 종료 콜백 단계에서는 콜백의 종료 처리(파일 디스크립터 닫기 등)를 합니다.

여기서 nextTickQueue와 microTaskQueue는 조금 특별한 장치입니다. 번호를 매겨놓지 않은 이유는 각 단계의 사이마다 nextTickQueue와 microTaskQueue에 있는 작업을 먼저 실행하기 때문입니다. 즉 타이머 단계가 끝나면 nextTickQueue와 microTaskQueue를 실행합니다. 또한 펜딩 I/O 콜백 단계가 끝나면 그 사이에 쌓인 nextTickQueue와 microTaskQueue를 실행합니다. 따라서 nextTickQueue와 microTaskQueue에 코드를 추가하면 조금은 우선순위가 올라갑니다. Node.js의 process.nextTick() 함수로 nextTickQueue에 작업을 추가할 수 있습니다. microTaskQueue에는 Promise로 만든 콜백 함수가 추가됩니다. Promise는 비동기 함수를 동기 함수처럼 사용하는 객체입니다(5.3절 'Promise 객체' 참조). nextTickQueue가 microTaskQueue보다 우선순위가 높습니다. 즉 process.nextTick()으로 작성된 코드가 Promise로 작성된 코드보다 먼저 실행됩니다.

콜 스택이 하나지만, 이벤트 동시 처리를 어떻게 하는지 살펴보았습니다. 이벤트 루프에서 운영체제의 비동기 I/O 기능을 사용하거나, 또는 스레드 풀을 사용해서 모든 작업을 비동기로 처리했습니다. 이벤트 루프에서는 여러 큐를 사용해 특정 우선순위대로 작업들을 처리해줍니다.

2.4 Node.js 과연 쓸 만한가?

Node.js를 사용하면 자바스크립트로 고성능 서버를 손쉽게 개발할 수 있습니다. 그래서 프론트엔드 개발자가 백엔드 개발에 입문하고 싶을 때, 자바스크립트를 사용하면 새로운 언어를 배우지 않고 서버를 개발할 수 있습니다. 페이팔, 넷플릭스, 우버, 링크드인, 나사, 네이버는 Node.js를 실제 상용 서비스에서 사용합니다. 그 외에도 많은 회사가 Node.js로 서비스를 합니다. 우려하지 않아도 될 정도로 Node.js 서버는 견고하다고 보아도 좋습니다.

CPU 사용량이 많은 작업을 하는 서버가 아니라면, 굉장히 적은 메모리로 아주 좋은 성능을 낼 수 있습니다. 또한 Node.js는 마이크로서비스와 클라우드 환경에도 적합합니다. 메모리를 적게 사용하며 CPU 성능에 크게 좌우되지 않아서 비용을 절약할 수 있기 때문입니다.

다만 Node.js가 장점만 있는 것은 아닙니다. 랭킹이나 매칭 등 CPU를 많이 사용해야 하는 서비스에는 Node.js가 적합하지 않습니다. 비동기 프로그래밍에 익숙하지 않다면, 이 또한 허들이 될 수 있습니다.

▼ Node.js의 장점과 단점

장점	단점
● 비동기 이벤트 기반 IO를 사용해 동시에 여러 요청을 다루기가 용이함	● 기본적으로는 CPU를 하나만 사용하므로 멀티코어를 사용하려면 별도의 작업이 필요함
● 자바스크립트를 사용해 프론트엔드 개발자의 백엔드 진입이 용이함	● 비동기를 지원하지 않는 IO 요청이나 CPU 작업은 주의해서 작업해야 함
● 클라이언트와 같은 언어를 사용하면 서버의 코드에 사용된 로직을 클라이언트에서도 사용할 수 있음	● 콜백을 중첩해서 계속 사용하면 코드 작성 및 디버깅이 힘들어짐
● 개발자 생태계가 잘 구성되어 있어서, 패키지 매니저에서 필요한 대부분을 제공함	● 이벤트 기반으로 프로그래밍을 해본 적이 없다면 코드 작성이 타 언어에 비해 상대적으로 어려울 수 있음
● V8 엔진이 JIT 컴파일러이므로 서버 기동이 빠름	

2.5 나의 첫 Node.js 서버 프로그램

드디어 나만의 Node.js 프로그램을 만들 차례입니다. "hello Node.js"를 출력하는 아주 간단한 서버를 만들어봅시다.

2.5.1 hello.js 파일 생성 및 실행

To do 01 임의의 디렉터리에 hello.js 파일을 하나 만들고 다음과 같이 입력합시다.

▼ 나의 첫 서버 프로그램

chapter2/hello.js

```
const http = require("http");      // ❶ http 객체 생성
let count = 0;
```

```
const server = http.createServer((req, res) => { // ❷ 서버 객체 생성
  log(count);                                      // ❸ 카운트 1 증가
  res.statusCode = 200;                            // ❹ 결괏값 200
  res.setHeader("Content-Type", "text/plain");     // ❺ 헤더 설정
  res.write("hello\n");                            // ❻ 응답값 설정
  setTimeout(() => {
    res.end("Node.js");             ── // ❼ 2초 후 Node.js 출력
  }, 2000);
});

function log(count) {
  console.log((count += 1));
}

server.listen(8000, () => console.log("Hello Node.js")); // ❽ 8000번 포트로 서버 실행
```

02 비주얼 스튜디오 코드에서 실행은 `Ctrl+F5` 를 누른 후 [Node.js]를 선택하면 됩니다. [DEBUG CONSOLE]에 "Hello\nNode.js"가 출력되면 성공입니다. 브라우저에서 http://localhost:8000/으로 접속하면 코드 작성

의도와 다르게 2초 후에 "Hello\nNode.js"가 출력됩니다. 잠시 후 2.5.2절에서 curl를 사용해 의도한 동작을 확인하는 방법을 알려드릴 예정이니 우선은 이대로 넘어가주세요. 코드 한 줄 한 줄의 의미를 살펴보겠습니다.

❶ const http = require("http");

require() 함수는 모듈을 읽어오는 함수입니다. http 모듈을 불러와서 http 변수에 할당했습니다. 모듈명과 변수명은 다르게 해도 문제는 없지만, 특별한 경우가 아니라면 위와 같이 이름 짓는 것이 관행입니다.

❷ const server = http.createServer(callback);

createServer()는 서버 인스턴스를 만드는 함수입니다. 인수로는 콜백 함수를 받는데, 콜백 함수에서는 http 서버로 요청이 들어오면 해당 요청을 처리할 함수를 설정합니다. 콜백 함수는 요청 처리에 사용할 요청(req)과 응답(res) 객체를 인수로 받습니다.

❸ log(count);

전역 변수 count를 사용해 요청에 대한 로그를 간단하게 남깁니다.

❹ res.statusCode = 200

요청에 대한 상태 코드를 200으로 설정합니다. http 프로토콜에서 200은 성공이라는 의미입니다. 주요 상태 코드는 다음 표에서 확인할 수 있습니다.[13]

▼ 주요 상태 코드

코드	메시지	설명
200	OK	요청 처리 성공
301	Moved Permanently	요구한 데이터를 변경된 URL에서 찾음
304	Not modified	클라이언트의 캐시에 저장되어 있음
400	Bad Request	요청 실패. 클라이언트의 요청에 문제가 있음
403	Forbidden	접근 금지
404	Not Found	페이지를 찾을 수 없음
405	Method not allowed	요청한 메서드가 허용되어 있지 않음
408	Request timeout	요청 시간이 지남
500	Internal Server Error	서버 에러
501	Not Implemented	필요한 기능이 서버에 구현되어 있지 않음
502	Bad gateway	게이트웨이 상태가 좋지 않음
503	Service Unavailable	서버가 사용 불가 상태임

❺ res.setHeader("Content-Type", "text/plain")

HTTP는 요청/응답에 대한 부가 정보를 설정할 수 있습니다. 부가 정보는 header에 설정하게 되는데, 여기서는 콘텐츠 타입을 'text/plain'으로 설정했습니다. 콘텐츠 타입은 해당 콘텐츠가 어떤 형태의 데이터인지를 나타냅니다. text/plain은 '텍스트를 평문으로 해석하겠다'라는 뜻입니다. text/html이라면 텍스트를 html로 해석한다는 뜻이 됩니다. 이외에 자주 설정하는 헤더 정

---

13 더 자세한 내용은 위키백과(https://ko.wikipedia.org/wiki/HTTP_상태 코드)를 참조하세요.

보는 Accept, Accept-Charset, User-Agent, Referer 등이 있습니다. 자세한 정보는 'HTTP 프로토콜의 헤더 필드 정의'[14]에서 확인할 수 있습니다.

❻ res.write("hello\n")

응답으로 "hello\n"을 보내줍니다.

❼ setTimeout(( )⇒{res.end("Node.js")}, 2000)

setTimeout()은 콜백 함수와 숫자를 인수로 받습니다. 숫자는 밀리초이며 해당 시간이 지나면 콜백 함수를 실행합니다. 여기서는 2초 후 "Node.js"를 응답으로 주고 http 커넥션(연결)을 끝내는 동작을 합니다. setTimeout(), setInterval()과 같은 함수는 타이머를 사용합니다. 타이머는 libuv에서 제공하는 기능을 사용하며 이벤트 루프에서 콜 스택을 모니터링하면서 실행할 시점을 정합니다.

❽ server.listen(8000, ()⇒console.log("Hello Node.js"));

사용할 포트 번호를 8000번으로 지정합니다. 또한 IP가 생략되었으므로 기본값인 localhost 혹은 127.0.0.1로 서버에 접근할 수 있습니다.

포트 번호 더 자세히 알아보기

포트 번호는 16비트로 이루어져 있습니다. 포트 번호 0~1023번 포트를 사용하려면 루트 권한이 필요합니다. 반면 1024번에서 49151번의 구간은 기관이나 사업자들을 위해서 IANA(인터넷 할당 번호 관리기관)에 등록되어 있지만 슈퍼 유저 권한이 없이도 임의로 사용할 수 있습니다. 49152번에서 65535번의 구간은 일반 사용자들이 자유롭게 사용할 수 있습니다.

▼ 알려진 포트 번호

번호	설명	번호	설명
20	FTP 데이터 포트	21	FTP 제어 포트
22	SSH	23	텔넷 프로토콜
24	SMTP - 이메일 전송	53	DNS
70	고퍼 프로토콜	80	HTTP
88	커버로스 - 인증 에이전트	109	POP2
110	POP3	194	IRC
220	IMAP3 프로토콜	443	HTTPS

---

14 https://www.w3.org/Protocols/rfc2616/rfc2616-sec14.html

2.5.2 curl 내려받기 및 테스트해보기

예제 코드는 브라우저로도 테스트할 수 있지만, 더 정확하게 테스트하려면 curl이라는 프로그램이 있어야 합니다. 브라우저에서는 기본적으로 HTTP 프로토콜의 GET 요청만 확인할 수 있지만, curl을 사용하면 그외 다양한 방식의 요청(POST, DELETE, PUT 등)을 테스트할 수 있습니다. curl은 HTTP 프로토콜로 된 API를 확인할 때 가장 많이 사용하는 명령행 기반 프로그램입니다. 윈도우라면 curl을 내려받아봅시다(맥OS나 리눅스 사용자는 운영체제에 자체 내장되어 있으므로 04번부터 실습하세요).

To do **01** https://curl.se/windows/로 접속합니다.

02 본인 컴퓨터 사양에 알맞는 ❶ 파일(64bit 혹은 32bit)을 클릭해 내려받아서 ❷ 압축을 풉니다.

03 압축을 해제한 디렉터리 안에 [bin] 디렉터리가 있습니다. ❶ [bin] 안에 있는 curl.exe 파일을 복사해서 → ❷ [C:\Windows]에 붙여넣어주세요. 이때 관리자 권한이 필요합니다.

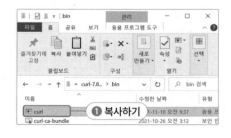

04 이제 터미널(혹은 명령행)에서 curl 명령으로 테스트합니다. 브라우저로 확인하면 2초 기다렸다가 hello Node.js

```
> curl localhost:8000
hello
Node.js  ◀── 2초 후에 Node.js가 찍힘
```

가 출력되지만, curl로 확인하면 hello가 찍힌 후 2초 후에 Node.js가 출력됩니다.

05 콘솔창을 2개 띄워서 Node.js의 특징인 논블로킹을 확인합니다. 첫 번째 요청이 끝나기 전에 빠르게 두 번째를 실행해주세요. 그러면 ❶ → ❷ → ❸ → ❹ 순서로 실행됩니다.

2.6 정말로 동시에 요청을 처리하는지 성능 테스트하기

개발 서버와 프로덕션 서버의 가장 큰 차이는 트래픽입니다. 로직을 잘 작성했는지는 개발하며 확인할 수 있습니다. 또한 성능이 어느 정도 나오는지는 성능 테스트를 해야 서버의 허용치를 가늠할 수 있습니다. 원하는 성능을 제공하는 일은 필수이기 때문입니다. 아무리 로직을 잘 작성해도 프로덕션 서버에서 성능이 나와주지 않아 장애가 발생한다면 사용자 입장에서는 기능 오류나 다름이 없습니다. 그래서 현업에서는 새로 만든 API 중 성능에 문제가 있을 것 같은 API들을 개별로 또는 섞어가면서 실제 유저의 트래픽이 들어오는 것처럼 테스트합니다. 서비스 규모가 커질수록 성능 테스트의 이점은 커집니다.

성능 테스트를 하는 도구로는 여러 가지가 있습니다만, 이 책은 독자가 자바스크립트를 안다고 가정하고 있으므로 자바스크립트 문법으로 성능 테스트가 가능한 K6(https://k6.io/) 도구를 소개합니다. K6 자체는 Go 언어로 만들었습니다만, 성능 테스트 스크립트는 자바스크립트(ES6)로 작성할 수 있습니다.

2.6.1 K6 설치

직접 빌드해서 설치하는 방법도 있습니다만, 각 운영체제의 패키지 매니저 사용을 추천드립니다.

맥OS에서 K6 설치하기

To do **01** 홈브루Homebrew를 이용해 설치합니다.

```
$ brew install k6
```

윈도우에서 K6 설치하기

To do **01** k6-latest-amd64.msi 파일을 받아서 설치를 진행해주세요.

- https://dl.k6.io/msi/

리눅스(데비안 기반)에서 K6 설치하기

To do **01** 우분투 같은 데비안 기반의 리눅스 배포판에서 다음 명령어로 설치합니다.

```
$ sudo apt-key adv --keyserver hkp://keyserver.ubuntu.com:80 --recv-keys C5AD17C7
47E3415A3642D57D77C6C491D6AC1D69
$ echo "deb https://dl.k6.io/deb stable main" | sudo tee /etc/apt/sources.list.d/
k6.list
$ sudo apt-get update
$ sudo apt-get install k6
```

2.6.2 K6로 성능 테스트 스크립트 작성하기

To do **01** 2.5절에서 만든 hello.js를 테스트하는 코드를 작성해봅시다.

▼ K6 테스트 스크립트

```
chapter2/test_hello.js
import http from "k6/http";

export const options = {             // ❶ 테스트 옵션
  vus: 100,
  duration: "10s",
};

export default function () {
  http.get("http://localhost:8000");   // ❷ 테스트에 사용할 함수 지정
}
```

❶ 성능 테스트의 옵션값입니다. vus는 가상 유저^{virtual users}를 설정하는 항목이고 duration은 몇 초 동안 테스트를 진행할지 선택하는 옵션입니다. 예제 코드는 유저 100명이 10초 동안 계속 요청을 보내는 설정입니다. ❷ 성능 테스트 시 실행되는 함수입니다. http 프로토콜의 GET 메서드를 사용해서 http://localhost:8000에 요청을 보낸다는 의미입니다. 위 두 가지를 조합하면 가상 유

저 100명이 10초 동안 http://localhost:8000에 동시에 계속해서 요청을 보낸다는 의미입니다.

hello.js에서는 요청 하나당 2초 딜레이가 있습니다. 즉 요청 하나가 완료되는 데 2초가 걸립니다. 스레드가 하나이므로 동기식 코드라면 200초가 걸려야 할 겁니다. 하지만 2장에서 학습했듯이 setTimeout은 이벤트 루프를 통해 비동기로 처리됩니다. 2초 동안 요청 100개를 동시에 처리할 수 있는 겁니다.

02 테스트 스크립트를 작성했으니 node hello.js 명령으로 서버를 실행한 후 → K6를 실행해봅시다.

```
# 윈도우에서는 k6.exe 명령을 사용하세요.
> k6 run test_hello.js
```

Warning test_hello.js를 사용하는 테스트는 node hello.js를 실행하여 서버가 켜진 상태에서 진행해야 합니다. k6 설치 후 바로 반영이 되지 않을 수 있으니 VSCode를 재시작하고 나서 실행해주세요.

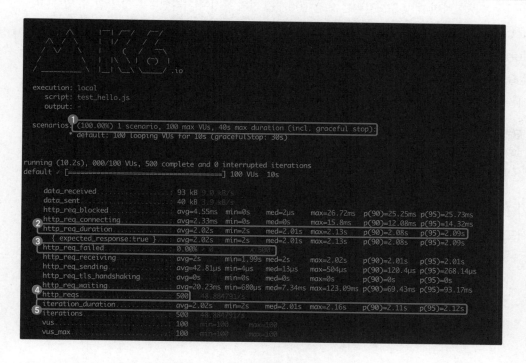

실행 결과에서 주요한 내용만 살펴보겠습니다. ❶ 가상 유저 100명으로 최대 40초 동안 테스트하는 시나리오로 나옵니다. 실제 테스트 시간은 10초인데 gracefulStop의 기본값 30초를 더해서

40초가 되었습니다. gracefulStop 옵션은 가상 유저를 테스트 중에 변경하는 시나리오에서 갑자기 유저를 변경하면 데이터가 급변하는 현상이 생기게 되므로 최소 30초 동안은 기존 유저값이 유지된다는 의미입니다. 예제에서는 유저 수를 동적으로 조절하지 않으므로 큰 의미가 없습니다. 즉 실제 테스트 시간인 10초 동안만 실행됩니다.

> **Note** 테스트 시나리오를 작성할 때 100에서 200으로 옵션값을 변경할 수 있습니다. 100에서 10으로도 가능한데 갑자기 줄거나 늘거나하면 테스트 결괏값이 이상하게 나올 수 있습니다.

❷ HTTP 요청 기간에 대한 결과입니다. 평균 2.02초가 걸렸습니다. p(90)=2.08s는 90% 요청이 2.08초 이하라는 의미입니다. ❸ HTTP 요청이 얼마나 실패했는지 보여줍니다. 0%입니다. ❹ HTTP 요청이 500번 발생했다는 뜻입니다. 100명의 유저가 10초 동안 2초 간격으로 요청을 보냈으므로 500회입니다. ❺ HTTP 요청이 한 번 완료되고 다시 시작될 때까지 걸리는 시간에 대한 데이터입니다. 평균 2.02초가 걸렸습니다.

위 내용을 종합하면 대략 2초 걸리는 요청 100개를 거의 동시에 처리했다는 것을 알 수 있습니다. hello.js에서 console.log에 로그를 남겼습니다. 로그가 한 번에 100개씩 쌓였을 겁니다. vus와 duration을 변경해가면서 테스트해보세요. 머신의 성능에 따라서 100개도 처리하지 못할 수도 있습니다. 제 컴퓨터는 200개부터 실패가 조금씩 나옵니다. 성능 테스트를 하면 생각지도 못한 문제들을 만나게 되는 경우가 많으니 중요한 기능일수록 꼭 성능 테스트를 해보기 바랍니다.

> **Tip** 맥OS 또는 리눅스에서 **socket: too many open files**라고 나오나요? 오픈하려는 파일이 너무 많다는 뜻입니다. 맥OS의 기본 설정은 256개입니다. 이 수치를 늘리려면 터미널에서 **ulimit -n {큰숫자}**를 실행해서 ulimit값을 변경해주세요. 그러면 임시 반영됩니다.

지금까지 2.5절에서 만든 매우 단순한 서버에 대한 성능 테스트를 해보았습니다. 싱글 스레드이면서도 동시에 여러 요청을 비동기로 처리한다는 사실을 이로써 확인했습니다.

Node.js 역사와 내부 구조 및 아키텍처를 알아보았습니다. 동작 원리가 다소 어려울 수 있지만, 내부 구조를 이해하고 애플리케이션을 만들면 더욱 견고한 프로그램을 만들 수 있습니다. K6를 사용해 성능 테스트도 해보았습니다. 실무에서 많이 사용하는 도구입니다. 분량 관계상 기본적인 내용만 다루었습니다.

핵심 용어

1 **Node.js**는 V8 기반 자바스크립트 런타임입니다. Node.js는 논블로킹 비동기 방식으로 I/O를 처리합니다. 싱글 스레드, 이벤트 기반 아키텍처, 이벤트 루프를 들 수 있습니다.
2 **싱글 스레드**는 콜 스택이 하나만 있다는 의미입니다. 자원의 접근과 동기화에 대한 걱정을 하지 않아도 되어 구현이 쉽습니다. CPU가 여러 개 있는 경우 전체 CPU의 동시 사용은 어렵습니다.
3 **JIT 컴파일러**를 사용하면 인터프리터와 컴파일러의 장점인 빠른 기동과 최적화가 가능합니다.
4 **curl**은 다양한 네트워크 프로토콜로 데이터를 주고받는 프로그램입니다. 본문에서는 HTTP1.1을 테스트하는 용도로 사용했습니다. HTTP/2, HTTP/3 테스트에도 유용합니다.
5 **K6**는 자바스크립트로 부하 테스트 시나리오를 만들 수 있는 도구입니다.

추가로 알아보기

1 **Node.js 공식 가이드** : https://nodejs.org/ko/docs/guides/
2 **Node.js 표준 라이브러리** : https://nodejs.org/docs/latest-v12.x/api/
3 **자바스크립트 이벤트 루프** : https://www.youtube.com/watch?v=8aGhZQkoFbQ
   `단축 url` http://bit.ly/3kpxFXb

연습문제

1 다음의 보기에서 서버 사이드 자바스크립트 런타임을 골라주세요.

❶ CLR   ❷ JVM   ❸ Node.js   ❹ Typescript   ❺ V8

2 Node.js에서 이벤트 루프와 스레드 풀을 사용하는 데 사용하는 라이브러리는 무엇일까요?

3 싱글 스레드에서는 콜스택이 몇 개 있을까요?

4 V8 엔진은 이그니션 인터프리터와 터보팬 컴파일러로 자바스크립트 코드를 최적화합니다. 이처럼 인터프리터와 컴파일러의 특징을 둘 다 가지고 있는 프로그램을 무엇이라고 할까요?

5 다음 중 포트 번호와 그 설명이 잘 못된 것을 찾으세요.

❶ 22 SSH   ❷ 80 HTTP   ❸ 404 HTTPS   ❹ 53 DNS

1 **정답** ❸ Node.js

2 **정답** Node.js에서는 libuv를 활용해 이벤트 루프, 스레드 풀 등을 사용합니다.

3 **정답** 싱글 스레드에서는 콜스택이 하나입니다.

4 **정답** JIT(Just-In Time) 컴파일러

5 **정답** ❸ 404 HTTPS. HTTPS의 포트는 443입니다.

03장

Node.js와
익스프레스로
웹 애플리케이션
서버 구현하기

학습 목표

Node.js로 "OK"만 반환하는 간단한 에코 서버를 만듭니다. 이어서 라우터를 추가하고 리팩터링한 후, 동적으로 응답하도록 바꾸고 익스프레스로 업그레이드해 게시판용 API를 만듭니다. 이 과정에서 서버의 기본 구조와 구현 방법을 익혀봅시다.

핵심 키워드

익스프레스 웹 프레임워크, 라우팅, 미들웨어

REST API HTTP 메서드, HTTP 헤더

학습 코스

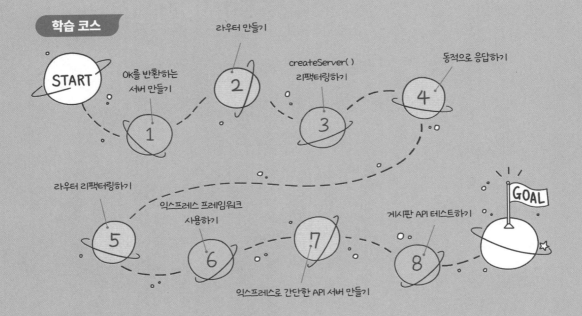

START

OK를 반환하는
서버 만들기

1

라우터 만들기

2

createServer( )
리팩터링하기

3

동적으로 응답하기

4

라우터 리팩터링하기

5

익스프레스 프레임워크
사용하기

6

7

게시판 API 테스트하기

8

익스프레스로 간단한 API 서버 만들기

GOAL

3.1 OK를 반환하는 서버 만들기

모든 요청에 "OK"를 반환하는 서버를 Node.js로 만들어봅시다. 이 후 만든 서버를 기반으로 여러 요청을 받을 수 있도록 라우터 기능을 추가, 확장해가겠습니다.

To do **01** 모든 요청에 "OK"를 반환해주는 서버를 다음과 같이 구현합니다.

▼ 모든 요청에 "OK"를 반환해주는 서버

```
const http = require("http");                          chapter3/code3-1-ok-server.js
const server = http.createServer((req, res) => {
  res.setHeader("Content-Type", "text/html"); // ❶ 응답의 헤더 설정
  res.end("OK"); // ❷ "OK"를 응답하고 종료
});

server.listen("3000", () => console.log("OK 서버 시작!")); // ❸ 접속 대기
```

이미 2장에서 다룬 첫 서버 코드와 거의 같은 구조이므로 상이한 부분만 살펴보겠습니다.

❶ 응답의 헤더값을 설정합니다. text/html은 텍스트를 html로 해석하겠다는 의미입니다. ❷ "OK"를 전달하고 응답을 종료합니다. "OK" 대신 숫자나 파일 같은 데이터가 들어갈 수도 있습니다. 예제에서는 server에 값을 할당한 다음 listen()을 했습니다만, **res.end("OK").listen(/*중간 생략*/)** 같은 형태로 연결해서 사용할 수 있습니다. ❸ createServer()로 서버 인스턴스를 생성하고, 그 뒤에 listen() 함수를 붙여서 실행했습니다. 이렇게 연결해서 함수를 실행하는 방식도 자바스크립트에서는 자주 사용합니다. 3000은 포트 번호이고, 그 뒤에 있는 함수는 서버가 시작될 때 실행하는 콜백 함수입니다. 간단히 서버가 시작됐다는 디버그 문구를 출력합니다.

> **콜백 함수(callback function)**
> 다른 함수의 인수로 전달되어, 그 함수 내에서 호출되는 함수를 의미합니다. 콜백 함수는 일반적으로 비동기적인 작업에서 많이 사용됩니다.

02 `Ctrl`+`F5`로 실행 후 브라우저로 http://localhost:3000에 접속합니다. OK가 나오면 성공입니다!

```
← → C   ⓘ localhost:3000
OK
```

축하합니다. 모든 접속에 "OK"로 답하는 서버를 만들었습니다!

3.2 라우터 만들기

모든 요청에 "OK"로 응답하는 서버도 좋지만, 일반적인 웹 서버는 URL[1] 경로path에 따라서 다른 응답을 줍니다. 이러한 기능을 라우팅이라고 합니다. URL의 경로를 읽어서 다른 응답을 주도록 코드를 수정해봅시다.

url이라는 모듈을 사용하면 URL 경로를 간단하게 읽어올 수 있습니다. URL 구조를 먼저 살펴보겠습니다. 자주보는 URL은 보통 이런 형식입니다.

- https://goldenrabbit.co.kr/aboutus/#author_recruit

위 URL을 구성요소별로 살펴보면 다음과 같습니다.

프로토콜	호스트명	경로	해시
https	goldenrabbit.co.kr	aboutus	author_recruit

URL에 포함되는 정보를 표현하면 다음 그림과 같습니다.

▼ URL의 구조

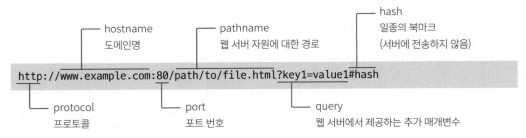

HREF[Hypertext REFerence], 즉 URL 구조를 간략하게 나타낸 그림을 살펴보았습니다. 이제 URL의 pathname에 있는 정보를 활용하는 라우터를 만들겠습니다.

---

1   엄밀하게 말하면 HTTP URL은 URI의 구문을 따릅니다.

To do **01** localhost:3000/user와 localhost:3000/feed라는 두 URL이 있다고 가정하고 두 요청에 대해 다른 응답을 주는 코드를 작성하겠습니다.

▼ user와 feed 요청을 처리하는 서버

```
                                           chapter3/code3-2-implement-router.js
const http = require("http");
const url = require("url"); // ❶ url 모듈을 로딩
http
  .createServer((req, res) => {
      const path = url.parse(req.url, true).pathname; // ❷ 패스명 할당
      res.setHeader("Content-Type", "text/html");

      if (path === "/user") {
          res.end("[user] name : andy, age: 30"); // ❸ /user 결괏값 설정
      } else if (path === "/feed") {
          res.end(`<ul>
          <li>picture1</li>
          <li>picture2</li>
          <li>picture3</li>
          </ul>
      `); // ❹ /feed에 대한 결괏값 설정
      } else {
        res.statusCode = 404;
        res.end("404 page not found");  // ❺ 결괏값으로 에러 메시지 설정
      }
  })
  .listen("3000", () => console.log("라우터를 만들어보자!"));
```

❶ url 모듈을 로딩하고 url 변수에 할당합니다. ❷ url 모듈을 사용해 요청(req)으로 받은 url의 pathname을 얻어냅니다. url이 "localhost:3000/user"라면 pathname은 "/user"가 됩니다. parse() 함수의 두 번째 인수로 있는 true는 쿼리 스트링도 함께 파싱할지 여부를 설정하는 변수입니다. 경로명 다음의 ? 기호 뒤에 **키=값**의 형태로 붙입니다. 여기서는 쿼리 스트링을 파싱해도 결과에는 변화가 없습니다만, true로 하겠습니다.

> **쿼리 스트링(query string)**
> HTTP 요청을 보낼 때 사용자가 원하는 값을 보내는 방식입니다. 경로값 뒤에 ?를 붙인 다음 key=value 형식으로 사용할 수 있습니다. 여러 개일 때는 &로 구분해 추가합니다.

❸ /user로 요청이 온 경우의 응답입니다. "[user] name : andy, age: 30"을 보냅니다.

> **Tip** 한글을 쓰면 출력된 값이 깨집니다. 이는 charset이 설정되지 않아서입니다. res.setHeader("Content-Type", "text/html");에 charset=utf-8[2]을 추가해주면 한글이 깨지지 않습니다.
> 다음과 같이 setHeader 부분을 수정하면 됩니다.
>
> ```
> res.setHeader("Content-Type", "text/html; charset=utf-8");
> ```

02 localhost:3000/user 주소를 브라우저에서 입력 후 접속합니다. 다음 그림과 같이 응답을 출력하면 정상 동작한 겁니다.

❹ 요청이 /feed로 온 경우의 응답입니다. 콘텐츠 타입이 text/html이므로 응답으로 받은 문자열을 브라우저에서 HTML로 해석합니다. 브라우저에서 localhost:3000/feed로 접속을 하면, 다음과 같이 불릿이 있는 목록이 보일 겁니다.

- picture1
- picture2
- picture3

❺ /user와 /feed 이외의 요청은 페이지가 없다는 404 에러를 보내줍니다. 또한 응답 코드를 404로 주었으므로 브라우저에서 요청에 대한 응답도 다음과 같이 404로 표시됩니다. /hello로 요청을 해보니 페이지가 없다는 응답 메시지를 표시합니다.

지금까지 url 모듈과 if문을 사용해 간단한 라우터를 구현해보았습니다. 실제로 프로덕션 레벨에서 사용하는 라우터는 이보다 훨씬 복잡합니다. 그렇지만 요청으로 들어온 정보를 분석해서 라우팅하는 방법 자체는 같습니다.

---

2 UTF-8은 국제어(특히 중국어, 한국어 등)에 필요한 문자 인코딩 시스템입니다.

3.3 createServer( ) 리팩터링하기

현재는 요청에 대한 응답을 createServer() 안에서 직접 컨트롤
합니다. 이렇게 되면 createServer() 안의 콜백 함수에 모든 코
드를 다 추가해야 하므로 좋지 않습니다. 라우팅 이후의 처리를
별도의 함수를 만들어서 처리하도록 코드를 리팩터링해봅시다.

> **리팩터링(refactoring)**
> 동작 결과를 변경하지 않으면서 코
> 드의 구조를 재조정하는 작업입니
> 다. 가독성을 높이고 유지보수를
> 편하게 하는 목적으로 진행합니다.

To do **01** 라우터와 실행하는 함수 코드를 나눕니다.

▼ 라우터와 실행하는 함수 부분을 나누기

```
                                          chapter3/code3-3-implement-router.js
const http = require("http");
const url = require("url");
http
  .createServer((req, res) => {
    const path = url.parse(req.url, true).pathname;
    res.setHeader("Content-Type", "text/html");

    if (path === "/user") {
        user(req, res);         // ❶ user() 함수 실행
    } else if (path === "/feed") {
        feed(req, res);         // ❷ feed() 함수 실행
    } else {
        notFound(req, res);     // ❸ notFound() 함수 실행
    }
  })
  .listen("3000", () => console.log("라우터를 만들어보자!"));

const user = (req, res) => {
  res.end(`[user] name : andy, age: 30`);
};

const feed = (req, res) => {
  res.end(`<ul>
    <li>picture1</li>
    <li>picture2</li>
    <li>picture3</li>
    </ul>
    `);
};
```

```
const notFound = (req, res) => {
  res.statusCode = 404;
  res.end("404 page not found");
};
```

❶ /user 요청을 처리하는 코드를 user() 함수로, ❷ /path 요청을 처리하는 코드를 feed() 함수로, ❸ 설정된 path가 없을 때 처리하는 코드를 notFound() 함수로 분리했습니다.

이제 메인 루틴을 깔끔히 유지하면서도 요청별 함수만 요구사항에 알맞게 변경하면 되는 코드가 되었습니다.

3.4 동적으로 응답하기

앞에서 작성한 서버는 브라우저에서 localhost:3000/user에 접속하면 언제나 같은 결과를 보여줍니다. user() 함수를 수정해서 매개변수에 따라 동적으로 응답이 변경되도록 해봅시다. 그동안 user() 함수는 응답으로 고정된 name과 age 정보를 반환했습니다. url의 query 부분에 name과 age 정보를 추가하겠습니다.

To do **01** 먼저 user() 함수만 변경해봅시다.

▼ user 요청에 query 정보 추가하기

```
                                          chapter3/code3-4-implement-router2.js
const user = (req, res) => {
  const userInfo = url.parse(req.url, true).query;
  // ❶ 쿼리 스트링 데이터를 userInfo에 할당
  res.end(`[user] name: ${userInfo.name}, age: ${userInfo.age}`);
  // ❷ 결괏값으로 이름과 나이 설정
};
```

❶ url의 query 부분을 user라는 매개변수로 받습니다. ❷ 응답을 줄 때 user.name, user.age를 사용합니다.

02 이제 `Ctrl + F5` 를 눌러서 다시 테스트를 해봅시다. 브라우저에서 localhost:3000/user로 접속하면 다음과 같이 나옵니다.

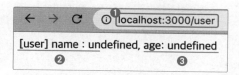

❷ name과 ❸ age 모두가 undefined입니다. 이유는 ❶ 서버에 접속하면서 query 부분에 아무런 값도 주지 않았기 때문입니다. url의 query에 매개변수로 name과 age를 추가해봅시다. 주소 뒤에 ?를 붙인 후 **키=값** 형식으로 추가하면 됩니다. 하나 이상 매개변수를 나열할 때는 &로 이어줍니다. name을 mike로 하고, age를 20으로 하면 전체 URL은 다음과 같이 됩니다.

- localhost:3000/user?name=mike&age=20

03 앞의 URL로 접속합니다. 그러면 유저 정보가 제대로 나올 겁니다.

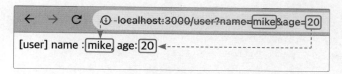

이제 한 가지 값만 주는 것이 아니라 동적으로 서비스할 수 있는 서버가 되었습니다!

3.5 라우터 리팩터링하기

현재는 분기문에서 모든 요청을 분석합니다. 아직은 함수가 user(), feed(), notFound() 총 3개뿐입니다. 만약 이런 함수가 100개가 넘어간다면, 유지보수하기가 매우 힘들 겁니다. 함수를 하나 추가할 때마다 분기문에서 실수하지 않도록 조치를 해야 합니다. 유지보수성을 높이는 관점에서 라우터를 살짝만 리팩터링하겠습니다.

분기문에 사용되는 매개변수가 같은 패턴을 보일 때는 맵 자료구조가 유용합니다. 우리가 만든 라우팅 규칙도 분기문에 들어가는 매개변수라 같은 패턴을 보입니다. 그러므로 맵을 사용해서 분기문을 조금 더 깔끔하게 할 수 있습니다.

라우팅 관련 코드를 다음과 같이 맵을 사용해 리팩터링해봅시다.

▼ 리팩터링한 라우터

chapter3/code3-5-refactoring-router.js

```js
const http = require("http");
const url = require("url");

http
  .createServer((req, res) => {
      const path = url.parse(req.url, true).pathname;
      res.setHeader("Content-Type", "text/html");
      if (path in urlMap) {          // ❶ urlMap에 path가 있는지 확인
        urlMap[path](req, res); // ❷ urlMap에 path값으로 매핑된 함수 실행
      } else {
        notFound(req, res);
      }
  })
  .listen("3000", () => console.log("라우터를 리팩터링해보자!"));

const user = (req, res) => {/* 기존과 같으므로 생략 */};
const feed = (req, res) => {/* 기존과 같으므로 생략 */};
const notFound = (req, res) => {/* 기존과 같으므로 생략 */};

// ❸ 라우터 규칙 매핑 키로 path가 들어가고 값에 함수를 할당
const urlMap = {
  "/": (req, res) => res.end("HOME"),
  "/user": user,
  "/feed": feed,
};
```

❶ 객체와 함께 in 연산자를 사용하면 객체의 키가 있는지 검사합니다. 예를 들어 {"a": 1, "b": 2, "c":3}이라는 abc 객체를 대상으로 **"a" in abc**를 하면 true가 됩니다.

```js
const abc = {"a":1, "b":2, "c": 3};
"a" in abc; // true
"b" in abc; // true
"c" in abc; // true
"d" in abc; // false
```

자바스크립트의 in 연산자와 맵을 사용해 아주 간단하게 URL 라우팅을 할 수 있게 되었습니다.

❷ urlMap[키]를 넣으면 키에 해당하는 값을 반환합니다. 키로 path를 넣으면 값인 함수가 반환됩니다. urlMap['user']을 입력하면 user가 반환되므로 결국 코드는 user(req, res);가 됩니다. 정리하면 다음과 같습니다.

키(path의 값)	결과(path에 해당하는 키의 값)	최종 코드
"/"	res.end("HOME")	res.end("HOME")
"/user"	user	user(req, res)
"/feed"	feed	feed(req, res)

❸ 자바스크립트에서는 객체라고 부르기도 합니다만, 키와 값이 있는 객체이므로 맵으로 이름지었습니다. 자바스크립트에서는 함수가 일급 객체first class object입니다. 일급 객체는 값으로 할당이 가능하고 함수의 결과로 반환받을 수도 있습니다. urlMap을 사용해서 아주 간단하게 라우팅 규칙을 구현했습니다. urlMap의 키로는 path를 나타내는 문자열을, 값으로 함수를 넣어주었습니다.

코드의 가장 하단에 urlMap을 추가한 이유는 user()와 feed() 함수보다 위에 있으면 에러가 나기 때문입니다. const로 선언한 변수들은 초기화 전에 읽을 수는 없어서 에러가 나게 됩니다.

호이스팅hoisting[3]은 이름에서 유추할 수 있듯 함수, 클래스, 변수를 끌어올려서 선언되기 전에 사용하도록 하는 기능입니다. 자바스크립트에서는 var로 선언한 변수나, 함수 그리고 클래스 선언이 호이스팅이 됩니다. 즉 어디서 선언이 되든지 참조할 수 있습니다. 간단한 예시를 보여드리겠습니다.

다음과 같이 코드를 작성하면 에러가 나야 할 것 같지만, 함수 선언이 아래에 있음에도 hohoisting() 함수가 실행이 됩니다. 즉 함수 선언이 끌어 올려졌다는 뜻입니다.

```
hohoisting();
function hohoisting() { console.log("호이스팅이 됩니다.");}
```

---

3 https://developer.mozilla.org/en-US/docs/Glossary/Hoisting

반면 let, const, 함수 표현식, 클래스 표현식은 호이스팅되지 않습니다. 선언이 되고 난 후에 참조할 수 있습니다. 아래의 코드는 Uncaught ReferenceError 에러가 나게 됩니다.

```
constHosting();
const constHosting = () => console.log("호이스팅 안 돼요");
```

이로써 그럭저럭 쓸 만한 라우터를 urlMap과 in 연산자를 활용해 만들어보았습니다. 라우팅에 사용하는 함수가 많아지게 되고, 각 함수에 공통 기능을 적용하고 싶을 때는 어떻게 하면 좋을까요? 익스프레스에는 미들웨어라는 개념이 있어서 요청에 대한 전후 처리를 할 수 있습니다.

라우팅 함수에 매칭되는 URL이 아닌 경우는 notFound() 함수로 에러 처리를 했습니다. 이외에 서버에서 에러가 나는 경우의 처리는 어떻게 할지 생각해봅시다. 약간의 힌트를 드리면 try catch를 사용하면 됩니다(정답은 [chapter3] 폴더에 있는 디렉터리의 code3-5-add-server-error.js를 참고해주세요). 그 외에 라우팅 함수의 URL 매칭에 정규표현식 도입이나, GET 이외의 요청을 처리 구현 방법도 생각해보면 좋을 것 같습니다. 스스로 urlMap에 라우팅 규칙과 함수들을 추가하면서 조금 더 연습해보시길 바랍니다.

3.6 익스프레스 프레임워크 사용하기

지금까지 Node.js의 기본 라이브러리를 사용해 웹 서버를 만들어보았습니다. 우리가 만든 웹 서버로도 서비스를 할 수는 있겠지만, 기능이 많이 부족합니다. 실전에서 사용하는 서버라면 라우터에서 HTTP 메서드로 각각 요청을 받는 기능, 템플릿 엔진 기능, 미들웨어 등의 기능을 제공해야합니다.

▼ 일반적으로 웹 서버가 제공하는 기능

항목	설명
라우팅	URL 요청을 함수와 매핑시켜주는 기능
정적 파일 서비스	CSS, 자바스크립트, 이미지 등의 정적인 파일을 다루는 기능
템플릿 엔진	동적인 웹페이지를 HTML과 인스턴스를 사용해 생성하는 기능
요청(request) 데이터 다루기	HTTP 요청을 추상화해 편리하게 다룰 수 있게 하는 기능

응답(response) 데이터 다루기	HTTP 응답을 커스터마이징할 수 있는 기능. 파일 내려받기, 이미지 출력 등
파일 업로드	HTTP로 전송된 파일을 읽고 다룰 수 있는 기능
쿠키 및 세션 지원	클라이언트 측 혹은 서버 측의 메모리에 일정 기간 동안 저장해야 하는 데이터를 다루는 기능
리다이렉트	서버의 응답 시 다른 페이지로 전달(redirect)시키는 기능
에러 페이지	요청이 잘못되었거나, 서버 에러 시 특정 에러 페이지를 보여주기
미들웨어	요청 혹은 응답 사이에 공통된 기능을 추가하는 기능

기본 라이브러리로 구현하고 유지보수할 수도 있지만 시간이 많이 듭니다. 다행히 Node.js에는 이런 작업들을 제공하는 오픈 소스 웹 서버가 많습니다. 그중에 익스프레스가 가장 널리 사용됩니다. 익스프레스를 사용해서 간단하게 웹 서버를 구축해봅시다.

3.6.1 익스프레스 설치하기

익스프레스Express는 기본 라이브러리가 아니므로 설치를 해야 합니다. Node.js와 같이 설치되는 npm으로 설치하면 됩니다.

To do 01 ❶ [chapter3] 디렉터리를 생성해 → ❷ 그 아래에 ❸ [express-server] 디렉터리를 만들어주세요(설치 위치는 바꿔도 됩니다). 그러고 나서 [express-server] 디렉터리로 이동합니다.

```
$ mkdir chapter3          # ❶ 디렉터리 생성
$ cd chapter3             # ❷ [chapter3]으로 이동
$ mkdir express-server    # ❸ [express-server] 디렉터리 생성
$ cd express-server       # ❹ [express-server] 디렉터리로 이동
```

02 [express-server] 디렉터리에서 npm을 사용해 익스프레스를 설치합니다. npm은 nodejs package manager의 약자로 말그대로 Node.js에서 사용하는 외부 라이브러리 패키지 관리를 쉽게 하는 도구입니다(4장에서 자세히 다룹니다).

```
$ npm install express
----------------------------------------------------------------
added 50 packages, and audited 51 packages in 2s
```

```
2 packages are looking for funding
  run `npm fund` for details

found 0 vulnerabilities
```

03 설치가 완료되면 ls(윈도우에서는 dir) 명령으로 무엇이 설치되었는지 확인합니다. 다음과 같이 [node_modules] 디렉터리와 package-lock.json, package.json 파일이 보이면 성공입니다.

> **JSON(JavaScript Object Notation)**
>
> 경량의 데이터 표시 형식입니다. 이름 처럼 자바스크립트의 객체를 표현할 때 사용합니다. 키-값으로 된 객체 혹은 배열로 데이터를 표현합니다. 확장자가 .json으로 된 파일의 내용은 JSON 형식으로 되어 있습니다.

```
$ ls        # 또는 dir
node_modules
package-lock.json
package.json
```

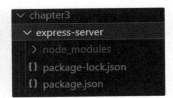

04 [node_modules] 디렉터리에는 익스프레스를 실행하는 데 필요한 의존성 패키지가 설치됩니다. 의존성 패키지 정보는 package.json에 들어 있습니다. npm ls 명령어를 입력해 확인합니다.

```
$ npm ls
express-server@ C:\express-server
`-- express@4.17.2
```

익스프레스를 무사히 설치했으니 이어서 간단한 API 서버를 만들겠습니다.

3.6.2 나의 첫 익스프레스 서버 만들기

To do 01 간단한 익스프레스 서버를 작성합니다. localhost:3000으로 접근하면 "헬로 express"를 반환하는 서버입니다.

▼ "헬로 Express"를 반환하는 익스프레스 서버

chapter3/express-server/hello-express.js

```
const express = require("express"); // ❶ express 모듈 불러오기
const app = express();              // ❷ express를 초기화 후 app에 할당
```

```
const port = 3000;

app.get("/", (req, res) => {    // ❸ /으로 요청이 오는 경우 실행됨
  res.set({ "Content-Type": "text/html; charset=utf-8" }); // ❹ 헤더값 설정
  res.end("헬로 Express");
});

app.listen(port, () => {        // ❺ 서버를 기동해 클라이언트 요청을 기다림
  console.log(`START SERVER : use ${port}`);
});
```

❶ express 패키지를 로딩해 express에 할당합니다. ❷ express()를 실행해 express 인스턴스를 만들고 app에 할당합니다. ❸ app.get을 사용해 url의 path가 '/'이면서 http 메서드가 get()인 경우 콜백 함수를 실행합니다. ❹ 반환할 콘텐츠의 정보를 설정합니다. 결과의 콘텐츠 타입은 html이며 결과에 한글이 있으므로 캐릭터셋을 utf-8로 변경했습니다. ❺ listen() 함수를 사용해 클라이언트의 요청을 기다립니다. 포트는 3000번을 사용했습니다.

02 **Ctrl+F5**를 눌러서 서버를 실행 후 브라우저에서 localhost:3000을 입력해 서버에 접속해봅시다. 다음과 같이 나오면 성공입니다.

Note 깃허브에서 다운로드한 익스프레스 예제를 사용하려면 예제가 있는 디렉터리에서 npm install 명령을 실행해주어야 합니다.

3.6.3 Node.js 라이브러리로 만든 서버를 익스프레스로 구현하기

To do **01** 이제 기본 구조를 알았으니 이전에 만든 서버(code3-5-refactoring-router.js)를 익스프레스로 만들겠습니다.

▼ 직접 만든 라우터 코드를 express로 리팩터링

```
                                              chapter3/express-server/refactoring-to-express.js
const url = require("url");
const express = require("express");
const app = express();
const port = 3000;
```

```
app.listen(port, () => {
  console.log("익스프레스로 라우터 리팩터링하기");
});

// ❶ GET 메서드의 라우팅 설정
app.get("/", (_, res) => res.end("HOME"));
app.get("/user", user);
app.get("/feed", feed);

function user(req, res) {
  const user = url.parse(req.url, true).query;

  // ❷ 결괏값으로 유저명과 나이 제공
  res.json(`[user] name : ${user.name}, age: ${user.age}`);
}

function feed(_, res) { // ❸ /feed로 요청이 오면 실행되는 함수
  res.json(`<ul>
    <li>picture1</li>
    <li>picture2</li>
    <li>picture3</li>
    </ul>
    `);
}
```

❶ 기존 코드에서 urlMap으로 url 매핑을 관리하던 부분이 없어지고, app.get() 함수에 등록하도록 변경되었습니다. 예제로 만든 코드이므로 url 매핑이 3개만 있어서 큰 차이가 없어보이지만, 수백 개의 URL이 있다면, 그 수백 개의 함수를 하나 하나 매핑시켜줘야 하고 urlMap이 굉장히 길어지게 되는 단점이 있습니다. express에서는 app.get() 함수에 설정을 추가하면 되기에, 코드를 조금 더 깔끔하게 유지할 수 있습니다.

❷ 기존 코드에서는 res.end() 함수를 사용했는데, express에서는 res.json() 함수를 사용했습니다. 응답을 JSON 타입으로 보여주기도 하고, charset=utf-8을 자동으로 설정해주므로 한글을 간단하게 처리할 수 있습니다.

❸ 기존 코드에는 function이 아니라 const로 선언되어 있었습니다. 호이스팅을 사용하기 위해 function으로 변경했습니다. 또한 feed(req, res)의 첫 번째 인수로 _ 기호를 넣었는데, 사용

하지 않는 변수는 빼는 것이 원칙이지만, 함수 인터페이스 구조상 넣을 수밖에 없을 때의 관례입니다.

기존에는 http의 인스턴스의 createServer( ) 함수 내에서 라우팅과 결과 처리를 했지만, 익스프레스를 사용해 더 손쉽게 더 좋은 라우팅 기능을 사용할 수 있게 되었습니다. 다음 절에서 조금 더 복잡한 예제를 다뤄보면서 익스프레스를 익혀봅시다.

3.7 익스프레스로 간단한 API 서버 만들기

매우 간단한 게시판 API를 만들겠습니다. 아직 데이터베이스를 배우지 않았으므로 메모리 기반으로 동작하는 휘발성 게시판을 만들겠습니다. 지금부터 만들 서버는 데이터를 저장하는 것처럼 보이지만, 메모리에 저장하므로 서버를 재시작하면 사용한 데이터가 모두 사라지기에 휘발성이라는 말을 덧붙였습니다. 목록 가져오기, 글 작성하기, 글 삭제하기 3가지 API를 작성하겠습니다.

> **API(Application Programming Interface)**
> 프로그램에서 다른 프로그램의 기능을 사용할 수 있게 해주는 일종의 규약입니다.

3.7.1 게시판 API 코드 작성하기

To do **01** API는 REST API의 원칙을 따라서 만들겠습니다. REST API[4] 원칙을 간단히 말씀드리면 자원을 URL에 표현하고 자원을 가져오는 행위를 HTTP 메서드로 표현하는 규칙입니다. 구현할 API를 다음과 같이 정의합니다.

▼ 게시판 API 스펙

경로	HTTP 메서드	설명
/	get	게시판 목록을 가져옵니다.
/posts	post	게시판에 글을 씁니다. 글은 아이디(id), 제목(title), 작성자(name), 내용(text), 생성일시(createdDt)로 구성됩니다.
/posts/:id	delete	게시글 아이디가 id인 글을 삭제합니다.

---

4 REST API에 관심있는 독자는 https://restfulapi.net/을 참고해주세요.

3.7.2 API 규칙에 맞게 서버 구현하기

To do 01 API 규칙에 맞게 코드를 구현합시다.

▼ 간단 게시판 만들기

```
                                                    chapter3/express-server/board.js
const express = require("express");
const app = express();
let posts = [];                      // ❶ 게시글 리스트로 사용할 posts에 빈 리스트 할당

// req.body를 사용하려면 JSON 미들웨어를 사용해야 합니다.
// 사용하지 않으면 undefined로 반환
app.use(express.json());             // ❷ JSON 미들웨어 활성화

// POST 요청 시 컨텐트 타입이 application/x-www-form-urlencoded인 경우 파싱
app.use(express.urlencoded({ extended: true })); // ❸ JSON 미들웨어와 함께 사용

app.get("/", (req, res) => {    // ❹ /로 요청이 오면 실행
  res.json(posts);              // ❺ 게시글 리스트를 JSON 형식으로 보여줌
});

app.post("/posts", (req, res) => {          // ❻ /posts로 요청이 오면 실행
  const { title, name, text } = req.body; // ❼ HTTP 요청의 body 데이터를 변수에 할당

  // ❽ 게시글 리스트에 새로운 게시글 정보 추가
  posts.push({ id: posts.length + 1, title, name, text, createdDt: Date()});
  res.json({ title, name, text });
});

app.delete("/posts/:id", (req, res) => {
  const id = req.params.id;        // ❾ app.delete에 설정한 path 정보에서 id값을 가져옴
  const filteredPosts = posts.filter((post) => post.id !== +id); // ❿ 글 삭제 로직
  const isLengthChanged = posts.length !== filteredPosts.length; // ⓫ 삭제 확인
  posts = filteredPosts;
  if (isLengthChanged) {          // ⓬ posts의 데이터 개수가 변경되었으면 삭제 성공
      res.json("OK");
      return;
  }
  res.json("NOT CHANGED");        // ⓭ 변경되지 않음
});
```

```
app.listen(3000, () => {
  console.log("welcome posts START!");
});
```

❶ posts에 빈 리스트를 할당합니다. posts는 게시글을 의미합니다. 게시판에는 글(post) 여러 개가 등록/수정/삭제된다고 생각하고 리스트로 할당했습니다. 글 삭제 시 삭제된 목록으로 다시 재할당하기 때문에 let으로 지정했습니다. ❷ express.json() 미들웨어를 활성화합니다. app. use()는 미들웨어를 사용할 때 사용하는 함수입니다. 익스프레스에서 미들웨어는 요청과 응답 사이에 로직을 추가할 수 있는 함수를 제공합니다. 요청이 들어오고 나갈 때 전후 처리를 지원하는 역할을 합니다. 예를 들어 HTTP 요청 시마다 로그를 남기는 작업을 하고 싶을 때 API 코드에 로그를 남기는 코드를 추가하는 대신에 로그를 남기는 미들웨어를 추가하면 됩니다. express. json() 미들웨어는 HTTP 요청의 body를 사용하도록 해줍니다. app.use(express.json())을 실행하지 않으면, req.body값이 undefined로 나오게 됩니다.

❸ express.urlencoded({ extended: true })는 컨텐트 타입이 application/x-www-form-urlencoded인 경우 파싱해줍니다. POST 요청은 대부분이 application/x-www-form-urlencoded 타입이라서 express.json()과 함께 사용합니다. application/x-www-form-urlencoded 타입이란 body에 **키=값&키2=값2** 같은 **키=값** 조합 형태를 가진 데이터를 말합니다. ❹ localhost:3000으로 get 요청이 오는 경우 콜백 함수를 실행합니다.

❺ posts에 있는 값을 응답으로 반환합니다. 이전 코드에서는 res.end()를 사용했습니다. res. end() 함수의 인수로는 문자열과 바이트 버퍼 형식만 넣을 수 있습니다. 이번에는 리스트로 된 데이터를 전달해야 하므로 res.end() 함수를 사용할 수 없습니다. 그래서 리스트와 JSON 데이터를 처리할 수 있는 res.json() 함수를 사용했습니다.

❻ localhost:3000/posts로 POST 요청이 오는 경우 콜백 함수를 실행합니다. ❼ 요청(req)의 body에 담겨진 title, name, text값을 title, name, text 변수로 각각 할당합니다. 객체 타입은 비구조화 할당destructuring assignment이 가능하므로 이처럼 body의 여러 요소를 여러 변수에 한 번에 할당할 수 있습니다. POST 요청이므로 req.body에 키와 값이 들어 있습니다. 위에서 설명했지만 application/x-www-form-urlencoded 타입, 즉 **title=타이틀&name=이름&text=내용** 형식 데이터를 urlencoded 미들웨어가 객체object로 변경해서 req.body에 추가합니다.

req.body를 console.log로 출력하면 다음과 같이 객체로 되어 있습니다.

```
{title: '1', name: '2', text: '3'}
```

❽ 게시글을 게시판에 추가합니다. 아이디(id), 제목(title), 이름(name), 내용(text), 생성일시 (createdDt)를 입력합니다. 아이디(id)는 글의 아이디입니다. 게시판 글에 고유 번호를 붙이는 데 사용합니다. ❾ id 변수에 요청(req)의 path에 할당된 변수 id를 할당합니다. app.delete의 라우팅 규칙에 :id로 표기된 부분이 있습니다. 해당 부분에 데이터가 들어오면 문자열 타입으로 params.id에 할당합니다.

❿ 게시판의 글에서 id 이외의 글들만 뽑아서 filteredPosts에 다시 할당합니다. 배열에서 특정 요소를 삭제하는 방법은 다양합니다만, 모던 자바스크립트에서는 주로 filter()를 사용합니다. 이 책에서도 삭제 시에는 filter()를 사용하는 방법을 주로 사용할 겁니다. +id는 문자열인 id를 숫자 형^{integer}으로 변경한다는 뜻입니다. 문자열을 숫자로 변경할 때 사용하는 함수인 parseInt를 사용하는 것과 같습니다.

filter() 함수를 사용해 입력받은 게시글 id와 기존 게시글의 id가 다른 때만 filteredPosts에 새로 할당합니다. 즉 filteredPosts에는 id로 입력받은 게시글을 제외하고 할당했으므로 기존 posts에 있는 데이터와 비교하면 게시글이 삭제된 상태인 겁니다.

> **Note** 게시판의 특정 게시물을 삭제 시 filter() 함수를 사용해보았습니다. 자바스크립트 배열에서 특정 인덱스를 삭제하고 싶은 경우 splice() 함수[5]를 사용하기도 합니다. 또한 filter()와 더불어 가장 많이 사용되고 중요한 함수는 map()[6], reduce()[7] 입니다. 굉장히 중요한 함수이므로 어떻게 사용하는지 잘 모른다면 꼭 학습해보기 바랍니다.

⓫ 기존 게시판의 글과 필터링된 게시판 글의 길이가 다른 경우 게시글이 삭제되었는지 판단하는 코드입니다. ⓬ posts에서 게시글이 삭제된 경우 OK를 응답하고 return을 해서 콜백 함수를 빠져나갑니다. 이런 기법을 빠른 반환$^{early\ return}$이라고 부릅니다. 빠른 반환을 사용하면 코드에서 if문이 중첩되는 경우 else를 조금이라도 더 없앨 수 있으므로 코드 가독성이 높아집니다. ⓭ 게시글에 변경이 없는 경우는 "NOT CHANGED" 메시지를 응답으로 줍니다.

---

5 https://developer.mozilla.org/en-US/docs/Web/JavaScript/Reference/Global_Objects/Array/splice

6 https://developer.mozilla.org/en-US/docs/Web/JavaScript/Reference/Global_Objects/Array/map

7 https://developer.mozilla.org/en-US/docs/Web/JavaScript/Reference/Global_Objects/Array/reduce

3.8 게시판 API 테스트하기

HTTP 프로토콜의 메서드를 사용하는 API는 브라우저만으로 테스트하기가 조금 어렵습니다. curl을 사용하면 API 테스트를 쉽게 진행할 수 있습니다. 이미 2장에서 curl을 설치했습니다.

curl은 많은 옵션을 제공합니다만, 이 책에서는 딱 3가지 옵션만 다룹니다. 현업에서는 -x, -A, -O -L 등도 사용합니다. 옵션을 다음 표에 정리해두었습니다.

▼ curl 옵션

옵션	사용 예시	설명
-X	-X POST	HTTP 메서드 정보
-d	-d "key1=value1&key2=value2" localhost:3000	POST 통신 시 body 데이터
-H	Content-Type: application/x-www-form-urlencoded	헤더 정보
-x	curl -x http://proxy_server:proxy_port --proxy-user username:password	프록시 서버 설정
-T	curl -T file.txt http://server.com	파일을 서버에 전송 시 사용
-A	curl -A "Mozilla/5.0" http://server.com	유저 에이전트(user agent)를 변경
-i	curl -i https://goldenrabbit.co.kr/	서버의 응답을 결과로 출력
-I	curl -I https://goldenrabbit.co.kr/	서버 응답에서 헤더 값만 출력
-O	curl -O http://server.com/test.txt	서버의 파일을 이름 변경 없이 내려받기
-L	curl -L http://server.com/redirectingURL	리다이렉트 URL 따라가기
-s	curl -s localhost:3000	에러가 발생해도 출력하지 않음(silent)
-S	curl -S localhost:3000	에러 발생 시 에러 출력(Show)

3.8.1 curl로 GET 호출하기

이제부터 curl를 사용해서 익스프레스로 구현한 서버를 테스트해봅시다. curl로 호출 시 -X 옵션을 주면 됩니다. 게시판의 목록은 http://localhost:3000을 호출하면 됩니다.

To do 01 [chapter3/express-server]에서 node board.js 명령으로 서버를 실행한 후, 터미널에서 다음과 같이 GET을 호출하는 curl 명령을 실행해보세요.

```
> curl -X GET http://localhost:3000
[]
```

아직 게시글이 하나도 없는 상태이므로 빈 배열이 결괏값으로 반환되었습니다.

> **Tip** -X GET은 기본값이므로 생략할 수 있습니다. 또한 http://도 생략할 수 있습니다. 따라서 **curl -X GET http://localhost:3000**은 **curl localhost:3000**과 같습니다.

3.8.2 curl로 POST를 호출해 게시글 등록하기

이제 POST로 요청을 보내서 게시글을 등록해봅시다.

To do **01** POST 요청 시에는 body에 데이터를 넣어주어야 합니다. 또한 필요한 데이터들을 **키=값** 형식으로 넣으려면 헤더에 Content-Type: application/x-www-form-urlencoded 정보도 필요합니다. curl로 POST를 호출해봅시다.

> **Content-Type**
> HTTP 헤더의 일종. 전송되는 데이터의 MIME 타입을 나타내는 정보입니다. MIME 타입은 'Multipurpose Internet Mail Extensions'의 약어로, 전송되는 데이터를 나타내는 미디어 유형을 식별하는 문자열입니다.

```
> curl -X POST -H "Content-Type: application/x-www-form-urlencoded" -d "title=제목
1&name=andy&text=안녕하세요~" http://localhost:3000/posts

{"title":"제목1","name":"andy","text":"안녕하세요~"}
```

02 POST 요청이 잘되었는지 다시 목록을 호출해 확인합니다.

```
> curl localhost:3000
[{"id":1,"title":"제목1","name":"andy","text":"안녕하세요~","createdDt":"Sun Jan 16
2022 00:56:19 GMT+0900 (Korean Standard Time)"}]
```

03 GET 요청은 브라우저에서도 가능합니다. 브라우저에서 localhost:3000으로 접속해봅시다. 앞으로 GET 요청은 브라우저에서 확인하겠습니다.

[{"id":1,"title":"제목1","name":"andy","text":"안녕하세요~","createdDt":"Sun Jan 16 2022 00:56:19 GMT+0900 (Korean Standard Time)"}]

04 추가로 게시글 2개를 더 입력해봅시다.

```
> curl -X POST -H "Content-Type: application/x-www-form-urlencoded" -d "title=제목
2&name=andy&text=박승규입니다. Node.js입니다." http://localhost:3000/posts

> curl -X POST -H "Content-Type: application/x-www-form-urlencoded" -d "title=제목
3&name=mike&text= 좋은 하루 보내세요." http://localhost:3000/posts
```

[{"id":1,"title":"제목1","name":"andy","text":"안녕하세요~","createdDt":"Sun Jan 16 2022 00:56:19 GMT+0900 (Korean Standard Time)"},
{"id":2,"title":"제목2","name":"andy","text":"박승규입니다. Node.js입니다.","createdDt":"Sun Jan 16 2022 00:59:50 GMT+0900 (Korean Standard Time)"},{"id":3,"title":"제목3","name":"mike","text":" 좋은 하루 보내세요.","createdDt":"Sun Jan 16 2022 00:59:57 GMT+0900 (Korean Standard Time)"}]

05 글을 3개 정도 등록하니까 알아보기가 힘듭니다. 이런 때에는 크롬 브라우저에 JSON Viewer 확장 프로그램을 설치해보세요. 그러면 다음과 같이 정렬된 결과물을 확인할 수 있습니다.

```
1   // 20220116010045
2   // http://localhost:3000/
3
4 ▾ [
5 ▾   {
6       "id": 1,
7       "title": "제목1",
8       "name": "andy",
9       "text": "안녕하세요~",
10      "createdDt": "Sun Jan 16 2022 00:56:19 GMT+0900 (Korean Standard Time)"
11    },
12 ▾   {
13      "id": 2,
14      "title": "제목2",
15      "name": "andy",
16      "text": "박승규입니다. Node.js입니다.",
17      "createdDt": "Sun Jan 16 2022 00:59:50 GMT+0900 (Korean Standard Time)"
18    },
19 ▾   {
20      "id": 3,
21      "title": "제목3",
22      "name": "mike",
23      "text": " 좋은 하루 보내세요.",
24      "createdDt": "Sun Jan 16 2022 00:59:57 GMT+0900 (Korean Standard Time)"
25    }
26  ]
```

06 확장 프로그램을 설치하고 싶지 않다면 개발자 도구에서 확인할 수 있습니다. 개발자 도구를 켠 상태에서 localhost:3000/에 접속하고 → [네트워크] → [localhost] → [미리보기]를 눌러 확인해봅니다.

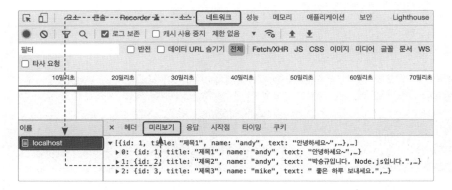

3.8.3 curl로 DELETE를 호출해 게시글 삭제하기

To do **01** 글을 3개 등록했으니 그중 가운데에 있는 2번 게시글을 삭제해봅시다.

```
> curl -X DELETE localhost:3000/posts/2
// 결과
"OK"

> curl -X DELETE localhost:3000/posts/2
// 한 번 더 실행 시 결과
"NOT CHANGED"
```

02 잘 삭제되었는지 브라우저로 확인하겠습니다. id가 2인 게시글 정보가 안 보이면 잘 삭제된 겁니다.

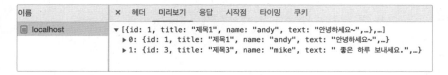

여기까지 익스프레스를 이용해 매우 간단한 게시판 API를 만들고 curl을 사용해 테스트도 해보았습니다. 직접 구현하려면, 한땀 한땀 만들어야만 하는 기능을 익스프레스를 사용해서 매우 간단하게 만들 수 있었습니다.

맥OS와 우분투는 기본적으로 utf-8을 사용하지만 윈도우는 그렇지 않습니다. 그러므로 터미널에서 한글이 깨져보이기도 합니다. 기본 설정을 utf-8로 해주면 아주 간단하게 한글을 지원할 수 있습니다.

01 To do 제어판의 [시계 및 국가]에서 [날짜, 시간 또는 숫자형식 변경]을 클릭합니다.

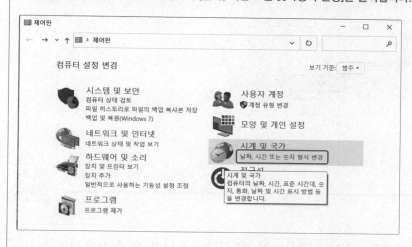

02 [시스템 로컬 변경]을 눌러주세요.

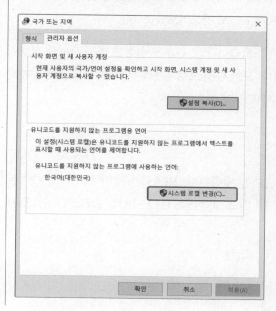

03 ❶ "Beta:세계 언어 지원을 위해 Unicode UTF-8 사용"을 체크 후 → ❷ [확인]을 누르세요. 그러면 재시작을 묻는 창이 뜹니다. 재시작을 해야 반영되오니 재시작해주세요.

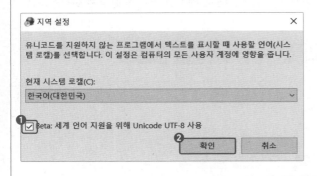

학습 마무리

이번 장에서는 모든 요청에 "OK"를 반환하는 웹 서버를 만들고 나서, Node.js의 기본 라이브러리만으로 웹 서버를 만들어보았습니다. 또한 Node.js 생태계에서 가장 유명한 웹 서버 라이브러리인 익스프레스를 사용해 게시판에 사용할 REST API도 만들어보았습니다.

익스프레스가 처음이라 최소한의 기능만을 설명드렸습니다만, 라우팅 설정은 매우 자세한 설정이 가능하니 익스프레스 문서[8]를 참고하기 바랍니다. 또한 GET으로 통신하는 경우 모든 값이 공개되므로 민감한 정보를 포함하지 않도록 주의해주세요.

핵심 용어

1 **RESTful API**는 REST 구조를 사용하는 API를 말합니다. REST[Representational State Transfer]는 HTTP URI를 통해 자원을 명시하고 HTTP 메소드(POST, GET, PUT, DELETE 등)를 사용해 자원을 처리합니다.

---

8 https://expressjs.com/en/guide/routing.html

2 **charset**은 컴퓨터에서 문자를 표현하는 데 사용하는 각 문자를 표에 대응시켜 놓은 체계입니다. 한글을 지원하고자 utf-8 유니코드를 사용했습니다.

3 **리팩터링**이란 동작 결과를 변경하지 않으면서 코드의 구조를 재조정하는 작업입니다. 가독성을 높이고 유지보수를 편하게 하는 목적으로 진행합니다.

4 **일급 객체**란 값으로 취급할 수 있는 객체를 의미합니다. 값으로 취급하면, 변수에 할당이 가능하고, 함수의 매개변수로 넣을 수 있으며, 함수의 결괏값으로도 받을 수 있습니다.

5 **라우터**는 네트워크에서 패킷의 위치를 찾고, 경로를 찾아주는 장비의 의미로 많이 쓰입니다. 3장에서는 HTTP 요청 경로에 따라 해당 요청을 처리할 함수를 매핑시켜주는 일을 하는 함수의 의미로 사용하였습니다.

6 **익스프레스**는 Node.js에서 가장 유명한 웹 서버입니다. 필수 기능만 제공하고 그 외 기능은 확장해 사용합니다.

7 **익스프레스에서 미들웨어**란 HTTP 요청과 응답 사이에 함수를 추가하여 새로운 기능을 추가하는 것을 뜻합니다.

추가로 알아보기

1 **MIME 타입** : https://developer.mozilla.org/ko/docs/Web/HTTP/Basics_of_HTTP/MIME_types `단축url` http://bit.ly/3XZgMjZ

2 **URL과 URI** : https://danielmiessler.com/study/difference-between-uri-url/ `단축url` http://bit.ly/3KR9b47

3 **JSON** : https://www.json.org/json-en.html

4 **익스프레스 공식 가이드 문서** : https://expressjs.com/en/guide/routing.html

5 **정규표현식** : https://developer.mozilla.org/ko/docs/Web/JavaScript/Guide/Regular_Expressions `단축url` https://bit.ly/3EBT9XG

연습문제

1 다국어를 표현하는 데 가장 많이 사용되는 가변 길이 문자열 인코딩 방식은 무엇일까요?

2 결과를 변경하지 않으면서 코드의 구조를 변경하는 작업을 무엇이라고 할까요?

3 자바스크립트에서 함수는 일급 객체입니다. 다음 중 일급 객체에 대한 설명으로 틀린 것을
   찾으세요.

   ❶ 변수에 할당이 가능하다.   ❷ 함수의 결괏값으로 사용할 수 있다.

   ❸ 함수의 파라미터로 전달할 수 있다.   ❹ 상속할 수 있다.

4 익스프레스를 설치 후 다음과 같은 코드를 작성하면 서버는 몇 번 포트로 기동될까요?

```
const express = require("express");
const app = express();
app.get("/", (req, res) => {
  res.end("Hello");
});


app.listen(8000, () => {
  console.log(`START SERVER : use ${port}`);

});
```

5 HTTP 메서드로 API 작성 시 URL에 자원을 표현하고 가져오는 행위를 표현하는 규칙을
   무엇이라고 하나요?

1 **정답** UTF-8
2 **정답** 리팩터링입니다. 가독성을 높이고 유지보수를
   편하게 하는 목적으로 진행합니다.
3 **정답** ❹ 자바스크립트에서 함수는 프로토타입을 사용
   해 상속을 할 수 있습니다. 다만, 상속은 일급 객
   체에 대한 설명으로는 맞지 않습니다.

4 **정답** 8000번입니다. app.listen() 함수의 첫 번째 인
   자로 할당되어 있는 숫자가 서버 기동 시의 포트
   입니다. 여기에서는 8000이 할당되었습니다.
5 **정답** REST

04장

---

npm과
yarn으로 패키지
관리하기

자바스크립트 패키지 매니저인 npm을 이용해서 패키지를 만드는 방법을 알아보겠습니다. 그리고 npm을 명령문처럼 사용하는 스크립트 기능, 개발 시점 패키지 버전과 배포 시점 패키지 버전을 동일하게 맞춰주는 방법을 알아보겠습니다. npm은 Node.js를 설치하면 자동으로 설치가 되어 편리하지만 용량, 보안, 성능에 문제가 있습니다. 이러한 npm의 대안으로 yarn도 알아봅니다.

핵심 키워드

패키지 매니저 npm, npx, 패키지 스코프, 시맨틱 버전

의존성 트리 패키지 잠금, 유령 의존성

Yarn PnP, 제로 인스톨

학습 코드

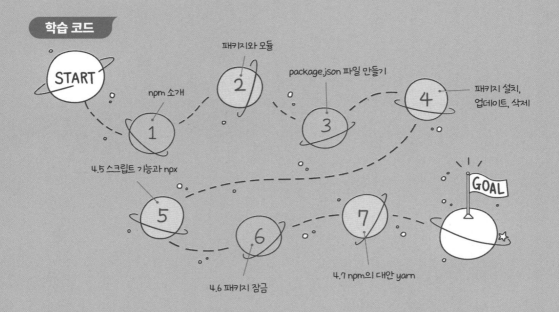

4.1 npm 소개

npm^{node package manager}은 자바스크립트용 패키지 매니저입니다. 유저가 만든 패키지를 등록하는 저장소를 의미하기도 하고 CLI^{Command Line Interface}를 의미 하기도 합니다. Node.js를 설치할 때 함께 설치됩니다.

npm은 패키지 저장소로서는 2022년 기준으로 세상에서 가장 많은 수의 패키지가 등록되어 있습니다. 그냥 많은 게 아니라 압도적으로 많습니다. 자바의 메이븐^{Maven}, .NET의 NuGet, 파이썬의 PyPI, PHP, 루비^{Ruby}를 모두 합친 것보다 많은 패키지가 등록되어 있습니다.

▼ npm에 등록된 패키지 수 그래프(출처 : http://www.modulecounts.com)

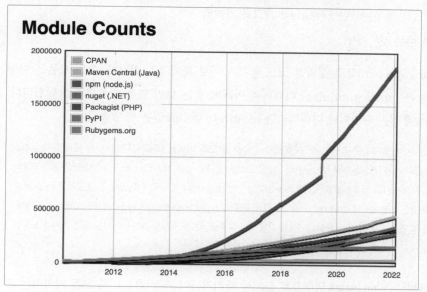

패키지 매니저는 프로젝트에 필요한 의존성 패키지를 관리하는 프로그램을 의미합니다. 의존성^{dependency} 패키지는 해당 프로젝트를 실행하는 데 꼭 필요한 라이브러리와 모듈들입니다.

예를 들어 3장 express-server 예제에서 npm으로 익스프레스 라이브러리를 설치하고 사용했습니다. express-server는 익스프레스 라이브러리가 없으면, 동작하지 않기에 익스프레스에 의존성이 있다고 말할 수 있습니다. npm은 이런 의존성 패키지를 잘 관리할 목적으로 만들었습니다. 단순하게 의존성 패키지 리스트만 잘 관리하면 될 것 같지만, npm은 이보다 더 많은 기능을 제공합니다. 이제부터 차근차근 알아봅시다.

4.2 패키지와 모듈

Node.js에서 패키지는 package.json으로 정의한 파일 또는 디렉터리를 의미합니다. 패키지에는 package.json이 꼭 포함됩니다. 다음에 정리한 것들 모두가 패키지가 될 수 있습니다.

1 package.json 파일이 있는 디렉터리
2 1번을 압축한 파일
3 2번을 내려받을 수 있는 URL 주소
4 3번 정보를 가지고 npm 저장소에 〈패키지명〉@〈버전〉으로 등록된 것
5 4번을 가리키는 〈패키지명〉@〈태그〉
6 〈패키지명〉만 있는 경우는 5번에서 latest 태그를 가리킴
7 1번을 결과로 주는 깃git URL

결과적으로는 package.json으로 정의한 코드 뭉치가 바로 패키지인 겁니다. 그럼 모듈은 어떻게 다를까요? 모듈은 [node_modules] 디렉터리 아래에 있는 파일 또는 디렉터리를 말합니다. [node_modules]에 있는 파일이나 디렉터리는 require() 함수로 읽을 수 있습니다.

> **Note** CommonJS는 브라우저 뿐아니라 서버 애플리케이션에서도 모듈 기능을 제공하기 위해 나온 모듈 규약입니다. ES6가 나오기 전에 많이 사용되었고, 특히 Node.js의 기본값으로 사용되고 있습니다. ES module은 ES6의 자바스크립트 모듈의 표준입니다. 패키지를 임포트할 때 CommonJS(CJS)는 require( ) 함수로, ES module(ESM)은 import로 임포트합니다. Node.js는 기본적으로 CommonJS 문법을 사용합니다. package.json에 type 속성을 module로 설정하면 ESM을 사용할 수 있습니다. Node.js에서 ESM을 사용하면 프론트엔드의 코드를 백엔드에서도 쉽게 가져가 사용할 수 있는 장점이 있습니다.

[node_modules]에는 **npm install** 명령으로 설치한 패키지들이 저장됩니다. 즉 모든 패키지는 모듈입니다. 또한 npm에 등록하지 않아도 패키지 포맷만 맞다면 npm install로 설치할 수 있습니다.

패키지로 만들면 npm 레지스트리[1]에 등록할 수 있습니다. 패키지로 만든 코드들은 간단하게 다른 곳에서 설치해 사용이 가능하므로 사설 npm 레지스트리에 공통으로 사용하는 패키지를 배포해서 사용하기도 합니다.

---

1 https://www.npmjs.com 또는 사설로 설치한 자바스크립트 패키지 저장소

사실 require( ) 함수를 사용할 때 단순히 현재 디렉터리의 [node_modules]만 읽는 것은 아닙니다. module.paths에 있는 경로를 따라서 모듈을 찾습니다. 정말 그런지 터미널에서 확인하겠습니다.

[sample-package] 디렉터리를 만들고 node 명령을 실행해, 사용자가 커맨드를 입력하면 시스템이 값을 반환하는 환경인 Node.js REPL^{Read-Eval-Print-Loop}에 들어간 후 module.paths를 실행합시다.

```
$ mkdir chapter4
$ cd chapter4
$ mkdir sample-package
$ cd sample-package
$ node

# 아래부터 Node.js의 REPL입니다.
> module.paths
[
  '/Users/gyus/VSCode/jsbackend/chapter4/sample-package/repl/node_modules',
  '/Users/gyus/VSCode/jsbackend/chapter4/sample-package/node_modules',
  '/Users/gyus/VSCode/jsbackend/chapter4/node_modules',
  '/Users/gyus/VSCode/jsbackend/node_modules',
  '/Users/gyus/VSCode/node_modules',
  '/Users/gyus/node_modules',
  '/Users/node_modules',
  '/node_modules',
  '/Users/gyus/.node_modules',
  '/Users/gyus/.node_libraries',
  '/Users/gyus/.nvm/versions/node/v16.14.0/lib/node'
]
```

출력 결과에 [chapter4/node_modules]가 있습니다만, 사실 만들지도 않은 디렉터리입니다(아예 생성도 되지 않은 디렉터리인데 패키지 매니저는 있다고 가정하고 설정한 경로입니다). 다른 [node_modules] 디렉터리들도 마찬가지입니다. 실제 존재하지도 않은 경로를 계속 타고 거슬러

---

2   #은 셸과 파워셸에서 사용하는 한 줄 주석입니다.

올라가면서 [node_modules]가 있는지 검사합니다. 상위 디렉터리에 있는 패키지를 계속 타고 올라가면서 [node_modules]를 확인하면서 굉장히 많은 I/O를 수행합니다. 이것은 require() 함수가 무거워지는 원인이 됩니다. 4.7절 'npm의 대안 yarn'에서 이 문제점을 해결한 yarn 프로젝트를 알아봅니다.

4.3 package.json 파일을 만들기

이번에는 sample-package라는 작은 패키지를 하나 만들고 다른 프로젝트에서 설치까지 진행하겠습니다. 또한 package.json을 어떻게 만드는지, 어떤 정보를 담고 있는지 알아보겠습니다.[3]

패키지를 만들려면 package.json이 필요합니다. package.json 파일을 수작업으로 만들 수도 있지만, npm init 명령을 사용해 package.json 파일을 만드는 방식을 추천드립니다.

To do **01** 4.2절 '패키지와 모듈'에서 만든 [sample-package] 디렉터리로 이동해서 npm init 명령으로 package.json 파일을 만들어봅시다.

▼ package.json 생성하기

```
$ cd sample-package
$ npm init -y
```

-y 옵션이 없다면 터미널에서 직접 입력하면서 내용을 변경할 수 있습니다. 생성한 package.json의 내용은 다음과 같습니다.

▼ sample-package의 package.json

chapter4/sample-package/package.json

```
{
  "name": "sample-package",
  "version": "1.0.0",
  "description": "",
  "main": "index.js",
  "scripts": {
      "test": "echo \"Error: no test specified\" && exit 1"
  },
```

---

3   이 책에서는 npm 레지스트리에 패키지를 배포하는 작업은 따로 다루지 않습니다. https://docs.npmjs.com을 참고해주세요.

```
  "keywords": [],
  "author": "",
  "license": "ISC"
}
```

이렇게 디렉터리를 만들고 package.json을 만들면 설정은 끝입니다.

02 index.js 파일도 만들고 사칙연산 함수들을 추가합니다.

▼ sample-package를 불러오면 실행하는 파일

chapter4/sample-package/index.js

```js
// ❶ 모듈을 require 함수로 포함시킬 때 실행됩니다.
console.log("require로 부르면 실행됩니다.");

module.exports = {  // ❷ 외부로 노출할 객체를 저장합니다.
  add: (a, b) => a + b,
  sub: (a, b) => a - b,
  multi: (a, b) => a * b,
  div: (a, b) => a / b
}
```

❶ require() 함수로 모듈을 읽을 때 파일을 위에서부터 읽습니다. 따라서 sample-package 를 불러오는 시점에 console.log를 실행합니다. ❷ module.exports는 require를 사용해 불 러왔을 때 반환하는 객체를 저장하는 변수입니다. module은 현재 모듈을 의미하며 exports 는 외부에 노출할 객체를 저장하는 변수입니다. 기본값은 비어 있습니다. 여기에서는 사칙연산 을 하는 각 함수를 객체 타입으로 저장했습니다. sample-package를 설치한 프로젝트에서는 require('sample-package')로 module.exports 안에 있는 값을 가져올 수 있습니다.

03 다른 프로젝트에서 설치 후 사용하겠습니다. **[chapter4]** 디렉터리 아래에 **[sample-test]** 디렉터리 를 만들고, 터미널에서 다음과 같이 실행해 sample-package를 설치해봅시다.

```bash
# [chapter4] 디렉터리 아래에 생성
$ mkdir sample-test
$ cd sample-test
$ npm install ../sample-package  # ❶ sample-package 설치

added 1 package and audited 1 package in 0.327s
found 0 vulnerabilities
```

❶ chapter4/sample-package 경로에 있는 sample-package를 설치합니다.

설치 후 [sample-test] 디렉터리를 보면 [node_modules] 디렉터리와 package-lock.json 파일이 생성되어 있습니다.

```
$ tree -L 2 # 맥OS 또는 리눅스
.
├── index.js
├── node_modules
│   └── sample-package -> ../../sample-package
├── package-lock.json
└── package.json
```

```
> tree /f # 윈도우
C:.
│   index.js
│   package-lock.json
│   package.json
│
\---node_modules
    │   .package-lock.json
    │
    \---sample-package
            index.js
            package.json
```

04 [sample-test] 디렉터리에 index.js를 만들고 sample-package를 테스트해봅시다(index.js 이외의 다른 이름으로 해도 무방합니다).

▼ sample-package 임포트 테스트

chapter4/sample-test/index.js

```
const calc = require("sample-package");  // ❶ sample-package 불러오기

const a = 17;
const b = 3;

console.log("a + b = ", calc.add(a, b));     // ❷ 더하기
console.log("a - b = ", calc.sub(a, b));     // ❸ 빼기
console.log("a * b = ", calc.multi(a, b));   // ❹ 곱하기
console.log("a / b = ", calc.div(a, b));     // ❺ 나누기
```
```
require로 부르면 실행됩니다.
a + b =  20
a - b =  14
a * b =  51
a / b =  5.666666666666667
```

❶ require() 함수를 사용해 sample-package를 불러와서 calc 변수에 담습니다. 하는 일이 사

칙연산이므로 계산기(calculator)를 뜻하는 calc 변수에 담았습니다.

❷~❺ sample-package에서 가져온 사칙연산 함수들을 각각 실행해보고 로그를 출력합니다. 출력 결과를 보면 sample-package/index.js의 console.log로 작성한 문자열이 출력되었습니다. 모듈을 가져올 때, 파일을 읽는다는 뜻입니다.

여기까지 간단하게 패키지를 만들어보았습니다. **npm login**과 **npm publish**[4] 명령을 사용하면 본인이 만든 패키지를 npm 레지스트리에 배포할 수도 있습니다. sample-package에 사용한 package.json에는 정말 필수 속성만 기입했습니다. npm init 명령어를 실행하면 자동으로 생성되는 name, version, description, scripts 속성을 자주 사용합니다. 추가로 dependencies와 devDependencies를 많이 사용합니다. package.json의 항목 중 name과 version은 필수입니다. name은 말그대로 프로젝트명이며, version은 프로젝트의 버전입니다. 의존성 패키지 관련해서는 4.4.1절 '패키지 설치하기'에서 다시 알아보겠습니다. 다음 표에 package.json의 구성요소 항목들을 표로 정리했으니 참고해주세요.

> **Note** Node.js 패키지들은 시맨틱 버전[5]을 사용합니다. 시맨틱 버전을 사용하지 않으면 패키지를 등록할 수 없습니다. 시맨틱 버전은 〈메이저〉.〈마이너〉.〈패치〉 형식으로 표시하는 버전을 말합니다. 기존 버전과 호환되지 않으면 메이저 버전을 올리고, 기존 버전과 호환되면서 새로운 기능을 추가했다면 마이너 버전을 올리고, 기존 버전과 호환되면서 버그를 수정할 때는 패치 버전을 올립니다.

▼ package.json의 구성요소

항목	설명
name : 필수	패키지명. 214자 글자 수 제한이 있음. 밑줄 또는 점으로 시작할 수 없음. 대문자를 허용하지 않음. URL 안전한 글자만 허용합니다.
version : 필수	패키지의 버전. 버전 정보는 node-semver로 파싱이 가능해야 합니다.
description	패키지 설명. npm search로 패키지 검색 시 나오는 설명문입니다.
keywords	npm search로 패키지를 찾을 때 도움을 줍니다.
homepage	프로젝트 홈페이지의 URL입니다.
bugs	버그를 제보할 이슈 트래커나 이메일 주소를 적습니다.
license	라이선스 정보를 적습니다.

---

4 npm 저장소에 배포 시 사용하는 명령어. https://docs.npmjs.com/cli/v6/commands/npm-publish
5 https://semver.org/lang/ko/

author, contributors	저자나 기여자의 정보를 기입합니다.
files	패키지를 설치할 때 의존성으로 포함할 파일 리스트입니다. 하나씩 직접 지정할 수도 있고, '*.*' 같은 패턴으로 넣을 수도 있습니다.
main	모듈을 프로그램에서 가져다 사용하는 경우 진입점이 되는 파일입니다. 보통 index.js나 main.js를 사용합니다.
bin	패키지에 실행 파일이 있는 경우 여기에 지정합니다. npx 명령어를 사용하면 실행됩니다.
man	리눅스에 많이 사용하는 man 명령어에서 사용할 수 있는 파일 정보를 기입합니다. **man 〈패키지명〉**으로 사용합니다.
repository	코드 저장소 주소를 기입합니다.
scripts	npm start, test 등의 npm으로 실행하는 스크립트 정보를 설정합니다. 유저가 커스텀하게 설정한 스크립트는 **npm run 〈스크립트명〉**으로 실행 가능합니다. 자세한 내용은 https://docs.npmjs.com/cli/v8/using-npm/scripts에서 확인 가능합니다.
config	패키지의 스크립트에서 사용할 환경 변수를 설정할 수 있습니다.
dependencies	의존성 패키지명과 버전을 맵의 형태로 관리합니다.
devDependencies	테스트 시 필요한 의존성 패키지명과 버전을 맵의 형태로 관리합니다.
peerDependencies	다른 패키지에서 직접 require로 불러오는 것은 아니지만, 필요한 패키지를 만들어야 하는 경우 사용합니다. 주로 플러그인의 호환성 정보를 나타내는 데 사용합니다.
bundledDependencies	패키지를 배포할 때 번들링되는 패키지 이름의 목록
optionalDependencies	사용을 원하는 패키지이지만, 없거나 설치가 실패해도 npm 설치가 중단되지 않도록 할 때 사용합니다.
engines	동작 가능한 node 버전을 지정합니다.
os	어떤 운영체제에서 동작하는지 지정합니다.
private	true로 설정 시 publish 명령을 거부합니다.

4.4 패키지 설치, 업데이트, 삭제

이번 절에서는 npm install, npm update, npm uninstall 명령어를 알아보겠습니다.

4.4.1 패키지 설치하기

npm을 사용해 가장 많이 사용하는 기능은 패키지 설치입니다. npm install 명령으로 패키지를 설치할 수 있습니다.

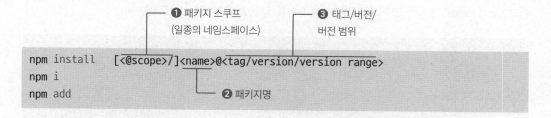

npm install 대신 npm i 또는 npm add를 사용할 수도 있습니다.[6] 단순히 별칭^{alias} 기능이므로 셋 중에서 뭘 사용해도 결과는 같습니다.

앞서 말씀 드렸다시피 npm은 세계 최대의 패키지 저장소입니다. 무려 180만 개가 넘는 패키지가 있어서 패키지명이 중복되는 문제가 있습니다. 패키지 스코프를 사용하면 이 문제를 피할 수 있습니다. 패키지 스코프는 일종의 네임스페이스입니다. @로 이름이 시작하는데 가장 유명한 스코프로 @types가 있습니다. 타입스크립트의 타입 정의 패키지는 거의 대부분이 @types 스코프로 시작합니다. 스코프를 사용해서 패키지명이 같더라도 안전하게 사용할 수 있게 되었습니다. 예를 들어 test라는 패키지가 있다고 하겠습니다. @cat 스코프 밑에 test를 넣고 @rabbit 스코프 밑에 test를 각각 넣으면 패키지명은 같지만 스코프가 다릅니다. 결국 @cat/test, @rabbit/test로 각각 사용할 수 있기 때문에 충돌이 발생하지 않습니다.

name은 패키지명입니다. 패키지명 외에도 태그, 버전, 버전 범위가 필요합니다. 없는 경우는 latest 태그를 기본값으로 사용합니다. npm install에는 사용하는 옵션을 다음 표에 정리해두었습니다.

▼ npm install의 옵션 플래그

옵션 플래그	설명
-D, --save-dev	devDependencies에 의존성 설정 추가
-P, --save-prod	dependencies에 의존성 설정 추가. 기본값 보통은 사용하지 않음
-g, --global	프로젝트 디렉터리가 아닌 node가 설치되어 있는 디렉터리의 [node_modules]에 의존성 패키지 설치

---

6 https://docs.npmjs.com/cli/v8/commands/npm-install npm install 사용법

Note -g 옵션으로 설치된 [node_modules] 디렉터리는 **npm root -g** 명령으로 찾을 수 있습니다. -g 옵션으로 설치하려면 관리자 권한이 필요할 수도 있습니다.

To do **01** 태그 외에 버전, 버전 범위도 붙일 수 있습니다. 버전 범위에서 가장 최신 버전을 설치합니다. 터미널에서 lodash(함수형 프로그래밍 함수를 모아놓은 모듈)를 설치하면서 실습해봅시다.

```
# $ npm install <패키지명>@<태그 | 버전 | 버전 범위>

# 실습 디렉터리 생성 및 이동
$ cd chapter4
$ mkdir npm-install-test
$ cd npm-install-test

# 예시
$ npm install lodash
$ npm install lodash@latest
$ npm install lodash@4.17.21
$ npm install lodash@">=4.17.0 <4.20.0"  # 여러 버전이 조건에 만족하면 최신 버전 설치
```

예시에 있는 대로 실행하면 [node_modules] 디렉터리와 package-lock.json, package.json 파일이 생성됩니다. 각 파일에 어떤 내용이 적혀 있나 확인해보겠습니다.

02 package.json 파일을 열어봅니다. 그러면 dependencies 항목에 설치한 라이브러리와 버전 정보가 보일 겁니다.

▼ 패키지 설치 테스트를 위한 package.json

chapter4/npm-install-test/package.json

```
{
  "dependencies": {
      "lodash": ">=4.17.0 < 4.20.0"
  }
}
```

03 다음은 package-lock.json 파일을 열어봅니다. packages 정보에는 의존성dependencies과 [node_modules] 디렉터리에 있는 정보가 같이 정의되어 있습니다.

▼ npm-install-test에 생성된 package-lock.json

```
                                                chapter4/npm-install-test/package-lock.json
{
  "name": "npm-install-test",
  "lockfileVersion": 3,
  "requires": true,
  "packages": {
    "": {
      "dependencies": {
        "lodash": ">=4.17.0 < 4.20.0"
      }
    },
    "node_modules/lodash": {
      "version": "4.17.21",
      "resolved": "https://registry.npmjs.org/lodash/-/lodash-4.17.21.tgz",
      "integrity": "sha512-v2kDEe57lecTulaDIuNTPy3Ry4gLGJ6Z1O3vE1krgXZNrsQ+LFTGHV
xVjcXPs17LhbZVGedAJv8XZ1tvj5FvSg=="
    }
  }
}
```

[node_modules] 디렉터리도 들어가보면 [lodash] 디렉터리가 생성되어 있습니다. [lodash] 디렉터리 내부에는 소스 파일이 그대로 들어 있습니다.

04 개발 환경에서만 사용하는 패키지는 -D 옵션 혹은 --save-dev 옵션을 사용하면 됩니다. 가장 많이 사용하는 테스트 패키지 중 하나인 jest를 devDependency에 추가해봅시다.

```
$ npm install jest -D
```

실행하고 나면 package.json은 다음과 같이 변경됩니다. devDependencies에 jest가 포함되었습니다. 버전 정보에 ^ 기호가 있습니다. ^는 캐럿이라고 읽는데 의미는 잠시 후 4.4.2절 '패키지 업데이트하기'에서 알아보겠습니다. devDependencies는 개발 시에만 사용하는 패키지를 정의하는 곳입니다. 다른 곳에서 해당 패키지를 설치할 때는 의존성에 포함되지 않습니다.

▼ -D 옵션으로 패키지 설치 후의 package.json

```
{
  "dependencies": {
    "lodash": ">=4.17.0 < 4.20.0"
  },
  "devDependencies": {
    "jest": "^29.3.1"
  }
}
```

npm install 명령만 사용하기

지금까지 다양한 설치 옵션을 알아봤지만 아무 옵션을 붙이지 않고도 npm install만 사용할 수 있습니다.

아무 옵션도 없으면 해당 디렉터리의 package-lock.json에 정의되어 있는 패키지들을 설치합니다. package.json에 있는 것을 설치한다고 생각하기 쉽습니다만, package.json 없이 package-lock.json 파일만 있어도 설치가 됩니다(package-lock.json은 4.6절 '패키지 잠금'에서 다시 설명드리겠습니다).

조금 더 정확하게 말씀드리면 다음의 순위에 따릅니다.

1 npm-shrinkwrap.json
2 package-lock.json
3 yarn.lock

예를 들어 package-lock.json과 yarn.lock 둘 다 있다면 package-lock.json에 있는 의존성 정보를 사용합니다. npm-shrinkwrap.json과 package-lock.json은 파일 내부의 포맷은 같으며, npm-shrinkwrap.json은 오래된 npm 버전(npm1.1.2에서 npm4까지)에서 사용했고 package-lock.json은 npm5 이상에서 사용합니다.

git 저장소 URL을 설정해 설치하기

git 저장소 URL을 설정해 설치하는 방법도 있습니다.

```
$ npm install <git 저장소 주소>
$ npm install <git 저장소 주소> # 버전
```

To do 01 lodash의 깃허브 저장소를 이용해서 실습해봅시다.

```
$ npm install http://github.com/lodash/lodash
$ npm install http://github.com/lodash/lodash#4.17.21
```

이때 package.json에도 버전 정보가 아니라 깃허브 URL 정보를 기입합니다. 해시태그로 버전
을 명시하지 않으면 master 혹은 main의 최신 버전을 설치합니다.

▼ 깃허브 저장소 주소를 사용해 패키지 설치 후 package.json

```
                                          chapter4/npm-install-test/package.json
{
  "dependencies": {
    "lodash": "github:lodash/lodash#4.17.21"
  }
... 생략 ...
}
```

4.4.2 패키지 업데이트하기

패키지 업데이트는 설치보다는 명령어가 단순합니다. 별칭으로 **npm up**, **npm upgrade**를 사용할
수 있습니다.

```
$ npm update    [-g] [패키지명1, 패키지명2…패키지명N]
$ npm up
$ npm upgrade
```

-g 옵션은 install과 마찬가지로 node가 설치되어 있는 디렉터리의 의존성 패키지를 업데이트할
때 사용합니다.

패키지명이 없으면 package.json에 정의한 의존성 패키지들 전부를 업데이트합니다. package. json에 의존성 패키지 버전을 적을 때 앞에 ^ 또는 ~ 기호를 사용할 수 있습니다. 의존성 버전 설정에 캐럿을 붙이면 메이저 버전 이외에는 모두 업데이트합니다.

예를 들어 ^1.0.0은 1.0.0보다 크거나 같고, 2.0.0보다는 작은 버전을 의미합니다. 즉 1.X.X 버전은 모두 업데이트하겠다는 의미입니다. 다만 1.0.0 미만인 때는 API 변경이 수시로 일어나므로 0.1.0 버전과 0.2.0 버전은 호환이 안 될 수 있습니다. 그래서 이 경우는 예외를 두게 됩니다. ^0.1.0은 0.1.0보다 크거나 같고 0.2.0보다 작은 버전까지 업데이트합니다. 즉 0.1.X 버전까지 업데이트합니다.

물결표인 ~는 틸드라고 읽으며, 현재 지정한 버전의 마지막 자리 내 범위만 자동으로 업데이트합니다. 예를 들어보겠습니다.

- ~0.0.1은 0.0.1보다 크거나 같고 0.1.0보다는 작은 범위에서만 업데이트합니다. 즉 0.0.X 버전까지만 업데이트합니다.
- ~0.3.1이라면 0.3.1보다 크거나 같고 0.4.0보다는 작은 버전까지 업데이트합니다.
- ~1은 1.0.0부터 1.x.x까지 업데이트합니다.

시맨틱 버전의 하위 의존성 여부는 해당 패키지를 만드는 사람의 마음대로 하는 경우도 많으므로 의존성 업데이트를 한 다음에는 꼼꼼하게 테스트해 문제가 없는지 확인해야 합니다.

▼ 의존성 버전 정보 정의에 따른 업데이트 범위

의존성 버전 정보 정의	업데이트 범위
4.4.2	4.4.2 고정
>4.0.0	4.0.0보다 큰 버전 중 최신 버전
< 5.0.0	5.0.0보다 작은 버전 중 최신 버전
~1.2.3	1.2.3 >=, < 1.3.0
^1.2.3	1.2.3 >=, < 2.0.0
^0.1.2	0.1.2 >=, < 0.2.0

4.4.3 설치한 패키지 확인하기

설치한 패키지의 리스트는 ls 명령으로 확인할 수 있습니다. 별칭으로 list, la, ll을 대신 사용할 수 있습니다.

```
$ npm ls  [@스코프/] 패키지명
$ npm list
$ npm la
$ npm ll
```

To do 01 [chapter3]에 만든 [express-server]의 디렉터리에서 npm ls를 실행해봅시다.

```
$ npm ls
express-server@ jsbackend/chapter3/express-server
└── express@4.17.2
```

기본적으로는 설치한 패키지만 나오는데, --depth 옵션을 사용하면 설치한 의존성 패키지가 의존하는 패키지도 확인할 수 있습니다.

02 익스프레스 패키지의 의존성을 확인해봅시다.

```
$ npm ls --depth=1
express-server@ jsbackend/chapter3/express-server
└─┬ express@4.17.2
  ├── accepts@1.3.7
  ├── array-flatten@1.1.1
... 생략 ...
  ├── statuses@1.5.0
  ├── type-is@1.6.18
  ├── utils-merge@1.0.1
  └── vary@1.1.2
```

의존성의 의존성도 확인할 수 있습니다. --depth값을 바꿔가면서 패키지의 의존성 트리를 확인해보기 바랍니다.

그 외 옵션으로는 json 포맷으로 출력을 하는 **json**, 더 많은 정보를 주는 **long**, dependency 항목만 보여주는 **prod**, devDependency 항목만 보여주는 **dev**, dev와 prod를 값으로 넣을 수 있도록 한 **only**가 있습니다.[7]

4.4.4 패키지 삭제하기

설치한 패키지의 삭제는 uninstall 명령을 사용합니다. 삭제 명령 또한 remove, rm, r, un, unlink를 별칭으로 제공합니다. 삭제 시 package.json의 의존성 설정도 함께 삭제되고, package-lock.json 정보도 함께 갱신됩니다.

```
$ npm uninstall  [@스코프/] 패키지명[@버전] [-S|--save|-D|--save-dev|-O|--save-optional]
$ npm remove
$ npm rm
$ npm r
$ npm un
$ npm unlink
```

다음은 삭제하는 예시입니다.

```
$ npm uninstall express --save
$ npm uninstall @types/react
$ npm uninstall jest --save-dev
$ npm uninstall plugin --save-optional
```

4.5 스크립트 기능과 NPX

npm은 명령어를 지정해 실행하는 스크립트 기능도 제공합니다. 스크립트 기능은 앱 시작(start), 중지(stop), 빌드(build), 배포(deploy), 테스트(test) 등의 명령어를 터미널에 매번 입력하지 않고 package.json에 정의함으로써 조금 더 간편하게 명령어를 실행하는 기능입니다. 보통 스크립트는 [node_modules] 디렉터리 아래에 설치된 패키지에 있기 때문에 경로를 지정해야 하지만

---

7 https://docs.npmjs.com/cli/v6/commands/npm-ls

npx를 이용하면 경로를 지정하지 않고 간편하게 사용할 수 있습니다.

4.5.1 npm 스크립트 파일을 정의하기

Node.js 프로젝트의 package.json에는 scripts 항목이 있습니다. scripts에 등록된 항목들은 npm run 명령으로 실행할 수 있습니다.

To do **01** [chapter4] 디렉터리 밑에 [test-scripts] 디렉터리를 생성합니다.

```
$ cd chapter4
$ mkdir test-scripts
$ cd test-scripts
```

02 [test-scripts] 디렉터리 안에 package.json 파일을 다음과 같이 만들어봅시다.

▼ npx 테스트용 package.json

```
                                        chapter4/test-scripts/package.json
{
  "name": "test-scripts",
  "version": "1.0.0",
  "scripts": {
      "hello": "echo 'hello Node.js'"   // ❶ npm run hello 명령으로 실행
  }
}
```

Notice 본문에는 //로 주석을 달아두었습니다만, JSON 파일에는 주석을 사용할 수 없습니다. 실제 실행 시에는 주석을 제외하고 코드를 작성해주세요.

03 터미널에서 npm run hello를 실행해봅시다.

```
$ npm run hello
> test-scripts@1.0.0 hello
> echo 'hello Node.js'

hello Node.js
```

scripts에 hello로 등록된 명령이 실행됩니다. 이렇게 npm을 사용해 package.json의 scripts

에 선언되어 있는 스크립트들을 실행할 수 있습니다.

04 scripts에 정의하는 명령 중 start, stop, test, restart는 run 없이 바로 실행할 수 있습니다. package.json을 조금 수정해봅시다.

▼ scripts에 명령어들을 추가한 package.json

```
                                                    chapter4/test-scripts/package.json
{
  "name": "test-scripts",
  "version": "1.0.0",
  "scripts": {
      "hello": "echo 'hello Node.js'",
      "test": "echo 'test Node.js'",          // npm test로 실행
      "stop": "echo 'stop Node.js'",          // npm stop으로 실행
      "start": "echo 'start Node.js'",        // npm start로 실행
      "restart": "echo 'restart Node.js'"     // npm restart로 실행
  }
}
```

05 npm test, npm stop, npm start, npm restart 각각을 터미널에서 실행해봅시다.

```
$ npm test
$ npm stop
$ npm start
$ npm restart
> test-scripts@1.0.0 start
> echo 'start Node.js'

test Node.js
stop Node.js
start Node.js
restart Node.js
```

06 다음으로 스크립트 실행 전과 후에 실행될 스크립트를 지정할 수도 있습니다. 명령어 앞에 pre 혹은 post를 붙이면 됩니다. 앞서 만든 hello 명령어로 실습해봅시다. **prehello, posthello 명령어를 정의합니다.**

▼ pre, post 스크립트를 추가한 package.json

```
{                                          chapter4/test-scripts/package.json
  "name": "test-scripts",
  "version": "1.0.0",
  "scripts": {
      "prehello": "echo 'PRE HELLO'",
      "hello": "echo 'hello Node.js'",
      "posthello": "echo 'POST HELLO'",
  // ... 생략 ...
  }
}
```

07 npm run hello를 실행해봅시다.

```
$ npm run hello
> test-scripts@1.0.0 prehello
> echo 'PRE HELLO'

PRE HELLO

> test-scripts@1.0.0 hello
> echo 'hello Node.js'

hello Node.js

> test-scripts@1.0.0 posthello
> echo 'POST HELLO'

POST HELLO
```

터미널에서는 npm run hello만 입력했는데 prehello → hello → posthello 순서로 실행되었
습니다. scripts에 등록하는 모든 명령어를 같은 원리로 만들 수 있습니다. 나머지 명령어들은 각
자 실습해보세요.

4.5.2 NPX로 코드 포매팅 명령어 prettier 실행하기

NPX는 Node Package eXecute의 약자입니다. Node 패키지 실행자^{Node Package Runner}라고
도 합니다. Node.js 패키지는 대부분 프로젝트에 임포트해서 사용하지만 개발할 때는 프로젝트
실행, 관리, 테스트 등에 명령형 패키지를 다수 사용합니다. 대표적으로 prettier, eslint, jest
같은 포매팅, 문법 검사, 단위 테스트 도구들이 있습니다. 이러한 패키지들을 실행하려면 **node_
modules/.bin/{패키지명}** 경로로 명령어를 실행해야 합니다. npx를 사용하면 **npx {패키지명}**처럼 경
로를 생략해 실행할 수 있습니다.

To do 01 [chapter4] 디렉터리 밑에 [test-npx] 디렉터리를 만들고 prettier를 설치해서 실습해봅시다. prettier
는 자바스크립트를 자동으로 포매팅하는 CLI 명령어입니다.

```
$ mkdir test-npx  # chapter4 아래에 생성
$ cd test-npx
$ npm install prettier  #prettier 설치
```

02 설치가 완료되면 test-npx/node_modules/prettier/package.json을 확인해봅시다.

▼ prettier 패키지의 package.json

```
                                    chapter4/test-npx/node_modules/prettier/package.json
{
  "name": "prettier",
  "version": "2.5.1",
  "description": "Prettier is an opinionated code formatter",
  "bin": "./bin-prettier.js", // npx로 실행하는 명령어의 경로 지정
   // ... 생략 ...
}
```

prettier 프로젝트의 package.json에 있는 bin 설정이 바로 npx 명령어에서 실행하는 파일입
니다.

03 이제 index.js 파일을 만들어서 다음과 같이 작성합시다. 포매팅 전후를 비교해야 하므로 코딩 규칙을
엉망으로 적용해 작성했습니다.

▼ prettier 적용을 위해 포매팅을 엉망으로 작성한 코드

```
                                                      chapter4/test-npx/index.js
function getRandomInt(
      min,
      max) /* 주석도 포매팅해줍니다. */
```

```
{
    return Math.floor(
    Math.random()
    * (max - min)) + min;
}


console.log(
    getRandomInt
    (10, 20));
```

04 터미널에서 npx 명령어로 prettier를 실행해봅시다.

```
$ cd chapter4/test-npx
$ npx prettier index.js          # 1) node_modules/prettier/bin-prettier.js를 실행
$ npx prettier -w index.js       # 2) prettier를 실행해 포매팅된 결과를 index.js에 반영
// npx prettier index.js의 결과
function getRandomInt(min, max) {
  /* 주석도 포매팅해줍니다. */
  return Math.floor(Math.random() * (max - min)) + min;
}


console.log(getRandomInt(10, 20));

// npx prettier -w index.js의 결과
index.js 33ms
```

❶ npm prettier index.js를 실행해 index.js를 포매팅한 결과를 출력합니다. **이때 포매팅이 index.js에 반영이 되지는 않습니다.** ❷ -w 옵션을 추가해 실행하면 포매팅된 코드가 index.js 파일에 반영됩니다. 같은 포매팅을 사용해야 가독성이 높아지므로 파일 저장 시 혹은 저장소에 커밋이나 푸시하기 전에 자동으로 적용되도록 하면 유용합니다. prettier를 예시로 들었습니다만, package.json에 bin 설정이 있고 실행 파일이 있다면 모두 npx 명령어로 실행할 수 있습니다. Node.js로 작성한 패키지 중 {패키지명}-cli 프로젝트들은 대부분 npx로 실행할 수 있습니다.

prettier 실행 후 포매팅이 완료된 코드는 다음과 같습니다.

▼ prettier 포매팅이 완료된 코드

```
function getRandomInt(min, max) {
  /* 주석도 포매팅해줍니다. */
  return Math.floor(Math.random() * (max - min)) + min;
}

console.log(getRandomInt(10, 20));
```

chapter4/test-npx/index.js

지금까지 npm의 스크립트 실행과 관련된 부분을 알아보았습니다. 다음으로는 패키지 잠금을 알아보겠습니다.

깊이보기 ## 4.6 패키지 잠금

패키지 의존성 문제는 개발과는 별개의 일이라고 생각할 수 있습니다. 구현해야 하는 비즈니스 로직이 끊임 없이 밀려들기 때문입니다. 그래서 대부분 패키지 매니저에 대한 것은 설치, 버전 업, 삭제 등의 기본적인 기능만 공부하고 넘어가게 됩니다. 하지만 Node.js로 개발을 하면 빈번하게 패키지를 업데이트하거나 설치하게 됩니다. 패키지 매니저를 제대로 알지 못하면 이따금 터지는 문제에 고생을 하게 됩니다. 따라서 패키지 매니저 관련해서는 번거롭더라도 확실히 알고 넘어가는 것이 좋습니다.

npm5 버전부터 등장한 package-lock.json은 [node_modules]나 package.json을 변경하는 모든 명령(npm install, npm update, npm uninstall)이 실행되면 함께 변경됩니다. package.json에 이미 모든 의존성에 대한 데이터가 있는데, 왜 package-lock.json이 추가로 필요할까요?

이유는 package.json에 버전을 설정할 때 특정 버전이 아니라 버전 범위를 설정하면 패키지를 설치하는 시점에 따라 다른 버전이 설치되기 때문입니다. npm의 패키지는 시맨틱 버전을 지키므로 하위 호환성을 지켜주어 문제가 없는 것 같다는 생각이 들 수도 있습니다. 하지만 npm에 등록된 패키지들은 엄격하게 관리가 되고 있지 않는 오픈 소스가 대부분입니다. 하위 호환에 대한 검증을 npm에서도 진행하지 않기 때문에 패치 버전으로 변경되었는데도 동작하지 않는 경우가 생각보다 꽹장히 많습니다.

그렇다면 어떻게 하면 될까요? 정답은 설치 시 올바르게 동작하는 버전을 고정하는 겁니다. 5 버전 이상의 npm은 패키지를 처음 설치 혹은 업데이트하는 시점과 똑같은 버전을 설치하도록 package-lock.json에 패키지의 의존성 트리 정보를 저장해두고 설치 시 package.json이 아니라 package-lock.json을 확인하고 설치합니다. 이를 패키지 잠금^{package lock}이라고 합니다. package-lock.json에 어떤 정보를 저장하기에 패키지 잠금을 할 수 있을까요?

To do **01** 실습으로 ora라는 터미널 스피너(뺑글이)를 제공하는 패키지를 설치해봅시다.

```
$ cd chapter4
$ mkdir test-package-lock
$ cd test-package-lock
$ npm install ora

added 31 packages, and audited 32 packages in 1s

17 packages are looking for funding
  run `npm fund` for details

found 0 vulnerabilities
```

단 하나의 패키지인 ora만을 설치했는데, 출력 결과에는 31개의 패키지가 추가됐고, 32개의 패키지의 취약점검사(audit)를 했다고 출력됩니다. 필요한 패키지는 하나인데 왜 이렇게 많은 패키지가 추가로 설치될까요? 이유는 ora가 의존성을 가지는 패키지들이 있고, 또한 각 패키지들이 의존성을 가지는 패키지가 있어서 의존성 트리를 쭉 따라가면서 모두 설치하니 31개가 된 겁니다.

02 의존성 트리를 한 번 확인해봅시다. 의존성 트리를 확인하는 명령어는 npm ls이고 옵션으로 --depth={숫자}를 사용하면 됩니다. 우선 1단계 의존성을 살펴봅시다.

```
$ npm ls --depth=1

└─┬ ora@6.0.1
  ├── bl@5.0.0
  ├── chalk@4.1.2
  ├── cli-cursor@4.0.0
  ├── cli-spinners@2.6.1
  ├── is-interactive@2.0.0
  ├── is-unicode-supported@1.1.0
```

```
    ├── log-symbols@5.1.0
    ├── strip-ansi@7.0.1
    └── wcwidth@1.0.1
```

ora는 bl, chalk, ... wcwidth 등 9개의 의존성을 가지고 있습니다. 그리고 각 패키지도 의존성을 가지고 있습니다. 그리고 의존성의 의존성을 가지는 패키지도 있습니다. 이것은 의존성이 없어질 때까지 재귀적으로 반복됩니다. 내가 필요한 패키지는 하나이지만, 설치되는 패키지가 30개가 넘어가는 이유는 이러한 이유 때문입니다. 사실 이 부분은 Node.js의 문제이기도 합니다. 유명 개발자 사이트인 레딧 닷컴에서는 전 우주에서 가장 묵직한 것이 node_modules[8]라는 농담을 하기도 했습니다.

03 depth값을 한 단계 올려봅시다. 이번에는 일부 결과만 확인하겠습니다. 의존성 트리가 깊어지면, 서로 다른 패키지인데 같은 패키지를 의존성으로 가지는 경우가 생기게 됩니다. 그런 경우는 어떻게 처리할지도 생각을 해봅시다.

```
$ npm ls --depth=2

└─ ora@6.0.1
   ├─┬ bl@5.0.0
   │ ├── buffer@6.0.3
   │ ├── inherits@2.0.4
   │ └── readable-stream@3.6.0
// ... 생략 ...
   ├─┬ chalk@4.1.2   // log-symbols에 다른 버전이 존재
   │ ├── ansi-styles@4.3.0
   │ └── supports-color@7.2.0
   ├─┬ log-symbols@5.1.0
   │ ├── chalk@5.0.0
   │ └── is-unicode-supported@1.1.0 deduped   1
   └─┬ wcwidth@1.0.1
       └── defaults@1.0.3
```

---

8 https://www.reddit.com/r/ProgrammerHumor/comments/6s0wov/heaviest_objects_in_the_universe/

❶ deduped는 중복된 부분을 삭제했다는 뜻입니다. is-unicode-supported 패키지는 ora도 의존성을 가지고 있는데, log-symbols도 의존성을 가지고 있습니다. 조금 있다 살펴보겠지만, 중복된 패키지를 모두 내려받으면 [node_modules] 용량이 매우 커지게 되므로, 중복이 있으면 하나만 받고 나머지는 내려받지 않습니다.

04 의존성 트리의 depth값을 4까지 하면 모든 의존성을 확인할 수 있는데, 그러면 inherits, is-unicode-supported 이렇게 둘이 중복됩니다. 중복된 것은 어떻게 처리를 할까요? 해답은 [node_modules] 디렉터리에 들어가서 보면 바로 알 수 있습니다.

```
cd node_modules

// ... 생략 ...
inherits
is-unicode-supported
ora
// ... 생략 ...
```

중복된 의존성 패키지들을 의존성 패키지 내부의 [node_modules]에 두는 것이 아니라 ora 바로 아래에 두고 사용할 수 있게 최상위로 올려서 해결했습니다.

그런데 같은 패키지이지만, 버전이 다른 경우는 어떻게 처리할까요? 버전이 다른 경우는 중복이 아니므로 설치해야 합니다. 예를 들어 chalk는 ora에 4.1.2 버전으로, log-symbols에 5.0.0 버전으로 의존성이 걸려 있다고 합시다. 이 경우는 4.1.2 버전은 [node_modules] 바로 아래에 설치하고 5.0.0 버전은 [node_modules/log-symbols/node_modules/chalk]에 설치합니다. 이 경우 chalk 5.0.0 라이브러리의 의존성은 설치하지 않는데, npm install할 때 해당 모듈이 필요한지 npm에서 알아서 판단해 설치합니다. 정말로 필요한지는 node_modules/log-symbols에서 npm install로 설치를 하고 npm ls --depth=5를 수행하면 됩니다. 무수히 많은 extraneous(상관없는)와 deduped(중복 제거됨)을 볼 수 있습니다.

ora의 의존성 트리 중 중복되는 곳과 각각 다른 버전이 있는 것을 그림으로 나타내면 다음과 같습니다. 그림에 모든 의존성을 표시하지는 않았습니다(실제로는 훨씬 복잡합니다).

▼ ora의 의존성 트리

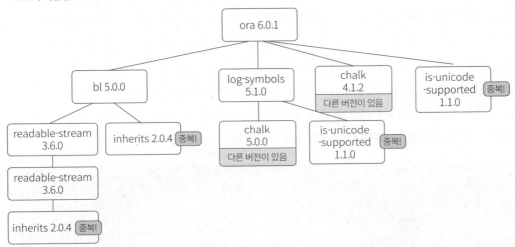

위와 같이 얼기설기 복잡하게 얽혀 있는 의존성을 모두 해결해 [node_modules]에 설치한 그림은 다음과 같습니다. 트리 구조로 복잡하게 얽혀 있던 것을 하나로 모아서 평평하게 관리할 수 있게 했습니다. 문제는 4.2절에서 보았지만, 패키지를 불러올 때 참고하는 [node_modules]가 하나가 아니라는 점이고 그것을 실행하는 알고리즘[9]이 매우 복잡하다는 겁니다.

또 한 가지 문제점은 이렇게 중복된 의존성 패키지를 위로 끌어올리는hosting 전략은 package.json에는 정의하지 않은 의존성 패키지를 사용할 수 있게 해줍니다. ora의 경우라면 inherits@2.0.4를 그냥 사용할 수 있습니다. 이를 유령 의존성phantom dependency이라고 합니다. 정의하지 않았는데 사용할 수 있는 것도 직관적이지는 않다는 부분에서 좋지 않습니다.

▼ 의존성 트리 구조를 평평하게 한 [node_modules] 디렉터리 구조

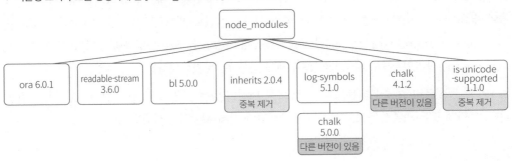

---

9 https://nodejs.org/api/modules.html#modules_all_together

ora는 굉장히 간단한 구조의 패키지를 가지고 있습니다. 그런데 간단한 구조의 프로젝트에서 이 정도의 복잡도라면, 더 복잡한 구조의 프로젝트는 굉장히 복잡하게 될 것은 자명합니다. 그러므로 Node.js 개발 시에는 꼭 필요한 패키지가 아니라면 설치하지 않는 것이 좋고, 너무 많은 의존성을 가진 패키지는 꼭 필요하지 않다면 사용하지 않는 것이 좋습니다. 패키지 의존성을 최소화하는 것도 Node.js 개발에서는 중요합니다.

05 다음으로는 package.json과 package-lock.json을 하나씩 살펴봅시다.

▼ ora를 설치한 package.json

```
                                        chapter4/test-package-lock/package.json
{
  "dependencies": {
      "ora": "^6.0.1"
  }
}
```

package.json에서는 ora ^6.0.1을 설치했다고 나옵니다. ^ 기호를 사용했으니 6.x.x 버전까지는 npm update를 사용하거나 다른 머신에 새로 설치할 때 버전이 변경될 것을 예상할 수 있습니다.

npm install을 하면 package-lock.json 파일이 생깁니다. package-lock.json 파일은 600줄 이상이므로 필요한 부분만 발췌해 알려드리겠습니다.

```
{
  "name": "test-package-lock",  ── ❶ 패키지명
  "lockfileVersion": 2,  ── ❷ 잠금 파일 버전
  "requires": true,
  "packages": {
    "": {
      "dependencies": {
        "ora": "^6.0.1"  ── ❸ 패키지 설정 npm7에서 사용
      }
      ... 생략 ...
    },

  "dependencies": {
    ... 생략 ...  ── ❹ 패키지 설정 하위 호환 npm5, 6에서 사용
  }
}
```

먼저 ❶ name은 package.json에 있는 것과 같습니다. ❷ lockfileVersion은 주로 1 아니면 2 가 나옵니다. 1은 npm 버전 5, 6에서 사용합니다. npm 버전 7 이후에는 2 또는 3이 나옵니다. 의존성 설정 부분은 크게 package 부분과 dependencies 부분으로 나뉘게 됩니다. ❸ npm 버전 7에서는 package 부분만 필요합니다. ❹ dependencies는 npm5와 6에서의 호환성을 지키기 위해 남아 있습니다.

또한 lockfileVersion이 3인 경우도 있는데, npm 버전이 7 이상이고 하위 호환이 필요 없는 경우 사용합니다. 아직까지 많이 사용되고 있지는 않습니다. 또한 npm 버전이 7 이상인 경우 숨겨진 잠금 파일인 .package-lock.json 파일이 [node_modules] 디렉터리 밑에 있습니다. 기존 package-lock.json과 구성이 거의 같으나 하위 호환을 고려하지 않아도 되므로 dependencies 부분이 삭제되어 있습니다.

큰 구성은 다음과 같습니다.

▼ ora 설치 후의 package-lock.json

chapter4/test-package-lock/package-lock.json

```
{
    "name": "test-package-lock",
    "lockfileVersion": 2,
    "requires": true,
    "packages": {  // ❶ npm 7 이상에서 참조하는 의존성 패키지 정보
      "": {
      "dependencies": {
          "ora": "^6.0.1"
          }
      },
      "node_modules/ansi-regex": { /* ... 생략 ... */ }
            // ... 생략 ...
      "dependencies": {  // ❷ npm5, 6에서 사용하는 의존성 패키지 정보
          "ansi-regex": { /* ... 중간 생략 ... */ },
          // ... 생략 ...
      }
}
```

❶ npm 7 이상에서 참조하는 의존성 패키지 정보입니다. **node_modules/{패키지명}**으로 되어 있는 부분은 [node_modules] 디렉터리 구조와 동일하며 각 패키지 설치를 위한 정보를 제공합니다. 추가 정보로 engines(Node.js 호환 버전 설정), funding(프로젝트 펀딩 정보) 정보가 있습니다.

❷ npm5, 6에서 사용하는 의존성 패키지 정보입니다. engines, funding 이외의 정보는 같습니다.

마지막으로 npm ci 명령을 알아봅시다. npm install은 package.json 정보를 참고하여 의존성 패키지를 설치합니다. npm install 실행 시 package.json을 참고하여 package-lock.json 파일을 생성합니다. package-lock.json 파일의 생성 시점에 따라 마이너 버전이 업데이트되는 등의 이유로 의도한 바와는 다른 패키지 버전이 설치되는 경우가 있습니다. 이런 문제가 생기지 않게 하려면 package.json이 아니라 packpage-lock.json 파일만 참고해서 의존성 패키지를 설치하면 됩니다. npm ci는 정확하게 이러한 용도로 사용하는 명령어입니다. ci는 clean install의 약자입니다. 사용법은 다음과 같습니다.

```
$ npm ci
```

npm ci 명령어 사용 시 package.json과 package-lock.json 버전이 일치하는지 확인합니다. 맞지 않으면 에러를 발생시킵니다. 또한 의존성 패키지 모듈이 저장되어 있는 node_modules 디렉터리를 삭제 후 모든 의존성 패키지를 다시 설치합니다. 그러므로 개별 의존성 패키지를 설치하는 용도로는 맞지 않습니다. npm install, update는 package.json을 변경하는 경우가 있습니다만, npm ci는 절대로 packpage.json을 변경하지 않습니다. npm ci 명령이 적합한 곳은 개발에서 사용한 패키지 그대로 테스트 서버나, 프로덕션 환경에 사용할 때입니다. 여기까지 생각보다 복잡한 메커니즘을 가지고 있는 패키지 잠금을 알아보았습니다. 다음 절에서는 npm의 대안으로 사용할 수 있는 패키지 매니저인 yarn을 알아보겠습니다.

4.7 npm의 대안 yarn

지금까지 npm 사용법을 익히며 npm을 사용한 패키지 관리가 쉬운 일이 아니라는 생각이 들었을 겁니다. 추가로 npm은 용량 문제, 패키지 내려받기 속도 문제, 보안 문제를 갖고 있습니다. node_module을 사용하는 방식이 아닌 다른 방법으로 패키지 관리를 할 수는 없을까요? yarn은 이러한 문제들을 해결할 목적으로 2016년에 페이스북에서 만든 패키지 관리 프로그램입니다.

yarn은 버전 1과 yarn berry라고 부르는 버전 2가 있습니다. 버전 1은 npm과 거의 유사하며 패키지 설치가 조금 더 빠른 정도입니다. 반면 버전 2는 PnP Plug'n'Play 전략을 사용하며 [node_ modules]를 사용하지 않고 의존성 패키지를 관리합니다. PnP 전략은 패키지를 적절한 위치에 꽂으면Plug 바로 실행Play하도록 단순화하는 데 있습니다. 이를 위해 [node_modules] 디렉터리를 사용하지 않고, 의존성 찾기는 .pnp.cjs에 정리하고, 실제 의존성 패키지 파일은 압축 파일의 형태로 [.yarn] 디렉터리 아래의 [cache] 디렉터리에 저장합니다. [cache] 디렉터리 안에 있는 패키지들은 트리 구조가 아니라 모두 끌어올림hoisting되어 평평하게 저장됩니다. PnP 전략을 사용해 의존성 패키지를 코드 저장소에 바로 저장하면, 당연한 말이지만 추후에 서버 배포 시 패키지 설치를 하지 않아도 됩니다. 이것을 제로 인스톨zero install이라고 합니다. 제로 인스톨을 하면, 서버에 소스 코드를 배포할 때 패키지도 같이 설치가 됩니다. 그러면 패키지 설치 시점에 따라 버전이 달라져서 버그가 발생하는 일도 없어지게 됩니다.

PnP를 사용함으로써 얻는 이점이 또 하나 있는데, 그것은 서버의 기동 속도가 빨라진다는 겁니다. 애플리케이션이 동작하려면 require로 불러오는 의존성 패키지가 어디 있는지 다 파악을 해야 해서 많은 파일 탐색 동작이 일어납니다. PnP를 사용하는 yarn2에서는 기동할 때 의존성 패키지가 어디에 있는지 파일시스템을 순회하면서 찾을 필요가 없으니 의존성 패키지 위치를 찾는 시간 만큼 빨리 기동됩니다.

To do **01** yarn2가 기존 npm보다 좋다는 것을 알았으니 실습을 해봅시다. [chapter4] 디렉터리 하위에 [test-yarn] 디렉터리를 만들고 yarn2를 활성화해봅시다.

```
$ cd chapter4
$ mkdir test-yarn
$ cd test-yarn
$ corepack enable  # 1 corepack 활성화. 리눅스/맥에서는 sudo로 실행하세요.
$ yarn init -2     # 2 yarn 초기화

➤ YN0000: · Yarn 4.0.1
➤ YN0000: ┌ Resolution step
➤ YN0000: └ Completed
➤ YN0000: ┌ Fetch step
➤ YN0000: └ Completed
➤ YN0000: ┌ Link step
➤ YN0000: └ Completed
➤ YN0000: · Done in 0s 23ms
```

❶ 코어팩corepack을 활성화했습니다. 코어팩은 Node.js 프로젝트에 npm 이외의 패키지 매니저를

사용하는 기능입니다. yarn과 pnpm을 지원합니다. 혹시나 Node.js 버전이 낮아서 에러가 난다면 npm i -g corepack으로 설치해주세요.

❷ 코어팩 활성화 후 yarn2 버전으로 초기화합니다. 결과로 나오는 부분은 자동으로 생성된 package.json입니다. 디렉터리명을 프로젝트명으로 사용했고, packageManager값으로 'yarn@4.0.1'을 지정했습니다.

02 [test-yarn] 디렉터리에 어떤 파일들이 생성되었는지 확인해봅시다.

```
# 맥OS, 리눅스
$ ls -al
```

```
# 윈도우
> dir /a
```

결과로 .editorconfig, .git, .gitignore, .yarn, .yarnrc.yml, README.md, package.json, yarn.lock 파일이 생성되었습니다. .yarnrc.yml은 yarn에 관련된 환경 설정이 들어 있는 파일이고, [.yarn]은 잠시 후에 설명드리겠지만, 의존성 패키지의 압축 파일을 저장하는 디렉터리입니다. package.json은 아시다시피 프로젝트와 패키지 관리를 위한 파일이며, yarn.lock은 package-lock.json과 같이 패키지 잠금을 위해 생성하는 파일입니다.

yarn2로 프로젝트를 초기화했으니, yarn으로 패키지를 설치해봅시다. 명령어는 yarn add입니다. npm에 대응하는 yarn의 명령어를 다음 표에 정리해두었으니 참고하시기 바랍니다.

▼ npm과 yarn 명령어 비교

명령어	npm	yarn
의존성 설치	npm install	yarn
패키지 설치	npm install <패키지명>	yarn add <패키지명>
개발용 패키지 설치	npm install –save-dev <패키지명>	yarn add –dev <패키지명>
패키지 업데이트	npm update	yarn upgrade
패키지 삭제	npm uninstall <패키지명>	yarn remove <패키지명>

프로젝트 초기화	npm init	yarn init
스크립트 실행	npm run	yarn run
bin 패키지 실행	npx <패키지명령어>	yarn <패키지명령어>

03 yarn으로 터미널에 색을 표시하는 chalk 패키지를 설치해봅시다. 앞서 살펴본 ora에서 사용하는 패키지입니다. 실행 후에는 package.json이 업데이트되고, .yarn 아래의 [cache] 디렉터리에 chalk 패키지의 압축 파일이 추가될 겁니다.

```
$ yarn add chalk  # chalk 설치
```

[.yarn] 아래의 [cache] 디렉터리를 확인해봅시다. 디렉터리 하나 없이, 아주 깔끔하게 확장자가 zip인 압축 파일들로만 구성되어 있음을 확인할 수 있습니다.

```
$ cd .yarn/cache
$ ls # 윈도우에서는 dir

ansi-styles-npm-6.1.0-4f6a594d04-7a7f8528c0.zip
chalk-https-da1a746d42-5804e5429a.zip
supports-color-npm-9.2.1-1ef7bf7d73-8a2bfeb64c.zip
```

04 이제 chalk를 테스트할 main.js 파일을 만들고 실행해봅시다.

▼ chalk 테스트를 위한 main.js

chapter4/test-yarn/main.js

```
import chalk from "chalk";
console.log(chalk.blue("안녕하세요!"));
```

05 실행하기에 앞서 주의할 부분이 하나 있습니다. yarn2로 생성한 프로젝트는 node_module이 없으므로 node 명령어로 실행이 되지 않습니다. **yarn node** 명령어로 실행할 수 있습니다. 한번 실행해봅시다. 에러가 날 겁니다.

```
$ yarn node main.js

(node:18469) Warning: To load an ES module, set "type": "module" in the package.
```

```
json or use the .mjs extension. // ❶ package.json에 'type'을 module로 해야 함
(Use `node --trace-warnings ...` to show where the warning was created)
/Users/gyus/VSCode/jsbackend/chapter4/test-yarn/main.js:1
import chalk from "chalk";
^^^^^^
```

06 에러가 난 이유는 chalk에서는 모듈 시스템으로 ES module을 사용했기 때문에, package.json에 type을 module로 설정해야 합니다. 설정한 다음 다시 실행해봅시다. 또 에러가 날 겁니다(yarn 4.0에서 문제가 해결되었습니다).

▼ test-yarn의 모듈 시스템을 ESM으로 변경

```
                                                    chapter4/test-yarn/package.json
{
  "name": "test-yarn",
  "packageManager": "yarn@4.0.1",
  "dependencies": {
      "chalk": "^5.0.0"
  },
  "scripts": {},
  "type": "module" // type을 module로 설정
}
```

07 다시 터미널에서 yarn node로 스크립트를 설정해봅시다. 아직 에러가 납니다.

```
$ yarn node main.js

(node:18088) ExperimentalWarning: --experimental-loader is an experimental
feature. This feature could change at any time
(Use `node --trace-warnings ...` to show where the warning was created)
jsbackend/chapter4/test-yarn/.pnp.cjs:9361
  return Object.defineProperties(new Error(message), {
                                 ^

Error: chalk tried to access #ansi-styles, but it isn't declared in its
dependencies; this makes the require call ambiguous and unsound.
// ❶ chalk에 ansi-styles 의존성이 선언되어 있지 않음.
```

08 모듈 설정을 제대로 했는데도 다시 에러가 납니다. 이유는 chalk가 yarn에서 지원하지 않는 기능을 사용하고 있기 때문입니다. chalk의 저장소[10]의 package.json을 보면 imports라는 속성이 있습니다.

imports는 다른 패키지의 소스를 포함시키는 설정입니다. 이 설정은 yarn2에서 지원을 하지 않습니다. 왜냐하면 의존성 패키지의 버전을 정확하게 알 수 있는 방법이 없기 때문입니다. 해결을 하려면 imports를 삭제하고 imports에 있는 패키지들을 포함하는 소스도 같이 수정해야 합니다.

▼ imports기능을 사용하는 chalk의 package.json

```
                                    https://github.com/chalk/chalk/blob/main/package.json
{
"name": "chalk",
"version": "5.0.0",
// ... 생략 ...
"imports": {
    "#ansi-styles": "./source/vendor/ansi-styles/index.js",
    "#supports-color": {
        "node": "./source/vendor/supports-color/index.js",
        "default": "./source/vendor/supports-color/browser.js"
    }
},
// ... 생략 ...
}
```

Note 지금부터는 실제로 오픈 소스를 수정해야 하는 부분입니다. 오픈 소스 수정이 부담스러운 독자들을 위해 https://github.com/wapj/chalk/ 리포지터리에 수정된 버전을 올려두었습니다.

09 수정은 간단합니다. 깃허브에서 chalk를 포크fork받아서 나의 저장소에 chalk 프로젝트를 생성합니다. package.json에 있는 imports 설정을 삭제하고 dependencies에 ansi-styles와 supports-color 의존성을 추가합니다.

▼ 깃허브에서 chalk을 포크받아서 package.json을 수정한 버전

```
                                    https://github.com/wapj/chalk/blob/main/package.json
{
    "name": "chalk",
    "version": "5.0.0",
```

---

10 https://github.com/chalk/chalk

```
    // imports 삭제
    // ... 생략 ...
    "dependencies": { // 의존성 추가
        "ansi-styles": "^6.1.0",
        "supports-color": "^9.2.1"
    }
}
```

10 source/index.js에서 #ansi-styles와 #supports-color를 가져오는 부분도 수정해줍니다.

▼ import에 있는 #ansi-styles와 #supports-color를 수정하기

https://github.com/wapj/chalk/blob/main/source/index.js

```
import ansiStyles from 'ansi-styles';
import supportsColor from 'supports-color';
```

11 이렇게 고친 다음 chalk로 PR을 보내서 수정을 요청할 수 있지만, github 주소만 있으면 패키지 설치가 가능합니다. 수정된 버전의 chalk을 설치해봅시다.

```
$ yarn add chalk@https://github.com/wapj/chalk
```

12 이제 다시 yarn node로 main.js를 실행하겠습니다.

```
$ yarn node main.js

# 글씨색이 파란색으로 나와야 합니다.
안녕하세요!
```

지금까지 npm의 대안인 yarn(yarn2)을 알아보았습니다. yarn을 사용하면 매우 깔끔하게 패키지 관리를 할 수 있기 때문에 개인적으로는 추천합니다. 다만 chalk의 사례에서 보셨듯이 yarn에서 지원하지 않는 기능을 사용하는 패키지도 있으므로 이 부분을 잘 확인해야 하겠습니다. 그런 패키지들이 PnP를 지원하도록 오픈 소스에 기여하는 것도 하나의 방법입니다.

npm이 없었다면 자바스크립트 생태계는 지금처럼 커지지 못했을 겁니다. npm은 개발자들에게 높은 자유도를 제공해 대중화에 성공했지만, 반대급부로 개발과 배포 테스트에 어려움을 주고 있습니다. npm의 대안으로 yarn2가 있으며 yarn의 PnP 전략이 대부분의 경우 유효하지만 아직까지 지원하지 않는 프로젝트들이 있다는 점에 유의해주세요.

yarn 이외에도 pnpm이라는 패키지 매니저도 있습니다. pnpm[11]은 심볼릭 링크를 사용해 패키지 중복 설치를 없애는 전략을 사용합니다. yarn에는 PnPify[12] 라이브러리를 제공해 PnP를 지원하지 않는 라이브러리를 수정하는 라이브러리도 있습니다.

개인적으로는 yarn2를 추천드립니다. 제로 인스톨 전략과 함께 사용하면 더욱 효과적이라 생각합니다. 실제로 사용하는 회사도 점점 늘어나는 추세입니다. 다만 사용하고자 하는 오픈 소스가 yarn에서 지원하지 않는 기능을 사용하고 있을 수 있습니다. 이런 때에는 주의 및 노력이 필요합니다.

yarn2에서 지원하지 않는 기능을 수정해가면서 책의 진도를 나가는 것은 어려운 일이라 판단했고, 또한 npm의 패키지 잠금을 사용하면 거의 문제가 생기지 않기 때문에 이 책에서는 npm을 계속 사용합니다. 개인적으로 관심이 있으시다면 yarn과 pnpm 둘 다 시도해보시고 좋은 쪽으로 선택하는 것도 좋겠습니다.

핵심 용어

1 **패키지 매니저**는 의존성 패키지를 관리하는 프로그램입니다.

2 **패키지**는 package.json으로 정의한 파일 또는 디렉터리를 말합니다.

3 **npm**은 Node.js 패키지 매니저, Node.js를 설치하면 함께 설치됩니다. 초창기부터 사용하던 패키지 매니저이지만 용량, 속도, 보안 면에서 부족한 부분이 있습니다. npm 저장소의 의미로 사용하기도 한다.

---

11 pnpm https://pnpm.io/
12 PnPify https://yarnpkg.com/advanced/pnpify

4 **패키지 스코프**는 같은 패키지명을 사용해도 패키지 충돌이 나지 않도록 한 일종의 네임스페이스 이름은 @로 시작합니다. 유명한 스코프로 @types가 있습니다.

5 **npx**는 Node.js 5.2.0 버전부터 npm에 탑재된 명령어입니다. 설치한 패키지 중 명령어처럼 실행할 수 있는 패키지가 있다면 npx를 통해서 편리하게 실행할 수 있습니다. npm이 패키지 매니저^{package manager}라면 npx는 패키지 런너^{package runner}입니다.

6 **시맨틱 버전**이란 주로 **{메이저}.{마이너}.{패치}**처럼 3단계로 버전을 관리하는 버전을 뜻합니다. 기존 버전과 하위 호환이 되지 않는다면 메이저 버전을 변경하고, 기존 버전과 호환되면서 새로운 기능만 추가할 때는 마이너 버전을 변경합니다. 기존 버전과 호환되면서 버그를 수정할 때는 패치 버전을 변경합니다.

7 **yarn**은 npm의 단점인 용량, 패키지 내려받기 속도, 보안 문제를 개선한 패키지 매니저입니다. yarn1과 yarn2가 있으며 yarn2는 PnP라는 전략을 사용해 [node_modules] 디렉터리를 사용하지 않고 의존성 패키지를 관리합니다.

추가로 알아보기

1 **Repl.it** 온라인 개발 환경 : https://repl.it/

2 **npm** 공식 문서 : https://docs.npmjs.com/

3 **yarn** 플러그 앤 플레이 설치 전략 : https://yarnpkg.com/features/pnp

4 **모노리포**는 여러 개의 프로젝트나 패키지를 단일 저장소에서 관리하는 것을 말합니다. 모노리포를 제공하는 다양한 라이브러리가 있습니다. 대표적으로 Yarn Workspace와 npm Workspace를 많이 사용합니다.

연습문제

1 Node.js에서 패키지 임포트 시 기본적으로 사용하는 방법은 무엇일까요?

2 npm install로 패키지를 설치하면 어떤 디렉터리에 의존성 패키지 파일이 저장될까요?

3 개발 환경에서만 사용할 패키지를 설치 시 사용하는 npm install 명령어의 옵션은 다음 중 무엇일까요?

❶ -S   ❷ -g   ❸ -P   ❹ --dry-run   ❺ -D

4 npm install을 어느 시점에 하느냐에 따라서 마이너 버전이 다르게 설치될 수 있습니다. 이를 보완하기 위해 나온 명령어로 package-lock.json과 package.json을 비교 후 node_modules 디렉터리를 모두 삭제하고 다시 설치하는 npm 명령은 무엇일까요?

5 node_modules/.bin/ 경로 아래에 설치된 명령형 패키지를 실행하는 명령어는 무엇일까요?

6 의존성 트리에 중복된 의존성 패키지를 상위로 끌어 올려서, 정의하지 않았지만 사용할 수 있게 되는 현상을 무엇이라고 할까요?

---

1 정답 CommonJS입니다. package.json의 type 속성을 "module"로 변경하면 ESM 방법도 사용할 수 있습니다.

2 정답 node_modules에 저장됩니다.

3 정답 ❺ -D입니다. --save-dev를 사용해도 됩니다.

4 정답 npm ci

5 정답 npx

6 정답 유령 의존성입니다. 중복된 의존성 패키지를 상위 단계로 끌어올렸지만, 설치하지 않았는데도 사용할 수 있게 됩니다.

05장

자바스크립트에서
비동기 처리하기

학습 목표

비동기 처리 방식으로 콜백(callback), 프로미스(promise), 어싱크 어웨이트(async await)가 있습니다. 콜백은 요청이 끝난 후 실행할 함수를 매개변수로 추가하는 방식이며, 프로미스는 Promise 객체를 반환하는 방식입니다. 어싱크 어웨이트는 프로미스를 더욱 간단하게 async await라는 구문으로 변경한 문법입니다. 하나씩 알아보겠습니다.

핵심 키워드

비동기 처리　비동기 처리

콜백　콜백 함수

프로미스　이행, 거절, 대기

어싱크 어웨이트　가독성

학습 코스

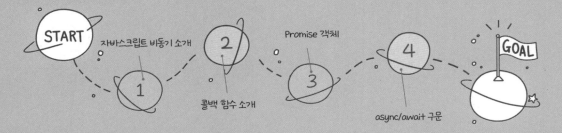

5.1 자바스크립트 비동기 소개

동기synchronous 프로그래밍에서 작업은 차례로 실행되며 이전 작업이 완료될 때까지 중단할 수 없습니다. 모든 작업은 이전 작업의 실행이 완료될 때까지 기다려야 합니다. 반면 **비동기**asynchronous 프로그래밍에서는 임의의 순서로 또는 동시에 작업이 실행될 수 있습니다. Node.js의 이벤트 기반 아키텍처는 2장에서 이미 배웠습니다. 이제부터 비동기를 처리하는 구체적인 방법을 알아보겠습니다.

자바스크립트는 런타임(브라우저나 Node.js)에서 싱글 스레드로 동작합니다. 싱글 스레드로 동작한다는 것은 한 번에 하나의 작업만 처리할 수 있다는 뜻입니다. 싱글 스레드로 동작하지만 콜백, 프로미스, 어싱크 어웨이트 방법을 사용하면 자바스크립트에서 비동기 처리를 할 수 있습니다. **콜백**은 함수의 파라미터로 함수를 전달하며, 비동기 처리가 끝났을 때 전달된 함수를 실행합니다. 콜백은 가독성이 좋지 못하여 유지보수 및 디버깅이 힘듭니다.

프로미스(Promise 객체 사용)는 콜백 대신 사용할 수 있는 방법으로 비동기 작업이 완료되면 결과를 반환하는 객체입니다. 프로미스 객체는 상태를 가지고 있으며 처음에는 대기였다가 작업이 완료되면 성공 또는 실패 상태가 됩니다. then(), catch() 메서드를 사용하여 성공과 실패에 대한 처리를 할 수 있습니다.

마지막으로 **어싱크 어웨이트**(async, await 키워드 사용)는 프로미스를 사용하는 비동기 작업을 동기적으로 처리하는 것처럼 코드를 작성할 수 있게 해줍니다. async가 붙어 있는 함수를 실행할 때 await 키워드를 사용하여 비동기 작업이 완료될 때까지 기다릴 수 있습니다.

5.2 콜백 함수 소개

비동기는 현재 코드의 실행 결과를 받지 않고 이후 코드를 수행하는 기법입니다. 컴퓨팅 자원을 효율적으로 사용하는 기법이지만 정확한 순서를 지켜 수행해야 하는지를 고려해서 처리해야 합니다. 비동기 코드를 순서대로 실행하는 가장 일반적인 방안으로 콜백callback이 있습니다. 콜백은 실행 가능한 함수를 인자로 전달하여, 특정 상황이 발생할 때 호출되게 하는 방식입니다. 콜백은 현실 세계에서도 발견할 수 있습니다. 커피숍에 가서 점원에게 커피를 먼저 주문하고 다른 것을 하고 있으면, 커피 제조가 끝난 후에 손님을 호출callback하는 상황을 콜백으로 볼 수 있습니다.

콜백 함수 작성해보기

예를 들어 회원 가입이 3단계로 이루어진다고 해봅시다. 회원 가입 API를 호출하면 ❶ 데이터베이스에 저장하고 ❷ 이메일을 보내고 ❸ 성공 메시지를 보여주게 됩니다. 이 과정에 사용할 API를 콜백 방식으로 작성하겠습니다.

To do **01** 5장에서 사용할 디렉터리를 먼저 생성하겠습니다. [chapter5] 디렉터리를 생성하고 그 아래에 [callback-promise-async-await] 디렉터리도 생성해주세요.

```
$ mkdir chapter5
$ cd chapter5
$ mkdir callback-promise-async-await
```

02 이제부터 작성하는 예제 코드들은 모두 [callback-promise-async-await] 디렉터리에 작성해주세요. 먼저 callback-test.js를 작성하겠습니다.

▼ 콜백 예제

```
                                    chapter5/callback-promise-async-await/callback-test.js
const DB = [];

// 회원 가입 API 함수
function register(user) {  // ❶ 콜백이 3중으로 중첩된 함수
  return saveDB(user, function (user) {        // 콜백
    return sendEmail(user, function (user) {   // 콜백
      return getResult(user);    // 콜백
    });
  });
}

// ❷ DB에 저장 후 콜백 실행
function saveDB(user, callback) {
  DB.push(user);
  console.log(`save ${user.name} to DB`);
  return callback(user);
}

// ❸ 이메일 발송 로그만 남기는 코드 실행 후 콜백 실행
function sendEmail(user, callback) {
  console.log(`email to ${user.email}`);
```

```
    return callback(user);
}

// ❹ 결과를 반환하는 함수
function getResult(user) {
  return `success register ${user.name}`;
}

const result = register({ email: "andy@test.com", password: "1234", name: "andy" });
console.log(result);
```

3단계로 회원 가입 API를 실행하는 ❶ register() 함수는 ❷ saveDB(), ❸ sendEmail(), ❹ getResult() 함수를 각각 차례로 호출해 콜백을 사용했습니다. register() → saveDB() → sendEmail() → getResult() 차례로 함수가 실행됩니다. 여기서 보장하는 것은 함수의 실행 순서입니다. ❸번에서 이메일 발송 후에 기다리지 않고 바로 콜백을 실행합니다.

03 작성한 코드를 실행하겠습니다.

```
$ node callback-test.js
save andy to DB
email to andy@test.com
success register andy
```

예상대로 잘 동작합니다. 그런데 매우 간단한 코드인데도 콜백을 사용하는 경우 다소 코드가 복잡해보입니다. 현실에는 3단계가 아니라 10단계 20단계도 있을 수 있습니다. 그러면 코드가 계속 깊이가 깊어져서 점점 알아보기가 힘든 상황이 됩니다. 콜백의 깊은 곳에서 데이터를 주고받을 때 에러가 발생하면 에러를 추적하기가 어렵습니다. 생각만 해도 머리가 아픈 상황입니다. 그러므로 콜백의 특징을 고려하게 적합한 수준에서 사용해서 낭패를 보지 않게 해야 합니다.

프로미스Promise(프라미스로도 읽음)는 이러한 콜백의 문제를 해결할 목적으로 2015년 ES6 버전에[1] 도입됐습니다. 다음으로 Promise 객체를 알아봅시다.

---

1 자바스크립트 표준안. https://madasamy.medium.com/javascript-brief-history-and-ecmascript-es6-es7-es8-features-673973394df4 단축url http://bit.ly/42fZ3Yy

5.3 Promise 객체

Promise는 자바스크립트에서는 비동기 실행을 동기화하는 구문으로 사용합니다.[2] Promise의 뜻인 약속을 떠올리면 프로미스 개념을 이해하기가 편합니다. 현실 세계에서 약속은 미래에 어떤 것을 할 거라고 정하는 겁니다. 약속은 이행, 거절, 대기 세 가지의 상태를 가질 수 있습니다.

자바스크립트에서는 '이 코드는 미래의 어느 시점에 실행할 거야'라고 약속하는 객체로 Promise 를 사용합니다. Promise는 각각 이행, 거절, 대기 세 가지 상태를 가질 수 있습니다. Promise는 객체이므로 new 연산자로 인스턴스를 생성할 수 있습니다.

▼ Promise의 상태 변경

Promise 객체가 생성되면 대기 상태가 됩니다. resolve() 함수가 실행되면 이행으로 변경되고, 실패해 reject() 함수가 실행되면 거절로 변경됩니다.

To do **01** 콜백으로 만든 회원 가입 예제를 프로미스로 변경하겠습니다.

▼ Promise 예제

```
                                      chapter5/callback-promise-async-await/promise-test.js
const DB = [];

function saveDB(user) {
  const oldDBSize = DB.length;
  DB.push(user);
  console.log(`save ${user.name} to DB`);
  return new Promise((resolve, reject) => {  // 콜백 대신 Promise 객체 반환
    if (DB.length > oldDBSize) {
      resolve(user);  // 성공 시 유저 정보 반환
    } else {
      reject(new Error("Save DB Error!")); // ❶ 실패 시 에러 발생
    }
  });
```

---

2 다른 프로그래밍 언어에서는 같은 기능을 Future, deferred 등으로 부르기도 합니다.

```javascript
}

function sendEmail(user) {
  console.log(`email to ${user.email}`);
  return new Promise((resolve) => {  // Promise 객체를 반환. 실패 처리 없음
    resolve(user);
  });
}

function getResult(user) {
  return new Promise((resolve, reject) => {    // Promise 객체 반환
    resolve(`success register ${user.name}`);  // 성공 시 성공 메시지와 유저명 반환
  });
}

function registerByPromise(user) {
  // ❷ 비동기 호출이지만, 순서를 지켜서 실행
  const result = saveDB(user).then(sendEmail).then(getResult);
  // ❸ 아직 완료되지 않았으므로 지연(pending) 상태
  console.log(result);
  return result;
}

const myUser = { email: "andy@test.com", password: "1234", name: "andy" };
const result = registerByPromise(myUser);
// 결괏값이 Promise이므로 then() 메서드에 함수를 넣어서 결괏값을 볼 수 있음
result.then(console.log);
```

saveDB(), sendEmail(), getResult() 함수들에 추가한 콜백 함수가 Promise 객체로 바뀌었습니다. Promise는 객체이므로 new로 생성할 수 있고 그 안에 resolve(), reject() 함수가 있으며 성공하면 resolve()를, 실패하면 reject()를 실행시켜줍니다. 또한 Promise에는 then(Promise) 메서드가 있어서 비동기 호출이지만 promise1.then(promise2).then(promise3) 이런 식으로 순서대로 함수를 호출할 수 있습니다.

예를 들어 registerByPromise() 함수 내부에는 saveDB() 함수에 user를 넣는데 그 결과가 Promise입니다. 그러므로 then을 쓸 수 있습니다.

Note Promise 객체에만 then을 사용할 수 있습니다.

then() 함수의 사용법은 다음과 같습니다. 매개변수로 함수를 이행 또는 거절 시에 실행할 함수를 넣어주면 됩니다.

```
then(onFulfilled)
then(onFulfilled, onRejected)

then(
  (value) => { /* fulfillment handler */ },
  (reason) => { /* rejection handler */ },
)
```

❶ Promise 객체의 실행 결과로 실패를 주어야 하는 경우 reject() 함수를 사용합니다. 본문 코드에서는 에러를 발생시켰습니다.

❷ saveDB() 함수가 Promise를 반환하고, sendEmail도 Promise를 반환하므로 다음과 같이 saveDB(user) 함수 이후에 .then(sendEmail)처럼 연속 호출할 함수를 지정해줄 수 있습니다. 그러면 saveDB() → sendEmail() 순서대로 실행됩니다. 또한 sendEmail의 결괏값도 Promise이므로 saveDB(user).then(sendEmail).then(getResult) 이런 식으로 연결이 가능합니다. Promise에서 발생하는 에러에는 .catch()를 사용합니다. **saveDB(user).then(sendEmail).then(getResult).catch(error => new Error(error))**와 같이 연결하여 사용할 수 있습니다.

❸ console.log(result)의 실행 결과로 'Promise { <pending> }'이 출력되었습니다. const result = saveDB(user).then(sendEmail).then(getResult); 실행이 완료되지 않았는데 result를 출력해버려서 그렇습니다. 그 덕분에 Promise가 아직 실행 중임을 알게 되었습니다.

마지막으로 registerByPromise()의 결과는 어떤 타입일까요? registerByPromise()에서 then으로 연결한 마지막 함수가 getResult()인데 이 함수도 Promise를 반환합니다. 즉 Promise 타입이므로 그냥 console.log로 출력을 하면 다시 'Promise { <pending> }' 메시지를 볼 수 있습니다.

02 제대로 동작하는지 테스트합니다.

```
$ node promise-test.js
save andy to DB
Promise { <pending> }
```

```
email to andy@test.com
success register andy
```

5.3.1 동시에 여러 Promise 객체 호출하기

동시에 여러 Promise 객체를 호출해 결괏값을 받고 싶을 때는 어떻게 할까요? Promise.all([Promise1, Promise2, … PromiseN])처럼 쓰면 됩니다. 그러면 나열된 순서와 상관없이 다음 과 같이 동시에 실행됩니다. 결과는 배열로 반환됩니다.

To do **01** 다음과 같이 테스트 코드를 수정 및 추가합니다.

▼ Promise all 테스트

chapter5/callback-promise-async-await/promise-test.js

```
// 이전 코드의 결과를 출력하지 않도록 주석 처리
// const result = registerByPromise(myUser);
// result.then(console.log);

// 기존 코드의 하단에 붙이면 됩니다.
const myUser = { email: "andy@test.com", password: "1234", name: "andy" };
allResult = Promise.all([saveDB(myUser), sendEmail(myUser), getResult(myUser)]);
allResult.then(console.log);
```

02 수정한 코드를 실행해봅니다(깃허브의 파일 저장소에는 수정한 파일을 promise-test2.js로 저장 해두었습니다).

```
$ node promise-test.js
save andy to DB
email to andy@test.com
[
  { email: 'andy@test.com', password: '1234', name: 'andy' },
  { email: 'andy@test.com', password: '1234', name: 'andy' },
  'success register andy'
]
```

allResult.then(console.log)으로 Promise의 결괏값을 얻었습니다. 변수명이 이미 allResult

인데 다시 then을 사용해 결괏값을 얻는 방식이 약간 어색하긴 합니다만, Promise의 사용법을 익히기 위함입니다. 이런 어색함들을 개선하기 위해 async await가 나왔습니다. async await는 5.4절 'async await 구문'에서 함께 살펴봅시다.

> **Note** `Ctrl+F5`, `F5`로 실행 시 VSCode의 내장 디버그 콘솔에 결과 문자열이 나옵니다. 배열이나 객체를 프린트하면 생략해서 보여주고, 상세를 누르면 다음과 같이 디버거 설정이 없다고 나옵니다. 이렇게 나오는 원인은 해당 변수의 값은 디버거가 가지고 있는데, 디버거가 먼저 종료되었기 때문입니다.
>
> ```
> ∨ (3) [{…}, {…}, 'success register andy']
>     No debugger available, can not send 'variables'
> ```
>
> 해결하는 방법으로 launch.json을 만드는 방법이 있습니다만, 실행 파일마다 설정을 추가해야 해서 추천드리지 않습니다. 예제 코드는 터미널에서 실행 시 책과 동일한 결과가 나오게 되니, 터미널에서 실행해주세요. VSCode에 내장된 터미널도 상관없습니다.

5.3.2 Promise 예외 처리하기

To do 01 saveDB() 함수의 로직을 약간 변경하고 테스트를 해봅시다. 주석 처리했던 registerByPromise( ) 코드의 주석을 풀어주세요. 그리고 oldDBSize 코드를 다음과 같이 변경해주세요.

▼ Promise 예외 처리

chapter5/callback-promise-async-await/promise-test.js

```
function saveDB(user) {
  const oldDBSize = DB.length + 1;
  // ... 생략 ...
}
```

promise-test.js 파일을 구현하면서 saveDB() 함수의 Promise의 이행 조건으로 DB.length 가 oldDBSize보다 커야 한다고 명시했습니다. 그러므로 일부러 oldDBSize를 더 크게 해주면 Promise 로직이 실패합니다.

> **Note** oldDBSize를 DB.length보다 큰 숫자로 변경해줘야 실패합니다. oldDBSize를
>
> ```
> const oldDBSize = DB.length;
> ```
>
> 매우 큰 숫자로 변경하거나 DB.length + 1로 변경하면 됩니다.
>
> ```
> const oldDBSize = DB.length + 1;
> ```

02 다음으로 registerByPromise( ) 함수에 catch 부분을 추가해줍시다.

▼ registerByPromise( )에 catch 추가

```
                                    chapter5/callback-promise-async-await/promise-test.js
function registerByPromise(user) {
  const result = saveDB(user)
                   .then(sendEmail)
                   .then(getResult)
                   .catch(error => new Error(error));
  console.log(result);
  return result;
}
```

03 이제 node promise-test.js로 실행합니다. 그러면 다음과 같은 에러가 납니다.

```
$ node promise-test.js
save andy to DB
email to andy@test.com
/Users/gyus/VSCode/jsbackend/chapter5/callback-promise-async-await/promise-test.js:13
      reject(new Error("Save DB Error!"));
            ^

Error: Save DB Error!
    at /Users/gyus/VSCode/jsbackend/chapter5/callback-promise-async-await/
promise-test.js:13:14
    at new Promise (<anonymous>)
    at saveDB

//... 생략 ...

Node.js v20.9.0
```

oldDBSize를 **DB.length + 1**로 변경했거나 매우 큰 숫자로 변경했다면, registerByPromise( ) 에서 에러가 날 겁니다. 이유는 DB.length값이 oldDBSize보다 커야만 resolve( )가 실행되면서 성공하는데, DB.length값이 oldDBSize보다 작다면 reject( )가 실행되면서 실패하도록 Promise를 반환하는 함수를 작성했기 때문입니다.

에러가 난 부분을 특정하는 로그에 reject(new Error("Save DB Error!"));라고 정확히 알려주고

있습니다.

04 마지막으로 finally() 메서드도 알아봅시다. finally()는 비동기 처리의 성공, 실패 여부와 관계없이 실행할 수 있게 해주는 메서드입니다. registerByPromise() 함수를 다음과 같이 수정해봅시다.

▼ registerByPromise( )에 finally 추가

```
// ... 생략 ...                    chapter5/callback-promise-async-await/promise-test.js
function registerByPromise(user) {
  const result = saveDB(user)
                .then(sendEmail)
                .then(getResult)
                .catch(error => new Error(error))
                // 성공, 실패 여부에 관계없이 실행
                .finally(() => console.log("완료!"));
  console.log(result);
  return result;

// ... 생략 ...
```

finally() 메서드에 있는 console.log("완료") 코드는 프로미스의 성공, 실패 여부와 관계없이 실행됩니다. 자원 회수 관련된 코드를 finally()에 넣어두면 편리합니다.

5.3.3 프로미스의 문제점

자바스크립트에서 비동기 처리를 하는 데 사용하는 Promise 객체는 콜백보다는 확실히 편리합니다. 다만, then()과 catch() 함수를 연결하는 체이닝 방식을 사용하기가 만만하지는 않습니다. 거기에 더 복잡한 로직을 추가하고 예외 처리까지 해야 되는 상황이면 더욱 힘들어집니다.

> **체이닝(Chaining)**
> a( ).b( ).c( ).d( )와 같이 함수를 연결해서 계속 호출하는 방식을 말합니다.

이상적인 상황의 Promise 코드라면 다음과 같을 겁니다.

▼ 이상적인 Promise 코드

```
                           chapter5/callback-promise-async-await/ideal-promise-code.js
function goodPromise(val) {
  // ❶ Promise를 생성 후 반환
  return new Promise((resolve, reject) => {
    resolve(val);
```

```
  });
}

goodPromise("세상에")
  // ❷ Promise에서 resolve 이후에는 then 호출 가능
  .then((val) => {
    return val + " 이런";
  })
  .then((val) => {
    return val + " 코드는";
  })
  .then((val) => {
    return val + " 없습니다. ";
  })
  .then((val) => {
    console.log(val);
  })
  .catch((err) => { // ❸ Promise에서 reject가 호출되었을 경우 실행
    console.log(err);
  });
```

```
$ node ideal-promise-code.js
세상에 이런 코드는 없습니다.
```

❶ goodPromise() 함수를 실행하면 Promise 객체를 생성 후 반환해줍니다. ❷ **goodPromise ("세상에")**를 실행하면 resolve(val)에 "세상에"가 들어가고 결괏값으로 Promise를 반환해주므로 then() 함수를 다시 쓸 수 있습니다. 이런 식으로 계속 연결해 then을 쓸 수 있습니다. ❸ then() 으로 처리 중 예외가 발생한다면 console.log로 err를 찍고 종료합니다.

아쉽게도 이렇게 깔끔한 Promise 코드는 실전에서는 거의 없습니다. 실전에서는 더욱 복잡하고, 더욱 까다로운 로직을 수행해야 하는 경우가 많으므로 로직이 복잡해집니다.[3]

---

3 실무에는 기상천외한 코드가 많습니다. 물론 필요에 의해서지만 then 안에 콜백을 넣는다든지, Promise 안에 Promise를 중첩해서 넣는다든지, catch를 여기저기서 하는 코드를 사용하는 경우도 있습니다. 이렇게 코드를 작성하면 어디서 에러가 났는지 찾기 어렵게 됩니다.

복잡한 프로미스 예제

To do **01** 조금 더 복잡한 예제를 다뤄보기 위해 영화 API를 호출해 영화 상위 20위까지 출력하는 코드를 작성하겠습니다. 예제를 실행하려면 axios라는 http 클라이언트 패키지가 필요합니다. axios 설치부터 진행하겠습니다. 참고로 예제 코드는 [chapter5/callback-promise-async-await] 디렉터리에 있으니 해당 디렉터리에서 axios를 설치해줍니다.

▼ axios 설치

```
$ cd callback-promise-async-await
$ npm install axios
```

> **Note** Node.js 20.9 버전에는 브라우저에 있는 fetch API가 Node.js에도 들어갔습니다. Node.js에서 HTTP 요청을 사용하고자 할 때 쓸 수 있습니다.
>
> 책에서는 HTTP 클라이언트 라이브러리로 가장 많이 사용하는 axios를 사용했습니다. Node.js에 들어간 fetch API는 undici[4]를 기반으로 하기에 해당 라이브러리를 참고하는 것도 좋습니다.

02 현재 상영 영화 순위를 20위까지 보여주는 코드를 구현합시다. 예외 처리, if문, for문도 들어 있는 코드입니다. 다음과 같은 로직으로 되어 있습니다.

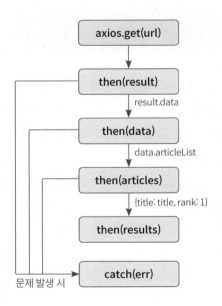

---

4 https://undici.nodejs.org

▼ 현재 상영 영화 순위를 20위까지 프로미스를 사용해 확인하기

```javascript
const axios = require("axios"); // axios 임포트
// ❶ 영화 순위 정보 URL
const url = "https://raw.githubusercontent.com/wapj/jsbackend/main/movieinfo.json";

axios
  .get(url)             // ❷ GET 요청
  .then((result) => { // 결괏값 처리
    if (result.status != 200) { // 상태가 200이 아니면 에러
      throw new Error("요청에 실패했습니다!");
    }

    if (result.data) { // ❸ result.data가 있으면 결과를 반환
      return result.data;
    }

    throw new Error("데이터 없습니다."); // data가 없으면 에러
  })
  .then((data) => {    // ❹에서는 ❸에서 받은 데이터 처리
    if (!data.articleList || data.articleList.size == 0) { // ❺ 크기가 0이면 에러
      throw new Error("데이터가 없습니다.");
    }
    return data.articleList;              // ❻ 영화 리스트 반환
  })
  .then((articles) => {
    return articles.map((article, idx) => {  // ❼ 영화 리스트를 제목과 순위 정보로 분리
      return { title: article.title, rank: idx + 1 };
    });
  })
  .then((results) => {
    for (let movieInfo of results) {          // 받은 영화 리스트 정보 출력
      console.log(`[${movieInfo.rank}위] ${movieInfo.title}`);
    }
  })
  .catch((err) => { // ❽ 중간에 발생한 에러들을 여기서 처리
    console.log("<<에러 발생>>");
    console.error(err);
  });
```

❶ 영화 순위 정보 URL입니다. ❷에서는 ❶에 있는 정보로 GET 요청을 보냅니다. ❸ 결과가 있으면 반환해줍니다. ❹에서는 ❸에서 받은 데이터를 처리합니다. 데이터에는 articleList가 있고 영화가 순위대로 리스트 안에 들어 있습니다. ❺ 받은 데이터 크기가 0이면 보여줄 데이터가 없는 것이므로 에러입니다. ❻ 영화 리스트를 반환합니다. 반환한 데이터는 다음 then() 함수에서 처리합니다. ❼ HTTP 요청으로 받은 데이터를 보기 편하게 가공을 해야합니다. 제목과 순위 정보만 분리해서 다시 리스트로 저장합니다. ❽ 중간 과정에서 에러가 발생했다면 여기서 처리합니다.

Note 현실에서 영화 순위는 시시각각 변동되지만, 학습을 위해서 고정된 값을 특정 URL에 저장해두었습니다.

03 예제 코드를 실행하겠습니다.

```
$ node top20-movie-async-await.js
[1위] 처음부터 잘했으면 얼마나 좋니
[2위] <본즈 앤 올> 궁지로 내몰린 10대를 보는 시선
[3위] 경이로운 생生의 의지로 창조해낸 '페르시아어'
... 생략 ...
[18위] <오늘 밤, 세계에서 이 사랑이 사라진다 해도> 리뷰
[19위] <더 메뉴> 180만 원짜리 먹으러 와서 사례 걸린기분
[20위] 닭장을 나온 백호
```

문제점 및 대안 찾기

프로미스가 콜백보다는 깔끔한 코드를 유지할 수 있지만, 잘못 사용될 수 있는 여지가 남아 있습니다. 첫 번째 예로는 프로미스의 then() 함수에 성공 시와 실패 시 처리할 함수를 둘 다 넘기는 경우를 들 수 있습니다. 이렇게 둘 다 넘기면 프로미스는 장식에 불과하며 기존의 콜백 함수에 결과와 에러를 동시에 넘기는 myWork(function(result, error)) 형태와 다를 바가 없습니다. 좋은 방법은 catch() 함수로 예외 처리를 하는 겁니다.

chapter5/callback-promise-async-await/promise-anti-pattern1.js
```
function myWork(work) {
    return new Promise((resolve, reject) => {
        if (work === 'done') {
            resolve('게임 가능');
        } else {
            reject(new Error("게임 불가능"));
        }
    })
```

```
}

// ❶ 콜백과 다를 바가 없음
myWork('done').then(function (value) { console.log(value) }, function (err) {
console.error(err) });

// ❷ 좋음
myWork('doing')
    .then(function (value) { console.log(value) })
    .catch(function (err) { console.error(err) });


}
```

❶의 코드는 프로미스를 사용하긴 했지만, 콜백 방식에서 사용하던 습관이 그대로 들어 있습니다. 이런 식으로 then()을 사용하면 에러가 나는 경우 확인해야 할 곳이 많아집니다. ❷에서는 catch() 구문에 에러 처리를 하였습니다. then()에서는 프로미스가 이행되는 경우만 처리합니다.

두 번째 예로는 프로미스를 중첩해서 사용하는 경우입니다. 콜백에는 익숙한데 프로미스에 익숙하지 않은 때 이런 실수를 할 수 있습니다. 코드로 살펴보겠습니다.

```
                          chapter5/callback-promise-async-await/promise-anti-pattern2.js
function myWork(work) {
    return new Promise((resolve, reject) => {
        resolve(work.toUpperCase())
    })
}


function playGame(work) {
    return new Promise((resolve, reject) => {
        if (work === 'DONE') {
            resolve('GO PLAY GAME');
        } else {
            reject(new Error("DON'T"));
        }
    })
}

// ❶ 프로미스를 중첩해서 사용
myWork('done')
```

```
        .then(function (result) {
            playGame(result).then(function (val) {
                console.log(val);
            });
        })

// ❷ 결과를 then으로 넘김
myWork('done')
.then(playGame)
.then(console.log)
```

❶의 코드에서 프로미스를 중첩해서 사용했습니다. 콜백 사용 시 가독성이 안 좋아지는 문제 때문에 프로미스를 사용하는데 이것은 콜백보다 가독성이 더 나쁩니다. ❷ 프로미스는 resolve()의 실행 결과를 then()으로 넘길 수 있습니다. 이런 점을 이용해 playGame의 결과를 then()으로 받아서 console.log()를 실행하면 됩니다. 이전보다 훨씬 깔끔한 로직이 되었습니다.

조금 더 좋은 방법이 없을까요? 있습니다! 자바스크립트가 발전하면서 사용하기 까다로운 Promise를 사용이 간편한 async await로 발전시켰습니다.

async await를 사용하면 동기 방식의 코드처럼 코드를 작성하면서 비동기 코드를 순서대로 실행할 수 있습니다. 이어서 async await를 문법을 알아보고 영화 랭킹 코드를 async await로 변경해봅니다.

5.4 async await 구문

async와 await는 자바스크립트에 가장 최근 도입된 비동기 처리 방식입니다. 기존의 비동기 처리 방식인 콜백 함수와 프로미스의 단점을 보완했으며 가독성 높은 코드를 작성할 수 있습니다. async는 함수 앞에 붙이는 키워드입니다. async는 asynchronous비동기라는 의미입니다. async function만 보고도 비동기 함수라는 것을 유추할 수 있습니다. 여기서 말하는 비동기는 콜백이 아니라 프로미스를 말하는 겁니다. 즉 async가 붙은 함수는 프로미스를 반환한다고 이해하면 되겠습니다.

To do 01 간단한 async 코드를 작성하겠습니다.

▼ async 예제

```
async function myName() {                    chapter5/callback-promise-async-await/async-await.js
  return "Andy";
}


console.log(myName());
```

```
$ node async-await.js
Promise { 'Andy' }
```

'Andy'라는 문자열이 아니라 Promise가 결괏값으로 넘어왔습니다. 명시적으로 Promise를 사용해야 하는 경우도 있지만, 그렇지 않더라도 async를 쓰면 Promise로 반환값을 감싸서 넘겨줍니다.

02 await 사용법도 알아봅시다. await는 기다린다는 뜻의 영어입니다. 자바스크립트에서 사용하는 await는 무엇을 기다릴까요? 성공 또는 실패로 Promise 객체의 실행이 완료되기를 기다립니다. 그러므로 await의 뒤에는 Promise가 오게 됩니다. await는 async 키워드를 사용한 함수 안에서만 사용할 수 있습니다. 앞서 만든 코드를 수정해 await로 이름을 출력해봅시다.

▼ async await 예제

```
async function myName() {                    chapter5/callback-promise-async-await/async-await.js
  return "Andy";
}


async function showName() {    // ❶ 이름을 출력하는 함수
  const name = await myName();
  console.log(name);
}


console.log(showName());    // ❷ 콘솔에 이름 출력
```

```
$ node async-await.js
Promise { <pending> }
Andy
```

await은 Promise 객체인 myName() 함수의 실행이 끝나길 기다립니다. 출력 결과에서 Promise { ⟨pending⟩ }은 ❷ console.log(showName())의 결괏값입니다. showName()도 async가 붙어 있으니 Promise입니다. ❶ await의 결과로 'Andy'가 출력되는 것을 볼 수 있습니다.

03 한 가지 예제를 더 살펴봅시다. 이번에는 async await, setTimeout( )을 사용해서 1부터 10까지 1초에 하나씩 출력하는 코드를 작성합니다.

▼ async await, setTimeout( )으로 1부터 10까지 세기

chapter5/callback-promise-async-await/async-await.js

```
function waitOneSecond(msg) {  // ❶ 1초 대기하고 메시지 출력
  return new Promise((resolve, _) => {
    setTimeout(() => resolve(`${msg}`), 1000);
  });
}

async function countOneToTen() {  // ❷ 10초 동안 1초마다 메시지 출력
  for (let x of [...Array(10).keys()]) {  // ❸ 0부터 9까지 루프를 순회
    // ❹ 1초 대기 후 result에 결괏값 저장
    let result = await waitOneSecond(`${x + 1}초 대기 중...`);
    console.log(result);
  }
  console.log("완료");
}

countOneToTen();
```

```
$ node async-await.js
1초 대기 중...
2초 대기 중...
3초 대기 중...
... 생략 ...
10초 대기 중...
완료
```

❶ waitOneSecond() 함수는 1초 대기하고 메시지를 출력하는 함수입니다. 1초를 대기하려면 setTimeout()을 사용해야 하는데 setTimeout()에는 반환값이 없기에 Promise 객체를 직접 생성했습니다. 직접 Promise를 만들어서 반환하므로 async를 붙여주지 않아도 됩

니다. reject를 사용하지 않기 때문에 _로 사용하지 않음 표시를 했습니다. ❷ async로 지정한 countOneToTen() 함수는 총 10초 동안 1초마다 콘솔창에 출력합니다. ❸ [...Array(10).keys()]는 [0, 1, 2, 3, 4, 5, 6, 7, 8, 9] 리스트입니다. ❹ await 뒤에는 waitOneSecond() 함수를 주었습니다.

04 Promise와 async await를 사용해 비동기 함수를 동기 방식의 코드처럼 직관적으로 작성했습니다. 기본적인 사용법을 알아봤으니 Promise로 만든 영화 랭킹 예제를 async await로 변경하겠습니다.

▼ Top 20 영화 제목 가져오기 async await 버전

chapter6/callback-promise-async-await/top20-movie-async-await.js

```
const axios = require("axios");

async function getTop20Movies() { // ❶  await를 사용하므로 async를 붙임
  const url = "https://raw.githubusercontent.com/wapj/jsbackend/main/movieinfo.json";
  try {
    // ❷ 네트워크에서 데이터를 받아오므로 await로 기다림
    const result = await axios.get(url);
    const { data } = result; // 결괏값(result)에는 data 프로퍼티가 있음
    // data 또는 articleList 없을 때 예외 처리
    if (!data.articleList || data.articleList.size == 0) {
      throw new Error("데이터가 없습니다.");
    }
    // data에서 필요한 영화 제목과 순위 정보를 뽑아냄
    const movieInfos = data.articleList.map((article, idx) => {
      return { title: article.title, rank: idx + 1 };
    });

    // 데이터 출력
    for (let movieInfo of movieInfos) {
      console.log(`[${movieInfo.rank}위] ${movieInfo.title}`);
    }
  } catch (err) {
    // ❸ 예외 처리는 기존 코드와 같게 try catch로 감쌈
    throw new Error(err);
  }
}

// await를 함수 안에서만 사용 가능하므로 함수를 하나 생성해 실행
getTop20Movies();
```

05 async await로 변경한 코드를 실행합니다.

```
$ node top20-movie-async-await.js
[1위] 처음부터 잘했으면 얼마나 좋니
[2위] <본즈 앤 올> 궁지로 내몰린 10대를 보는 시선
[3위] 경이로운 생生의 의지로 창조해낸 '페르시아어'
... 생략 ...
[18위] <오늘 밤, 세계에서 이 사랑이 사라진다 해도> 리뷰
[19위] <더 메뉴> 180만 원짜리 먹으러 와서 사례 걸린기분
[20위] 닭장을 나온 백호
```

기존 코드는 과도하게 then으로 연결되어 있었습니다. async/await를 사용해 동기 프로그래밍 코드와 유사하게 변경했습니다. ❶ 함수 앞에 붙은 async와 ❷ Promise 앞에 붙은 await만 다를 뿐입니다. 예외 처리는 catch( ) 함수가 아니라 ❸ try catch 구문을 그대로 사용했습니다. 그 외 데이터를 정제하는 코드는 Promise를 사용했을 때와 같습니다.

개인적으로는 Promise가 필요한 경우 (setTimeout( )을 사용하거나, 여러 태스크를 동시에 실행해야 하는 경우) 이외에는 모두 async await를 사용합니다. 읽기 편한 코드는 디버깅에 유리하기 때문입니다. async, await는 내부적으로는 제너레이터를 활용해 동작합니다만, 이 책에서는 다루지 않습니다. 관심 있는 독자는 〈Async-Await ≈ Generators + Promises〉[5]를 읽어보시길 바랍니다.

학습 마무리

자바스크립트로 프로젝트를 하면, 무조건 맞닥뜨리게 되는 것이 자바스크립트의 비동기성입니다. 예전에는 콜백으로 힘들게 코드를 작성하던 시절이 있었습니다만, 이제는 Promise와 async await 덕분에 비동기 코드를 가독성 좋게, 디버깅하기 편하게 작성할 수 있게 되었습니다. 특히 async await는 다음 장부터 별다른 설명 없이 사용하게 되므로, 학습을 하다가 잘 이해가 안 되면 다시 학습하기 바랍니다.

---

5 https://url.kr/ogculf

▼ callback, promise, async await 비교

구분	callback	promise	async/await	
에러 처리	콜백 함수 내에서 처리	catch( ) 메서드로 처리	try-catch 블록으로 처리	
가독성	간단한 경우에는 괜찮으나, 점점 복잡해짐	가독성 좋음	가독성 좋음	
중첩 처리	콜백 함수 내에서 처리	then( ) 메서드를 사용	await 키워드를 사용	

핵심 용어

1 **동기**는 모든 코드가 순차적으로 실행된다는 의미이며, **비동기**는 순서대로 실행되지 않습니다. Node.js에서 비동기 코드는 이벤트 루프에 의해서 실행됩니다.

2 **콜백**은 비동기 프로그래밍을 구현하는 기법입니다. 요청이 완료되었을 때 실행해야 하는 콜백 함수를 매개변수로 같이 넘기는 방법입니다.

3 **Promise**는 병행 프로그래밍 언어에서 프로그램 실행을 동기화하는 데 쓰는 객체입니다.

4 **async**와 **await**는 프라미스를 반환하는 함수를 실행할 때 사용하는 키워드입니다.

추가로 알아보기

1 **async 작동 방식** : https://medium.com/hackernoon/async-await-generators-promises-51f1a6ceede2 단축url http://bit.ly/3YZyXXQ

2 **Promise API** : https://ko.javascript.info/promise-api

3 **async 이터레이터와 제너레이터** : https://ko.javascript.info/async-iterators-generators 단축url http://bit.ly/3m3Wc4D

연습문제

1 자바스크립트에서 비동기를 다루는 방식 3가지를 적어주세요.

2 프로미스 객체가 가질 수 있는 상태 3가지를 적어주세요.

3 프로미스에서는 then( ).then( ).catch( )와 같이 함수를 연속으로 연결해 사용하는 방식을 많이 사용합니다. 이 방식을 무엇이라고 부를까요?

4 다음은 간단한 async await 예제 코드입니다.

```
async function a() { return "OK" }
function b() {
    const result = a();
    console.log(result);
}
b();
```

현재는 b( );가 실행되면 Promise { 'OK' }가 출력됩니다. 'OK'가 출력되도록 b( ) 함수를 수정해봅시다.

5 await 구문의 오른쪽에는 항상 특정 타입의 객체가 와야만 합니다. 그 타입의 객체는 무엇일까요?

1 정답 콜백, 프로미스, 어싱크 어웨이트

2 정답 대기, 이행, 거절

3 정답 메서드 체이닝

5 정답 await 구문의 오른쪽에는 항상 Promise 객체가 위치해야 합니다.

4 정답
```
async function b() {
    const result = await a();
    console.log(result);
}
```

06장

NoSQL
데이터베이스
몽고디비 사용하기

서버 애플리케이션을 만들 때 데이터를 어디에 저장할지 결정해야 합니다. 일반적으로 데이터를 데이터베이스에 저장합니다. 데이터베이스는 크게 RDB라고 부르는 관계형 데이터베이스와 NoSQL이라고 부르는 관계형이 아닌 데이터베이스로 나뉩니다. 6장에서는 Node.js와 호환성이 좋은 NoSQL 계열 몽고디비(MongoDB)를 소개하고 사용법을 알아보겠습니다.

핵심 키워드

데이터베이스 RDB, NoSQL, 키-밸류, 컬럼, 그래프

몽고디비 도큐먼트, 컬렉션, 클러스터, 샤드, BSON, 아틀라스, 콤파스, 몽구스

학습 코스

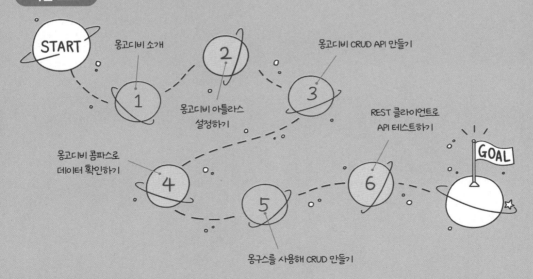

6.1 몽고디비 소개

데이터베이스^{database}는 데이터를 체계화여 관리하는 데이터의 집합 또는 해당 작업을 수행하는 응용프로그램을 의미합니다. 몽고디비는 NoSQL 데이터베이스입니다. NoSQL 데이터베이스는 데이터 모델에 따라서 키-밸류^{Key-Value}, 컬럼^{Column}, 도큐먼트^{Document}, 그래프^{Graph} 타입으로 분류할 수 있습니다. 그중 몽고디비는 도큐먼트 타입입니다.

- **키-밸류 타입**은 키를 기준으로 데이터를 조회하고 값으로 데이터를 저장합니다.
- **도큐먼트 타입**은 JSON과 유사한 형식의 객체를 담은 데이터를 저장합니다.
- **그래프 타입**은 노드를 사용하여 데이터를 저장하고, 에지를 사용해 데이터 관계를 저장합니다.

6.1.1 데이터베이스 기본 용어

몽고디비를 알아보기 전에 데이터베이스에서 사용하는 기본적인 용어를 알아보겠습니다. 한 번 보고는 다 외우지 못할 겁니다. 본문을 읽다가 모르겠으면 여기로 돌아와 무엇인지 확인해보세요.

▼ 기초 용어
- **테이블**^{table}은 특정 주제에 대한 행과 열로 이루어진 데이터의 모음입니다.
- **로우**^{row}(행)는 관계형 데이터베이스의 테이블에서 단일 구조 데이터 항목을 의미합니다. 레코드라고도 부릅니다. **컬럼**^{column}(열)은 관계형 데이터베이스의 테이블에서 특정한 자료의 값 혹은 테이블에서의 열을 의미합니다.
- **기본키**^{Primary Key, PK}(프라이머리키)는 중복된 값을 가질 수 없습니다. 데이터를 식별하는 데 필요한 키입니다.

▼ 테이블의 구성요소

- **외래키**^{Foreign Key}**(포린키)**는 두 테이블을 연결하는 데 사용하는 키입니다.
- **RDB**는 관계형 데이터베이스라고 하며, 모든 데이터를 2차원의 테이블에 저장합니다. 서로 다른 테이블 간에 조인 혹은 외래키로 관계를 맺을 수 있습니다.
- **스키마**^{schema}는 데이터베이스 테이블의 명세를 기술한 데이터입니다. 예를 들어 user라는 테이블을 생성 시 해당 테이블에는 문자열 20자 user_name, 숫자 4자리 age 등과 같은 정보가 필요합니다. 이런 정보를 정의한 것이 스키마라고 합니다.
- **모델**^{model}은 데이터베이스의 특정 테이블과 테이블에 있는 컬럼들의 형태를 정의한 클래스입니다. user 테이블에 대하여 모델을 만든다면 User 클래스를 만들고, 변수로 String userName, int age를 선언해야 합니다.
- **컬렉션**^{collection}은 컬렉션은 몽고디비에서 사용하는 용어이며, 도큐먼트의 집합을 컬렉션이라고 합니다. 관계형 데이터베이스의 테이블과 동일한 의미로 사용합니다.
- **조인**^{join}은 두 개 이상의 테이블 또는 컬렉션을 조합하여 데이터를 보여주는 기법을 의미합니다.
- **트랜잭션**^{transaction}은 데이터 변경을 수행하는 작업 단위입니다.

▼ 알아두면 좋은 용어
- **클러스터**^{cluster}는 데이터 처리량을 높일 목적으로 데이터를 여러 서버(샤드)에 저장하는 기법입니다.
- **샤드**^{shard}는 큰 데이터베이스를 작은 단위로 분할하는 기능을 의미합니다. 샤드를 사용하여 데이터를 작은 단위로 분할하여 노드(데이터를 가지고 있는 서버)에 분산시켜서 저장할 수 있습니다. 샤드를 사용하면 대규모 데이터베이스를 다루는 시스템에서 성능과 확장성을 향상시킬 수 있습니다.

6.1.2 몽고디비 특징

몽고디비에서 도큐먼트는 BSON[1]이라는 데이터 포맷입니다. BSON은 'Binary JSON'의 의미로 JSON을 바이너리 형식으로 저장하는 형태입니다. 또한 기존 JSON에서는 지원하지 않는 자료형인 Date[2]와 BinData[3](바이너리데이터) 타입을 지원합니다. JSON과 비슷한 형태이므로 이해하

---

1 https://www.mongodb.com/json-and-bson
2 Date는 날짜와 시간을 표현하는 자료형입니다. new Date() 값을 도큐먼트에 넣을 수 있으며 해당 값은 UTC로 표현됩니다.
3 BinData는 바이너리 데이터이며 바이트의 배열로 표현됩니다.

기 쉽고, 바이너리로 저장하기 때문에 용량이 문자열보다는 작고 성능이 좋습니다. 다음 표에 장단점을 적어두었으니 참고 바랍니다.

▼ 몽고디비 장단점

장점	단점
• 스키마를 지정하지 않아도 되므로 데이터 저장의 유연성이 있음. 즉 모델에 필드를 추가할 때 DB에서는 추가로 할 일이 없음 • 단일 문서 검색 시 여러 테이블을 조인하는 것보다 빠른 경우가 많음[4] • 클러스터를 지원해주기 때문에 스케일아웃이 쉬움 • 다른 NoSQL 대비 인덱스 지원이 잘되어 있음	• 메모리를 많이 사용함 • 디스크 저장 공간을 RDB에 비해 많이 씀 • 복잡한 조인은 사용하기 힘듦 • 트랜잭션 지원이 RDB에 비해 약함

몽고디비는 JSON과 유사한 BSON을 사용하므로 자바스크립트와 호환성이 좋습니다. 몽고디비에서 데이터를 조회할 때 사용하는 쿼리도 자바스크립트를 사용합니다. 최근에는 인기가 조금 식긴 했습니다만, 예전에는 MEAN 스택이라고 해서 몽고디비MongoDB + 익스프레스Express + 앵귤러Angular + 엔진엑스Nginx를 사용하는 기술 스택이 인기가 있었습니다. 몽고디비는 데이터베이스, 익스프레스는 백엔드, 앵귤러는 프론트엔드, 엔진엑스는 웹 서버입니다. MEAN 스택의 핵심 언어는 물론 자바스크립트입니다. 이 책에서 몽고디비를 소개드리는 이유도 몽고디비가 자바스크립트 친화적이기 때문입니다. 이제부터 몽고디비를 알아보겠습니다.

6.2 몽고디비 아틀라스 설정하기

mongodb.com에 있는 몽고디비 서버군으로 클라우드 사용할 수 있는 몽고디비 아틀라스MongoDB Atlas, 무료 설치 버전인 커뮤니티 서버Community Server, 커뮤니티 서버에 추가적인 기능과 서포트를 제공하는 유료 설치 버전 엔터프라이즈 서버Enterprise Server가 있습니다. 이 책에서는 가장 빠르고 간편하게 몽고디비를 사용해볼 수 있는 몽고디비 아틀라스를 사용하겠습니다.

이제 몽고디비 아틀라스를 설정하겠습니다.

---

4 몽고디비와 MySQL의 비교. https://www.mongodb.com/ko-kr/compare/mongodb-mysql#is-mongodb-faster-than-mysql
단축 url http://bit.ly/42A5K8k

To do **01** https://www.mongodb.com/atlas에 접속해 [Try Free] 버튼을 클릭합니다.

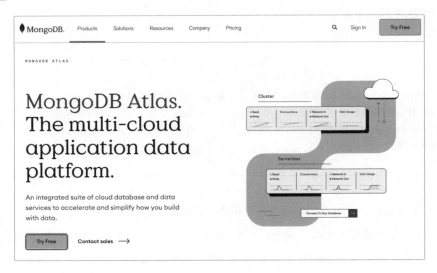

02 구글 계정 혹은 다른 이메일 주소를 사용해 계정을 생성합니다. 원하는 방식으로 안내에 따라 가입 해주세요.

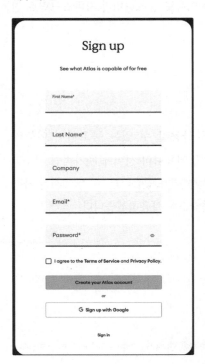

03 회원 가입을 하면 다음과 같은 화면이 보입니다. ❶ [I accept the Privacy Policy and the Terms of Service] 항목을 체크하고 ❷ [Submit] 버튼을 눌러 다음으로 진행합니다.

04 다음으로 설문조사가 나옵니다. ❶ 원하는 대로 체크 후 ❷ [Finish]를 눌러 다음으로 진행합시다.

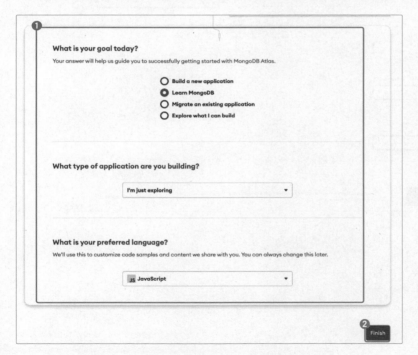

05 다음으로는 사용할 데이터베이스를 선택해야 합니다. 무료 플랜은 메모리와 CPU를 공유하며 최대 저장 공간은 512MB입니다. 이 책에서 다루는 데이터는 학습용으로 사용하므로 무료로 제공하는 용량이면 충분히 실습할 수 있습니다. ❶ 무료 플랜인 M0를 선택하고 ❷ Provider로는 'AWS'를 선택합니다. ❸ Region은 'Seoul (op-northeast-2)'를 선택합니다. ❹ Name은 그대로 두시고 ❺ [Create] 버튼을 클릭합시다.

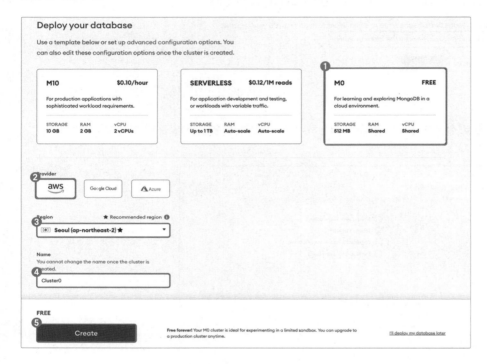

06 몽고디비 접속 설정을 하는 페이지가 보입니다.

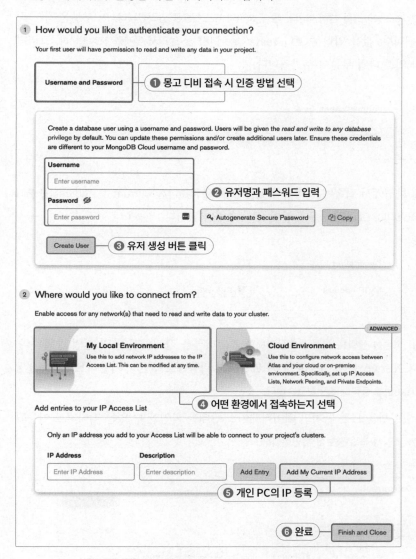

① How would you like to authenticate your connection?

Your first user will have permission to read and write any data in your project.

Username and Password ──── ❶ 몽고 디비 접속 시 인증 방법 선택

Create a database user using a username and password. Users will be given the *read and write to any database* privilege by default. You can update these permissions and/or create additional users later. Ensure these credentials are different to your MongoDB Cloud username and password.

Username
Enter username

Password 🚫 ──── ❷ 유저명과 패스워드 입력
Enter password 🔑 Autogenerate Secure Password 📋 Copy

Create User ──── ❸ 유저 생성 버튼 클릭

② Where would you like to connect from?

Enable access for any network(s) that need to read and write data to your cluster.

My Local Environment
Use this to add network IP addresses to the IP Access List. This can be modified at any time.

ADVANCED

Cloud Environment
Use this to configure network access between Atlas and your cloud or on-premise environment. Specifically, set up IP Access Lists, Network Peering, and Private Endpoints.

Add entries to your IP Access List ──── ❹ 어떤 환경에서 접속하는지 선택

Only an IP address you add to your Access List will be able to connect to your project's clusters.

IP Address   **Description**
Enter IP Address   Enter description   Add Entry   Add My Current IP Address

❺ 개인 PC의 IP 등록

❻ 완료   Finish and Close

❶ 몽고 디비를 접속할 때 아이디/패스워드 기반으로 할지, 인증서 기반으로 할지 선택할 수 있습니다. [Username and Password]를 선택합니다. ❷ 유저명과 패스워드를 입력합니다. 이 부분은 각자 적절한 값을 넣어주면 됩니다. 값을 입력 후 ❸ [Create User] 버튼을 눌러서 유저를 생성합니다. 그러면 다음과 같이 유저명과 인증 타입 부분이 추가됩니다.

❹ 기본적으로는 로컬 환경에서 접속이 선택되어 있습니다. ❺ [Add My Current IP Address]를 눌러서 로컬 환경의 IP를 등록합니다. 그러면 다음과 같이 IP가 추가가 됩니다.

❻ [Finish and Close] 버튼을 클릭해 설정을 마무리해줍니다. 버튼을 클릭하면 안내 팝업이 뜹니다. Database Access나 Network Access는 왼쪽 메뉴에서 나중에도 접근이 가능하므로 설치가 잘 되었는지 [Go to Databases]를 클릭해 확인하겠습니다.

07 데이터베이스 관련 설정을 모두 마치면 데이터베이스 상태를 확인할 수 있는 페이지로 이동됩니다. [Connect] 버튼을 눌러서 접속 정보를 확인합니다.

08 클러스터에 접속하는 방법은 3가지입니다. 첫 번째는 몽고디비 셸을 사용하는 방법, 두 번째는 애플리케이션에서 몽고디비 드라이버를 사용하는 방법, 세 번째는 몽고디비 콤파스^MongoDB Compass GUI 프로그램을 사용하는 방법입니다. 우리는 Node.js 프로그램에서 접속이 가능한지 궁금하니 두 번째 방법인 애플리케이션에서 몽고디비 드라이버를 사용해 접속이 되는지 확인하겠습니다. [Connect your application]을 클릭합니다.

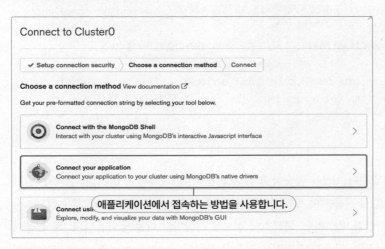

09 ❶에는 Node.js가 자동으로 선택되어 있습니다. ❷에 있는 부분을 클릭해 모든 소스 코드가 보이도록 합니다. ❸ 아이콘을 클릭해 소스를 복사합니다.

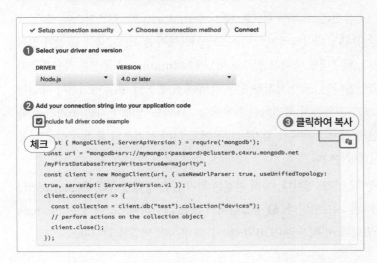

10 [chapter6/try-mongo] 디렉터리 아래에 test-connection.js 파일을 생성하고 복사한 코드를 붙여넣습니다. 〈password〉로 되어 있는 부분을 데이터베이스 생성 시에 입력했던 패스워드로 변경합니다.

chapter6/try-mongo/test-connection.js

```
const { MongoClient } = require('mongodb');  // 몽고디비 패키지를 임포트
// ❶ MongoDB 연결 정보                      본인의 정보를 기입하세요.
const uri = "mongodb+srv://〈아이디〉:〈패스워드〉@〈클러스터정보〉/myFirstDat abase?retry
Writes=true&w=majority";
const client = new MongoClient(uri); // ❷ MongoDB 클라이언트 객체 생성
client.connect(err => {                       // ❸ MongoDB에 접속
  const collection = client.db("test").collection("devices");  // ❹ DB 및 컬렉션에 접속
  // perform actions on the collection object
  client.close();                             // 연결 끊기
});
```

❶ 몽고디비 연결 정보 uri입니다. url과 비슷하게 생겼습니다만 프로토콜이 mongodb+srv입니다. 몽고디비 아틀라스 연결 시 사용하며 드라이버에서는 〈호스트명〉 + 〈도메인네임〉으로 DNS에 서버 주소를 질의합니다. 유저명과 패스워드, 클러스터 정보는 사람마다 다르게 나옵니다. 복사/붙이기를 할 때 패스워드는 들어 있지 않으므로 직접 수정해야 합니다. **myFirstDatabase는 데이터베이스 이름입니다. 몽고디비에서는 데이터베이스를 먼저 만들지 않아도 사용할 수 있습니다.** retryWrites=true 옵션은 네트워크 오류가 발생하거나 정상적인 연결을 찾을 수 없을 때 쓰기 작업을 자동으로 재시도하는 옵션이며, w=majority 옵션은 쓰기를 시도할 때 다수(majority)의 인스턴스에 쓰기 요청을 전달하고 성공 확인을 받습니다. 데이터베이스(클러스터)가 3대라면 최소 2대의 승인이 있어야 쓰기가 가능하다는 뜻입니다. 왜 1대도 아니고 전부도 아닌 다수(majority) 옵션을 사용했을까요? 1대에만 쓰기가 됐는지 확인한다면, 쓰기 요청을 받은 장비에 장애가 날 경우 데이터가 유실될 수 있습니다. 모든 서버에 쓰기가 되었는지 확인하는 경우에는 1대라도 장애가 나면 쓰기가 실패합니다. 이러한 이유로 최소한의 서버가 문제가 생기는 경우에도 디비 서버로의 요청이 정상 작동하도록 다수의 서버 옵션을 선택했습니다.

❷ MongoClient 객체를 생성하는 코드입니다. 아직 연결은 되지 않은 상태입니다. ❸ connect() 함수를 사용해 몽고디비에 접속을 시도합니다. ❹ 몽고디비의 test 데이터베이스에 있는 devices 컬렉션 정보를 가져오는 코드입니다. 컬렉션은 RDB의 테이블과 유사한 역할을 합니다.

11 코드를 작성했으니 실행을 해봅시다.

```
$ node test-connection.js // 몽고디비와 연결을 확인하는 스크립트 실행

internal/modules/cjs/loader.js:883
  throw err;
  ^


Error: Cannot find module 'mongodb'
Require stack:

// ... 생략 ...
```

12 실행 결과로 몽고디비 모듈이 없다는 에러가 납니다. 몽고디비 패키지를 설치하고 다시 실행하겠습니다.

```
# chapter6/try-mongo 디렉터리 내에서 실행
$ npm i mongodb  // 몽고디비 패키지를 설치
$ node test-connection.js   // test-connection.js 실행
```

결과에는 아무것도 나오지 않습니다. 몽고디비와 커넥션은 맺었지만, 아무런 정보도 호출하지 않았기 때문입니다.

13 데이터베이스 정보를 출력하도록 소스 코드를 조금만 변경하겠습니다.

chapter6/try-mongo/test-connection.js

```
const { MongoClient } = require("mongodb");
const uri = "mongodb+srv://<아이디>:<패스워드>@<클러스터정보>/myFirstD
atabase?retryWrites=true&w=majority";       본인의 정보를 기입하세요.
const client = new MongoClient(uri);

async function run() { // ❶ async가 있으므로 비동기 처리 함수
  await client.connect();
  const adminDB = client.db('test').admin();            // ❷ admin DB 인스턴스
  const listDatabases = await adminDB.listDatabases(); // ❸ 데이터베이스 정보 가져오기
  console.log(listDatabases);
  return "OK";
```

---

5 https://github.com/mongodb/node-mongodb-native/

```
}

run() // ❹ 실행 함수
  .then(console.log)
  .catch(console.error)
  .finally(() => client.close());
```

❶ 자바스크립트의 함수는 기본적으로 비동기로 실행됩니다. 비동기 코드를 동기 코드처럼 사용하고 싶은 경우 async, await 구문을 사용합니다. await는 함수 내에서만 사용할 수 있고, 함수 선언부에는 async가 있어야 합니다. ❷ admin() 함수는 admin DB의 인스턴스를 가져 올 수 있게 해줍니다. ❸ admin DB인스턴스에는 listDatabases()[6] 함수가 있고, 해당 함수를 실행하면 데이터베이스들의 정보를 반환해줍니다. 아직은 아무런 데이터가 없어서 데이터베이스에는 admin과 local만 있습니다. admin, local은 기본적으로 생성되어 있는 데이터베이스입니다. ❹ run() 함수에서는 ❸의 데이터베이스 목록을 출력한 다음 마지막에 몽고디비 커넥션을 닫습니다.

14 원하는 대로 동작하는지 확인해봅니다.

```
$ node test-connection.js
{
  databases: [
      { name: 'admin', sizeOnDisk: 253952, empty: false },
      { name: 'local', sizeOnDisk: 1370718208, empty: false }
  ],
  totalSize: 1370972160,
  totalSizeMb: 1307,
  ok: 1,
  // ... 생략 ...
}
```

Note 이 책에서 비동기 관련 처리는 가능하면 async await를 사용해 코드를 깔끔하게 작성합니다. 예외적으로 아주 간단한 작업에는 콜백 함수를 사용합니다.

---

6 https:// mongodb.github.io/node-mongodb-native/4.4/classes/Admin.html#listDatabases

6.3 몽고디비 CRUD API 만들기

6.2절에서 데이터베이스와 연결을 해보았으니 CRUD^{Create Read Update Delete} API를 만들어봅시다.

To do 01 [try-mongo] 디렉터리 아래에 다음의 파일을 생성하고 실행시켜봅니다.

▼ 몽고디비 CRUD 예제

```js
const MongoClient = require('mongodb').MongoClient;        chapter6/try-mongo/test-crud.js

const url = mongodb+srv://<아이디>:<패스워드>@<클러스터정보>/test?retryWrites=true&w
=majority';        본인의 정보를 기입하세요.
                                          myFirstDatabase에서 test로 데이터베이스 이름을 변경합니다.
// ❶ MongoClient 생성
const client = new MongoClient(url, { useNewUrlParser: true });

async function main() {
  try {
    // ❷ 커넥션을 생성하고 연결 시도
    await client.connect();

    console.log('MongoDB 접속 성공');

    // ❸ test 데이터베이스의 person 컬렉션 가져오기
    const collection = client.db('test').collection('person');


    // ❹ 문서 하나 추가
    await collection.insertOne({ name: 'Andy', age: 30 });
    console.log('문서 추가 완료');

    // ❺ 문서 찾기
    const documents = await collection.find({ name: 'Andy' }).toArray();
    console.log('찾은 문서:', documents);

    // ❻ 문서 갱신하기
    await collection.updateOne({ name: 'Andy' }, { $set: { age: 31 } });
    console.log('문서 업데이트');

    // ❼ 갱신된 문서 확인하기
    const updatedDocuments = await collection.find({ name: 'Andy' }).toArray();
```

```
    console.log('갱신된 문서 :', updatedDocuments);

    // ❽ 문서 삭제하기
    // await collection.deleteOne({ name: 'Andy' });
    // console.log('문서 삭제');

    // 연결 끊기
    await client.close();
  } catch (err) {
    console.error(err);
  }
}

main();
```

❶ MongoClient 인스턴스를 생성해 client 변수에 담습니다. useNewUrlParser 옵션은 몽고디비 드라이버 3.0 버전 이후로 생긴 새로운 URL 파서를 사용한다는 옵션입니다. 몽고디비 아틀라스를 연결할 때는 해당 옵션을 사용해야 합니다. ❷ client.connect() 함수를 사용해 서버에 연결을 시도합니다.

❸ client.db("test")는 test 데이터베이스를 사용한다는 뜻이고 collection("person")은 person 컬렉션을 사용한다는 뜻입니다. 데이터베이스가 생성되어 있지 않으면 새로 생성합니다. ❹ 문서를 하나 추가할 때는 insertOne() 함수를 사용하며 인수로는 JSON 형식의 객체를 넣으면 됩니다. 예제에서는 name과 age 속성을 가진 객체를 넣었습니다. ❺ 문서 찾기에는 find() 함수를 사용합니다. 인수로는 객체의 속성과 찾고자 하는 값을 넣어주면 됩니다. 예제에서는 이름이 'Andy'인 문서를 찾습니다. 결괏값이 여러 개일 수 있으므로 toArray() 함수를 사용해 배열로 반환해줍니다.

❻ 문서를 갱신할 때는 갱신할 도큐먼트를 찾는 데 사용할 JSON 객체를 첫 번째 인수로 넣고, 두 번째 인수에는 $set의 값으로 업데이트할 값을 넣습니다. $set은 몽고디비의 연산자로 값을 필드에 지정할 때 사용합니다. 자주 사용하는 연산자들을 다음 표에 정리해두었습니다.

▼ 몽고디비의 연산자

연산자	설명
$set	도큐먼트의 속성값을 변경할 때 사용합니다.
$unset	도큐먼트의 속성을 삭제할 때 사용합니다.
$rename	도큐먼트의 속성의 이름을 변경할 때 사용합니다.
$inc	필드의 값을 증가시킬 때 사용합니다.
$mul	필드의 값에 곱하기를 할 때 사용합니다.
$min	지정한 값과 현잿값 중 작은 값을 선택합니다.
$max	지정한 값과 현잿값 중 큰값을 선택합니다.
$currentDate	현재 날짜와 시간을 필드에 업데이트합니다.
$addToSet	배열 필드가 아직 없는 경우 해당 필드에 값을 추가합니다.
$pop	배열 필드에서 첫 번째 혹은 마지막 값을 삭제합니다.
$pull	배열 필드에서 모든 값을 삭제합니다.
$push	배열 필드의 끝에 값을 추가합니다.
$each	여러 개의 값을 추가해 배열 필드를 수정합니다.

❼에서는 ❻에서 변경된 값을 확인하기 위해 find()를 한 번 더 사용합니다. ❽ 삭제 시 사용하는 코드입니다. 잠시 후 6.4절에서 데이터 확인에 사용할 예정이라 주석 처리를 해두었습니다.

02 터미널에서 코드를 실행해봅시다. 에러 없이 잘 실행되어야 합니다.

```
$ node test-crud.js
MongoDB 접속 성공
문서 추가 완료
찾은 document: [
  {
    _id: new ObjectId("639ec65b091f8372b5cd5243"),
    name: 'Andy',
    age: 30
  }
]
문서 업데이트
갱신된 document : [
```

```
{
  _id: new ObjectId("639ec65b091f8372b5cd5243"),
  name: 'Andy',
  age: 31
}
]
```

6.4 몽고디비 콤파스로 데이터 확인하기

몽고디비에 문서들이 잘 입력되었는지, 값이 잘 갱신되고, 삭제되었는지 바로 앞에서 사용한 코드를 사용해 확인해도 되지만, GUI^{Graphic User Interface} 프로그램을 사용하면 더 간편하게 확인할 수 있습니다. mongodb.com에서 제공하는 GUI 도구인 몽고디비 콤파스^{MongoDB Compass}를 설치하고 사용하는 방법을 알아봅시다 .

데이터를 몽고디비 콤파스를 내려받고 설치하고 데이터베이스에 접속하겠습니다.

To do **01** https:// www.mongodb.com/try/download/compass에 접속합니다. 좌측 메뉴에서 ❶ MongoDB Compass를 클릭한 후 → ❷ stable 버전을 선택하고 → ❸ Platform은 맞는 OS를 선택한 후 → ❹ [Download] 버튼을 눌러서 콤파스 패키지를 내려받아서 설치해주세요.

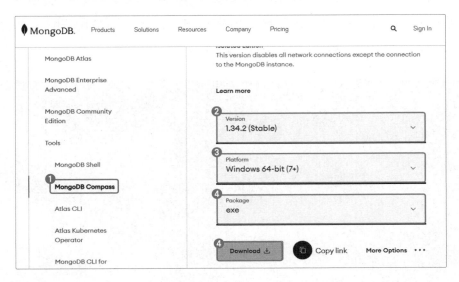

02 몽고디비에 접속을 하려면 몽고디비 서버의 주소가 필요합니다. 서버 주소는 6.2절 '몽고디비 아틀라스 설정하기'에서 설정했던 몽고디비 아틀라스에서 알 수 있습니다. 몽고디비 아틀라스에서 ❶ [Connect] → ❷ [Connect using MongoDB Compass] → ❸ 복사 아이콘을 차례로 눌러 서버 주소를 복사합니다(앞서 test-connection.js에 설정해둔 주소를 복사해도 됩니다).

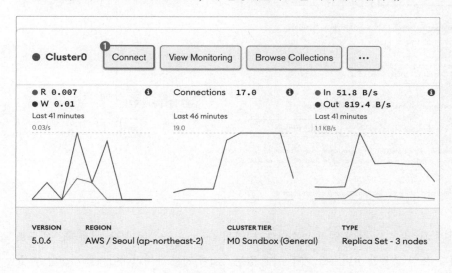

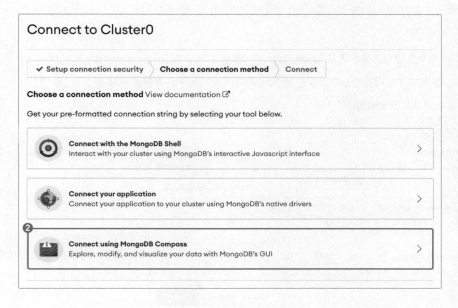

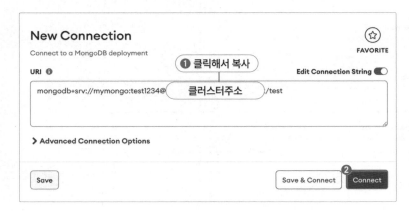

이렇게 복사하면 패스워드는 들어 있지 않습니다. 따라서 〈password〉 부분을 실제 패스워드로 변경해야 합니다. 또한 복사한 서버 주소 가장 뒤에 있는 test에 기본 데이터베이스를 지정할 수 있습니다. 지금까지는 test 데이터베이스를 사용했습니다만, 다른 데이터베이스를 사용하는 경우 이름을 변경해야 합니다.

03 이제 몽고디비 콤파스 프로그램을 켜서 접속하겠습니다. 켜면 New Connection이라고 쓰여진 박스가 보입니다. ❶ 몽고디비 아틀라스 주소를 붙여넣겠습니다. 〈password〉 부분을 실제 패스워드로 변경해주세요. ❷ [Connect] 버튼을 클릭합니다.

그러면 다음과 같은 화면이 나옵니다.

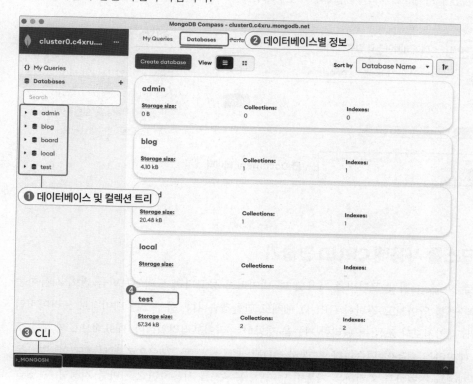

❶에서 데이터베이스 및 컬렉션을 한눈에 볼 수 있고 ❷ [Databases]를 선택하면 데이터베이스별 정보를 볼 수 있습니다. 데이터 크기, 컬렉션 개수, 인덱스 개수 등을 확인할 수 있습니다. 하단에 있는 ❸ 'MONGOSH'를 선택하면 CLI로 몽고디비를 조작할 수 있는 mongosh을 사용할 수 있습니다. ❹ [test]를 클릭합니다.

다음으로 ❺ 컬렉션(person)을 선택합니다.

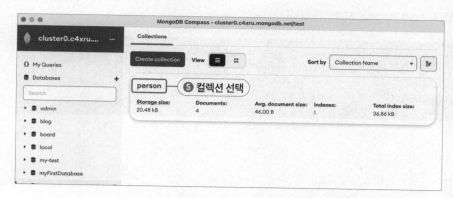

그러면 ❶ Document 데이터가 다음 그림과 같이 보입니다.

Note test-crud.js를 실행했는데도, test 데이터베이스와 person 컬렉션이 안 보이면 MongoDB Compass 메뉴의 [View] → [Reload Data]를 실행하여 데이터를 최신으로 갱신해보세요.

6.5 몽구스를 사용해 CRUD 만들기

마지막으로 Node.js와 몽고디비를 사용할 때 네이티브 몽고디비 드라이브만큼 많이 사용하는 몽구스Mongoose를 알아보고 간단한 CRUD 예제도 만들겠습니다. 몽구스는 네이티브 드라이버인 mongodb 패키지보다 조금 더 편리한 기능을 제공하는 라이브러리입니다. 대표적으로 객체를 도큐먼트로 매핑하는 기능이 있습니다. 그래서 ODMObject Document Mapper으로 부르기도 합니다. 몽고디비 자체에는 스키마를 지정하는 기능이 없지만, 몽구스를 사용하면 스키마를 지정할 수 있습니다. 스키마가 있으니 필드 타입 지정 및 유효성 검증 등을 추가로 편하게 할 수 있게 됩니다.

6.5.1 몽구스 설치하기

패키지 설치 후 스키마 만드는 방법을 알아봅시다.

To do 01 설치는 늘 해왔듯 npm install을 사용하면 됩니다.

```
$ cd chapter6
$ mkdir test-mongoose
$ cd test-mongoose
$ npm install mongoose
```

6.5.2 몽구스로 스키마 만들기

To do **01** 스키마는 Schema의 인스턴스로 만들게 됩니다. 기존 몽고디비 예제에서 사용했던 Person 객체를 스키마로 만들겠습니다. 스키마는 컬렉션과 매핑됩니다.

▼ person 모델 생성

```
                                          chapter6/test-mongoose/person-model.js
var mongoose = require('mongoose');
var Schema = mongoose.Schema;

const personSchema = new Schema({ // ❶ 스키마 객체 생성
  name: String,
  age: Number,
  email: { type: String, required: true },
});

module.exports = mongoose.model('Person', personSchema); // ❷ 모델 객체 생성
```

❶ 스키마 객체를 생성합니다. 스키마를 생성할 때 선언 가능한 타입을 표로 정리해두었으니 참고해주세요.

▼ 스키마 생성 시 선언 가능한 타입

타입	설명과 예시 코드
String	속성을 문자열로 선언합니다. `const schema = new Schema({name: String})`
Number	속성을 숫자로 선언합니다. `const schema = new Schema({ age: Number})`
Date	속성을 날짜 타입으로 선언합니다. 자바스크립트 기본 Date 메서드는 값을 변경 시에 몽구스에서 변경 사항을 추적하지 않으므로 몽구스에 변경 사항을 명시적으로 알려주어야 합니다.
Buffer	속성을 버퍼로 선언합니다. `const binData = new Schema({ binData: Buffer });`
Boolean	속성을 부울로 선언합니다. `const test = new Schema({b: Boolean});`

Mixed	Mixed는 무엇이든 가능한 타입입니다.
	```\nconst Any = new Schema({ any: {} });\n```
ObjectId	ObjectId는 몽고디비에서 고유한 식별자로 사용되는 값입니다.
	```\nconst keySchema = new Schema({ key: mongoose.ObjectId});\n```
Array	배열은 [ ] 기호를 사용해 선언합니다.
	```\nconst names = new Schema({ names: [String]})\n```
	다른 문서를 배열의 값으로 사용할 수도 있습니다.
	```\nconst address = new Schema({ adrr: String});\nconst addresses = new Schema(addrs: [address]);\n```
Decimal128	128비트 10진수 부동소수점을 사용 시에 선언합니다.
	```\nconst f = new Schema({f : Decimal128});\n```
Map	자바스크립트의 Map의 하위 클래스인 MongooseMap 타입으로 선언할 수 있습니다.
	```\nconst site = new Schema({\n url: {\n type: Map,\n of: String\n }\n});\n```
Schema	특정 스키마 타입으로 타입을 선언할 수 있습니다.
	```\nconst subSchema = new Schema({\n // 스키마 선언\n});\n\nconst schema = new Schema({\n data: {\n type: subSchema\n default: {}\n }\n});\n```

타입만 주는 경우는 name: String과 같이 바로 사용할 수 있으며 타입 이외에 부가적인 속

성(예를 들어 필수 속성인지 여부를 나타내는 required)을 다음 표에 정리해두었습니다. ❷ **mongoose.model(이름, 스키마)** 함수는 이름 그대로 mongoose 모델 객체를 만드는 함수이며 mongoose 모델은 몽고디비 컬렉션과 연동되어 CRUD를 수행할 수 있습니다. module.exports로 내보내기를 했기 때문에 다른 파일에서 require() 함수로 불러오기를 할 수 있습니다.

▼ 스키마 생성 시의 추가적인 속성

속성	타입	설명과 예시 코드
required	boolean 또는 function	해당 속성이 필수인지 여부 `email: { type: String, required: true }`
default	Any 또는 function	기본값 설정. 함수인 경우 함수의 반환값 `email: { type: String,  default: 'no email' }`
select	boolean	쿼리 수행 시 기본적으로 선택되는 값인지 여부 `email: { type: String,  select: true }`

validate	function	유효성 검증 함수 추가 가능
		
		`email: { type: String,  validate: () => {`
		`                    return this.email.indexOf('@') > 0; } }`

get	function	커스텀 get 함수 설정 `name: { type: String,  get: v => v.toLowerCase() }`

set	function	커스텀 set 함수 설정
		
		`name: { type: String,  get: v => v.toLowerCase(),`
		`            set: v => v.toUpperCase() }`

alias	String	속성으로 주어진 이름이 아닌 별칭 사용 시 사용 `name: { type: String,  alias: 'n' }`
immutable	boolean	true로 설정 시 값을 변경할 수 없음 `age: {type:Number, immutable: true}`
transform	function	Document#toJSON()를 호출하면 transform에 지정된 함수 실행. JSON.stringify() 시에도 실행 `name: { type: String,   transform: (v) => v.toLowerCase()  }`

index	boolean	해당 속성에 인덱스를 정의할지 여부
		`name: { type: String, index: true }`
unique	boolean	해당 속성에 유니크 인덱스를 정의할지 여부
		`name: { type: String, unique: true }`
sparse	boolean	해당 속성에 희소 인덱스[7]를 정의할지 여부
		`name: { type: String, sparse: true }`

6.5.3 몽구스와 익스프레스로 CRUD API 만들기

스키마도 만들었으니 CRUD를 테스트해봅시다. API로 만들면 REST 클라이언트로 간편하게 테스트할 수 있습니다. 익스프레스로 API를 만들겠습니다.

To do **01** CRUD를 테스트할 익스프레스 API 코드를 작성하겠습니다.

```
                                                chapter6/test-mongoose/mongoose-crud.js
const express = require("express");
const bodyParser = require("body-parser");
const mongoose = require("mongoose");
const Person = require("./person-model");

mongoose.set("strictQuery", false);  // ❶ 설정해줘야 경고가 뜨지 않음

const app = express();
app.use(bodyParser.json());  // ❷ HTTP에서 Body를 파싱하기 위한 설정
app.listen(3000, async () => {
  console.log("Server started");
  const mongodbUri =  "mongodb+srv:
  // <아이디>:<비밀번호>@<클러스터정보>/test?retryWrites=true&w=majority";
                                     본인의 정보를 기입하세요.
  // ❸ 몽고디비에 커넥션 맺기
  mongoose
    .connect(mongodbUri, { useNewUrlParser: true })
```

---

7 MongoDB에서 희소 인덱스는 인덱스가 있는 필드에 대해서만 포함시키는 인덱스를 의미합니다.

```
    .then(console.log("Connected to MongoDB"));
});

// ❹ 모든 person 데이터 출력
app.get("/person", async (req, res) => {
  const person = await Person.find({});
  res.send(person);
});

// ❺ 특정 이메일로 person 찾기
app.get("/person/:email", async (req, res) => {
  const person = await Person.findOne({ email: req.params.email });
  res.send(person);
});

// ❻ person 데이터 추가하기
app.post("/person", async (req, res) => {
  const person = new Person(req.body);
  await person.save();
  res.send(person);
});

// ❼ person 데이터 수정하기
app.put("/person/:email", async (req, res) => {
  const person = await Person.findOneAndUpdate(
    { email: req.params.email },
    { $set: req.body },
    { new: true }
  );
  console.log(person);
  res.send(person);
});

// ❽ person 데이터 삭제하기
app.delete("/person/:email", async (req, res) => {
  await Person.deleteMany({ email: req.params.email });
  res.send({ success: true });
});
```

❶ 몽구스에서 쿼리에 필터를 빈 객체인 { }로 넣으면 모든 값을 불러오게 되어서 문제가 되는 경우

가 있습니다. 이 경우 에러를 내도록 하는 설정이 strictQuery 설정입니다. Mongoose6에서는 기본값이 true이며 7에서는 false입니다. 명시적으로 설정해주지 않으면 서버 기동 시 경고가 발생하므로 설정을 했습니다. 예제용 코드이므로 false로 설정했습니다.

❷ bodyParser.json( ) 미들웨어를 추가해야만 HTTP에서 Body를 파싱할 수 있습니다. ❸ mongoose에서 몽고디비와 커넥션을 맺을 때 connect(uri, option) 함수를 사용합니다. 몽고디비 아틀라스를 사용할 때는 useNewUrlParser 옵션을 사용하는 것이 좋습니다. 사용하지 않아도 서버 기동에는 문제가 없습니다.

❹ http:// localhost:3000/person에 요청을 보내면 'test' DB의 person 컬렉션에 있는 모든 person 도큐먼트를 리스트 형태로 출력합니다. Person 모델의 find( ) 메서드를 사용하며 find( ) 메서드 시그니처는 find(filter, projection, option)으로 filter는 json 형식으로 키값을 넣습니다. find( )로 비어 있으면 필터링 없이 모든 데이터를 가져옵니다. 예를 들어 name이 'Andy Park'인 Person 데이터를 찾고 싶을 때는 find({ name: 'Andy Park'})로 검색할 수 있습니다. projection은 결과에 표시할 데이터 필드를 명시합니다. 예를 들어 Person 쿼리의 결과 중 age를 숨기고 싶은 경우 find({ }, { name: 1, email: 1 })처럼 사용할 수 있습니다. 여기서 1은 포함시킨다는 의미입니다. find({ }, { age: 0 })으로 작성해도 age만 제외할 수 있습니다. 0을 넣으면 해당 필드를 제외한 필드들을 결괏값으로 사용한다는 의미입니다. option으로 sort, limit, skip을 사용할 수 있습니다. 다른 인수들과 마찬가지로 JSON 형식으로 넣으면 됩니다.

1 **sort :** 결과 문서를 정렬할 필드와 정렬 순서(1은 오름차순, -1은 내림차순)를 지정합니다.
   JSON 형식 예 : Person.find({ }, {sort : {name : 1 }});
2 **limit :** 결과 문서 수를 지정합니다.
   JSON 형식 예 : Person.find({ }, {limit: 10});
3 **skip :** 결과 문서 중 앞에서 제외할 문서 수를 지정합니다.
   JSON 형식 예 : Person.find({ }, {skip: 5});

❺ 모델의 메서드 중 findOne( ) 메서드는 find( )와 인수로 받는 값들이 같습니다. 다만 결괏값이 하나만 있는 것이 다릅니다. 예제에서는 받은 이메일에 해당하는 person 객체 하나를 결과로 보여줍니다.

❻ 문서 추가 시에는 new 키워드로 모델을 생성한 다음 save( ) 메서드를 호출하면 DB에 저장합니다. 다음과 같이 create( ) 메서드를 사용해도 됩니다(완전 같은 동작을 하는 코드입니다).

```
const result = await Person.create(req.body);
res.send(result);
```

❼ 문서 수정 시 하나만 수정하는 경우 예제에 있는 findOneAndUpdate()를 사용하거나 updateOne()을 사용할 수 있습니다. 인수가 fineOneAndUpdate()와 거의 같습니다. option 부분이 조금 다르고 결괏값이 문서가 아니라 update 동작의 결괏값이 나오는 부분이 다릅니다. 다음은 updateOne을 사용한 코드입니다.

```
Person.updateOne({ email: req.params.email },
    { $set: req.body })
```

여러 개를 동시에 수정할 때는 updateMany()를 사용합니다. 인수는 updateOne()과 동일하게 넣으면 됩니다.

❽ 데이터를 삭제하는 함수도 3가지입니다. 하나만 삭제하고 문서를 결괏값으로 받고 싶을 때는 findOneAndDelete(), 하나만 삭제할 때는 deleteOne(), 여러 개를 삭제할 때는 deleteMany()를 사용합니다. 인수로는 문서를 찾아서 삭제하는 필터만 JSON 형식으로 넣어주면 됩니다. 예제에서는 이메일에 해당하는 모든 문서를 삭제합니다.

02 터미널에서 몽구스 CRUD 로직이 있는 익스프레스 서버를 실행합니다.

```
$ cd chapter6/test-mongoose/
$ node mongoose-crud.js
```

6.6 REST 클라이언트로 API 테스트하기

3장에서는 curl로 테스트를 했습니다만, 이번에는 VSCode의 REST 클라이언트를 사용해 테스트하겠습니다. .http 파일로 코드를 작성하면 테스트에 사용한 코드가 남아 있게 됩니다. 그러면 코드 저장소에 저장해 다시 재활용할 수 있어 편리합니다. 또한 VSCode 이외의 편집기에서도 동작하므로 익혀두면 유용합니다.

To do 01 VSCode의 ① EXTENSIONS에서 ② "rest client"를 검색하고 ③ [Install]을 눌러서 설치해줍니다.

02 설치가 되었다면 [chapter6/test-mongoose] 디렉터리 아래에 person.http 파일을 하나 생성하고 다음과 같이 mongoose crud 테스트 코드를 작성해봅시다. 파일 하나에 하나 이상의 테스트 요청을 작성할 수 있고 각 요청은 3개 이상의 #으로 구분합니다. 아래 코드에서는 ###로 구분했습니다.

▼ mongoose crud 테스트 코드

```
                                              chapter6/test-mongoose/person.http
# ❶ server 변수 설정
@server = http://localhost:3000


### ❷ GET 요청 보내기
GET {{server}}/person


### ❸ POST 요청 보내기
POST {{server}}/person
Content-Type: application/json


{
  "name": "Andy Park",
  "age": 30,
  "email": "andy@backend.com"
}


### ❹ 생성한 문서 확인
GET {{server}}/person/andy@backend.com


### ❺ PUT 요청 보내기, 문서 수정하기
PUT {{server}}/person/andy@backend.com
Content-Type: application/json
```

```
{
  "age": 32
}

### ❻ 문서 삭제하기
DELETE {{server}}/person/andy@backend.com
```

❶ **@변수명 = 값**으로 변수 선언이 가능하며 **{{변수명}}**으로 변수를 사용합니다. 여기에서는 server에 http:// localhost:3000값을 할당했습니다. ❷ GET 요청입니다. GET을 쓰고 URL을 쓰면 됩니다. 그러면 바로 위에 [Send Request] 버튼이 나타납니다. [Send Request] 클릭을 하면 결괏값을 VSCode의 새 창과 서버가 실행 중인 터미널에서 확인할 수 있습니다.

❸ 헤더 정보 다음에 바디가 있는 경우 반드시 둘 사이에 빈 줄이 들어가야 합니다. 헤더 정보인 content-type에 application/json이라고 되어 있으므로 HTTP 요청의 body에는 JSON 형식의 문자열이 들어갑니다.

```
POST {{server}}/person                        ── HTTP 요청과 URL

Content-Type: application/json                ── content-type

                                              ── 헤더와 바디를 빈 줄로 구분

{
  "name": "Andy Park",
  "age": 30,
  "email": "andy@backend.com"                 ── body
}
```

03 POST 요청도 [Send Request]를 눌러서 테스트해봅시다. 다음과 같은 결과가 나온다면 성공입니다.

```
HTTP/1.1 200 OK
X-Powered-By: Express
Content-Type: application/json; charset=utf-8
Content-Length: 97
```

```
ETag: W/"61-3evnrd1zVVYITaJUJ8msea4tSbk"
Date: Tue, 20 Dec 2022 14:31:02 GMT
Connection: close

{
  "name": "Andy Park",
  "age": 30,
  "email": "andy@backend.com",
  "_id": "63a1c726f256c17bc78e9fdd",
  "__v": 0
}
```

04 person.http 파일 ❸을 실행하면 문서 하나가 생성됩니다. 잘 생성되었는지 데이터 생성 시의 email 정보를 인수로 주어서 ❹를 실행 후 문서를 읽어와 확인해봅시다. 다음과 같은 결과가 나오면 성공입니다.

```
HTTP/1.1 200 OK
X-Powered-By: Express
Content-Type: application/json; charset=utf-8
Content-Length: 97
ETag: W/"61-kxtC3dBBIaBMaWZ2YUFWIcOi4/0"
Date: Tue, 20 Dec 2022 14:34:39 GMT
Connection: close

{
  "_id": "63a1c7fcf256c17bc78e9fe2",
  "name": "Andy Park",
  "age": 30,
  "email": "andy@backend.com",
  "__v": 0
}
```

05 다음으로 PUT 요청을 보내서 age만 32로 수정해봅시다. findOneAndUpdate() 메서드에 { new: true } 옵션을 주고 ❺ PUT 메서드를 실행하면 결과로 갱신된 문서를 줍니다. age가 32로 변경됐는지 확인해봅시다.

```
HTTP/1.1 200 OK
X-Powered-By: Express
```

```
Content-Type: application/json; charset=utf-8
Content-Length: 97
ETag: W/"61-C1p8KTX3BQ3aDZ8nw/USB89VxY0"
Date: Tue, 20 Dec 2022 14:35:55 GMT
Connection: close

{
  "_id": "63a1c7fcf256c17bc78e9fe2",
  "name": "Andy Park",
  "age": 32,
  "email": "andy@backend.com",
  "__v": 0
}
```

06 마지막으로 ❻ DELETE 메서드로 요청을 보내서 문서를 삭제합니다. 인수로 넘겨준 이메일이 있는 문서는 모두 삭제합니다. 결과는 다음과 같습니다.

```
{
  "success": true
}
```

여기까지 쭉 한 번씩 실행을 했다면 'test' 데이터베이스의 person 컬렉션에 email이 있는 문서는 없어야 합니다. 여기까지 몽구스를 사용해 CRUD API를 만들고 나서, VSCode에 있는 REST 클라이언트를 사용해 테스트를 해보았습니다.

VSCode가 아닌 젯브레인스 계열의 IDE를 사용하는 경우

VSCode가 아닌 젯브레인스 계열의 IDE를 사용하는 경우 내장된 REST 클라이언트를 사용하면 됩니다. 설치되어 있지 않으면 REST 클라이언트를 검색해 젯브레인스에서 제작한 것을 설치하면 됩니다. VS Code의 REST 클라이언트와 대부분 기능이 호환되며, 변수의 경우만 파일로 따로 지정해주면 됩니다.

01 `To do` 설정 파일을 추가합니다.

❶ 마우스 오른쪽 클릭하여 [New → File]로 파일 생성창을 띄웁니다.

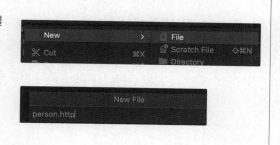

❷ 파일명을 입력합니다.

❸ [Add Environment to Public File] 클릭해 환경 설정을 합니다.

02 환경 변수를 설정합니다.

03 환경 변수를 선택합니다.

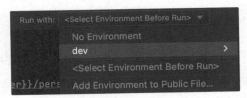

위 3가지만 해주면 VS Code와 동일하게 실행할 수 있습니다.

학습 마무리

몽고디비는 인기 NoSQL 데이터베이스입니다. DB 엔진의 랭킹을 매겨주는 사이트[8] 5위에 랭크되어 있습니다. 백엔드 개발을 하면 단연코 RDB를 자주 사용하지만 유연한 스키마와 더불어 쉬운 클러스터 구축에 의한 스케일아웃 등을 제공하는 몽고디비는 유명 RDB 다음으로 많이 쓰이는 NoSQL 데이터 저장소가 되었습니다. 또한 자바스크립트와 상호호환성도 좋고, 학습용으로 사용할 수 있는 무료 클라우드 서비스를 제공하고 있으니 많은 장점이 있다고 할 수 있습니다. Node.js에서 몽고디비를 사용할 때 성능이 중요하다면 네이티브 라이브러리를 사용해서 구현해야 합니다. 그렇지 않다면 더 편리한 기능을 제공하는 몽구스를 사용해보세요.

마지막으로 백엔드 개발자라면 HTTP API를 매우 많이 만들게 되므로 HTTP를 테스트하는 도구

---

8 https://db-engines.com/en/ranking

는 필수입니다. 3장에 알아본 curl도 좋은 툴이지만, 더 편리하며, 코드로 되어 있어서 테스트하기 더 좋은 REST 클라이언트를 소개해드렸습니다. 앞으로도 자주 사용하게 되니 사용법을 잘 익혀둡 시다.

핵심 용어

1 **NoSQL**^{Not Only SQL}은 RDB와는 달리 스키마가 없거나 가변적인 데이터를 저장하기 위한 데이 터베이스의 일종입니다. NoSQL은 일반적으로 성능, 확장성, 지속적인 사용 가능성 등을 중 점으로 고려해 개발되었습니다.

2 **BSON**^{Binary JSON}은 JSON^{JavaScript Object Notation}과 유사한 형식을 가진 이진 형식의 데이터 구조 입니다.

3 **몽고디비 콤파스**는 몽고디비의 데이터를 손쉽게 볼 수 있는 GUI 도구입니다.

4 **몽구스**는 Node.js 애플리케이션에서 몽고디비를 쉽게 사용할 수 있게 하는 라이브러리입니 다. 기존 네이티브 라이브러리에 여러 가지 편의 기능(스키마, 유효성 검증 등)이 추가되어 있 습니다.

추가로 알아보기

1 **BSON 스펙** : https://bsonspec.org/spec.html

2 **몽고디비의 Shared 클러스터 공식 문서** : https://www.mongodb.com/docs/manual/ core/sharded-cluster-components/ 단축url http://bit.ly/3YYxpNW

3 **몽구스 공식 문서** : https://mongoosejs.com/docs/guide.html

4 **몽고디비의 Node.js 네이티브 드라이버** : https://www.mongodb.com/docs/drivers/ node/current/

5 **외래키** : https://www.postgresql.org/docs/current/ddl-constraints.html#DDL-CONSTRAINTS-FK 단축url http://bit.ly/3JFXlIM

1 다음 중 데이터베이스와 가장 관계 없는 단어는 무엇일까요?

❶ 테이블 ❷ 컨테이너 ❸ 스키마 ❹ 모델 ❺ 조인

2 몽고디비를 설명한 글 중 맞는 것을 고르세요.

❶ 스키마를 반드시 지정해야 한다. ❷ JSON을 도큐먼트로 사용한다.

❸ 성능이 RDB보다 항상 빠르다. ❹ 인덱스를 사용할 수 있다.

❺ 복잡한 트랜잭션 처리에 용이하다.

3 몽고디비 커넥션 URI를 설정 시 w 옵션으로 majority를 주는 경우가 많습니다. w 옵션은 무엇이며 값으로 majority를 주는 이유는 무엇일까요?

4 몽고디비의 도큐먼트 타입인 BSON은 JSON에서 어떤 데이터 타입을 추가하였을까요?

5 대표적인 Node.js의 몽고디비 클라이언트로는 몽고디비네이티브 라이브러리와 몽구스가 있습니다. 각각 어떤 때에 사용하면 좋을까요?

1 정답 ❷ 컨테이너는 가상화와 관련이 있습니다.

2 정답 ❹ 몽고디비는 스키마를 지정하지 않아도 되고, 도큐먼트로 BSON을 사용합니다. 성능이 좋은 편이지만, RDB에 비해 항상 빠르다고 할 수는 없습니다. 복잡한 트랜잭션을 사용하기보다는 단일 문서에 데이터를 포함시키는 것이 더 빠르고 간편합니다.

3 정답 w 옵션은 쓰기 요청을 전달 후 성공 확인을 어떻게 할지에 대한 옵션입니다. majority 옵션은 쓰기를 정족수 이상의 서버에 요청해 확인한다는 것을 의미합니다. 1대에만 쓰기를 확인하는 경우 해당 서버가 문제가 생기면 데이터가 유실될 수 있고, 전체 서버에 쓰기를 확인하는 경우 여러 서버 중 1대라도 문제가 생기면 쓰기가 불가능해지기 때문입니다.

4 정답 Date와 BinData(바이너리데이터) 타입을 지원합니다.

5 정답 성능이 중요하다면 네이티브 라이브러리를 사용하는 것이 좋습니다. 그 이외는 몽구스가 더 편리한 기능을 제공합니다.

07장

프로젝트

페이지네이션되는
게시판 만들기

7장에서는 지금까지 학습한 내용을 기반으로 몽고디비^{MongoDB}, 익스프레스^{Express}를 사용해서 댓글이 있는 게시판을 만들겠습니다.

핵심 키워드

게시판 글 쓰기, 수정, 삭제

리스트 페이지네이션, 필터

상세페이지 프로젝션, 조회수

템플릿 엔진 핸들바, 렌더링, 커스텀 헬퍼 함수

서버 기동, 재시작, nodemon

학습 코스

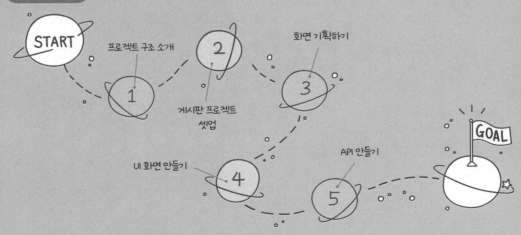

난이도	★★★★
예제 위치	https://github.com/wapj/jsbackend/tree/main/chapter7/board
프로젝트명	board
개발 환경	Node.js 20.9.0
미션	Express, MongoDB를 사용해 게시판을 만들어봅시다.
기능	• 글쓰기, 수정, 삭제, 리스트 • 댓글 추가, 댓글 삭제
테스트	서버 기동 후 웹페이지에서 실행
컴포넌트	• 웹 애플리케이션 서버 : Express • 데이터베이스 : MongoDB

▼ 실행 결과

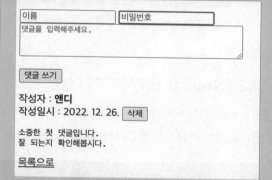

7.1 프로젝트 구조 소개

프로젝트 구조는 1장에서 배운 N 계층 아키텍처를 따릅니다. MVC 패턴으로도 불리는 아주 유명하고, 많이 쓰이는 구조입니다. 뷰view는 유저가 보는 화면을 말합니다. HTML 템플릿 엔진은 핸들바handlebars로 작성합니다. 컨트롤러controller는 따로 디렉터리를 구분하지는 않고 app.js 안에 라우터 함수들로 분리합니다. 서비스service는 post-service.js 하나만 만들겠습니다(원한다면 다양한 서비스를 만들 수 있습니다). 구조상으로는 모델model에서 데이터베이스와 통신하게 되어 있습니다만, 명시적으로 모델을 만들지는 않고, 몽고디비 라이브러리의 컬렉션 객체가 모델 역할을 합니다.

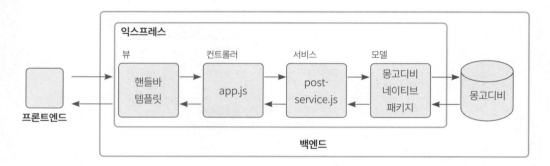

7.2 게시판 프로젝트 셋업

프로젝트를 생성하고 익스프레스, 핸들바, 몽구스 패키지를 설치합니다. 익스프레스를 사용해 여러 기능을 붙이려면 디렉터리 구조를 잡고 가는 것이 좋으므로 디렉터리 구조도 같이 잡아봅시다.

7.2.1 Node.js 프로젝트 초기 설정

To do **01** 노드 프로젝트를 생성하고 초기화하겠습니다. [chapter7] 디렉터리를 만들고 그 아래에 [board] 디렉터리를 만듭니다. 그 후 npm init로 초기화해줍니다.

```
$ mkdir chapter7
$ cd chapter7
$ mkdir board
```

```
$ cd board
$ npm init -y # ① Node.js 프로젝트 초기화
```

❶에서 npm init -y를 사용해 package.json을 생성했습니다. package.json은 다음과 같은 내용으로 작성됩니다.

▼ 게시판 프로젝트의 package.json

```
                                                chapter7/board/package.json
{
  "name": "board",      // 프로젝트명
  "version": "1.0.0",   // 버전
  "description": "",
  "main": "index.js",   // ❶ 메인 파일
  "scripts": {
    "test": "echo \"Error: no test specified\" && exit 1"
    // ❷ npm test로 실행하는 스크립트
  },
  "keywords": [],       // 패키지 업로드 시 검색어
  "author": "",         // 작성자
  "license": "ISC"      // 라이선스
}
```

❶에 설정되어 있는 메인 파일은 아직 작성 전입니다. ❷ scripts의 test는 npm test 명령어로 실행할 수 있습니다. 다만 현재는 테스트가 없다는 에러를 내면서 종료합니다.

7.2.2 익스프레스 설치 및 프로젝트 디렉터리 구조 잡기

3장에서 이미 익스프레스를 설치하고 사용을 해보았으니 설치는 간단히 소개하겠습니다. 설치 후에 프로젝트의 디렉터리 구조를 잡아 파일을 하나씩만 추가해서 테스트해봅시다. 마지막으로는 개발 시에 편하게 사용할 수 있는 스크립트를 package.json에 있는 scripts 항목에 추가하겠습니다.

To do 01 익스프레스 패키지를 설치합니다.

```
$ cd chapter7/board          # 게시판 프로젝트 디렉터리로 이동
$ npm i express@4.17.3       # 익스프레스 4.17.3 설치
$ npm i mongodb@4.13.0       # 몽고디비 4.13.0 설치
```

예제를 따라 하면서 버전 때문에 문제가 생기지 않도록 버전을 지정해 설치했습니다. 시맨틱 버전
으로 관리를 권장하고 있지만, 때로는 유명 라이브러리라도 마이너 버전만 업그레이드했는데, 작
동하지 않는 경우가 있으니 주의해주세요. package.json에 관련 내용이 잘 반영되어 있는지 확
인해봅니다.

▼ 게시판 프로젝트의 package.json

```
                                              chapter7/board/package.json
{
  "name": "board",
  "version": "1.0.0",
  // ... 생략 ...
  "dependencies": {    // 익스프레스와 몽고디비 의존성 및 버전
   "express": "4.17.3",
   "mongodb": "^4.13.0",
  },
}
```

package.json에 익스프레스, Mongoose 설정이 추가되어야 합니다.

02 게시판 프로젝트의 디렉터리 구조를 잡아봅시다.

익스프레스는 마이크로 프레임워크입니다. 익스프레스 홈페이지에서는 미니멀리스트 웹 프레임
워크로 소개합니다. 표현은 다르지만 최소 기능을 가지면서 필요한 기능을 플러그인으로 확장하는
프레임워크를 의미한다는 사실은 같습니다. 보통 모든 기능을 제공하는 풀스택 프레임워크들은 디
렉터리 구조를 강제합니다. 대표적으로 장고^{Django}를 들 수 있습니다. 반면 마이크로 프레임워크는
디렉터리 구조를 강제하지 않습니다. 사용자에게 자유도를 주어 좋은 면도 있지만, 좋은 디렉터리
구조를 사용자가 직접 고민해야 합니다.

게시판 프로젝트의 디렉터리 구조를 한번 잡아봅시다. 익스프레스에서 강제하는 부분이 거의 없습
니다. 무엇을 해도 좋지만 여기서는 서버 개발에서 가장 보편적으로 사용되는 3계층 구조^{3 tier} 아키
텍처를 적용하겠습니다. 3계층 구조는 웹 프레임워크에서 주로 사용하는 MVC 패턴을 적용하기
에도 좋습니다.

3계층 구조는 다음과 같이 컨트롤러, 서비스, 데이터 액세스 계층을 갖습니다. 컨트롤러 계층에
서는 뷰에서 넘어온 요청을 받아서 권한 체크, 유효성 검증 등을 한 후에 서비스 계층으로 넘깁니
다. 서비스 계층에서는 비즈니스 로직을 처리합니다. 서비스로 비즈니스 로직을 분리하면 각각
다른 컨트롤러에서 같은 서비스를 재사용할 수 있게 됩니다. 서비스에서 DB에 데이터를 저장할

때는 데이터 액세스 계층과 데이터를 주고받습니다. 이 경우 정의해둔 모델을 넘기는 것이 일반적입니다.

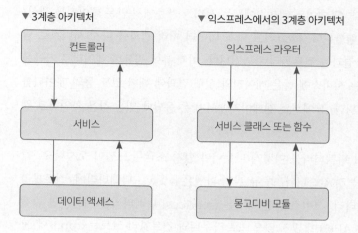

▼ 3계층 아키텍처

▼ 익스프레스에서의 3계층 아키텍처

익스프레스에서 컨트롤러 역할은 라우터router가 합니다. 서비스 계층은 비즈니스 로직을 구현하는 부분이므로 각 프로젝트에서 해당 역할을 하는 클래스 또는 함수를 작성해야 합니다. 실제 서비스에서는 데이터 액세스 계층에 다양한 데이터베이스를 사용하겠지만, 7장에서는 백엔드 기술에 집중하고자 몽고디비 하나만 사용합니다. 따라서 몽고디비 모듈이 데이터 액세스 계층 역할을 해주게 됩니다. 필요에 따라서 데이터 액세스 계층을 따로 작성하는 경우도 있습니다만, 이번 프로젝트에서는 몽고디비 모듈만 사용하겠습니다.

3계층 아키텍처는 서버의 관점에서 데이터와 파일을 어떻게 관리할지 정리한 겁니다만, 게시판 프로젝트에서는 웹페이지도 있습니다. 데이터의 흐름대로 다시 그림을 그려보면 다음과 같이 됩니다.

▼ 게시판 프로젝트의 데이터 흐름

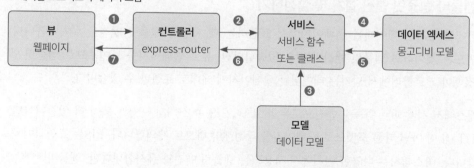

❶ 뷰 역할을 하는 웹페이지에서 익스프레스로 요청request을 보냅니다. ❷ 받은 요청에 대한 인증,

유효성 검증 등을 하고 문제가 없다면 비즈니스 로직을 처리하는 서비스 계층에 있는 함수를 호출합니다. ❸ 서비스에서는 컨트롤러에서 받은 데이터로 비즈니스 로직을 처리하거나 데이터 액세스로 넘기는 모델 객체를 생성합니다. ❹ 데이터 액세스에서는 서비스 계층에서 받은 데이터를 생성/수정/삭제/조회(CRUD) 등을 수행합니다. ❺ 그리고 나서 데이터 처리 결과를 다시 서비스로 넘깁니다. ❻ 서비스는 받은 데이터 결과를 컨트롤러로 넘깁니다. 이때 뷰에 필요한 데이터로 가공을 하기도 합니다. ❼ 컨트롤러에서는 서비스에 받은 데이터와 실행 결과에 대한 코드 등의 데이터를 웹페이지에 응답response으로 보냅니다. 뷰에서는 웹페이지에서 받은 응답에 있는 값을 확인하고 웹페이지를 갱신합니다.

데이터의 흐름을 한 번 보고 나니 디렉터리를 어떻게 나누어야 할지 조금은 느낌이 오시나요? 각 계층별로 디렉터리를 만들면 좋을 것 같습니다. 즉 뷰 관련 파일은 [views] 디렉터리에, 컨트롤러 관련 파일은 [controllers] 디렉터리, 서비스 관련 파일은 [services] 디렉터리를 사용하면 좋겠습니다. 다만 이번 장에서 다루는 API들이 많지 않으므로 라우터와 컨트롤러 코드는 app.js에 모두 작성하겠습니다. 마지막으로 각 모듈에서 사용할 설정 파일이 필요한 경우도 있을 겁니다. 설정 파일을 모아놓을 [configs] 디렉터리도 준비합니다.

03 프로젝트의 디렉터리 구조는 다음과 같습니다. 다음과 같이 디렉터리와 파일을 생성해주세요.

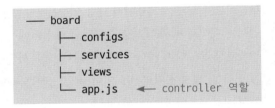

```
└── board
    ├── configs
    ├── services
    ├── views
    └── app.js    ◀── controller 역할
```

7.2.3 핸들바 템플릿 엔진 설치 및 설정하기

컨트롤러에서 넘기는 데이터를 웹페이지에서 표현하는 데 사용할 템플릿 엔진을 설치해봅니다. API만 만드는 것이라면 템플릿 엔진이 필요 없습니다만, 뷰로 웹페이지를 보여주므로 템플릿 엔진을 설정해야 컨트롤러에서 넘기는 데이터를 웹페이지에 제대로 표현할 수 있습니다.

익스프레스에서 사용하는 템플릿 엔진으로는 퍼그Pug, EJS, 머스태시mustache 등이 더 있습니다만, 퍼그는 HTML이 아닌 다른 포맷으로 웹페이지를 작성해야 하므로 제외합니다. EJS는 표현식이 좀 지저분합니다. 머스태시는 다양한 언어에서 사용되는 템플릿 엔진과 유사합니다만, 핸들바handlebar에 비해 기능이 적습니다. 핸들바는 머스태시와 호환되면서 추가 기능을 제공하므로 이 책에서 사용할 템플릿 엔진을 핸들바로 정했습니다.

To do **01** 핸들바 express-handlebars를 설치합니다. 익스프레스용 핸들바 패키지는 express-handlebars 와 express-hbs 두 가지가 있습니다. express-hbs가 조금 더 많은 기능을 제공합니다만, 2023 년 시점으로 마지막 버전이 2년 전[1]에 공개되었습니다. 이에 기능은 조금 더 적더라도 관리가 잘되고 있는 express-handlebars를 선택했습니다. 많은 차이는 없으므로 express-handlebars와 express-hbs 둘 중 어느 것을 사용해도 크게 문제는 없습니다.

```
$ cd chapter7/board # 게시판 프로젝트 디렉터리로 이동
$ npm i express-handlebars@6.0.3 # 핸들바 설치
```

02 설치가 잘되었으면 설정을 진행하겠습니다. app.js 파일을 생성하고 다음과 같이 작성합니다.

▼ 게시판 프로젝트의 app.js 파일

```
const express = require("express");                        chapter7/board/app.js
const handlebars = require("express-handlebars");
const app = express();


app.engine("handlebars",  handlebars.engine());  // ❶ 템플릿 엔진으로 핸들바 등록
app.set("view engine", "handlebars");    // ❷ 웹페이지 로드 시 사용할 템플릿 엔진 설정
app.set("views", __dirname + "/views"); // ❸ 뷰 디렉터리를 views로 설정

// ❹ 라우터 설정
app.get("/", (req, res) => {
  res.render("home", { title: "안녕하세요", message: "만나서 반갑습니다!" });
});


app.listen(3000);
```

❶ 익스프레스에서 사용할 템플릿 엔진을 등록하는 코드입니다. "handlebars"는 파일의 확장자로 사용할 이름입니다. "hbs" 등의 다른 이름으로 변경할 수 있습니다만, 핸들바 엔진 내부에서 handlebars로 사용하고 있으므로 변경하지 않겠습니다. 파일이 많아지면 변경하는 것도 좋습니다.

❷ 엔진은 ❶에서 설정했습니다만, 웹페이지에서 사용할 템플릿 엔진도 설정해야 합니다. 설정 시에는 엔진 설정 시의 이름 "handlebars"로 설정을 해줍니다. 이름을 "hbs"로 했다면 여기서

---

1 express-hbs 버전 정보. https://www.npmjs.com/package/express-hbs?activeTab=versions

도 "hbs"로 해야 합니다. ❸ 뷰로 사용할 파일들의 디렉터리를 설정하는 코드입니다. 기본적으로 views로 되어 있습니다만, node를 실행하는 디렉터리의 상대 경로로 지정됩니다. 상대 경로로 되어 있을 때 다른 디렉터리에서 node를 실행했습니다. 문제가 생길 수 있으므로 __dirname을 사용해 절대 경로로 지정합니다. __dirname은 node를 실행하는 디렉터리 경로입니다.

❹ "/"는 라우팅하는 패스입니다. localhost:3000/으로 접근 시 콜백 함수를 실행합니다. 가장 뒤에 달려 있는 슬래시는 생략이 가능하므로 localhost:3000으로 접근 시 콜백 함수를 실행합니다. "home"은 템플릿 파일의 이름입니다. views가 기본 경로이고 handlebars가 확장자이므로 views/home.handlebars 파일에 데이터를 렌더링합니다. 렌더링 시에 title과 message값이 객체로 들어가게 됩니다.

03 이제 [views] 안에 [layouts]를 만들고 그 안에 main.handlebars 템플릿 파일을 생성해봅니다. 핸들바 템플릿 엔진에서는 기본 형태가 되는 템플릿 파일을 선언하고 다른 템플릿에서는 내용(body 태그 부분)만 변경하는 것이 기본 설정입니다. main 템플릿을 사용하지 않으려면 결괏값의 json의 속성에 layout: false를 추가하면 됩니다.

```
                                          chapter7/board/views/layouts/main.handlebars
<html>
  <head>
      <meta charset="utf-8" />
      <title>게시판 프로젝트</title>
  </head>
  <body>
      {{{ body }}} {{!--❶ 중괄호 3개로 감싸야 됨  --}}
  </body>
</html>
```

❶ {{{ body }}}에 다른 핸들바 템플릿의 코드가 그대로 들어가게 됩니다.

> **Note** handlebars.engine에 layoutsDir 항목을 추가하면 기본 레이아웃 디렉터리를 변경할 수 있습니다.
>
> ```
> app.engine("handlebars", handlebars.engine({ layoutsDir: "views" }));
> ```
>
> 혹은 기본 레이아웃을 사용하고 싶지 않으면 라우터의 결과 객체에 layout: false를 추가하면 됩니다.
>
> ```
> res.render("home", { title: "안녕하세요", message: "만나서 반갑습니다!", layout: false });
> ```

04 body에 삽입할 템플릿을 [views] 디렉터리 아래에 만듭시다.

▼ home 템플릿 코드 작성

```
                                              chapter7/board/views/home.handlebars
<h2>{{title}}</h2>
<p>{{message}}</p>
```

html 태그와 head 태그 등이 빠지게 되어서 콘텐츠 부분만 만들면 됩니다. h2 태그로 제목을 표시하고, p 태그로 메시지를 표시하는 간단한 템플릿입니다. 핸들바는 렌더링 시 **{{ 변수명 }}**으로 되어 있는 부분에 변수의 값을 넣어줍니다.

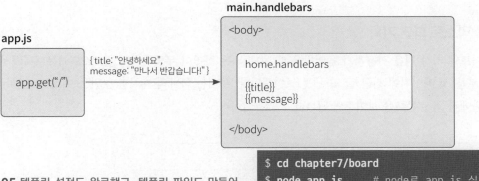

05 템플릿 설정도 완료했고, 템플릿 파일도 만들어

보았으니 node app.js를 실행 후 localhost:3000으로 들어가서 제대로 작동하는지 확인해봅니다.

다음과 같이 표시되면 성공입니다.

이제 게시판 프로젝트를 위한 설치 및 설정이 완료되었습니다. 기본 설정은 마쳤으니 어떤 것을 만들지 계획을 하고 코드 작성에 들어갑시다.

7.3 화면 기획하기

게시판을 만든다면 게시판에 어떤 기능을 담을지 정해야 합니다. 당연히 글쓰기 기능은 있을 것이고 리스트 기능도 있겠지만, 댓글 기능도 넣을 것인지, 이미지 업로드도 가능한지, 등록일은 어떻게 표시할지 조회수를 표시할지, 조회수는 어떤 방식으로 카운트할지, 페이지가 많아지면 페이징을 넣을 것인지 등 고려할 사항이 생각보다 많습니다.

혼자 개발을 하는 경우라면 개발을 하다가 다시 기획을 해보고, 개발을 하고 기획을 해보고 하는 것도 괜찮습니다. 그러나 기획자가 따로 있고 여러분은 개발자 역할이라면 기획자가 작성한 기획서를 꼼꼼히 보고, 개발 시에 문제가 되는 부분이 있는지 없는지 판단해서 기획자에게 알려줘야 합니다. 그리고 예상 개발 일정도 함께 알려주면 좋습니다.

그런 의미로 기획서를 작성해보고 필요한 기능을 정리한 다음, 개발에 들어가겠습니다. 또한 기획서대로 화면 UI를 만들어서 어떤 API가 필요할지 정리해봅니다.

7.3.1 리스트 화면 기획

웹사이트에 가장 처음 사용자가 들어왔을 때 보게 되는 화면이 무엇이어야 할까요? 커뮤니티에서는 대부분 첫 페이지에 최근 글 몇 개를 보여줍니다. 우리는 하나의 게시판만 만들 예정이니 만든 게시판에서 최신 목록을 보여주면 됩니다.

❶ 게시판에는 제목이 있습니다. 제목이 있다는 것은 게시판에 대한 데이터를 따로 관리해야 한다는 의미입니다. 게시판의 번호 데이터도 필요합니다. ❷ 게시판에 검색 기능이 있습니다. 제목과 작성자를 검색할 수 있습니다. ❸ [글쓰기] 버튼을 누르면 글쓰기 페이지로 이동합니다.

❹ 제목은 100자까지 입력 가능합니다. ❺ 작성자 항목이 있습니다. 인증 기능이 없으므로 글쓰기 페이지에 작성자 항목이 필요합니다. ❻ 게시글을 클릭해서 조회하면 조회수가 올라갑니다. ❼ 등록일은 yyyy.mm.dd 형태로 표현합니다. ❽ 목록 화면에는 페이징 기능이 있습니다. ⟨⟨, ⟩⟩, ⟨, ⟩ 기호 또는 숫자를 누르면 해당 페이지로 넘어갑니다. 한 페이지에 게시글 10개를 보여줍니다. 현재 페이지는 색상을 다르게 표시해줍니다.

게시판의 가장 기본적인 기능만 넣었는데, 구현해야 하는 스펙이 꽤나 많습니다. 다음으로 글쓰기 화면 및 상세페이지 화면을 살펴봅시다.

7.3.2 글쓰기 화면 기획

글쓰기 화면도 최소한의 기능만 추가하겠습니다.

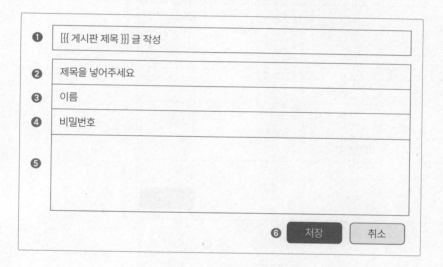

❶ 글쓰기 페이지임을 알려주는 상단 제목입니다. ❷ 제목을 기입하는 텍스트 박스입니다. ❸ 이름을 기입하는 텍스트 박스입니다. ❹ 비밀번호를 넣는 텍스트 박스입니다. input type으로 password 속성을 주어야 합니다. password 속성을 주면 텍스트 입력 시 입력값이 * 같은 문자로 대체됩니다. ❺ 게시글의 내용을 적습니다. ❻ [저장]을 클릭하면 게시글을 저장 후 목록으로 이동합니다. [취소]를 클릭하면 목록으로 이동합니다.

7.3.3 상세 화면 기획

다음으로 상세페이지 기획을 살펴봅시다. 상세페이지에는 댓글이 추가되어 있습니다.

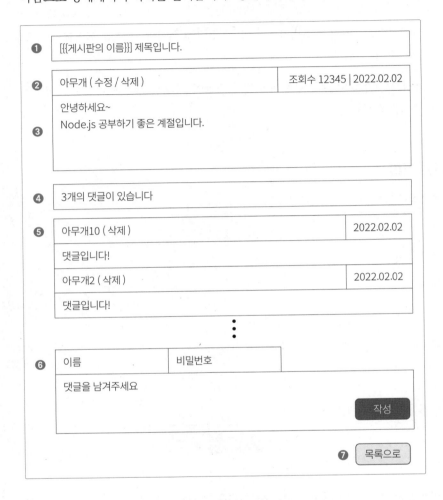

❶ 게시판의 이름 다음에 게시글의 제목이 나옵니다. ❷ 작성자 명과 조회수, 작성일 정보가 있습니다. [삭제] 버튼 클릭 시 비밀번호를 작성자에게 입력하도록 한 뒤 비밀번호를 정확히 입력했을 때 삭제합니다. 하지만 댓글이 하나라도 있으면 삭제가 불가능합니다. ❸ 게시글의 내용이 들어갑니다.

❹ 게시글과 댓글을 나누기 위해 넣은 영역입니다. **{{N}}개의 댓글이 있습니다**를 표시합니다. ❺ 댓글 개수 만큼 댓글을 표시합니다. 페이징은 따로 하지 않습니다. 인증이 없으므로 댓글을 남길 때 비밀번호를 넣습니다. 삭제를 클릭하면 비밀번호를 묻는 창이 뜨고 비밀번호가 맞을 경우 삭제합니

다. ❻ 댓글을 추가하기 위한 폼입니다. 이름, 비밀번호, 내용을 넣고 작성 버튼을 클릭 시 추가합니다. ❼ 목록 버튼을 누르면 게시글 목록 화면 1페이지로 이동합니다.

이상으로 게시판 프로젝트의 기획을 해보았습니다. 이제 UI 화면을 만들어봅시다.

7.4 UI 화면 만들기

API를 바로 만드는 것도 좋지만, UI를 먼저 만들고 기능을 붙이면서 코드를 추가하면 웹브라우저에서 바로 데이터를 확인할 수 있기 때문에 좋습니다. HTML만 사용해 기획에서 작성했던 화면을 만들어봅시다. 백엔드 API코드는 프론트엔드 코드가 없어도 작성이 가능하니, 관심이 없는 독자라면 이번 절을 건너뛰어도 됩니다. 백엔드 코드로만 테스트하고 싶다면 6.6절에서 설명한 REST 클라이언트를 사용하면 됩니다.

7.4.1 리스트 UI 만들기

To do 01 가장 처음으로 만들어볼 화면은 리스트 페이지입니다. 리스트 페이지는 상단의 타이틀, 검색어, 글쓰기 버튼, 글 목록, 페이징 영역으로 나누어 구현합니다.

▼ 리스트 페이지 템플릿

```
                                            chapter7/board/views/home.handlebars
<h1>{{title}}</h1> <!-- ❶ 타이틀 영역 -->

<!-- ❷ 검색어 영역 -->
<input type="text" name="search" id="search" value="" size="50"
placeholder="검색어를 입력하세요." />
<button>검색</button>
<br />

<!-- ❸ 글쓰기 페이지 이동 링크 -->
<a href="/write"> 글쓰기</a>
<br />

<!-- ❹ 글 목록 -->
<div>
  <table>
    <thead>
```

```
        <tr>
            <th width="50%">제목</th>
            <th>작성자</th>
            <th>조회수</th>
            <th>등록일</th>
        </tr>
    </thead>
    <tbody>
        <tr>
            <td><a href="/detail/">타이틀</a></td>
            <td align="center">작성자이름</td>
            <td align="center">99999</td>
            <td align="center">2022.12.25</td>
        </tr>
    </tbody>
</table>
</div>

<!-- ❺ 페이징 영역  -->
<div>
    <a>&lt;&lt;</a>
    <a>&lt;</a>
    <a>1</a>
    <a>2</a>
    <a>3</a>
    <a>4</a>
    <a>&gt;</a>
    <a>&gt;&gt;</a>
</div>
```

❶ 타이틀 영역은 강조하기 위해 h1 태그로 감싸줍니다. {{title}}은 서버에서 내려주는 변수입니다. ❷ 검색어는 input 태그로 만든 텍스트 박스와 버튼으로 이루어져 있습니다. UI만 만드는 중이므로 기능은 작동하지 않습니다. ❸ 글쓰기 페이지로 이동 시에는 a 태그를 사용해 클릭 시 http://localhost:3000/write 페이지로 이동합니다. ❹ 글 목록은 table 태그를 사용해 표시해 줍니다. 상세페이지 이동 시에는 http://localhost:3000/detail/〈문서Id〉 페이지로 이동합니다. ❺ 페이징 영역은 a 태그를 사용해 표시합니다. HTML에서 〈를 표시하는 데 <를, 〉를 표시하는 데 >를 사용합니다.

02 서버를 기동시키기 전에 title을 변경해둡시다.

▼ home 템플릿 페이지에 표시할 title 변경

```
// ... 생략 ...
app.get("/", (req, res) => {
  res.render("home", { title: "테스트 게시판" });
});
app.listen(3000);
```
chapter7/board/app.js

이전에는 title이 '안녕하세요'였습니다. '테스트 게시판'으로 변경합니다.

03 터미널에서 서버를 기동해 리스트 페이지를 확인해봅시다.

```
$ cd chapter7/board
$ node app.js
```

04 서버가 문제없이 기동되었다면 브라우저로 http://localhost:3000에 접속해 리스트 페이지 UI를 확인해봅시다. 다음과 같이 나온다면 성공입니다.

7.4.2 글쓰기 UI 만들기

다음으로 글쓰기 페이지를 만듭시다. 글쓰기 페이지는 form 태그와 input, textarea 태그를 사용해 데이터를 입력하겠습니다. app.js에 라우터 함수가 없으므로 라우터 함수도 추가해야 합니다.

To do **01** 먼저 템플릿부터 작성합시다. board/views/ 디렉터리 아래에 템플릿을 작성합니다.

▼ 글쓰기 페이지 템플릿

```
<h1>[{{title}}] 글 작성</h1>
```
chapter7/board/views/write.handlebars

```html
<div>
  <!-- ❶ 글쓰기 폼 -->
  <form name="boardForm" method="post" action="/write">

    <!-- ❷ 제목 입력 칸 -->
    <div>
      <label>제목</label>
      <input type="text" name="title" placeholder="제목을 넣어주세요" value="" />
    </div>
    <!-- ❸ 이름 입력 칸 -->
    <div>
      <label>이름</label>
      <input type="text" name="writer" placeholder="이름을 넣어주세요" value="" />
    </div>
    <!-- ❹ 비밀번호 입력 칸 -->
    <div>
      <label>비밀번호</label>
      <input type="password" name="password" placeholder="비밀번호를 넣어주세요" />
    </div>

    <!-- ❺ 본문 입력 -->
    <div>
      <label>본문을 입력하세요</label><br />
      <textarea placeholder="본문" name="content" cols="50" rows="10"></textarea>
      <br />
    <!-- ❻ 버튼 영역 -->
    <div>
      <button type="submit">저장</button>
      <button type="button" onclick="location.href='/'">취소</button>
    </div>
  </form>
</div>
```

❶ 글 작성은 form 태그를 사용합니다. 다른 곳에서 폼을 찾을 수 있도록 name을 줍니다. method HTTP의 POST 통신으로 데이터를 전송한다는 의미입니다. action에는 서버의 주소 값을 넣습니다. 서버에서는 POST이며 url이 write인 핸들러 함수가 필요합니다. 7.5.1절 '몽고 디비 연결을 위한 유틸리티 만들기'에서 작성을 합니다. ❷ 제목은 label 태그와 input 태그로 이루어집니다. 아무 값도 없는 경우 입력을 유도하기 위해 placeholder를 주었습니다. ❸ 이름 입

력란은 제목 입력란과 동일하며 이름(name 속성)만 다릅니다. ❹ 비밀번호는 input 태그에 타입으로 password를 주면 됩니다. 이 경우 글자가 마스킹되어서 표시됩니다. ❺ 본문은 textarea 태그를 사용합니다. 이름은 content이고 가로 50글자 세로 10줄의 기본 크기를 가집니다. ❻ 버튼은 폼의 내용을 전송(submit)하는 [저장] 버튼과 [취소] 버튼을 두었습니다. [취소] 버튼을 클릭하면 리스트 페이지로 돌아갑니다.

02 app.js에 핸들러 함수를 추가합시다.

▼ write 페이지 이동 핸들러 함수 추가

```
// ... 생략 ...                                          chapter7/board/app.js

app.get("/write", (req, res) => {
  res.render("write", { title: "테스트 게시판" });
});


app.listen(3000);
```

03 서버의 코드가 변경되면 서버를 재기동해야 합니다. 서버를 끈 다음 node app.js를 다시 실행해 서버를 재기동합시다. 브라우저에서 http://localhost:3000/write로 이동하면 다음과 같은 화면이 나옵니다.

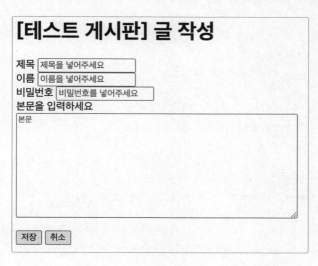

여기까지 진행하면 이제 상세페이지 제작만 남았습니다. 바로 상세페이지 UI를 작성하러 가봅시다.

7.4.3 상세페이지 UI 만들기

To do **01** 상세페이지는 다른 페이지보다 더 복잡합니다. write로 작성한 게시물을 보여줘야 하고, 수정, 삭제 기능도 있으며 댓글을 추가, 표시, 삭제하는 기능이 있기 때문입니다. 이에 UI는 최대한 간소하게 작성했습니다. [board/views] 디렉터리 아래에 detail.handlebars 파일을 생성해 작성합시다.

▼ 상세 페이지 템플릿

```
chapter7/board/views/detail.handlebars
<h1>{{title}}</h1>
<h2 class="text-xl">제목입니다.</h2>        <!-- ❶ 게시글의 제목 -->
<div>
    작성자 :<b>작성자 이름</b>               <!-- ❷ 작성자 이름 -->
</div>
<div>
    조회수 : 9999 | 작성일시 : 2022-01-01 00:00:00 <!-- ❸ 조회수와 작성일시 -->
    <button onclick="modifyPost()">수정</button>  <!-- ❹ 게시글 관련 버튼 영역 -->
    <button onclick="deletePost()">삭제</button>
</div>


<div>
    <pre>본문입니다. 하이호이</pre>          <!-- ❺ 본문 표시 영역 -->
</div>


<section>
    <div>
        <h3>3개의 댓글이 있습니다.</h3>      <!-- ❻ 댓글 개수 표시 -->
    </div>

    <form method="post" action="/write-comment"> <!-- ❼ 댓글 작성 폼 -->
      <div>
        <div>
          <input type="text" name="name" placeholder="이름" />
          <input type="password" name="password" placeholder="비밀번호" />
        </div>
        <div>
          <textarea cols="40" rows="3" name="comment" placeholder="댓글을 입력해주
세요."></textarea>
          <!-- ❽ 댓글 전송 버튼 -->
          <br /><br /><button>댓글 쓰기</button>
        </div>
```

```
        </div>
    </form>
</section>

<!-- ❾ 댓글 표시 영역 -->
<section>
    <div>
        <div>
         작성자 : <b>댓글 작성자</b>
        </div>
        <div>
         작성일시 : 2022-01-01 00:00:00
         <button onclick="deleteComment('1')">삭제</button>
        </div>
    </div>
    <div>
      <pre>{{comment}}</pre>
    </div>
</section>

<footer>
    <div>
      <a href="/">목록으로</a>  <!-- ❿ 목록으로 가는 링크 -->
    </div>
</footer>
```

❶ 게시글의 제목을 표시하는 영역입니다. 현재는 화면 확인용으로 임의의 값을 넣어두었습니다. 추후에 API를 작성하면서 변경해야 합니다. ❷ 작성자 이름입니다. 제목과 마찬가지로 임의의 값을 넣어두었습니다. ❸ 조회수와 작성일시를 표시하는 곳입니다. API를 작성하면서 변경해야 합니다. ❹ 게시글 관련 버튼 영역입니다. 현재는 사용하고 있지 않지만 함수명을 미리 할당해두었습니다. 수정, 삭제가 가능하게 할 예정입니다. ❺ 게시글의 본문 표시 영역입니다. 개행을 쉽게 표현하기 위해 〈pre〉 태그를 사용했습니다. ❻ 댓글 개수 표시 기능도 있습니다. 역시 임의의 값을 넣어두었습니다. ❼ 상세페이지에는 댓글 작성 폼이 있습니다. 댓글은 이름, 비밀번호, 댓글 내용을 적을 수 있습니다. ❽ 댓글 전송 버튼은 submit이 아닌 일반 버튼입니다. submit을 하면 화면이 갱신되므로 Ajax로 작성 예정입니다. ❾ 댓글 표시 영역입니다. 댓글 작성자, 작성일시, 내용이 표시되며 [삭제] 버튼이 있습니다. ❿ 상세페이지에서 목록으로 다시 돌아가는 링크입니다.

02 다음으로 app.js에 핸들러 함수를 만들고 서버를 재기동해 화면을 확인해봅시다.

▼ 상세페이지 이동 핸들러 함수 추가

```
                                                chapter7/board/app.js
// ... 생략 ...

app.get("/detail/:id", async (req, res) => {
  res.render("detail", {
    title: "테스트 게시판",
  });
});

app.listen(3000);
```

주소는 **http://localhost:3000/detail/<게시글 번호>**가 됩니다. 게시글 번호는 id라는 변수에 할당 됩니다만, 지금은 사용하지 않으니 아무값이나 넣어도 상세페이지로 이동합니다.

03 브라우저에서 http://localhost:3000/detail/1로 이동해 상세페이지가 보이는지 확인해봅시다. 다음과 같이 보인다면 성공입니다.

테스트 게시판

제목입니다.

작성자 :**작성자 이름**
조회수 : 9999 | 작성일시 : 2022-01-01 00:00:00 수정 삭제

본문입니다. 하이호이

3개의 댓글이 있습니다.

이름	비밀번호

댓글을 입력해주세요.

 댓글쓰기

작성자 : **댓글 작성자**
작성일시 : 2022-01-01 00:00:00 삭제

목록으로

API를 작성하기 위한 준비가 다 되었습니다. 이제 본격적으로 API를 작성하겠습니다.

7.5 API 만들기

게시판을 만드는 데 필요한 UI 화면까지 만들어보았습니다. 인증 기능을 생략하고 게시글마다 패스워드를 넣어서 수정/삭제를 하도록 만들겠습니다. UI단의 자바스크립트는 최소한으로 유지하고 백엔드에 포커스를 맞춰서 진행하겠습니다. 글쓰기 → 리스트 → 상세페이지 → 글 수정, 삭제 → 댓글 추가 → 댓글 삭제 순서로 진행하겠습니다.

몽고디비를 데이터 저장소로 사용합니다. API 작성 시에 필요한 부분은 그때그때 설명드리고 마지막에 정리도 합니다. 모든 API는 async await를 사용해 구현합니다.

7.5.1 몽고디비 연결을 위한 유틸리티 만들기

API 호출 시 데이터를 저장, 조회, 삭제하려면 데이터베이스와 연결해야 합니다. 몽고디비 커넥션을 반환하는 유틸리티 함수를 만들어서 사용하겠습니다.

To do 01 configs/mongodb-connection.js 파일을 만들고 다음과 같이 작성합니다. 아이디, 패스워드, 아틀라스 서버 주소는 본인의 것으로 적절하게 변경합니다.

```
                                          chapter7/board/configs/mongodb-connection.js
const { MongoClient } = require("mongodb");
// ❶ 몽고디비 연결 주소
const uri = "mongodb+srv://<아이디>:<패스워드>@<클러스터정보>/board";
                                          └─ 본인의 정보를 기입하세요.
module.exports = function (callback) { // ❷ 몽고디비 커넥션 연결 함수 반환
  return MongoClient.connect(uri, callback);
};
```

❶ 마지막에 board가 있는데 기본값으로 선택하는 데이터베이스를 의미합니다. 데이터베이스를 명시적으로 생성하지 않으면 첫 데이터가 추가될 때 지정한 데이터베이스도 자동으로 생성됩니다.

❷는 함수를 호출하는 사람이 몽고디비의 uri값을 몰라도 사용할 수 있게 함수를 한 번 감쌌습니다. 함수의 결괏값으로 uri와 콜백 함수를 받는 MongoDB.connection() 함수를 반환합니다. 원래는 MongoClient.connect(uri, callback)을 실행해야 하지만 mongodb-connection(callback)으로 감싸서 실행할 수 있습니다.

MongoClient.connect() 함수는 두 번째 인수로 콜백 함수를 받습니다. 콜백 함수의 두 번째 인수로 mongodb에 연결된 MongoClient 객체가 주어집니다.

02 mongodb-connection.js 코드를 app.js에 추가합니다. 마지막 줄의 app.listen()의 경우 기존의 코드를 표시한 부분을 따라 수정하면 됩니다.

▼ express 기동 시 몽고디비에 연결

```
                                                          chapter7/board/app.js
const express = require("express");
const handlebars = require("express-handlebars");

const app = express();

// ❶ 몽고디비 연결 함수
const mongodbConnection = require("./configs/mongodb-connection");

// ... 생략 ...

let collection;
app.listen(3000, async () => {
  console.log("Server started");
  // ❷ mongodbConnection()의 결과는 mongoClient
  const mongoClient = await mongodbConnection();
  // ❸ mongoClient.db()로 디비 선택 collection()으로 컬렉션 선택 후 collection에 할당
  collection = mongoClient.db().collection("post");
  console.log("MongoDB connected");
});
```

❶ 만들어둔 몽고디비 연결용 함수를 임포트합니다. **mongodbConnection(콜백 함수)**와 같은 형태로 사용합니다. 본문 코드에 콜백이 없으므로 콜백 실행 없이 MongoClient 객체를 반환합니다. ❷ ./configs/mongodb-connection에서 불러온 함수를 실행하면 결괏값으로 mongoClient 객체를 받을 수 있습니다. ❸ mongoClient에서 db()를 사용해 데이터베이스를 선택하고, collection('post')를 사용해 컬렉션을 선택했습니다. db() 함수에 명시적으로 db('board')를 사용해도 됩니다. 데이터베이스 설정 파일에서 이미 기본 데이터베이스를 board로 넣어두었으므로 여기서는 빈 값을 넣으면 됩니다. collection 변수는 글로벌 변수입니다. mongodb 라이브러리 내부에서 커넥션 풀[2]을 관리하고 있으므로 글로벌 변수로 사용해도 문제가 없습니다.

---

2 커넥션 풀은 애플리케이션과 데이터베이스 사이의 연결을 관리하는 기술입니다. 요청을 받을 때마다 데이터베이스에 연결을 맺기보다는 미리 생성된 연결을 재사용하여 성능을 향상시킵니다. https://www.mongodb.com/docs/manual/administration/connection-pool-overview/

7.5.2 UI 페이지에서 사용할 핸들바 커스텀 헬퍼 만들기

7.1절에서 핸들바의 기본 설정을 마쳤습니다. 핸들바의 장점이자 단점은 자유도가 높다는 것에 있습니다. 핸들바에서 each와 if 등 매우 기본적인 헬퍼 함수는 제공해주지만, 그 이외의 것은 모두 만들어서 커스텀 헬퍼 함수를 구현해 사용해야 합니다. 게시판 프로젝트에서 필요한 커스텀 헬퍼 함수는 총 3개입니다. 각각 ❶ 리스트 길이를 구하는 함수, ❷ 두 값이 같은지 비교하는 함수, ❸ ISO 데이터 포맷에서 날짜만 뽑아내는 함수가 필요합니다. 커스텀 헬퍼를 사용하려면 설정도 조금 변경해야 합니다. 헬퍼 함수를 만들고 설정도 변경하겠습니다.

To do **01** 우선 헬퍼 함수부터 만들겠습니다. 헬퍼 함수는 mongodb-connection과 마찬가지로 [board/configs] 디렉터리에 생성하겠습니다. 다음과 같이 handlebars-helpers.js 파일을 만듭시다.

▼ 핸들바 커스텀 헬퍼 만들기

```
module.exports = {                        chapter7/board/configs/handlebars-helpers.js
  // ❶ 리스트 길이 반환
  lengthOfList: (list = []) => list.length,
  // ❷ 두 값을 비교해 같은지 여부를 반환
  eq: (val1, val2) => val1 === val2,
  // ❸ ISO 날짜 문자열에서 날짜만 반환
  dateString: (isoString) => new Date(isoString).toLocaleDateString(),
};
```

❶ list.length를 사용해 리스트 길이를 반환합니다. handlebars에서 리스트 객체가 null인 경우 빈 값이 나옵니다. 이때 0을 표시하는 데 필요합니다.

❷ equal의 약자로 eq를 사용했습니다. ❸ 날짜시간 데이터 저장 시 2022-03-25T18:06:24.606Z 와 같은 ISO 문자열[3]로 저장할 겁니다. 이런 데이터에서 날짜만 현재 로케일을 반영해 뽑아내는 함수입니다. 예시로 든 날짜시간 정보에서 18시는 표준시간대의 시간입니다. 우리나라는 +9를 해야 하므로 날짜는 2022.3.25가 아닌 2022.3.26이 되어야 합니다. 이런 작업을 해줍니다.

헬퍼 함수 사용 시에는 **{{헬퍼 함수명 변수1 변수2 ⋯ 변수n }}**과 같이 가장 처음에 함수명을 넣고 다음으로는 변수들을 빈 칸으로 구분해주면 됩니다. 헬퍼 함수 안에 다시 헬퍼 함수를 사용해야 하는 경우 **{{헬퍼 함수1 (헬퍼 함수2 변수1 변수2) 변수11}}**처럼 {{ }} 기호 안에 ( ) 기호로 감싸줍니다. 다음은 각 사용 예시입니다.

---

3 https://ko.wikipedia.org/wiki/ISO_8601

```
{{lengthOfList comments }}개의 댓글이 있습니다.
작성일시 : {{dateString createdDt }}
{{#if (eq . @root .paginator.page)}}eq 테스트{{/if}}
```

.과 @root는 각각 현재 객체와 최상위 객체를 의미합니다. 단순히 이렇게 설명드리면 이해가 어려우니, 자세한 설명은 실제 예제를 다룰 때 하겠습니다.

02 이제 핸들바 커스텀 함수 설정을 하겠습니다. 기존 app.js에 app.engine("handlebars", handlebars.engine( ));으로 되어 있던 설정을 다음과 같이 변경합니다.

▼ app.js에 핸들바 커스텀 함수 설정 추가

chapter7/board/app.js

```
// ... 생략 ...

app.engine(
  "handlebars",
  handlebars.create({   // ❶ 핸들바 생성 및 엔진 반환
    helpers: require("./configs/handlebars-helpers"),
  }).engine,
);
```

❶ handlebars.create( ) 함수는 handlebars 객체를 만들 때 사용합니다. 옵션에서 헬퍼 함수를 추가할 수 있습니다. helpers: require("./configs/handlebars-helpers")로 커스텀 헬퍼 함수를 추가합니다. handlebars 객체에 있는 engine을 설정합니다.

7.5.3 nodemon 설정하기

API를 작성하기 전에 마지막으로 한 가지만 더 설정을 합시다. 서버 코드를 작성하면서 서버를 재시작하는 경우가 많습니다. 매번 서버를 껐다가 다시 켜는 것도 많은 코드를 작성할 때면 번거로울 수 있습니다. 그러므로 코드가 저장되면 서버를 재시작시켜주는 도구가 있으면 좋습니다. 그런 용도로 Node.js에는 nodemon이라는 패키지가 있습니다.

To do **01** npm으로 nodemon 패키지를 설치합니다.

```
$ cd chapter7/board
$ npm i nodemon@2.0.20
```

설정은 해도 되고 안 해도 됩니다만 타이핑을 약간 더 줄여주는 효과가 있습니다.

02 package.json의 scripts 부분에 다음 코드를 추가합시다.

```
// ... 생략 ...                          chapter7/board/package.json
"scripts": {
    "test": "echo \"Error: no test specified\" && exit 1",
    "start": "npx nodemon app.js"
  },
// ... 생략 ...
```

이렇게 하면 npm start 명령어로 서버를 기동시킬 수 있으며, nodemon에서 파일이 저장될 때마다 서버를 재기동시켜줍니다. 이제부터 npm start를 사용해 파일 변경 시 서버가 자동으로 재기동되어 변경했던 부분들이 자동으로 반영되도록 해줍시다.

이제 준비가 끝났으므로 API 작성을 시작해봅시다.

7.5.4 글쓰기 API 만들기

글쓰기 API는 HTTP의 POST 메서드를 사용합니다. POST 메서드 사용 시에는 데이터를 req.body로 넘기는데, 해당 데이터를 사용하려면 익스프레스에 미들웨어를 설정해야 합니다.

To do **01** 미들웨어 설정을 추가해줍니다. 이미 3.7.2절 'API 규칙에 맞게 서버 구현하기'에서 다뤘으므로 자세한 설명은 생략하고 절차를 진행하겠습니다.

▼ HTTP 요청의 body를 해석하기 위한 설정 추가

```
const app = express();                          chapter7/board/app.js
// req.body와 POST 요청을 해석하기 위한 설정
app.use(express.json());
app.use(express.urlencoded({ extended: true }));

// ... 생략 ...
```

02 글쓰기 API는 글쓰기 페이지 이동과 같은 /write 주소를 사용하지만 POST 메서드를 사용하겠습니다. URL은 같지만, HTTP 요청을 다르게 함으로써 다르게 작동하게 하겠습니다. app.js에 라우팅 설정을 하나 더 추가하고 글쓰기 로직을 추가하겠습니다.

▼ 글쓰기 API 코드 작성

```
const express = require("express");
// ... 생략 ...
const postService = require("./services/post-service");  // ❶ 서비스 파일 로딩

// ... 생략 ...
// 쓰기 페이지 이동
app.get("/write", (req, res) => {
  res.render("write", { title: "테스트 게시판" });
});

// 글쓰기
app.post("/write", async (req, res) => {
  const post = req.body;
  // ❷ 글쓰기 후 결과 반환
  const result = await postService.writePost(collection, post);
  // ❸ 생성된 도큐먼트의 _id를 사용해 상세페이지로 이동
  res.redirect(`/detail/${result.insertedId}`);
});

// ... 생략 .....
```

❶ 서비스 계층 코드가 있는 post-service.js를 로딩하고, writePost 변수에 적절한 함수를 할 당합니다. ❷ writePost() 함수는 collection, post를 각각 매개변수로 받습니다. post에 저장 된 내용을 몽고디비에 저장하고 결과를 반환합니다. writePost() 함수에서 promise를 넘기므로 함수 앞에 await를 붙여줘야 합니다. ❸ 저장 결과에는 도큐먼트의 식별자로 사용할 수 있는 insertedId값이 있습니다. 해당값을 사용해 상세페이지로 이동합니다.

현재 시점에서 chapter7/board/app.js를 실행하면 /services/post-service.js 파일을 생성 하지 않아서 에러가 납니다. 이어서 필요한 파일을 작성하고 실행을 하겠습니다.

03 디렉터리 구조를 잡을 때 언급했지만, 게시글의 리스트 정보 가져오기, 저장하기, 수정하기, 삭 제하기 같은 로직은 [service] 디렉터리 아래에 담는 게 좋습니다. services/post-service.js[4] 파일 을 생성하고 writePost를 다음과 같이 작성해봅시다.

---

4 https://www.mongodb.com/docs/drivers/node/current/usage-examples/에는 7장에서 사용한 몽고디비의 Node.js 라이브러리 의 예제가 있습니다.

```
// 글쓰기                                              chapter7/board/services/post-service.js
async function writePost(collection, post) { // ① 글쓰기 함수
  // 생성일시와 조회수를 넣어줍니다.
  post.hits = 0;
  post.createdDt = new Date().toISOString(); // ② 날짜는 ISO 포맷으로 저장
  return await collection.insertOne(post);   // ③ 몽고디비에 post를 저장 후 결과 반환
}

module.exports = { // ④ require()로 파일을 임포트 시 외부로 노출하는 객체
  writePost,
};
```

① writePost는 post를 board 컬렉션에 저장하는 함수입니다. 매개변수로 collection과 post를 받습니다. ② 날짜 정보를 저장 시에는 ISO 포맷으로 저장하는 것이 좋습니다. 그래야 시간대가 다른 곳에서도 다양한 포맷으로 변환이 용이합니다. ③ collection의 insertOne() 함수를 사용해 컬렉션에 post를 저장합니다. 결괏값은 프로미스로 반환됩니다. ④ module.exports에는 require()로 파일을 임포트할 때 외부로 노출하는 객체를 모아둡니다. post-service에서는 현재 writePost만 노출합니다.

04 서버를 띄우고 테스트해봅니다. 서버를 npm start로 띄우고 나서, 글쓰기 페이지로 이동해서 (http:// localhost:3000/write) 제목, 이름, 비밀번호, 본문 내용을 채운 후 [저장]을 눌러봅시다.

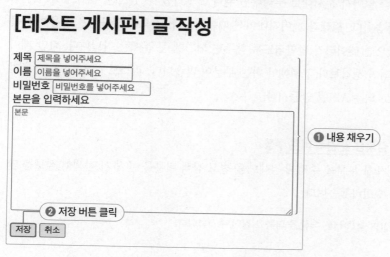

에러가 나지 않았고 상세페이지로 다음과 같이 URL에 **detail/{게시글의Id}**가 나타나면 성공입니다.

```
← → C      ① localhost:3000/detail/63a70b819c47f9368669ebf3

테스트 게시판

제목입니다.
```

하지만 몽고디비에 데이터가 구체적으로 어떻게 들어 있는지 알기가 힘듭니다. 리스트 페이지를 만들기 전이므로 MongoDB Compass에 있는 test 디비의 post 컬렉션에서 다음과 같이 확인할 수 있습니다.

```
_id: ObjectId('63a70ad49c47f9368669ebf2')
title: "하이"
writer: "andy1@podo.com"
password: "1234"
content: "호이~"
hits: 0
createdDt: "2022-12-24T14:21:08.221Z"
```

데이터가 잘 저장되는 것을 확인했으니 다음은 리스트 API를 만듭시다.

7.5.5 리스트 API 만들기

단순히 몽고디비의 객체를 읽어서 순서대로 뿌려주면 된다고 생각할 수 있지만, 리스트 API는 생각보다 고려할 부분이 많습니다. 검색과 페이지네이션 때문입니다. 검색은 정규식을 사용해 제목에 일치하는 문자열이 있으면 데이터가 반환되도록 해주면 되기에 큰 문제는 아닙니다. 다만 페이지네이션을 제대로 만들려면 생각보다 고려해야 하는 부분이 많습니다. 리스트 API를 만들어보면서 검색과 페이지네이션도 되는 API를 만듭시다.

템플릿 수정 1 : 리스트의 검색창 및 검색 버튼 수정

먼저는 템플릿 파일의 검색창 부분을 수정해 검색어를 넣고 검색 버튼을 클릭 시 검색어 정보를 담아서 서버에 요청하도록 수정하겠습니다.

To do **01** home.handlebars 파일의 검색 버튼 부분을 다음과 같이 수정합니다.

▼ 리스트 템플릿 코드 수정

chapter7/board/views/home.handlebars

```
<!-- ... 생략 ... -->
```

```
<input type="text" name="search" id="search" value="{{search}}"
placeholder="검색어를 입력하세요." /> // ❶ value에 검색어 데이터를 넣음
    <button onclick="location.href=`/?search=${document.getElementById('search').
    value}`">검색</button>
    // ❷ 버튼 클릭 시 search 변수에 검색어 데이터를 담아서 서버로 보냄
<!-- ... 생략 ... -->
```

이전 코드와 두 가지가 달라졌습니다. ❶ 첫 번째로 value에는 서버에서 받은 search 데이터를 넣습니다. 기본값은 빈 값입니다. ❷ 다른 하나는 버튼 클릭 시 이벤트를 추가했습니다. 자바스크립트를 최소한으로 하기 위해 onclick 속성에 자바스크립트 함수를 한 줄로 넣었습니다만, 별도의 자바스크립트 함수를 만들어서 추가해도 됩니다. 클릭 시 search 변수에 검색창의 input 박스에 있는 데이터를 담아서 서버로 요청을 보냅니다.

리스트 API 백엔드 코드 작성

리스트 데이터를 테이블로 뿌려주는 부분과 페이지네이션은 서버 쪽 API를 만들고 나서 진행하겠습니다. 우선 리스트 API를 먼저 만들겠습니다. 리스트 API를 만들면서 페이지네이터를 만들어주는 유틸리티 함수도 함께 만들겠습니다.

To do **01** app.js 파일을 만들 때 가장 먼저 만든 라우터 함수인 app.get("/" ···) 부분을 다음과 같이 수정해봅니다.

▼ 리스트 API 코드 작성

chapter7/board/app.js

```
// ... 생략 ...

// 리스트 페이지
app.get("/", async (req, res) => {
  const page = parseInt(req.query.page) || 1;  // ❶ 현재 페이지 데이터
  const search = req.query.search || ""; // 검색어 데이터
  try {
    // ❷ postService.list에서 글 목록과 페이지네이터를 가져옴
    const [posts, paginator] = await postService.list(collection, page, search);

    // ❸ 리스트 페이지 렌더링
    res.render("home", { title: "테스트 게시판", search, paginator, posts });
  } catch (error) {
    console.error(error);
```

```
    res.render("home", { title: "테스트 게시판" });
    // ❹ 에러가 나는 경우는 빈 값으로 렌더링
  }
});


// ... 생략 ...
```

❶ get으로 API를 호출해 URL 뒤에 변수를 추가하는 경우 req.query 객체로 변수의 값을 받아 올 수 있습니다. 리스트 페이지이므로 현재 페이지 데이터와 검색어 데이터를 req.query의 page, search로 각각 가지고 있습니다. ||는 이전 값이 빈 값이거나 null인 경우 || 뒤의 값을 기본값으로 설정하는 데 사용합니다. 예를 들어 page 변수에 값이 없다면 1을 기본값으로 사용합니다.

❷ 리스트의 데이터를 가져오는 구체적인 로직은 모두 postService.list에 있습니다. 이 부분은 postService에 list() 함수를 추가하면서 알아보겠습니다. 반환값을 받는 부분이 배열처럼 되는데, 반환값이 배열인 경우 배열의 인덱스에 변수를 매핑해서 받을 수 있습니다. 예를 들어 다음과 같은 코드가 있다고 하겠습니다.

```
const [name, age] = ["승규", 30];
```

이 경우 각각 name에는 "승규" 문자열이, age에는 30이라는 숫자가 들어가게 됩니다.

❸ 리스트 페이지를 렌더링하는 코드입니다. search, paginator, posts를 할당하는 부분이 title 과 약간 다르게 보일 수 있습니다. 객체에 값을 할당할 때 값으로 사용하는 변수명과 키의 이름이 같다면 변수만 바로 넣어도 됩니다. 즉 { search: search, paginator: paginator, posts: posts }는 { search, paginator, posts }와 같습니다.

❹ 리스트를 불러오는 도중 에러가 나는 경우 빈 값으로 렌더링합니다. 여기서 에러를 잡아주지 않으면 웹페이지에 에러 코드가 나오므로 예외 처리를 하는 것이 좋습니다. 지면 관계상 거의 대부분 예외 처리를 하지 않습니다만, 실무에서는 예외 처리를 꼼꼼하게 하는 것이 기본입니다.

02 이제 postService에 list() 함수를 추가해봅니다.

▼ postService에 list() 함수 추가

```
                                              chapter7/board/services/post-service.js
const paginator = require("../utils/paginator");
// ... 생략 ...
```

```
// 글 목록
async function list(collection, page, search) {
  const perPage = 10;
  // ❶ title이 search와 부분일치하는지 확인
  const query = { title: new RegExp(search, "i") };
  // ❷ limit는 10개만 가져온다는 의미, skip은 설정된 개수만큼 건너뛴다(skip).
  // 생성일 역순으로 정렬
  const cursor = collection.find(query, { limit: perPage, skip: (page - 1) *
perPage }).sort({
    createdDt: -1,
  });
  // ❸ 검색어에 걸리는 게시물의 총합
  const totalCount = await collection.count(query);
  const posts = await cursor.toArray(); // ❹ 커서로 받아온 데이터를 리스트로 변경
  // ❺ 페이지네이터 생성
  const paginatorObj = paginator({ totalCount, page, perPage: perPage });
  return [posts, paginatorObj];
}

module.exports = {
  list,
  writePost,
}
```

list() 함수는 collection, page, search 3개의 매개변수를 받습니다. 그리고 내부에 변수가 여러 개 있는데, perPage는 한 페이지에 노출할 글 개수를 의미합니다. 글 목록 리스트를 가져오려면 몽고디비 collection의 find() 함수를 사용해야 합니다. find() 함수는 find(query, option)으로 구성되며, 뒤에 sort() 등을 사용해서 정렬도 가능합니다. 글 목록 리스트 코드에서는 조건문 추가, 개수 제한, 건너뛰기, 정렬을 모두 사용합니다.

❶ 몽고디비의 쿼리(조회)는 실제로 자바스크립트 문법과 매우 유사하며 SQL에서 사용하는 like와 같은 형식의 검색은 정규표현식[5]을 사용합니다. ❷ find()는 cursor[6]를 반환합니다. cursor에는 여러 메서드가 있지만, 여기서는 받아온 데이터를 배열로 변경하는 toArray() 메서드를 사용

---

5 정규표현식은 특정한 규칙을 가진 문자열의 집합을 표현하는 데 사용하는 형식 언어입니다. 특정한 조건으로 문자열을 검색할 때 용이합니다.
6 https://mongodb.github.io/node-mongodb-native/4.5/classes/FindCursor.html

해 게시글 데이터를 리스트로 변경합니다. 옵션으로 limit, skip을 주었습니다. limit가 10이므로 최대 10개의 데이터만 쿼리를 합니다. skip은 1페이지인 경우 1~10까지만 가져오고 2페이지인 경우 11~20까지만 가져오기 위해 사용합니다. sort() 함수를 사용해 생성일(createdDt)의 역순으로 가져오도록 했습니다. 예제에서는 필드를 하나만 사용했지만, sort() 함수에 필드를 여러 개 추가할 수도 있습니다. ❸ totalCount는 페이지네이터에서 사용합니다. ❹ toArray()[7] 함수는 두 가지가 있습니다. 한 가지는 Promise를 사용하고 다른 것은 콜백을 사용합니다. 깔끔한 코드를 위해 예제에서는 Promise를 사용했습니다. 반환값이 Promise 타입인 경우 await를 써주면 원하는 값이 나옵니다. ❺ 페이지네이터는 다음의 페이지네이터 함수에서 설명드리겠습니다.

03 페이지네이션 유틸을 작성합니다.

▼ 페이지네이션 유틸

```
chapter7/board/utils/paginator.js
const lodash = require("lodash"); // ❶ lodash 임포트
const PAGE_LIST_SIZE = 10;        // ❷ 최대 몇 개의 페이지를 보여줄지 설정

// ❸ 총 개수, 페이지, 한 페이지에 표시하는 게시물 개수를 매개변수로 받음
module.exports = ({ totalCount, page, perPage = 10 }) => {
  const PER_PAGE = perPage;
  const totalPage = Math.ceil(totalCount / PER_PAGE); // ❹ 총페이지 수 계산

  // 시작 페이지 : 몫 * PAGE_LIST_SIZE + 1
  let quotient = parseInt(page / PAGE_LIST_SIZE);
  if (page % PAGE_LIST_SIZE === 0) {
    quotient -= 1;
  }
  const startPage = quotient * PAGE_LIST_SIZE + 1; // ❺ 시작 페이지 구하기

  // 끝 페이지 : startPage + PAGE_LIST_SIZE - 1
  const endPage = startPage + PAGE_LIST_SIZE - 1 < totalPage ? startPage +
          PAGE_LIST_SIZE - 1 : totalPage; // ❻ 끝 페이지 구하기
  const isFirstPage = page === 1;
  const isLastPage = page === totalPage;
  const hasPrev = page > 1;
  const hasNext = page < totalPage;
```

---

7 https://mongodb.github.io/node-mongodb-native/4.5/classes/FindCursor.html#toArray

```
const paginator = {
  // ❼ 표시할 페이지 번호 리스트를 만들어줌
  pageList: lodash.range(startPage, endPage + 1),
  page,
  prevPage: page - 1,
  nextPage: page + 1,
  startPage,
  lastPage: totalPage,
  hasPrev,
  hasNext,
  isFirstPage,
  isLastPage,
};
return paginator;
};
```

❶ 리스트 페이지 기획 시 페이지네이터 부분에 최대 1부터 10페이지까지 나오도록 했습니다. 이렇게 최대 10페이지가 나오도록 하려면 시작부터 끝 페이지까지의 숫자가 들어 있는 리스트를 만들어야 하는데, 이를 편리하게 만들 수 있도록 하는 함수가 lodash.range() 함수입니다. lodash.range(1, 11)을 실행하면 [1, …, 10]으로 구성된 리스트가 반환됩니다.

lodash를 사용하려면 설치가 필요합니다. 터미널에서 npm i lodash를 입력해 설치해줍시다.

```
$ npm i lodash
```

❷ PAGE_LIST_SIZE는 리스트 페이지에서 최대 몇 개의 페이지를 보여줄지 정하는 변수입니다. 10페이지까지 나오도록 기획했으니 10으로 설정했습니다. ❸ 페이지네이터는 하나의 함수로 이루어져 있습니다. 변수로 게시물의 총 개수(totalCount), 현재 페이지(page), 한 페이지당 표시하는 게시물 개수(perPage)를 받습니다.

❹ 페이징할 때 몇 페이지까지 나올지 계산합니다. 게시물이 11개이고 페이지당 10개씩 보여주는 경우 2페이지가 되어야 하고, 나누어 떨어지는 경우(예를 들어 게시물 10개 페이지당 10개인 경우 1페이지)도 고려를 하면 Math.ceil(totalCount / PER_PAGE)의 로직으로 총 페이지 수를 구할 수 있습니다.

❺ 시작 페이지를 구하는 로직입니다. 시작 페이지는 현재 페이지를 PAGE_LIST_SIZE로 나눈 몫에 +1을 해주면 됩니다. 값이 나누어 떨어지는 경우 몫에 -1을 해줍니다. 현재 페이지가 1페이지이고 한 화면에 10페이지가 나온다면 1/10의 몫은 0이므로 +1을 해 1페이지가 시작 페이지입니다. 만약 현재 페이지가 10페이지라면 10/10은 나누어떨어지므로 몫인 1에서 -1을 한 후 다시 +1을 해 1페이지가 시작 페이지입니다.

❻ 끝 페이지는 구하기 쉽습니다. 시작 페이지 + PAGE_LIST_SIZE를 한 다음 -1을 해주면 됩니다. 구한 값이 totalPage보다 크다면 totalPage가 마지막 페이지가 됩니다. ❼ 1에서 설명드린 lodash.range( ) 함수로 각 페이지의 값을 담고 있는 리스트를 만들어줍니다.

isFirstPage, isLastPage, hasPrev, hasNext 값들의 로직은 어렵지 않으니 한 번 살펴보기 바랍니다. 이제 서버 쪽 코드는 모두 완료되었으니 다음으로 템플릿 코드로 돌아가서 리스트와 페이지네이터가 작동하도록 해봅시다.

템플릿 수정 2 : 리스트 및 페이지네이션 추가

To do **01** 리스트 템플릿에 리스트 및 페이지네이션을 추가하겠습니다.

▼ 리스트 템플릿에 리스트 및 페이지네이션 추가

```
                                          chapter7/board/views/home.handlebars
<h1>{{title}}</h1>
  <!--입력 박스 및 버튼 영역 생략  -->
  <div>
    <table>
     <thead>
       <tr>
         <th width="50%">제목</th>
         <th>작성자</th>
         <th>조회수</th>
         <th> 등록일</th>
       </tr>
     </thead>
```

```html
        <tbody> <!-- ❶ 게시글 데이터 표시  -->
          {{#each posts}}
            <tr>
              <td><a href="/detail/{{_id}}">{{title}}</a></td> <!-- 상세페이지 링크 -->
              <td>{{writer}}</td>
              <td>{{hits}}</td>
              <td>{{dateString createdDt}}</td> <!-- ❷ dateString 헬퍼 함수 사용 -->
            </tr>
          {{/each}}
        </tbody>
      </table>
    </div>

<div>
  {{#with paginator}} <!-- ❸ with 내장 헬퍼 함수 사용 -->
<!-- ❹ @root 서버의 원본 참조 시 사용 -->
  <a href="/?page=1&search={{@root.search}}">&lt;&lt;</a>
  {{#if hasPrev}}
  <a href="/?page={{prevPage}}&search={{@root.search}}">&lt;</a>
<!-- ❻ 1페이지 인 경우 이전 페이지가 없으므로 링크가 없음 -->
  {{else}}
  <a>&lt;</a>
  {{/if}}
  {{#each pageList}}
  {{#if (eq . @root.paginator.page)}} <!-- ❺ eq 내장 헬퍼 함수 사용  -->
  <a>{{.}}</a>
  {{else}}
  <a href="/?page={{.}}&search={{@root.search}}">{{.}}</a>
  {{/if}}
  {{/each}}
  {{#if hasNext}}
  <a href="/?page={{nextPage}}&search={{@root.search}}">&gt;</a>
<!-- ❻ 마지막 페이지 인 경우 이전 페이지가 없으므로 링크가 삭제 -->
  {{else}}
  <a>&gt;</a>
  {{/if}}
  <a href="/?page={{lastPage}}&search={{@root.search}}">&gt;&gt;</a>
  {{/with}}
</div>
```

템플릿 코드가 복잡해보입니다만, 크게는 게시글을 표시하기 위해 each를 사용해 posts를 반복하는 코드와 페이지네이터를 표현하는 코드로 구분합니다.

❶ 서버에서는 home.handlebars를 그릴 때 posts 변수에 게시물의 값들을 담아서 보내줍니다. posts는 리스트이며, _id, title, writer, hits, createdDt 데이터가 있습니다. posts를 반복해서 렌더링하기 위해 each 내장 함수를 사용했습니다. {{#each posts}}로 시작하고 {{/each}}로 종료합니다. each 블록 내부에서는 **{{ 변수명 }}**으로 post의 객체를 접근할 수 있습니다. 즉 게시물의 제목을 표시하기 위해 {{ posts[0].title }}이 아니라 {{ title }}을 사용합니다.

❷ dateString은 미리 만들어둔 핸들바 커스텀 헬퍼입니다. 생성일시 값인 createDt는 2022-04-07T16:04:46.496Z와 같은 ISO 포맷으로 저장되어 있으며 이를 new Date(isoString).toLocaleDateString()을 사용해서 날짜만 보여주도록 변경했습니다.

{{ dateString 날짜값 }}의 형태로 사용합니다.

❸ with도 내장 헬퍼 함수입니다. 페이지네이터 내부의 값은 {{ paginator.pageList }} 같은 형태로 사용할 수 있습니다만, 페이지네이터가 가지고 있는 변수가 10개라서 일일이 써주기보다는 paginator를 생략할 수 있으면 간단하고 좋습니다. 이를 가능하게 하는 것이 with 함수입니다. **{{#with 변수 }}**로 시작하고 {{/with}}로 종료합니다. with 블록 안에서는 paginator를 생략하고 바로 페이지네이터의 변수에 접근할 수 있습니다. {{ pageList }}처럼요.

❹ @root.search는 with 블록 안에서 {{ search }}를 하는 경우 paginator.search를 참조하게 되므로 서버가 보내준 원본의 값을 참조하기 위해 사용했습니다.

❺ {{#if (eq . @root.paginator.page)}}는 조금 복잡해보입니다. 하나씩 분해해봅니다. 우선 #if 내장 함수를 사용했습니다. 괄호로 eq . @root.paginator.page가 감싸져 있습니다. 함수 안에서 함수를 사용하는 경우 괄호로 감쌉니다. eq는 우리가 만든 커스텀 함수입니다. 두 값을 매개변수로 넘기고 같으면 true를 반환합니다. 여기서 .은 pageList를 반복해서 렌더링할 때의 값입니다. pageList 안의 페이지 숫자값이 됩니다. . 대신 this를 사용할 수도 있습니다. @root.paginator.page는 with문 밑에 each 안에서 서버가 보내준 값을 참조하기 위해 사용했습니다. 즉 코드의 의미는 '현재 페이지와 루프로 가져온 페이지가 같으면 다음을 렌더링하라'입니다.

❻ 1페이지와 마지막 페이지에는 링크가 없어도 됩니다. 단순히 hasPrev가 없는 경우, 또는 hasNext가 없는 경우 링크를 빼고 〈 또는 〉만 표시해줍니다.

02 브라우저에서 리스트 페이지에 접속합니다. 다음과 같이 나오면 성공입니다.

테스트 게시판

검색어를 입력하세요.			검색

글쓰기

제목	작성자	조회수	등록일
앤디테스트	승귤	0	2022. 12. 24.
하이	andy1@podo.com	0	2022. 12. 24.
다시 작성중입니다.	andy1@podo.com	0	2022. 12. 24.
123	11	14	2022. 4. 14.
3장 5절을 썼다.	승귤	33	2022. 4. 13.
3장 3절, 4절을 썼다.	승귤	2	2022. 4. 9.
3장 2절을 썼다.	승귤	1	2022. 4. 9.
3장 1절을 썼다.	승귤	2	2022. 4. 9.
1장 5절을 썼다.	승귤	1	2022. 4. 9.
1장 4절을 썼다.	승귤	2	2022. 4. 9.

<< < 1 2 > >>

게시판 프로젝트에서 리스트 부분의 로직이 가장 까다로운 부분이었습니다. 이제 리스트에서 상세 페이지로 넘어가는 부분을 작성하겠습니다. 템플릿에는 제목을 클릭 시 /detail/{{_id}}로 이동하도록 링크를 이미 걸어두었습니다.

7.5.6 상세페이지 API 만들기

리스트 API에 이어서 상세페이지 API를 만들어봅시다.

To do 01 app.js에 상세페이지 라우터 설정을 추가하고 로직도 추가해봅니다.

chapter7/board/app.js

```javascript
// ... 생략 ...

// 상세페이지로 이동
app.get("/detail/:id", async (req, res) => {
  // ❶ 게시글 정보 가져오기
  const result = await postService.getDetailPost(collection, req.params.id);
  res.render("detail", {
    title: "테스트 게시판",
    post: result.value,
  });
});
```

❶ 상세페이지 API는 단순하게 id 정보를 넘겨서 몽고디비에서 게시글의 데이터를 가져오면 됩니다.

02 데이터를 가져오는 부분은 postService에 getDetailPost( ) 함수로 추가하겠습니다. 결괏값으로는 ModifyResult[8] 객체를 반환하는데 lastErrorObject, ok, value 3개의 속성을 가지고 있습니다. lastErrorObject는 updatedExisting과 n이라는 이름의 속성을 가지고 있으며, 각각 업데이트된 문서가 있는지, 있다면 몇 개인지를 알려줍니다. ok는 boolean 타입의 속성으로 게시글 문서의 수정이 성공인지 실패인지를 알 수 있습니다. 게시글의 데이터는 value에 있으므로 result.value를 템플릿에 넣어주면 됩니다.

▼ 상세페이지 게시글 데이터를 가져오는 함수 추가

```js
                                            chapter7/board/services/post-service.js
const paginator = require("../utils/paginator");
const { ObjectId } = require("mongodb");

// ... 생략 ...

// ❶ 패스워드는 노출 할 필요가 없으므로 결괏값으로 가져오지 않음
const projectionOption = {
  projection: {
    // 프로젝션(투영) 결괏값에서 일부만 가져올 때 사용
    password: 0,
    "comments.password": 0,
  },
};

async function getDetailPost(collection, id) {
  // ❷ 몽고디비 Collection의 findOneAndUpdate() 함수를 사용
  // 게시글을 읽을 때마다 hits를 1 증가
  return await collection.findOneAndUpdate({ _id: ObjectId(id) }, { $inc: { hits:
1 } }, projectionOption);
}

module.exports = {
  list,
  writePost,
```

---

8 https://mongodb.github.io/node-mongodb-native/4.5/interfaces/ModifyResult.html

```
    getDetailPost,
}
```

❶ 프로젝션은 투영이라는 뜻이지만, 데이터베이스에서는 데이터베이스에서 필요한 필드들만 선택해서 가져오는 것을 말합니다. 예제에서는 게시글의 패스워드와 게시글에 달린 댓글들의 패스워드 항목을 가져오지 않아도 되므로 해당 설정을 추가했습니다. 가져와야 하는 항목이 빼는 항목보다 많아서 projection: {password:0}과 같이 패스워드만 항목에서 빼는 프로젝션 설정을 했습니다만, 반대로 빼야 하는 항목이 가져와야 하는 항목보다 많은 경우는 projection: { title: 1, content: 1}과 같은 방식으로 가져와야 하는 데이터만 프로젝션할 수 있습니다.

❷ getDetailPost() 함수는 하나의 게시글 정보를 가져옵니다. 하는 일은 두 가지입니다. 하나는 게시글의 정보를 가져오는 것이고, 다른 하나는 게시글을 읽을 때마다 hits를 1씩 증가시키는 겁니다. 이를 위해 findOneAndUpdate() 함수를 사용했습니다.

findOneAndUpdate()[9] 함수 정의는 db.collection.findOneAndUpdate(filter, update, options)입니다. filter는 원하는 데이터를 가져오고, update는 필터를 사용해 찾은 도큐먼트에 갱신할 데이터에 대한 내용을 넣습니다. options는 프로젝션, 소팅 등의 항목을 넣을 수 있습니다. 예제 코드에서는 프로젝션만 사용했습니다.

필터는 단순하게 모든 몽고디비 Document가 가지고 있고 id로 사용하는 값인 _id 필드를 id값을 사용해 찾도록 했습니다. 업데이트 항목은 $inc: {hits:1}로 되어 있습니다. $inc는 값을 증가(increase)시키고 싶을 때 사용하는 연산자입니다. hits : 1은 hits 항목을 1씩 증가시킨다는 의미입니다. 즉, 게시글의 상세페이지에 들어갈 때마다 hits가 1씩 증가합니다. 예제에는 없습니다만, 실무에서는 ip나 device 등을 체크해 어뷰징을 못하게 하는 방법을 사용합니다.

03 백엔드 코드는 완성했지만, 아직 템플릿 파일을 수정하지 않았기에 상세페이지에 들어가면 내용이 나오지 않습니다. 템플릿 파일에 본문 내용이 나오도록 변경해봅시다.

```
<h1>{{title}}</h1>                                    board/views/detail.handlebars
{{#with post}} <!-- ❶ post 객체를 쉽게 사용하도록 with로 감싸기 -->
<h2 class="text-xl">{{title}}</h2> <!-- ❷ 제목 -->
<div>
  작성자 :<b>{{writer}}</b> <!-- ❸ 작성자 -->
```

---

9 https://mongodb.github.io/node-mongodb-native/4.5/classes/Collection.html#findOneAndUpdate

```
  </div>
  <div>
    조회수 : {{hits}} | 작성일시 : {{dateString createdDt}} <!-- ❹ 조회수 및 작성일 -->
    <button onclick="modifyPost()">수정</button>
    <button onclick="deletePost()">삭제</button>
  </div>
  <div>
    <pre>{{content}}</pre> <!-- ❺ 본문 내용 -->
  </div>

  <section>
  // ... 생략 ...
    </section>
    {{/with}}
  <footer>
    <div>
      <a href="/">목록으로</a>
    </div>
  </footer>
  <script>
async function modifyPost() {  }
async function deletePost() {  }
  </script>
```

아직 댓글 부분의 API를 작업하지 않았으므로 게시글 본문 부분만 수정합니다.

❶ 이전에 살펴본 with 내장 함수를 사용해 게시글 객체를 post. 없이 접근하도록 합니다.
❷ {{ title }}은 {{ post.title}}입니다. 나머지 변수들도 같습니다. ❸ 작성자는 writer에 있습니다.
❹ 조회수는 hits이며 게시글의 상세페이지에 접근할 때마다 증가합니다. 작성일시는 앞서 살펴보
았던 dateString 커스텀 헬퍼 함수를 사용합니다. ❺ 본문은 ⟨pre⟩ 태그 사이에 넣어야만 개행을
제대로 표현합니다.

수정, 삭제 기능은 아직 작업 전입니다만, 함수만 미리 만들어놓겠습니다. Ajax를 사용하기 위
해 fetch() 함수를 사용할 예정인데, 이 함수도 Promise를 반환합니다. 이에 함수 시그니처에
async를 붙여두었습니다.

04 작성한 글의 상세페이지에 접속합니다. 다음과 같이 나오면 성공입니다.

테스트 게시판

7장을 수정중

작성자 :**승귤**

조회수 : 39 | 작성일시 : 2022. 12. 25. 수정 삭제

7장의 글 수정 API부분을 수정하고 있다.

3개의 댓글이 있습니다.

이름	비밀번호

댓글을 입력해주세요.

 댓글쓰기

작성자 : **댓글 작성자**

작성일시 : 2022-01-01 00:00:00 삭제

목록으로

7.5.7 글 수정 API

상세페이지에 [수정] 버튼을 만들어 두었습니다. [수정] 버튼을 누르면 어떤 작동을 할지 생각해봅시다. 아무나 글을 수정하면 안 되기 때문에, [수정] 버튼을 눌렀을 때 패스워드를 확인하고 패스워드가 맞을 때 글 수정 페이지로 이동하도록 해야 합니다. 이동하는 화면은 수정 페이지이고 수정 페이지에서 저장을 하면 수정된 내용이 반영되도록 진행하겠습니다.

상세페이지 [수정] 버튼을 눌렀을 때 패스워드 확인

화면을 이동하지 않고 패스워드를 확인하려면 Ajax를 사용해야 합니다. 예전에는 Ajax를 사용하려면 jquery 등의 라이브러리가 필수였지만, 익스플로러를 제외한 최근의 모든 브라우저는 fetch API[10]를 제공합니다. 따라서 패스워드 확인 API를 호출하는 부분을 fetch API를 사용하겠습니다.

To do **01** modifyPost( ) 함수를 다음과 같이 수정합니다.

```
// ... 생략 ...                                    board/views/detail.handlebars
<script>
```

---

[10] https://developer.mozilla.org/en-US/docs/Web/API/Fetch_API/Using_Fetch 단축 url http://bit.ly/3J9w7KF

```
  const postOption = {
    method: 'POST',
    headers: {
      'Content-Type': 'application/json',
    },
  }

  async function modifyPost() {
    const password = prompt("패스워드를 입력해주세요");
    // ❶ 프롬프트에서 취소를 누른 경우 처리
    if (!password) {
      return;
    }

    // ❷ check-password API 실행
    const result = await fetch("/check-password", {
      ...postOption,
      body: JSON.stringify({ id: "{{post._id}}", password })
    });

    // ❸ json 함수를 실행하는 경우도 await를 해줘야 함
    const data = await result.json();

    // ❹ 패스워드가 맞는 경우 수정 페이지로 이동
    if (data.isExist) {
      document.location = "/modify/{{post._id}}"
    } else {
      alert("패스워드가 올바르지 않습니다.");
    }
  }

  async function deletePost() { }
</script>
```

❶ prompt() 함수는 브라우저에 내장된 모달을 띄우고 입력을 받을 수 있게 합니다. 입력된 값은 password에 저장되는데, 취소를 누른 경우 null이 들어갑니다. null인 경우 함수를 바로 종료해 에러가 발생하지 않게 해줍니다.

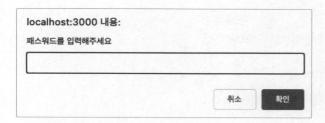

localhost:3000 내용:

패스워드를 입력해주세요

[   ]

취소   확인

❷ fetch() 함수는 fetch(url, option)의 형태로 호출할 수 있습니다. url은 호출할 API의 경로이며 option은 method, headers, body 등의 데이터가 들어갑니다. body 이외의 데이터는 postOption 변수에 저장 후 풀어서 설정했습니다. body에는 데이터로 게시글의 id와 입력받은 패스워드를 JSON의 형태로 넣어줍니다. HTTP 프로토콜은 JSON 타입을 알지 못하므로 문자열의 형태로 변경해야 합니다. 그 일을 하는 함수가 JSON.stringify입니다. fetch API의 실행 결과는 Promise로 받아오게 되며 응답값에 json() 함수를 호출하면 응답 데이터가 넘어옵니다.

❸ 주의할 점은 응답 결괏값도 Promise이므로 JSON 형태로 바꾸는 함수도 await를 사용해야 한다는 겁니다. ❹ 패스워드가 올바른 경우 수정 페이지로 이동합니다.

패스워드 체크 API 작성

To do 01 [수정] 버튼 클릭 시 사용하는 패스워드 체크 API를 작성해봅니다.

▼ 패스워드 체크 API 추가

```
// ... 생략 ...                                              chapter7/board/app.js

// 상세페이지로 이동
app.get("/detail/:id", async (req, res) => { ... 생략 ... }

// 패스워드 체크
// ❶ id, password값을 가져옴
app.post("/check-password", async (req, res) => {
  const { id, password } = req.body;

  // ❷ postService의 getPostByIdAndPassword() 함수를 사용해 게시글 데이터 확인
  const post = await postService.getPostByIdAndPassword(collection, { id,
password });

  // 데이터가 있으면 isExist true, 없으면 isExist false
```

```
  if (!post) {
    return res.status(404).json({ isExist: false });
  } else {
    return res.json({ isExist: true });
  }
});
```

❶ post 요청이므로 req.body에서 id, password 데이터를 구조 분해 할당으로 각각 가져옵니다.

❷ postService에 있는 getPostByIdAndPassword에 collection, id, password를 넘기고 데이터를 받아옵니다. 데이터가 있으면 isExist값이 true, 없으면 false로 응답을 줍니다.

02 아직 postService에 getPostByIdAndPassword( ) 함수를 구현하지 않았습니다. 바로 추가하겠습니다.

▼ id와 password로 게시글 데이터 가져오기

```
                                              chapter7/board/services/post-service.js
// ... 생략 ...
async function getPostByIdAndPassword(collection, { id, password }) {
  //  ❶ findOne() 함수 사용
  return await collection.findOne({ _id: ObjectId(id), password: password },
projectionOption);
}

// ❷ id로 데이터 불러오기
async function getPostById(collection, id) {
  return await collection.findOne({ _id: ObjectId(id) }, projectionOption);
}

// ❸ 게시글 수정
async function updatePost(collection, id, post) {
  const toUpdatePost = {
    $set: {
      ...post,
    },
  };
  return await collection.updateOne({ _id: ObjectId(id) }, toUpdatePost);
}

module.exports = {
```

```
  list,
  writePost,
  getDetailPost,
  updatePost,
  getPostById,
  getPostByIdAndPassword,
  updatePost,
};
```

❶ 몽고디비 collection의 findOne() 함수를 사용합니다. findOne(filter, option)의 형태로
사용합니다. 예제 코드에서는 filter는 id와 password입니다. 즉 해당 게시물의 패스워드가 입력
받은 값과 일치하면 post 객체를 돌려주는 겁니다. projectionOption은 상세페이지 API 때와
마찬가지로 패스워드를 빼고 데이터를 가져오는 데 사용했습니다.

❷ getPostById() 함수는 getPostByIdAndPassword()와 완전히 똑같으며 매개변수에
password가 있으냐 없으냐의 차이가 있습니다. 다음에 작성할 수정 페이지 이동 API에서 사용
합니다.

❸ updatePost()는 게시글을 업데이트합니다. updateOne() 함수를 사용해 하나의 도큐먼트만
수정합니다. 필터 조건으로는 id만을 주었습니다. 갱신할 데이터는 $set의 속성값으로 넣어주면 됩
니다. 다른 함수들과 마찬가지로 async await를 사용했습니다. 이후 게시글 수정 시 사용합니다.

수정 페이지 이동 API 작성

이제 [수정] 버튼을 눌러서 올바른 패스워드를 입력하면, 수정 페이지로 이동합니다. 수정 페이지
의 URL은 http://localhost:3000/modify/{{post._id}}처럼 되어 있습니다. 수정 페이지 템플릿 파일
은 아직 만들지 않았는데, 글쓰기 페이지 템플릿을 조금 수정해 수정 페이지로 사용하겠습니다.

To do **01** 글쓰기와 수정 페이지를 구분하기 위해 페이지에 들어갈 때 mode라는 변수에 각각 create,
modify라는 값을 주어서 생성인지 수정인지 판단하도록 합니다. app.js에 코드를 수정해봅니다.

▼ 글 수정 관련 API 추가

chapter7/board/app.js

```
// ... 생략 ...
// ❶ 쓰기 페이지 이동  mode는 create
app.get("/write", (req, res) => {
  res.render("write", { title: "테스트 게시판", mode: "create" });
```

```
});

// ❷ 수정 페이지로 이동 mode는 modify
app.get("/modify/:id", async (req, res) => {

  // ❸ getPostById() 함수로 게시글 데이터를 받아옴
  const post = await postService.getPostById(collection, req.params.id);
  console.log(post);
  res.render("write", { title: "테스트 게시판 ", mode: "modify", post });
});

// ❹ 게시글 수정 API
app.post("/modify/", async (req, res) => {
  const { id, title, writer, password, content } = req.body;

  const post = {
    title,
    writer,
    password,
    content,
    createdDt: new Date().toISOString(),
  };
  // ❺ 업데이트 결과
  const result = postService.updatePost(collection, id, post);
  res.redirect(`/detail/${id}`);
});
```

❶ 쓰기 페이지 이동 시에 create의 값을 가진 mode 변수를 추가했습니다. ❷ 상세페이지로 이동 시에 사용하는 API입니다. ❸ mode값은 modify이며 이전에 postService에 만들어둔 getPostById() 함수를 사용합니다. ❹ 게시글 수정 API는 /modify/ url로 POST 요청이 오는 경우 실행합니다. 요청의 body에서 아이디(id), 제목(title), 이름(writer), 본문(content)를 받아서 post 객체로 만든 다음 updatePost에 id값과 함께 넘깁니다.

❺ 업데이트가 잘되었는지 결과를 반환합니다. 예제에서는 실패 시 처리가 되어 있지 않습니다. try catch로 감싸서 문제가 발생한 경우 적절한 처리를 하도록 추가하는 것이 좋습니다. 수정이 성공적으로 된다면 상세페이지로 리다이렉트합니다.

글쓰기 페이지를 수정 페이지로 변경하기

To do 01 글쓰기 페이지의 템플릿 파일을 다음과 같이 수정합니다.

▼ 글쓰기 템플릿을 수정 템플릿으로도 사용할 수 있게 수정하기

```handlebars
<!-- ❶ mode에 따라 문구 변경 -->
<h1>[{{title}}] 글 {{#if (eq mode "create")}}작성{{else}}수정{{/if}}</h1>
<div>
    <!-- ❷ mode에 따라 폼이 반영되는 URL 변경 -->
    <form name="boardForm" method="post" {{#if (eq mode "create" )}}
action="/write" {{else}}action="/modify" {{/if}}>
        <!-- ❸ 수정 모드인 때는 id값을 폼통해 전송 -->
        {{#if (eq mode "modify")}}
        <input type="hidden" name="id" value="{{post._id}}" />
        {{/if}}

        <!-- ❹ 수정 모드인 경우 제목을 넣어줍니다. -->
        <div>
            <label>제목</label>
            <input type="text" name="title" placeholder="제목을 넣어주세요"
value="{{post.title}}" />
        </div>
        <!-- ❺ 수정 모드인 경우 이름을 넣어줍니다. -->
        <div>
            <label>이름</label>
            <input type="text" name="writer" placeholder="이름을 넣어주세요"
value="{{post.writer}}" />
        </div>

        <div>
            <label>비밀번호</label>
            <input type="password" name="password" placeholder="비밀번호를 넣어주세요" />
        </div>

        <!-- ❻ 수정 모드인 경우 본문에 내용을 채워줍니다. -->
        <div>
            <label>본문을 입력하세요</label><br />
            <textarea placeholder="본문" name="content" cols="50" rows="10">{{post.
content}}</textarea>
            <br />
```

chapter7/board/views/write.handlebars

```
    <!-- 버튼 영역 -->
    <div>
      <button type="submit">저장</button>
      <button type="button" onclick="location.href='/'">취소</button>
    </div>
  </form>
</div>
```

❶ mode에 따라 제목의 문구를 글 작성 혹은 글 수정으로 나오도록 했습니다. ❷ mode에 따라 폼으로 전송하는 URL이 변경되게 했습니다. 생성 시는 /write, 수정 시는 /modify가 됩니다. ❸ 수정 모드인 경우 도큐먼트의 id값이 필요합니다. 폼에 보여야 되는 항목은 아니기에 숨겨진 필드를 사용했습니다. ❹ 수정 모드인 경우 제목을 넣어줍니다. ❺ 수정 모드인 경우 이름을 넣어줍니다. ❻ 수정 모드인 경우 본문에 내용을 채워줍니다.

02 이제 상세페이지에서 [수정]을 클릭하여 수정 페이지로 이동합니다. 그러면 다음과 같이 패스워드 이외의 내용이 채워진 페이지가 나옵니다. 몇 가지 정보를 채우고 나서 [저장] 버튼을 눌러서 문제가 없는지 확인해봅시다.

[테스트 게시판] 글 수정

제목 `7장을 수정중`
이름 `승귤`
비밀번호 `••••`
본문을 입력하세요
```
7장의 글 수정 API부분을 수정하고 있다.
```

`저장` `취소`

7.5.8 글 삭제 API

게시글 관련된 API는 이제 글 삭제만 남았습니다. 수정API와 비슷하게 템플릿, app.js에 각각 코드를 추가해야 합니다.

To do **01** 템플릿에 만들어둔 deletePost( ) 함수부터 작성합니다.

▼ 글 삭제 처리를 하는 자바스크립트 함수 추가

```javascript
// ... 생략 ...
  async function modifyPost() { ... 생략 ... }

  const deleteOption = {
    method: 'DELETE',
    headers: {
      'Content-Type': 'application/json',
    },
  }

  async function deletePost() {
    // ❶ 프롬프트로 값 입력받기
    const password = prompt("삭제하려면 패스워드를 입력해주세요");
    // 프롬프트에서 취소를 누른 경우 처리
    if (!password) {
      return;
    }
    // ❷ fetch API를 사용해 delete API 호출
    const result = await fetch("/delete", {
      ...deleteOption,
      body: JSON.stringify({ id: "{{post._id}}", password })
    });

    // ❸ delete API의 결과에 따라 다른 메시지 출력
    const data = await result.json();
    if (!data.isSuccess) {
      alert("삭제에 실패했습니다. 패스워드를 확인해주세요.");
      return;
    }

    document.location = "/";
  }
```

deletePost( ) 함수는 이전에 껍데기만 만들어두었는데, 이제야 채우게 되었습니다. url은 /delete이며 값으로는 id와 password를 body에 담아서 넘깁니다.

❶ [삭제] 버튼을 클릭하면 다음과 같은 프롬프트가 뜨고 값을 입력받습니다.

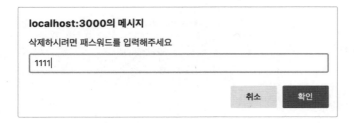

❷ modifyPost() 함수를 작성할 때와 마찬가지로 fetch 브라우저 API를 사용해 Ajax[11] 통신을 합니다. 삭제의 경우 method를 DELETE로 줘야 합니다. 해당 옵션값을 deleteOption 변수에 넣어서 body 부분만 신경쓰면 되도록 했습니다. body에는 id와 password값만 보내줍니다.

❸ delete API의 결과에 따라서 메시지를 출력합니다. 성공이면 목록 페이지로 이동합니다. 실패이면 삭제에 실패했다는 메시지가 뜨게 됩니다.

02 다음으로 서버 단에서 삭제 작동을 하는 코드를 작성합니다.

▼ 게시글 삭제 API 작성하기

```
                                                        chapter7/board/app.js
const { ObjectId } = require("mongodb");

// ... 생략 ...
app.post("/modify/", async (req, res) => { ... 생략 ... }

// 게시글 삭제
app.delete("/delete", async (req, res) => {
  const { id, password } = req.body;
  try {
    // ❶ collection의 deleteOne을 사용해 게시글 하나를 삭제
    const result = await collection.deleteOne({ _id: ObjectId(id), password:
password });
    // ❷ 삭제 결과가 잘 못된 경우의 처리
    if (result.deletedCount !== 1) {
      console.log("삭제 실패");
```

11 Ajax(Asynchronous JavaScript and XML)는 페이지 전체를 다시 로드하지 않고 서버와 브라우저 간에 데이터를 주고받을 수 있게 하는 기술입니다.

```
      return res.json({ isSuccess: false });
    }
    return res.json({ isSuccess: true });
  } catch (error) {
    // ❸ 에러가 난 경우의 처리
    console.error(error);
    return res.json({ isSuccess: false });
  }
});
```

❶ collection의 deleteOne( )[12] 함수를 사용합니다. deleteOne( ) 함수는 조건에 맞는 도큐먼트를 하나 삭제합니다. deleteOne( ) 함수의 결과는 DeleteResult[13] 객체인데, acknowledged(boolean 타입), deletedCount(숫자 타입)값을 가지고 있습니다. acknowledged는 삭제가 승인이 되었는지 여부를 알려줍니다. deletedCount는 삭제한 도큐먼트 개수입니다. deleteOne()이라는 함수명에서 알 수 있듯이 삭제 성공이면 값이 1이 됩니다. deleteOne() 함수는 콜백 방식과 async await 방식이 각각 있는데, async await 방식의 함수를 사용했습니다.

❷ deleteOne()의 결과는 DeleteResult이고 삭제 성공이면 deletedCount값이 1이라고 했습니다. 1이 아니라면 실패했다는 뜻이므로 deletedCount값이 1이 아닌 경우 실패로 간주하고 isSuccess: false를 값으로 내려줍니다. 성공이면 당연하겠지만 isSuccess: true값을 내려줍니다.

❸ 데이터베이스 연결이 안 되거나 네트워크가 불안정하는 등의 예외 상황이 있을 수 있으므로 try catch로 감싸주었습니다. 에러인 경우 isSuccess: false를 반환합니다.

collection.deleteOne() 부분도 post-service로 넣을 수 있습니다만, 함수가 한 줄밖에 되지 않아서 추가하지 않았습니다. 만약에 다른 곳에서 똑같은 코드를 재사용한다면 그때 post-service.js로 넣으면 됩니다. 여기까지 진행했으면 게시글 관련 코드 구현은 완료입니다. 다음으로 댓글 관련 코드를 살펴봅시다.

---

12 https://mongodb.github.io/node-mongodb-native/4.4/classes/Collection.html#deleteOne
13 https://mongodb.github.io/node-mongodb-native/4.4/interfaces/DeleteResult.html

7.5.9 댓글 추가 API

RDB에서 게시글에 댓글을 추가하려면 일반적으로 댓글용 테이블을 만들고 댓글 테이블에 게시글 ID를 외래키로 사용해 데이터를 추가합니다. 특정 게시글의 댓글을 찾으려면 반드시 다른 테이블을 조회해야 합니다. 저장 시의 스키마가 따로 필요 없는 몽고디비에서는 테이블(즉 컬렉션)을 새로 만들지 않아도 됩니다. 게시글의 필드로 댓글을 추가하면 됩니다. 도큐먼트 하나의 최대 크기는 16MB이므로 큰 편은 아닙니다. 하지만 이미지가 없고 글만 쓴다면 한 텍스트당 최대 4바이트를 차지합니다. 16MB는 16,777,216(16 X 1024 X 1024)바이트입니다. 4로 나누면 4,194,304이므로 한글로 약 420만 자를 쓸 수 있습니다. 어마어마하게 거대한 커뮤니티 서비스가 아니라면 도큐먼트 하나에 댓글을 담아도 전혀 문제가 없을 겁니다.

그러므로 이번 예제에서는 댓글을 게시글 도큐먼트의 필드로 추가합니다. 댓글을 추가하려면 상세페이지 템플릿 수정과 API 추가가 필요합니다. 함께 진행해봅시다. 먼저 상세페이지 템플릿부터 수정해봅니다.

상세페이지 템플릿 수정

To do **01** 댓글 폼 영역을 다음과 같이 수정합니다.

▼ 상세페이지 댓글 폼 영역 수정하기

```
<!-- ... 생략 ... -->                           chapter7/board/views/detail.handlebars
  <section>
    <div>
      <!-- ❶ 댓글 개수 보여주기 -->
      <h3>{{lengthOfList comments}}개의 댓글이 있습니다.</h3>
    </div>

    <!-- ❷ 댓글 작성 시 API 호출 정보 -->
    <form method="post" action="/write-comment">
      <input type="hidden" name="id" value="{{_id}}" /> <!-- ❸ 게시글의 _id -->
      <div>
        <div>
          <input type="text" name="name" placeholder="이름" /> <!-- 작성자 입력란 -->
          <!-- 비밀번호 입력란 -->
          <input type="password" name="password" placeholder="비밀번호" />
        </div>
        <div>
```

```
                   <!-- ❹ 댓글 입력란 -->
            <textarea cols="40" rows="3" name="comment" placeholder="댓글을 입력해
주세요."></textarea>
               <br /><br /><button>댓글 쓰기</button> <!-- 댓글 쓰기 버튼 -->
          </div>
        </div>
      </form>
   </section>

<section>
<!-- ❺ 댓글 표시 영역 -->
   {{#each comments}}
   <div>
     <div>
       작성자 : <b>{{name}}</b>
     </div>
     <div>
       작성일시 : {{dateString createdDt}}  <!-- ❻ 작성일시 -->
       <button onclick="deleteComment('{{idx}}')">삭제</button>
       <!-- ❼ [삭제] 버튼 -->
     </div>
   </div>
   <div>
     <pre>{{comment}}</pre>
   </div>
   {{/each}}
</section>

<!-- ... 생략 ... -->
```

❶ 댓글 개수를 표시하기 위해 미리 만들어 두었던 lengthOfList 커스텀 헬퍼를 사용했습니다. 이
제 댓글 개수가 표시됩니다. ❷ 댓글 작성 시 post로 호출하는 데 사용할 폼 영역입니다. post로
작동하고 /wirte-comment API를 호출합니다. ❸ 게시글의 필드로 댓글 데이터를 추가할 것이
므로 게시글의 id가 필요합니다. 보이지는 않아도 되므로 히든 필드로 추가했습니다. ❹ 댓글을 입
력하는 텍스트 영역입니다. 기본 길이는 3줄로 해두었습니다. ❺ 댓글 표시 영역입니다. 게시글 리
스트를 보여줄 때와 마찬가지로 each 내장 함수를 사용했습니다. {{#each comments}}로 시작
하고 {{/each}}로 종료합니다. ❻ 작성일시에는 커스텀 헬퍼 함수인 dateString를 사용합니다. ❼

[삭제] 버튼 클릭 시 deleteComment() 함수를 실행하도록 합니다. 지금은 버튼에 핸들러 함수 만 설정해둡시다.

댓글 추가 API 만들기

To do **01** 댓글을 쓸 수 있도록 만들어두었으니 삭제 API를 이어서 작성해봅니다. 이전에 작성한 delete 밑에 작성하 겠습니다.

▼ 댓글 추가 API 작성

```
chapter7/board/app.js
// ... 생략 ...
app.delete("/delete", async (req, res) => { .. }

// 댓글 추가
app.post("/write-comment", async (req, res) => {
  const { id, name, password, comment } = req.body; // ❶ body에서 데이터를 가져오기
  const post = await postService.getPostById(collection, id);
// ❷ id로 게시글 정보 가져오기

  // ❸ 게시글에 기존 댓글 리스트가 있으면 추가
  if (post.comments) {
    post.comments.push({
      idx: post.comments.length + 1,
      name,
      password,
      comment,
      createdDt: new Date().toISOString(),
    });
  } else {
    // ❹ 게시글에 댓글 정보가 없으면 리스트에 댓글 정보 추가
    post.comments = [
      {
        idx: 1,
        name,
        password,
        comment,
        createdDt: new Date().toISOString(),
      },
    ];
  }
```

```
// ❺ 업데이트하기. 업데이트 후에는 상세페이지로 다시 리다이렉트
postService.updatePost(collection, id, post);
return res.redirect(`/detail/${id}`);
});
```

❶ 자주 보던 코드입니다. POST이므로 req의 body에 데이터가 담겨져 있습니다. 상세페이지의 댓글 폼에서 보낸 데이터는 id, name, password, comment입니다. 해당 데이터들을 구조 분해destructuring해서 각각 할당받습니다. ❷ 이전에 말씀드렸다시피 댓글은 게시글의 필드로 추가한다고 했습니다. 게시글의 필드로 추가하려면 게시글의 정보를 가져와야 합니다. id를 가지고 게시글의 정보를 가져옵니다. 이전에 만들어두었던 postService.getPostById() 함수를 재사용합니다. ❸ 게시글의 comments라는 필드에 댓글 정보를 리스트로 저장하는데 데이터가 있으면 리스트의 가장 뒤에 추가합니다. 리스트의 가장 뒤에 요소를 추가하려면 push 메서드를 사용하면 되므로 push를 사용했습니다. 또한 인덱스(idx)는 리스트 길이에 +1을 했습니다. 즉 원래 1개의 댓글이 있는데 추가하고자 한다면 추가하는 댓글의 인덱스는 2가 됩니다. ❹ 게시글에 댓글이 없다면 리스트를 추가해줍니다. 그리고 초깃값으로 받은 댓글 정보를 넣어줍니다. 인덱스는 1로 넣습니다. ❺ 게시글에 댓글 정보가 설정이 되었으므로 업데이트를 해줍니다. 업데이트도 이미 만들어둔 함수가 있으니 재사용하면 됩니다. 업데이트가 끝나면 상세페이지로 리다이렉트를 해줍니다.

02 상세페이지로 들어가셔서 댓글을 추가해봅니다.

앤디	비밀번호
소중한 첫 댓글입니다. 잘 되는지 확인해봅시다.|	

`댓글 쓰기`

글을 쓰면 페이지가 리프레시가 되고 다음과 같이 댓글이 보일 겁니다.

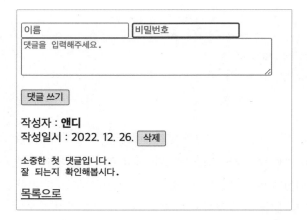

몽고디비 Compass에서 확인을 하면 다음과 같이 되어 있습니다. comments라는 이름의 필드에 리스트로 댓글 데이터가 잘 들어 있습니다.

```
_id: ObjectId('62504e89f077c4d6869f7708')
title: "7장을 수정 중"
writer: "승귤"
password: "1234"
content: "7장의 글 수정 API부분을 수정하고 있다. "
hits: 56
createdDt: "2022-12-25T14:13:40.838Z"
comments: Array
  0: Object
    idx: 1
    name: "앤디"
    password: "1234"
    comment: "소중한 첫 댓글입니다.
              잘 되는지 확인해봅시다."
    createdDt: "2022-12-26T13:52:32.563Z"
```

7.5.10 댓글 삭제 API

이제 게시판 예제의 마지막 API인 댓글 삭제로 넘어가봅시다. 댓글 삭제도 이미 있던 기능을 대부분 재활용하는 것이라서 크게 어렵지 않습니다.

To do **01** 댓글 추가 시에 템플릿 영역의 HTML 태그는 이미 만들어놨으니 수정할 필요가 없습니다. deleteComment( ) 함수만 추가로 작성해봅시다.

▼ deleteComment() 함수 추가

```
// ... 생략 ...

<script>
// ... 생략 ...
  async function deleteComment(idx) {
    const password = prompt("삭제하려면 패스워드를 입력해주세요");
    // 프롬프트에서 취소를 누른 경우 처리
    if (!password) {
      return;
    }

    // ❶ /delete-comment API 실행
    const result = await fetch("/delete-comment", {
      ...deleteOption,
      body: JSON.stringify({ id: "{{post._id}}", idx, password })
    });

    // ❷ 댓글 삭제 실패 시 메시지 띄우고 함수 실행 종료
    const data = await result.json();
    if (!data.isSuccess) {
      alert("삭제에 실패했습니다. 패스워드를 확인해주세요.");
      return;
    }

    // ❸ 성공 시 메시지를 띄우고 화면 리프레시
    alert("삭제 성공!");
    document.location.reload();
  }
</script>
```

프롬프트 부분은 이전에 이미 보았던 내용이므로 생략했습니다. ❶ 게시글 삭제 함수와 마찬가지로 fetch API를 사용해 Ajax 통신을 합니다. 이때 /delete-comment라는 API를 실행하며 DELETE로 게시글의 id, 댓글의 인덱스, 비밀번호 데이터를 body에 실어서 보냅니다. ❷ 서버는 실행에 대한 응답을 JSON 형식으로 내려줍니다. 실행 결과에는 isSuccess 변수에 불리언 값을 주는데 true이면 성공, false면 실패입니다. false는 예외사항이므로 이 경우 메시지를 띄우고 함수 실행을 종료합니다. ❸ isSuccess가 false가 아니라면 성공한 것이므로 else 코드는 따로 사용하

지 않습니다. 성공인 경우 성공 메시지를 띄우고 화면을 리프레시해 댓글이 삭제된 화면을 보여줍니다.

02 /delete-comment API 작업을 해봅시다. 코멘트 삭제 코드를 구현합니다.

▼ 코멘트 삭제 API 작성

```
                                                    chapter7/board/app.js
// ... 생략 ...
app.post("/write-comment", async (req, res) => { .. }
// 댓글 삭제
app.delete("/delete-comment", async (req, res) => {
  const { id, idx, password } = req.body;

  // ❶ 게시글(post)의 comments 안에 있는 특정 댓글 데이터를 찾기
  const post = await collection.findOne(
    {
      _id: ObjectId(id),
      comments: { $elemMatch: { idx: parseInt(idx), password } },
    },
    postService.projectionOption,
  );

  // ❷ 데이터가 없으면 isSuccess : false를 주면서 종료
  if (!post) {
    return res.json({ isSuccess: false });
  }

  // ❸ 댓글 번호가 idx 이외인 것만 comments에 다시 할당 후 저장
  post.comments = post.comments.filter((comment) => comment.idx != idx);
  postService.updatePost(collection, id, post);
  return res.json({ isSuccess: true });
});
```

❶ 게시글 안의 comments 리스트에 찾는 댓글 정보가 있는지 찾아야 하므로 $elemMatch[14] 연산자를 사용했습니다. $elemMatch 연산자는 도큐먼트 안에 있는 리스트에서 조건에 해당하는 데이터가 있으면 도큐먼트를 결괏값으로 주는 연산자입니다. 도큐먼트는 도큐먼트의 id로 찾고 댓

---

14 https://www.mongodb.com/docs/manual/reference/operator/query/elemMatch/

글은 댓글의 인덱스(idx)와 패스워드가 일치하는지로 찾았습니다. 조건에 맞는 데이터가 있다면 게시글 데이터를 줄 겁니다. 댓글이 있는지 찾는 함수도 post-service에 추가할 수 있습니다만, 한 번만 사용하고 코드가 길지 않아서 그대로 두었습니다. ❷ 데이터가 없는 경우는 추가로 할 일이 없으니 바로 종료시키는 것이 좋습니다. 그러므로 바로 isSuccess에 false를 주면서 종료시킵니다. ❸ 데이터가 있는 경우는 댓글 리스트에서 idx 데이터만 제외하고 다시 post.comments에 저장합니다. 그리고 변경된 post 데이터를 업데이트해줍니다. 템플릿에 다시 주는 데이터는 isSuccess: true입니다.

03 상세페이지에서 댓글을 몇 개 더 추가한 다음 잘 삭제가 되는지 각자 테스트해보세요.

제가 준비한 게시판 예제는 여기까지입니다. 수고 많으셨습니다.

학습 마무리

처음에는 이미지도 첨부되는 게시판을 만들려고 했습니다만, 생각보다 너무 많은 코드를 작성해야 해서 줄였습니다. 인증도 없고(10장과 11장에서 다룹니다), 멋진 에디터도 없는 게시판이지만, 기본적인 작동에 필요한 코드는 모두 들어 있습니다. 또한 실무 순서에 맞추어 기획 → UI 작성 → API 작성 순서로 진행했습니다. 분량은 조금 많아졌지만, 꽉꽉 눌러담은 최소한의 분량으로 많은 것을 배울 수 있는 장이라고 생각합니다.

프로젝트 전반에서 자료형을 JSON으로 사용하고 있습니다. 이는 의도된 겁니다. 데이터가 모두 JSON으로 되어 있기에 추가적으로 데이터 변환 작업이 거의 없었습니다. 다른 언어와 데이터베이스를 쓰는 환경에서 데이터를 데이터베이스에 저장하고 가져오려면 한 번 더 가공하는 작업이 필요합니다만 Node.js, 자바스크립트, 몽고디비를 쓰는 환경에서는 그럴 필요가 없기 때문에 간결하고 쉬운 코드로 똑같은 일을 할 수 있습니다.

그러나 실전에서 사용하기에는 아직 기능이 부족합니다. 업그레이드 아이디어를 정리해두었으니 업그레이드에 도전해보기 바랍니다.

예제를 단순하게 하기 위해 분량 관계상 뺀 기능이 다수 있습니다. 그러한 기능을 정리해 과제로 남깁니다.

1 글쓰기, 댓글 입력 API에서 패스워드를 평문으로 DB에 저장합니다. 실무에서는 절대로 이렇게 저장하면 안 됩니다. bcryptjs 등의 라이브러리를 사용해 암호화해서 저장해야 합니다.

2 템플릿 엔진 설정을 변경하면 handlebars 확장자를 hbs 또는 원하는 것으로 변경할 수 있습니다. 실무에서는 많은 템플릿 파일을 생성할 겁니다. hbs로 변경하면 오타를 방지하고, 타이핑양도 절약할 수 있습니다.

3 7.5.6절 '상세페이지 API 만들기'에서 ModifyResult 객체의 반환값 중 ok값이 0(false)인 경우의 예외 처리도 빠져 있습니다.

4 수정 페이지에는 원래 패스워드를 입력하고 들어와야 하는데, 현재 코드로는 수정 페이지 접근 시 URL을 알면 바로 접근할 수 있습니다. 수정 시에 원래 게시글의 패스워드를 올바르게 입력해야만 글을 수정할 수 있게 수정해봅니다.

5 내려받은 소스 코드에는 [board-tailwind] 디렉터리가 있습니다. 분량 관계상 빠졌지만, 게시판의 UI에 tailwindcss와 daisyUI를 적용한 버전입니다. 코드를 참고하여 게시판을 멋지게 꾸며보세요.

1 화면의 전체를 로딩하지 않고 브라우저와 서버 간에 데이터를 주고받을 수 있는 기술 **Ajax** : https://developer.mozilla.org/ko/docs/Web/Guide/AJAX

1 개발 시 코드가 변경되면 익스프레스 서버를 재시작시켜주는 용도로 사용하는 의존성 패키지의 이름은 무엇일까요?

2 몽고디비 쿼리 실행 시 SQL의 like문처럼 검색을 하려면 무엇을 사용해야 할까요?

3 게시판 프로젝트에서 템플릿을 보여주기 위한 용도로 사용한 라이브러리는 무엇인가요?

4 다음 중 상세페이지를 읽을 때마다 해당 도큐먼트의 hits값을 1씩 증가시키는 용도로 사용한 연산자를 고르세요.

❶ $set   ❷ $inc   ❸ $addToSet   ❹ $pop   ❺ $max

5 게시판 프로젝트는 MVC라 불리는 3계층 구조로 작성하였습니다. MVC는 각각 무엇을 의미할까요?

1 **정답** nodemon입니다. 7.5.3절에서 다루었습니다.

2 **정답** 몽고디비 쿼리 시 검색은 정규표현식을 사용합니다.

3 **정답** handlebars입니다. 실제 설치한 패키지명은 express-handlebars입니다.

4 **정답** ❷ $inc

5 **정답** M은 모델, V는 뷰, C는 컨트롤러를 의미합니다. 7장의 예제 코드에서 모델은 몽고디비 컬렉션 객체가 해당 역할을 하였고, 뷰는 handlebars에서, 컨트롤러는 app.js의 라우터 함수들이 각각 담당을 하였습니다.

레벨 3

NestJS
프레임워크로
점핑하기

NestJS를 활용해 개발하는 방법을 알아봅시다. 8장에서는 NestJS를 알아보고, 9장에서는 NestJS 환경 변수 설정하기, 10장에서는 회원 가입과 로그인, 11장에서는 OAuth를 사용한 구글 로그인 인증, 12장에서는 파일 업로드 기능을 구현합니다. 마지막으로 13장에서는 웹소켓으로 실시간 채팅을 구현합니다.

08장

NestJS
시작하기

NestJS의 특징을 알아보고, 웹 서버를 만들어 "Hello world"를 출력하겠습니다. NestJS로 웹 API 만들기, 의존성 주입하기, 몽고디비와 연동하기를 차례대로 알아보겠습니다.

핵심 키워드

NestJS 의존성 주입, 데코레이터

웹 API 모듈, 컨트롤러, 프로바이더, REST 클라이언트

타입스크립트 인터페이스

몽고디비 리포지토리, 스키마, DTO

학습 코스

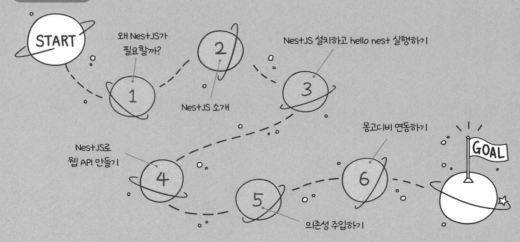

START

왜 NestJS가
필요할까?

1

NestJS 소개

2

NestJS 설치하고 hello nest 실행하기

3

NestJS로
웹 API 만들기

4

5

의존성 주입하기

몽고디비 연동하기

6

GOAL

8.1 왜 NestJS가 필요할까?

1부에서는 익스프레스를 사용해 웹 서버를 구축하고 서비스를 만들어보았습니다. 익스프레스를 사용해서 서버를 구축할 때, 먼저 고민했던 부분이 무엇이었나요? 바로 디렉터리 구조입니다. 별거 아닌 것 같지만 구조에 따라서 아키텍처[1]가 변경되므로 간단한 문제는 아닙니다. 익스프레스에서는 router 〉 controller 〉 service 디렉터리 구조로 만들어서 유저로부터의 요청이 전달되도록 했습니다.

문제는 익스프레스를 사용하는 모든 사람이 이런 아키텍처 문제를 고민해야 한다는 겁니다. 코드 작성자 이외의 사람이 코드를 읽을 때 불편함이 있습니다. NestJS는 이러한 문제를 해결한 웹 서버 프레임워크입니다. NestJS는 서버 개발 시의 아키텍처를 누구든 비슷하게 설계하도록 아키텍처 문제를 해결하는 데 중점을 두고 있습니다.

8.2 NestJS 소개

NestJS네스트제이에스는 자바스크립트 최신 기능을 사용하는 웹 프레임워크입니다.[2] 좋은 구조로 애플리케이션을 작성해 프로젝트의 복잡성을 잘 관리하는 것을 목표로 합니다. NestJS로 코드를 작성해보기 전에 우선 NestJS가 무엇인지 왜 만들었는지, 왜 익혀두면 좋은지 알아보겠습니다.

우리가 함께 배워볼 NestJS는 다음과 같은 특징이 있습니다.

1 Node.js에서 실행하는 서버 사이드 프레임워크입니다.

2 타입스크립트를 완벽하게 지원합니다.

3 자바스크립트의 최신 스펙을 사용합니다. 그러므로 바닐라 자바스크립트[3]를 사용한다면 babel 사용이 필수입니다.

4 HTTP 요청 부분은 추상화된 코드를 제공해 익스프레스와 패스티파이Fastify를 사용할 수 있습니다.

---

1 아키텍처는 구성요소 간의 관계를 말합니다. 단일 프로젝트에서 구성요소의 관계는 디렉터리 구조로 나타납니다.

2 https://nestjs.com/ 에 나와 있는 설명입니다.

3 바닐라 자바스크립트는 외부라이브러리를 사용하지 않는 순수한 자바스크립트를 뜻합니다. NestJS에서는 아직 자바스크립트에 정식으로 채택되지 않은 기능인 데코레이터를 사용하므로 babel이 필요합니다.

패스티파이

패스티파이(https://www.fastify.io/)는 익스프레스와 하피^{Hapi}에 영감을 받은 웹 프레임워크입니다. 특징은 다음과 같습니다.

패스티파이(https://www.fastify.io/)는 익스프레스와 하피[Hapi]에 영감을 받은 웹 프레임워크입니다. 특징은 다음과 같습니다.

- **고성능** : 초당 최대 3만 개의 요청을 처리할 수 있습니다.
- **확장성** : hooks, plugins, decorator를 사용해 확장할 수 있습니다.
- **스키마 기반** : JSON 스키마를 사용해 데이터의 유효성 검증을 할 수 있습니다.
- **로깅** : 로깅은 매우 중요하지만, 비용이 큽니다. 이에 오버헤드가 매우 적은 pino[4]를 로깅 라이브러리로 사용합니다.
- **개발자 친화적** : 성능과 보안에 대한 타협을 하지 않으면서도 사용이 간편합니다.

8.2.1 익스프레스와 NestJS 비교하기

7장까지 학습했던 익스프레스와 NestJS는 어떻게 다른지 알아봅시다.

▼ 익스프레스와 NestJS 비교

	익스프레스	NestJS
간략 소개	미니멀리스트 웹 프레임워크	자바스크립트의 최신 기능을 사용해 효율성을 추구하며 상업용 서버 애플리케이션 구축을 목표로 하는 프레임워크
라우터	직접 라우터 함수를 추가하거나, 미들웨어 사용	@Controller( ) 데코레이터 사용
의존성 주입	없음	잘 만든 의존성 주입 기능을 제공함. 서비스의 의존 관계의 관리가 쉬움
에러 핸들링	직접 에러 처리를 해야 함	@Catch( ) 데코레이터를 사용
테스트	직접 테스트 관련 도구들을 설치 및 실행해야 함	jest를 기반으로 한 내장 테스트 모듈을 제공
인기도	Node.js에서 가장 인기 있는 프레임워크. 깃허브 스타 62170	두 번째로 인기 있는 프레임워크. 깃허브 스타 60700
아키텍처	특정 아키텍처를 요구하지 않음	컨트롤러, 프로바이더, 모듈을 사용한 애플리케이션 아키텍처 제공

---

4 오버헤드가 매우 적은 NodeJS 기반 로깅 라이브러리입니다. https://github.com/pinojs/pino

익스프레스는 최소한의 기능을 제공하는 반면 NestJS는 상대적으로 조금 더 많은 기능을 제공합니다. NestJS의 목표 중의 하나가 자바스크립트로 만드는 웹 서버 프레임워크의 아키텍처 문제를 효과적으로 해결하는 겁니다. NestJS가 지금 주목받는 이유로 아키텍처 문제를 잘 해결하고 있기 때문으로 생각합니다.

서버 개발에 아키텍처는 왜 필요할까요? 바로 쉽게 테스트하고, 쉽게 확장이 가능하고, 각 모듈 간의 의존성은 줄이도록 해야 유지보수가 쉬운데 좋은 아키텍처는 이런 목표를 달성할 수 있게 해줍니다.

7장에서 익스프레스를 사용해 서버를 만들 때 폴더 구조들을 어떻게 잡을지 고민을 했던 기억이 나나요? NestJS에서는 컨트롤러를 어디에 둘지, 서비스를 어디에 둘지, 미들웨어를 어떤 식으로 작성할지 등 개발자의 고민거리를 미리 정리해두었습니다. 이를 데코레이터[5] 기반으로 제공하고 있어서, 배우기가 쉽습니다.

8.2.2 NestJS 둘러보기

NestJS의 핵심 기능으로 의존성 주입을 들 수 있습니다. 의존성 주입은 모듈 간의 결합도를 낮춰서 코드의 재사용을 용이하게 합니다(8.5절 '의존성 주입하기'). 즉, 모듈 내에서의 코드의 응집도는 높여서 모듈의 재사용을 꾀하고 모듈 간에는 결합도를 낮춰서 다양한 아키텍처에서 활용할 수 있게 해줍니다. 이를 위한 장치들로 모듈, 가드, 파이프, 미들웨어, 인터셉터 같은 모듈과 코드의 의존 관계를 구성하는 프로그래밍적 장치들이 있습니다.

기존의 Node.js 생태계에서 자주 사용하는 기능을 통합하고 있으며 기본적으로 RDB와 NoSQL의 연동, 세션 처리, 문서화, 테스트 지원, 로깅, 태스크 스케줄링 등 상업용 서버에서 필요한 대부분의 기능을 제공합니다. 새로 필요한 기능이 있다면 모듈이나 커스텀 데코레이터를 만들어서 다른 코드들에 손쉽게 적용하도록 지원을 합니다.

NestJS의 기능들은 다음의 그림에 정리해두었습니다. 둥근 사각형 모양으로 되어 있는 주제들은 이 책에서 다루는 내용입니다.

---

5 데코레이터는 일종의 함수이며 @데코레이터명으로 사용할 수 있습니다. 메소드, 클래스, 프로퍼티, 파라미터에 붙일 수 있습니다. 부록 A.4.4절 '데코레이터'를 참조하세요.

▼ NestJS 기능

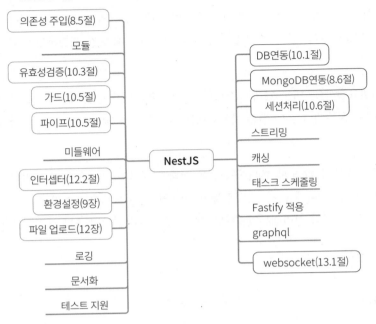

NestJS에서도 데코레이터를 많이 사용합니다. 데코레이터를 만드는 것은 까다롭지만 사용이 매우 직관적이고 간편하기 때문에 NestJS에서는 데코레이터를 적극적으로 사용하고 있습니다. 보통의 경우 **@ 함수명**을 클래스나 함수의 윗 줄에 명시하고 적절한 매개변수를 추가하면 됩니다.

책에서는 HTTP에 관련된 데코레이터를 굉장히 많이 사용합니다. 다음 그림에 HTTP 요청과 관련된 데코레이터를 추가해두었으니 참고해주세요.

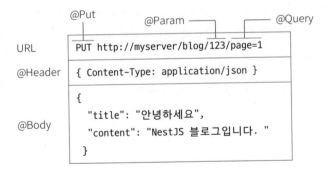

HTTP 부분은 익스프레스를 사용하고 있으므로 익스프레스와 대응되는 데코레이터들이 모두 있습니다. 다음 표를 참고해주세요.

▼ 데코레이터와 익스프레스에 대응 되는 값

데코레이터	익스프레스
Request( ), Req( )	req(Request 객체)
Response( ), Res( )	res(Response 객체)
Next( )	next
Session( )	req.session
Param(key?)	req.params, req.params[key]
Body(key?)	req.body, req.body[key]
Query(key?)	req.query, req.query[key]
Headers(name?)	req.headers, req.headers[name]
Ip( )	req.ip
HostParam( )	req.hosts

NestJS는 익스프레스를 품고 있기 때문에 익스프레스 기반의 미들웨어를 거의 대부분 사용할 수 있습니다. 정확하게는 HTTP 요청과 응답에 익스프레스의 Request와 Response 객체를 기본으로 사용합니다. 성능이 중요하다면 패스티파이로 바꿔 쓸 수도 있습니다. 이는 아키텍처 구조를 유연하게 잘 만들었기 때문입니다.

▼ HTTP 응답을 Fastify와 익스프레스로 감싼 NestJS

빠른 성능이 필요한 부분에서는 패스티파이를 사용하고 그렇지 않은 부분에서는 막강한 서드파티의 지원을 받는 익스프레스를 쓸 수 있으니 NestJS는 성능과 확장성, 유연함을 모두 가져갈 수 있

습니다. npm에서 NestJS의 내려받기 수를 살펴봅시다. 최근 1년간이지만 사용하는 사람이 거의 2배로 늘었습니다. 꾸준하게 성장한다는 겁니다. 사용처도 계속 늘어나고 있으며 현재는 오토데스크, 깃랩, 레드햇, IBM, 젯브레인스 등의 기업에서 사용합니다. 국내에서는 당근마켓, 배달의민족에서 사용합니다.

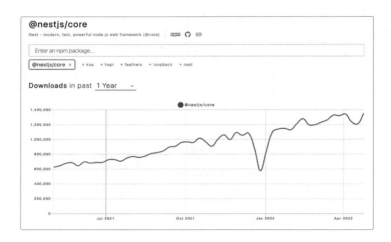

8.3 NestJS 설치하고 실행하기

NestJS는 3가지 방법으로 설치할 수 있습니다. 첫 번째는 NestJS 구동에 필요한 라이브러리들을 모두 손으로 한땀한땀 설치하고 설정하는 방법입니다. 사실 node.js의 익스프레스에는 설치해야 하는 패키지가 별로 없기 때문에 이 방식을 많이 사용합니다. 하지만 NestJS는 설치해야 하는 패키지들이 더 많아서 설정을 더 해야 합니다.

그래서 NestJS에서는 간편하게 프로젝트를 생성하도록 nest-cli 패키지를 제공합니다. 설치를 하고 나면 nest 명령어를 사용해 쉽게 프로젝트를 생성할 수 있습니다. 이것이 두 번째 방법입니다.

마지막은 nest 명령어로 설치하는 저장소를 직접 git clone 명령어로 개발자의 디렉터리에 내려받은 후 자신에게 맞도록 설정을 변경하는 방법입니다.

이 책에서는 nest-cli를 사용하는 두 번째 방법을 대부분 사용할 예정이지만, 처음에는 첫 번째 방법을 사용해서 hello-nestjs를 웹브라우저로 살펴보겠습니다. 다른 방법으로 설치를 하면 더 간단하지만 지금은 배우는 단계이므로 많은 설정 파일을 알아두는 것이 더 이득이기 때문입니다.

8.3.1 의존성 패키지 설치하기

To do 01 프로젝트 디렉터리를 생성하고 의존성 패키지를 설치합시다. 디렉터리명은 hello-nestjs로 이름 짓겠습니다.

```
$ mkdir chapter8
$ cd chapter8
$ mkdir hello-nestjs
$ cd hello-nestjs
```

02 디렉터리를 만들었다면 필요한 패키지들을 설치해봅시다. 행내림 없이 한 줄로 명령을 작성해 실행하세요.

```
$ npm i @nestjs/core @nestjs/common @nestjs/platform-express reflect-metadata
typescript
```

03 설치가 완료되었다면 package.json을 열어봅니다(버전은 설치 시점에 따라 조금씩 다를 수 있습니다).

▼ 패키지 설정

```
chapter8/hello-nestjs/package.json
{
  "dependencies": {
    "@nestjs/common": "^9.0.3",  // ❶ NestJS의 공통 코드들
    "@nestjs/core": "^9.0.3",    // ❷ NestJS의 핵심 코드(가드, 미들웨어, 파이프 등)
    "@nestjs/platform-express": "^9.0.3", // ❸ HTTP 요청에 익스프레스 사용
    "reflect-metadata": "^0.1.13",       // 데코레이터 사용 시 필수
    "typescript": "^4.7.4"        // 타입스크립트 사용 시 필수
  }
}
```

설치한 패키지들을 하나씩 살펴보면서 간략하게 설명드리겠습니다.

❶ @nestjs/common은 실제 프로젝트에서 사용할 대부분 코드가 들어 있습니다. 데코레이터decorator로 사용하는 함수들의 클래스들이 대표적입니다. ❷ @nestjs/core는 @nestjs/common에서 사용하는 코드가 들어 있습니다. 가드guard, 미들웨어middleware, 파이프pipe 등을 만드는 핵심 코드가 있습니다. ❸ @nestjs/platform-express는 이전에 말씀드린 대로 HTTP 요청/응답 부분을 감싸서 익스프레스의 req, res 객체를 사용하는 라이브러리입니다.

8.3.2 타입스크립트 설정하기

NestJS는 타입스크립트를 완벽히 지원하기 때문에 타입스크립트를 사용하면 더 편리하게 개발할 수 있습니다. 그러므로 지금부터는 타입스크립트로 코드를 작성하겠습니다. 타입스크립트는 자바스크립트에 타입을 추가한 언어라고 생각하면 되며, 자바스크립트로 트랜스파일됩니다. 그러므로 어떤 식으로 컴파일할지 설정을 추가해야 합니다. 부록 A에서는 타입스크립트 문법을 알려줍니다. 익숙하지 않은 분이라면 먼저 학습하기 바랍니다. 특별히 어려운 문법을 사용하지는 않으므로, 책에 있는 코드를 이해하는 데 불편함이 없도록 필요할 때마다 문법을 알려드리겠습니다.

To do **01** 타입스크립트를 설정하겠습니다. 타입스크립트 설정 파일은 tsconfig.json 파일이며 프로젝트의 루트 디렉터리에 위치시키면 됩니다. tsconfig.json 파일을 만들고 다음과 같이 작성합시다.

▼ 타입스크립트 설정

chapter8/hello-nestjs/tsconfig.json

```json
{
  "compilerOptions": {          // ❶ 컴파일러 옵션
    "module": "CommonJS",       // ❷ 모듈 시스템
    "target": "ESNEXT",         // ❸ 사용할 ES 버전
    "experimentalDecorators": true,  // ❹ 데코레이터를 사용할지 여부
    "emitDecoratorMetadata": true    // ❺ 데코레이터의 메타 데이터를 같이 내보낼지 여부
  }
}
```

Tip JSON schema for the TypeScript compiler's configuration file 에러가 발생하면 [src] 폴더에 ts 파일을 하나라도 추가하고 나서 VSCode를 재시작해보세요.

❶ 타입스크립트의 컴파일러 옵션은 compilerOptions에 설정합니다. ❷ 컴파일 시 모듈 시스템을 선택할 수 있으며 NodeJS의 모듈 시스템은 CommonJS이므로 CommonJS로 넣어줍니다. ❸ target에는 컴파일 시 사용할 ECMA 버전을 적어줍니다. ESNEXT를 설정하면 최신 버전으로 컴파일을 해줍니다.

❹ experimentalDecorators와 ❺ emitDecoratorMetadata는 데코레이터 관련 부분입니다. NestJS에서는 데코레이터를 매우 매우 많이 사용하므로 꼭 필요한 옵션이라고 할 수 있습니다.

❹ experimentalDecorators는 데코레이터를 사용할지 여부입니다. 타입스크립트 5.0 버전부터 정식으로 지원합니다. ❺ emitDecoratorMetadata는 타입스크립트를 자바스크립트

로 컴파일 시 데코레이터가 설정된 클래스, 함수, 변수, 객체의 메타 데이터를 함께 넣어줄지 여부를 선택합니다. 메타 데이터에는 데코레이터를 달아준 곳이 함수인지, 클래스인지 변수인지에 대한 여부와 매개변수가 있다면 해당 타입, 그리고 결괏값을 포함합니다. 메타 데이터를 넣을 때 의존성 패키지로 설치한 reflect-metadata가 사용됩니다. 즉 reflect-metadata와 emitDecoratorMetadata는 함께 설정이 되어야 합니다.[6]

타입스크립트 설정값 자체는 몇 개 없습니다만, 모르고 사용하는 것보다는 알고 사용하는 것이 당연히 좋습니다. 다음으로 NestJS를 실행하기 위한 코드들을 추가해봅시다.

> **Note** 다음과 같은 타입스크립트 에러가 나면 VSCode를 재시작해보세요.
>
> ```
> JSON schema for the TypeScript compiler's configuration file
> ```

8.3.3 NestJS의 모듈과 컨트롤러 만들기

NestJS는 웹 서버이므로 기본적으로 HTTP 요청/응답을 처리합니다. 일반적으로 웹 애플리케이션 서버에서 HTTP 요청/응답을 처리하기까지 몇 단계를 거치게 됩니다. NestJS에서는 HTTP 요청을 보통 가드 → 인터셉터 → 파이프 → 컨트롤러Controller → 서비스Service → 리포지토리Repository 순서로 처리합니다. 이중에 컨트롤러는 필수입니다. 클라이언트에서 온 요청을 코드에 전달해야 하기 때문입니다. 또한 컨트롤러는 모듈에 포함되어 있습니다. 그러므로 NestJS를 최소한의 코드로 실행시키려면 하나의 모듈과 하나의 컨트롤러가 필요합니다.

▼ 클라이언트가 서버에 요청 시의 일반적인 흐름과 NestJS에 대응되는 코드

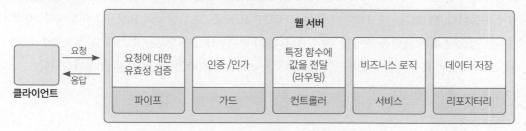

---

6 더 자세한 내용은 https://www.typescriptlang.org/tsconfig#emitDecoratorMetadata를 참고해주세요.

To do **01** [src] 디렉터리를 생성하고 모듈과 컨트롤러 코드를 각각 작성해봅시다. 컨트롤러의 코드부터 작성합니다.

▼ NestJS 첫 컨트롤러의 코드

chapter8/hello-nestjs/src/hello.controller.ts

```
import { Controller, Get } from "@nestjs/common"; // ❶ 필요한 함수 임포트


@Controller()            // ❷ 컨트롤러 데코레이터
export class HelloController { // ❸ 외부에서 사용하므로 export를 붙여줍니다.
  @Get()                 // ❹ GET 요청 처리 데코레이터
  hello() {
    return "안녕하세요! NestJS로 만든 첫 애플리케이션입니다.";
  }
}
```

❶ 대부분 필요한 함수는 nestjs/common에 있습니다. Controller와 Get은 대문자로 시작하긴 하지만 모두 함수이며 데코레이터입니다. 데코레이터는 클래스, 함수, 변수에 위나 왼쪽에 붙일 수 있으며 해당 코드의 동작을 변경합니다.

❷ 앞에 @가 붙어 있으면 데코레이터입니다. 보통은 클래스와 함수의 앞뒤에 전후 처리를 해주어서 해당 코드의 동작에 부가적인 기능을 추가하는 때 사용합니다. @Controller 데코레이터는 클래스에 붙이며 컨트롤러로 사용하도록 해줍니다. 매개변수로 경로를 지정할 수 있습니다. 현재는 아무것도 붙어 있지 않으므로 〈서버 주소〉의 경로가 되며 실습할 때는 localhost:3000를 사용하겠습니다.

❸ 컨트롤러 클래스는 Module에 포함되어야 하므로 export를 붙여서 다른 클래스에서 불러올 수 있게 해줍니다. ❹ @Get 데코레이터 함수는 HTTP 요청 중 GET 방식의 요청을 처리합니다. 매개변수로 경로에 대한 패턴을 지정할 수 있습니다. 이 부분은 8.2절 'NestJS 소개'를 참고해주세요. @Controller와 @Get에 아무런 값이 없으므로 localhost:3000으로 접속 시 값이 나옵니다.

02 모듈 코드를 작성합니다.

▼ NestJS 첫 모듈의 코드

chapter8/hello-nestjs/src/hello.module.ts

```
import { Module } from "@nestjs/common";
import { HelloController } from "./hello.controller";


@Module({ // ❶ 모듈 데코레이터
  controllers: [HelloController],
```

```
})
export class HelloModule {}
```

❶ @Module은 모듈을 설정할 때 사용하는 데코레이터입니다. 몇 가지 설정이 있으나 여기서는 controllers만 설정합니다. controllers에는 배열로 모듈에 포함된 컨트롤러들을 설정합니다. 현재는 HelloController 하나만 있으니 하나만 설정합니다.

8.3.4 hello-nest 앱 실행시켜보기

To do **01** 컨트롤러와 모듈을 만들었으니 NestJS 앱의 main.ts를 만들어봅시다.

▼ NestJS의 기동 시 실행되는 main.ts

```
                                                    chapter8/hello-nestjs/src/main.ts
import { NestFactory } from "@nestjs/core";
import { HelloModule } from "./hello.module";

// ❶ NestJS를 시작시키는 함수
async function bootstrap() {
  // ❷ NestFactory를 사용해서 NestApplication 객체 생성
  const app = await NestFactory.create(HelloModule);

  // ❸ 3000번 포트로 서버 기동
  await app.listen(3000, () => { console.log ("서버 시작!"); });
}

bootstrap();
```

❶ 어떤 프로그램이든 최초로 실행되는 함수가 필요합니다. NestJS의 서버 역시 기동하려면 최초 실행되는 함수, 즉 최초 진입점이 필요합니다. NestJS에서는 진입점을 bootstrap()으로 이름 짓는 것이 관례입니다. ❷ NestFactory는 사실 NestFactoryStatic 클래스이며 create() 함수에 루트 모듈을 넣어서 NestApplication 객체를 생성합니다. NestApplication 객체에는 HTTP 부분을 모듈화한 HTTPAdapter가 있습니다. 기본적으로는 익스프레스가 사용됩니다.

❸ listen() 함수는 HTTP 어댑터로 무엇을 쓰느냐에 따라 다르겠지만, 여기서는 기본값인 익스프레스의 app.listen() 함수입니다. NestJS의 애플리케이션을 실행하는 코드가 익스프레스와 같습니다.

02 간단히 서버를 실행시킬 준비를 마쳤습니다. 타입스크립트로 만든 프로그램을 바로 실행하려면 ts-node-dev라는 패키지가 필요합니다. 설치하지 않고 실행하면 설치할지 여부를 물어봅니다. [chapter8/hello-nestjs]에서 다음 명령으로 설치하고 서버를 실행해봅시다.

```
$ npx ts-node-dev src/main.ts
Need to install the following packages:
  ts-node-dev
Ok to proceed? (y) y
```

03 이제 브라우저를 켜서 localhost:3000으로 접속합시다. 다음과 같이 나오면 성공입니다!

8.3.5 NestJS의 네이밍 규칙

드디어 NestJS로 서버를 띄워보았습니다. 이어서 NestJS의 네이밍 컨벤션(이름 짓기 규칙)을 잠깐 알아보겠습니다. 일반적으로 다음과 같은 규칙을 따릅니다.

규칙1 파일명은 .으로 연결합니다. 모듈이 둘 이상의 단어로 구성되어 있으면 대시로 연결합니다.

```
// <모듈명>.<컴포넌트명>.ts
hello.controller.ts
my-first.controller.ts
</>
```

규칙2 클래스명은 낙타 표기법^{Camel Case}을 사용합니다.

```
// <모듈명><컴포넌트명>
HelloController
```

규칙3 같은 디렉터리에 있는 클래스는 index.ts를 통해서 임포트하는 것을 권장합니다.

```
// index.ts를 사용하지 않는 경우
import { MyFirstController } from './controllers/my-first.controller'
import { MySecondController } from './controllers/my-second.controller'


// index.ts를 사용하는 경우
import { MyFirstController, MySecondController }  './controllers;
```

규칙4 마지막으로 타입스크립트에서는 인터페이스를 많이 사용합니다. 인터페이스는 타입을 정의하는 데 사용되고 구체적인 내용은 클래스를 만들고 인터페이스를 상속하는 방식으로 작성을 합니다. 인터페이스 작명법으로 앞에 I를 붙이는 방법이 있습니다. 예를 들어 Series라는 타입을 정의할 때 ISeries처럼 작명하는 겁니다. 이 방식은 보기에도 어색한 부분이 있습니다. 그래서 NestJS에서는 가능하면 Series 인터페이스를 만들고 그 하위 인터페이스 혹은 클래스를 만듭니다. 다음의 예제 코드를 참고합시다.

▼ 인터페이스 작명하기

```
interface Series {}
interface BookSeries extends Series {}
class MovieSeries extends Series {}
```

간단하게 이름 짓기 규칙을 알아보았습니다. 별거 아닐 수도 있지만 가독성과 협업에서 중요하므로 평소에도 좋은 이름 짓기를 고민하는 것이 좋습니다.[7]

8.4 NestJS로 웹 API 만들기

지금까지 배운 내용을 토대로 블로그를 만들며 NestJS 사용법을 체득하겠습니다. 크게 다음과 같이 3단계로 블로그를 만들 겁니다.

---

7 제가 작성한 변수명을 잘 짓기 위한 글도 있습니다. https://brunch.co.kr/@wapj2000/29

1단계 API 만들기(8.4절)	2단계 의존성 주입(8.5절)	3단계 몽고디비 연동하기(8.6절)
1. 프로젝트 생성하기 2. 컨트롤러 만들기 3. 블로그 API 작성하기 4. 메모리와 파일로 블로그 API 만들기	1. 의존성 주입 설정하기 2. 서비스에 리포지토리 의존성 주입하기 3. 컨트롤러에 서비스 의존성 주입하기	1. 의존성 설치하기 2. 스키마 만들기 3. 몽고디비 리포지토리 생성하기 4. 서비스에서 몽고디비를 사용하도록 변경하기

8.4.1 프로젝트 생성과 설정

먼저 웹 블로그 API 만들겠습니다. hello-nest 앱에서는 처음이기 때문에 한땀한땀 설치했습니다만, nest-cli를 사용하면 한 번에 프로젝트를 설정할 수 있습니다. 그러므로 지금부터는 nest-cli를 사용해서 프로젝트 설정을 하겠습니다.

To do **01** nest-cli는 CLI Command Line Interface 프로그램이므로 global 옵션을 사용해 어디서든지 사용하도록 해야 합니다. 명령창에서 다음의 명령어를 실행해 nest-cli를 설치해줍시다.

▼ nest-cli 설치

```
$ npm install -g @nestjs/cli
```

02 다음으로는 프로젝트를 생성하겠습니다. 프로젝트명은 blog로 하겠습니다.

▼ blog 프로젝트 생성

```
$ cd chapter8
$ nest new blog
```

> **Tip** nest new 명령어 사용 시 에러가 나면 nest 대신 npx @nestjs/cli를 사용해주세요. blog 프로젝트를 만드는 명령어는 다음과 같이 됩니다.
> ```
> $ npx @nestjs/cli new blog
> ```

03 위 명령어 실행하면 어떤 패키지 매니저를 사용할지 물어보는데 npm을 선택합시다. 다른 패키지 매니저가 익숙하시다면 선택하셔도 무방합니다.

▼ 패키지 매니저 선택

```
? Which package manager would you ♥  to use? (Use arrow keys)
> npm
  yarn
  pnpm
```

설치가 완료되었다면 프로젝트 디렉터리에 들어가서 어떤 구조인지 한 번 살펴봅시다.

▼ blog 프로젝트 구조

```
.
├── README.md
├── .gitignore       // ① git 버전 관리에서 제외할 목록 지정
├── .prettierrc      // ② 코드 포매팅 관련 설정 파일
├── nest-cli.json    // ③ nest-cli 설정
├── package-lock.json
├── package.json
├── src
│   ├── app.controller.ts      // ④ 컨트롤러
│   ├── app.controller.spec.ts // ⑤ 컨트롤러 테스트 코드
│   ├── app.module.ts          // ⑥ 모듈
│   ├── app.service.ts         // ⑦ 서비스
│   └── main.ts      // ⑧ 서비스 메인 파일
├── test
│   ├── app.e2e-spec.ts
│   └── jest-e2e.json
├── tsconfig.build.json
└── tsconfig.json   // ⑨ 타입스크립트 설정
```

❶ .gitignore는 git 버전 관리에 관리하지 않는 파일 또는 디렉터리를 정의한 파일입니다. NodeJS 기반 프로젝트에서는 node_modules가 대부분 기본으로 들어 있습니다.

❷ .prettierrc는 코드 포매팅 관련 설정 파일입니다. 대부분의 IDE에는 자동 포매팅 기능이 있습니다. VSCode에서 자바스크립트로 개발할 때 거의 필수로 설치하는 플러그인이 prettier라는 코드포매팅 플러그인입니다. .prettierrc는 코드 포매팅을 어떤 식으로 할지 설정을 하는 파일입니다. ❸ nest-cli.json 파일은 nest 명령어를 사용해 프로젝트를 생성하거나 파일을 생성할 때 필요에 따라 수정합니다. 한 프로젝트 안에 여러 프로젝트를 함께 포함하는 모노레포 등의 기능을

사용할 때 설정합니다.

❹ 컨트롤러와 ❻ 모듈을 각각 하나의 파일에 만들고 ❼ 서비스 파일도 각각 따로 만들어주는 것이 정석입니다.

❺ app.controller.spec.ts는 컨트롤러 테스트를 위한 파일입니다. NestJS에서는 jest와 supertest를 사용해 테스트합니다.

❽ main.ts는 익스프레스에서의 index.js와 같은 서버 기동 시의 시작 파일이 됩니다.

❾ tsconfig.json 및 tsconfig.build.json은 타입스크립트를 위한 설정 파일입니다.

04 프로젝트가 올바르게 설치되었는지 확인해봅시다.

```
$ cd blog
$ npm install
$ npm run start
```

브라우저로 localhost:3000에 접속하면 다음과 같은 화면이 보여야 합니다.

README.md를 열어서 보면 실행 가능한 명령어들이 나와있습니다. 개발 시 사용할 서버 기동 명령어로 npm run start, npm run start:dev, npm run start:prod가 있습니다. npm run start:dev를 사용하면 파일 변경 시 바로 변경을 해주기 때문에 편리합니다. npm run start:prod 는 프로덕션 환경에서 실행 시 사용합니다. 그 외 테스트 관련된 명령어들이 있습니다.

8.4.2 컨트롤러 만들기

NestJS에는 수많은 컴포넌트들이 있습니다. 그중 컨트롤러는 유저가 보낸 HTTP 요청을 어떤 코드에서 처리할지 정하는 역할을 합니다. HTTP 요청 시 헤더, URL 매개변수, 쿼리, 바디 등의 정보가 있습니다. 이 정보를 바탕으로 적절한 데코레이터가 붙어 있는 컨트롤러 코드를 실행시킵니다. 익스프레스에서 개발할 때는 개발자가 임의로 컨트롤러, 서비스, 데이터 연결 등의 계층을 정해서 개발을 했습니다만, NestJS에서 컨트롤러는 **<모듈명>.controller.ts**라는 파일로 만듭니다.

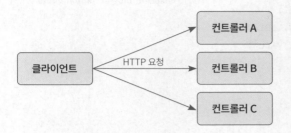

NestJS에서는 모듈 단위로 애플리케이션을 구성합니다. 현재는 루트 모듈인 AppModule이 app.module.ts에 정의되어 있습니다.

▼ 최종 결과물 디렉터리 구조

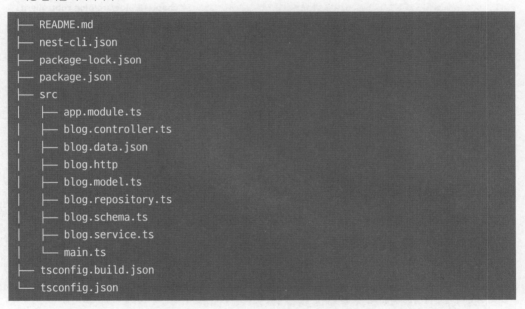

```
├── README.md
├── nest-cli.json
├── package-lock.json
├── package.json
├── src
│   ├── app.module.ts
│   ├── blog.controller.ts
│   ├── blog.data.json
│   ├── blog.http
│   ├── blog.model.ts
│   ├── blog.repository.ts
│   ├── blog.schema.ts
│   ├── blog.service.ts
│   └── main.ts
├── tsconfig.build.json
└── tsconfig.json
```

To do **01** [src] 디렉터리 밑에 main.ts와 app.module.ts를 제외하고는 모두 삭제하고 다시 만들겠습니다. main.ts는 hello-nestjs와 모듈명을 제외하고 완전히 같습니다(그러므로 설명을 생략하겠습니다).

02 app.module.ts 코드를 다음과 같이 수정하고 [chapter8/blog/src] 디렉터리 아래에 blog.controller.ts, blog.service.ts 파일을 각각 생성해서 클래스를 만들어둡시다.

▼ AppModule 코드 수정하기

```ts
                                                          chapter8/blog/src/app.module.ts
import { Module } from '@nestjs/common';
import { BlogController } from './blog.controller';
import { BlogService } from './blog.service';

@Module({
  imports: [],
  controllers: [BlogController],
  providers: [BlogService],
})
export class AppModule {}
```

▼ blog 컨트롤러의 코드

```ts
                                                       chapter8/blog/src/blog.controller.ts
export class BlogController {}
```

▼ service의 코드

```ts
                                                        chapter8/blog/src/blog.service.ts
export class BlogService {}
```

아직까지는 코드가 실행되지 않습니다.

8.4.3 블로그 API 작성하기

블로그 API를 작성하겠습니다. ❶ 모든 글 목록 가져오기, ❷ 글 작성하기, ❸ 게시글 하나 가져오기, ❹ 글 삭제하기, ❺ 글 수정하기 기능을 만들 겁니다.

▼ 블로그 API 스펙

URL 경로	HTTP 메서드	설명
/	GET	글 목록을 가져옵니다.
/blog	POST	글을 씁니다. 글의 정보는 아이디(id), 제목(title), 작성자(name), 내용(content), 생성일시(createdDt), 수정일시(updatedDt)로 구성합니다.
/blog/:id	PUT	게시글 아이디가 id인 글을 수정합니다.
/blog/:id	DELETE	게시글 아이디가 id인 글을 삭제합니다.
/blog/:id	GET	게시글 아이디가 id인 글을 가져옵니다.

블로그 API를 기능을 작성하려면 우선 컨트롤러가 있어야 합니다. 컨트롤러는 URL 경로와 HTTP 속성들을 확인해 특정 코드를 실행시켜줍니다. NestJS에서는 @Controller 데코레이터를 사용해서 컨트롤러를 만듭니다. HTTP 메서드나 URL의 속성도 모두 데코레이터로 표현을 합니다. API 스펙을 그림으로 정리했습니다.

▼ 블로그 API 스펙과 BlogController의 메서드

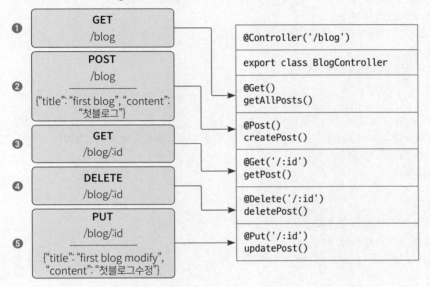

❶ GET /blog는 모든 게시글을 가져오는 메서드인 getAllPosts에 매핑됩니다.

❷ 게시글을 만드는 함수인 createPost는 POST /blog에 매핑됩니다.

❸ 하나의 게시글을 가져오고 싶은 경우 GET /blog/:id를 사용합니다. :id는 @Param 데코레이터를 사용합니다. HTTP 요청에 따른 데코레이터[8]는 잠시 후에 다시 정리하겠습니다. ❹ 게시글을 삭제 시는 DELETE /blog/:id를 사용합니다. :id는 @Param을 사용합니다.

❺ 게시글을 업데이트할 때는 PATCH 혹은 PUT을 사용합니다. 여기서는 PUT을 사용합니다. 그럼 바로 blog.controller.ts에 함수들을 추가하고 로그를 남겨봅시다.

---

8 데코레이터는 부록 A 4.4절 '데코레이터' 참조

To do **01** blog.controller.ts에 API 함수들을 추가합니다.

▼ 블로그 컨트롤러

```typescript
// ❶ 데코레이터 함수 임포트
import { Controller, Param, Body, Delete, Get, Post, Put } from '@nestjs/common';

@Controller('blog') // ❷ 클래스에 붙이는 Controller 데코레이터
export class BlogController {
  @Get()              // ❸ GET 요청 처리
  getAllPosts() {
    console.log('모든 게시글 가져오기');
  }

  @Post()             // ❹ POST 요청 처리
  createPost(@Body() post: any) {  // ❺ HTTP 요청의 body 내용을 post에 할당
    console.log('게시글 작성');
    console.log(post);
  }

  @Get('/:id')         // ❻ GET에 URL 매개변수에 id가 있는 요청 처리
  getPost(@Param('id') id: string) {
    console.log(`[id: ${id}]게시글 하나 가져오기`);
  }

  @Delete('/:id')    // ❼ DELETE 방식에 URL 매개변수로 id가 있는 요청 처리
  deletePost() {
    console.log('게시글 삭제');
  }

  @Put('/:id')         // ❽ PUT 방식에 URL 매개변수로 전달된 id가 있는 요청 처리
  updatePost(@Param('id') id, @Body() post: any) {
    console.log(`[${id}] 게시글 업데이트`);
    console.log(post);
  }
}
```

❶ @nestjs/common에는 모든 데코레이터가 들어 있습니다. 이번 코드에서는 Controller, Param, Body, Delete, Get, Post, Put을 사용합니다.

❷ Controller는 클래스에 붙이는 데코레이터이며 괄호 안의 매개변수로 URL 주소로 사용할 값이 들어갑니다. Controller('/blog')의 의미는 **{서버 주소}/blog** 이하의 요청을 처리한다는 뜻입니다.

❸ Get, ❹ Post, ❼ Delete, ❽ Put은 모두 함수에 붙이는 데코레이터입니다. 매개변수로 URL 주소로 사용할 값을 넣을 수 있습니다. 함수의 이름을 보면 알 수 있듯이 각각 GET, POST, DELETE, PUT 요청이 들어오면 해당 데코레이터가 붙어 있는 함수를 실행합니다.

❺ @Body와 @Param은 매개변수에 붙이는 데코레이터입니다. Body는 함수의 body로 오는 값을 매개변수에 할당합니다. @Param은 URL param의 값을 함수 매개변수에 할당합니다.

컨트롤러를 만들었으니 테스트해볼 차례입니다. GET은 브라우저에서 바로 테스트해볼 수 있지만 그 외 요청은 curl을 사용해야 합니다. VSCode에는 curl보다 사용하기 편한 REST 클라이언트가 있습니다. 다음 절에서 REST 클라이언트를 설치하고 테스트해봅시다.

8.4.4 메모리에 데이터를 저장하는 API 만들기

컨틀롤러의 역할은 HTTP 요청을 특정 함수가 실행하는 것이었습니다. 그렇다면 실제 로직은 어디에 만들까요? 이미 답을 알고 계시겠지만, 미리 생성해둔 BlogService에 비즈니스 로직을 담습니다.

`To do` **01** 컨트롤러와 같은 디렉터리에 blog.service.ts 파일을 생성하고 다음과 같이 작성해봅시다. 메서드명은 BlogController와 동일하게 작성하겠습니다.

▼ 메모리에 저장하는 블로그 서비스

```
                                                          chapter8/blog/src/blog.service.ts
import { PostDto } from './blog.model';  // ❶ 게시글의 타입 정보 임포트

export class BlogService {
  posts = [];            // ❷ 게시글 배열 선언

  getAllPosts() {        // ❸ 모든 게시글 가져오기
      return this.posts;
  }

  createPost(postDto: PostDto) {  // ❹ 게시글 작성
      const id = this.posts.length + 1;
      this.posts.push({ id: id.toString(), ...postDto, createdDt: new Date() });
```

```
  }

  getPost(id) {  // ❺ 게시글 하나 가져오기
      const post = this.posts.find((post) => {
      return post.id === id;
      });
      console.log(post);
      return post;
  }

  delete(id) {  // ❻ 게시글 삭제
      const filteredPosts = this.posts.filter((post) => post.id !== id);
      this.posts = [...filteredPosts];
  }

  updatePost(id, postDto: PostDto) {  // ❼ 게시글 업데이트
      let updateIndex = this.posts.findIndex((post) => post.id === id);
      const updatePost = { id, ...postDto, updatedDt: new Date() };
      this.posts[updateIndex] = updatePost;
      return updatePost;
  }
}
```

❶ blog.model.ts로부터 PostDto를 임포트해옵니다. 여기서 Dto는 data transfer object의 약자입니다. 이런 유형의 클래스나 인터페이스에는 데이터를 나타내는 필드들이 있고, 함수가 있는 경우는 필드의 값을 가져오거나 설정하는 함수만 있습니다. PostDto는 바로 다음 코드 영역에 나오니 참고해주세요.

❷ 게시글을 배열의 형태로 메모리에 담기 위해서 posts 변수를 하나 선언하고 배열로 초기화합니다. ❸ getAllPosts()는 컨트롤러의 함수와 이름을 동일하게 한 서비스 계층의 함수로 posts를 그대로 반환합니다. ❹ 게시글을 작성 시에는 postDto 객체를 받아서 작성합니다. 타입스크립트에서 함수의 매개변수 선언부에 **매개변수명 : 매개변수타입, 매개변수명2: 매개변수타입2...** 형식으로 선언을 할 수 있습니다. ❺ getPost() 함수는 id를 주고 게시글 하나를 가져옵니다. posts에서 find로 찾은 다음 찾은 객체를 반환합니다. ❻ delete() 함수는 매개변수로 받은 id에 해당하는 게시글을 삭제합니다. 필터에 걸리지 않는 배열을 새로 만들어서 posts에 재할당합니다. ❼ updatePost는 업데이트할 게시글을 찾기 위해 id를 받고, 내용을 업데이트하기 위해 postDto를 받습니다.

findIndex를 사용해 인덱스를 찾고 해당 인덱스의 값을 updatePost를 통해서 업데이트하는 방식입니다.

02 블로그 게시글의 타입을 정의합니다.

▼ 블로그 게시글의 타입 정의

chapter8/blog/src/blog.model.ts

```
export interface PostDto {  // ❶ 게시글의 타입을 인터페이스로 정의
  id: string;
  title: string;
  content: string;
  name: string;
  createdDt: Date;
  updatedDt?: Date;  // ❷ 수정 일시는 필수가 아님
}
```

PostDto는 이전에 설명했듯 게시글의 데이터를 나타내는 타입입니다. 타입스크립트에서는 데이터만 가지고 있는 타입을 선언할 때 클래스보다는 인터페이스를 많이 사용합니다.

❶ export를 붙여줘서 다른 곳에서 임포트할 수 있게 했습니다.

❷ PostDto는 id (게시글의 인덱스), title(게시글 제목), content(게시글 내용), name(작성자), createdDt(작성일시)에 대한 필드들을 가지며 이 값들은 null이 아닌 값들입니다. 즉 필수적으로 있어야 하는 값들이라는 의미입니다. updatedDt는 수정일시이며 수정일시는 null이 될 수 있으므로 뒤에 ?를 붙여주었습니다. ?가 있다는 얘기는 필수값이 아니라는 얘기입니다.

03 작성한 BlogService API를 컨트롤러에서 사용할 수 있게 수정하겠습니다. 또한 앞서 배운 데코레이터들을 적용해 HTTP 요청을 적절한 메서드가 처리할 수 있게 해주고, 변수에 값들을 할당하겠습니다.

▼ 블로그 컨트롤러 수정

chapter8/blog/src/blog.controller.ts

```
import { Body, Controller, Delete, Get, Param, Post, Put} from '@nestjs/common';
import { BlogService } from './blog.service';  // ❶ 블로그 서비스 임포트

@Controller('blog')
export class BlogController {
  blogService: BlogService;
```

```
    constructor() {
        this.blogService = new BlogService();      // ❷ 생성자에서 블로그 서비스 생성
    }

    @Get()
    getAllPosts() {                                // ❸ 모든 게시글 가져오기
        console.log('모든 게시글 가져오기');
        return this.blogService.getAllPosts();
    }

    @Post()
    createPost(@Body() postDto) {      // ❹ 게시글 작성
        console.log('게시글 작성');
        this.blogService.createPost(postDto);
        return 'success';
    }

    @Get('/:id')
    getPost(@Param('id') id: string) { // ❺ 게시글 하나 읽기
        console.log('게시글 하나 가져오기');
        return this.blogService.getPost(id);
    }

    @Delete('/:id')
    deletePost(@Param('id') id: string) { // ❻ 게시글 삭제
        console.log('게시글 삭제');
        this.blogService.delete(id);
        return 'success';
    }

    @Put('/:id')
    updatePost(@Param('id') id: string, @Body() postDto) { // ❼ 게시글 업데이트
        console.log('게시글 업데이트', id, postDto);
        return this.blogService.updatePost(id, postDto);
    }
}
```

❶ 블로그 서비스를 사용하기 위해 클래스를 임포트합니다. ❷ BlogService는 클래스이므로 생성자에서 클래스 멤버 변수인 blogService에 new로 인스턴스를 생성 후 할당해줍니다. NestJS에

서는 의존성 주입^{dependency injection}을 주로 사용하지만 아직 배우지 않았으므로 생성자를 사용했습니다.

❸ 모든 게시글 가져오기 ❹ 게시글 작성 ❺ 게시글 하나 가져오기 ❻ 게시글 삭제 ❼ 게시글 업데이트를 모두 blogService 객체를 통해서 진행합니다. 각 코드에 사용된 데코레이터를 다시 한번 살펴봅시다. 값의 유효성 검증은 생략했습니다.

▼ 블로그 API 테스트를 위한 HTTP 파일

```
@server = http://localhost:3000                    chapter8/blog/src/blog.http

# 게시글 조회
GET {{server}}/blog

### 게시글 생성
POST {{server}}/blog
Content-Type: application/json

{
  "title": "안녕하세요",
  "content": "처음 인사드립니다.",
  "name": "이름"
}

### 특정 게시글 조회
GET {{server}}/blog/<게시글ID>

### 게시글 삭제
DELETE {{server}}/blog/<게시글ID>

### 게시글 수정
PUT {{server}}/blog/<게시글ID>
Content-Type: application/json

{
  "title": "타이틀 수정3",
  "content": "본문수정3",
  "name": "jerome.kim"
}
```

04 지금까지 작성한 서버는 메모리에 데이터를 가지고 있습니다. 그래서 서버를 종료하면 데이터가 모두 날아가 버립니다. 아직 의존성 주입을 배우지 않았기 때문에 메모리에 데이터를 저장할 때 서비스 객체를 직접 생성해서 사용했습니다. npm run start:dev 명령으로 서버를 실행하고, blog.http 파일을 사용해 테스트해봅시다.

createPost를 3번 실행해서 게시글 3개를 만들고, 2번째 게시글을 삭제한 다음, 3번째 게시글을 수정한 출력 결과는 다음과 같습니다.[9]

```
HTTP/1.1 200 OK
X-Powered-By: Express
Content-Type: application/json; charset=utf-8
Content-Length: 256
ETag: W/"100-FzmzceIl+I37CwfWz9eHO6z+LNs"
Date: Mon, 25 Jul 2022 13:57:37 GMT
Connection: close

[
  {
    "id": "1",
    "title": "안녕하세요",
    "content": "처음 인사드립니다.",
    "name": "any.sg",
    "createdDt": "2022-07-25T13:57:27.651Z"
  },
  {
    "id": "3",
    "title": "제목 수정3",
    "content": "본문수정3",
    "name": "jerome.kim",
    "updatedDt": "2022-07-25T13:57:37.086Z"
  }
]
```

모든 메서드가 문제없이 동작한다면 다음으로 넘어갑시다.

---

9 테스트는 6.6절에 소개드린 REST 클라이언트를 사용하여 테스트하면 됩니다.

8.4.5 파일에 정보를 저장하도록 API 업그레이드하기

개인적으로 잠시 사용하는 코드라면 메모리에 올려도 문제가 없을 겁니다. 그러나 코드를 수정하고 서버를 재시작할 때마다 작성한 내용이 모두 사라지게 됩니다. 실제로 블로그를 운영하는 데 이런 문제가 있다면 매우 큰 문제일 겁니다. 이 문제를 해결하려면 파일이나 데이터베이스에 저장해야 합니다. 이를 아키텍처 관점에서는 영속성 계층이라고 합니다.

컨트롤러는 변경하지 않고 파일에 저장하는 코드를 추가하겠습니다. 이번에는 인터페이스를 활용해 만들겠습니다. 인터페이스를 사용하면 확장성이 좋은 프로그램을 만들 수 있습니다. BlogRepository 인터페이스를 만들고 BlogRepository를 구현한 BlogFileRepository를 만들어서 진행하겠습니다. 리포지토리에서 기존의 서비스에 구현해두었던 부분들을 모두 구현하게 될 것이므로 BlogService는 단순하게 리포지토리를 사용하는 클래스가 됩니다. ❶ 리포지토리 파일을 생성하고, ❷ 서비스 쪽을 수정해봅시다. 컨트롤러는 메서드 시그니처가 변경되어서 수정하는 부분 빼고는 거 수정할 것이 없습니다.

To do **01** 리포지토리를 구현하겠습니다. 먼저 블로그의 영속성 계층 코드를 구현합니다.

▼ 블로그의 영속성 계층 코드

```ts
                                              chapter8/blog/src/blog.repository.ts
import { readFile, writeFile } from 'fs/promises'; // ❶ 파일을 읽고 쓰는 모듈 임포트
import { PostDto } from './blog.model';

// ❷ 블로그 리포지토리 인터페이스 정의
export interface BlogRepository {
  getAllPost(): Promise<PostDto[]>;
  createPost(postDto: PostDto);
  getPost(id: String): Promise<PostDto>;
  deletePost(id: String);
  updatePost(id: String, postDto: PostDto);
}

// ❸ BlogRepository를 구현한 클래스. 파일을 읽고 쓰기
export class BlogFileRepository implements BlogRepository {
  FILE_NAME = './src/blog.data.json';

  // ❹ 파일을 읽어서 모든 게시글 불러오기
  async getAllPost(): Promise<PostDto[]> {
```

```
    const datas = await readFile(this.FILE_NAME, 'utf8');
    const posts = JSON.parse(datas);
    return posts;
  }
  // ❺ 게시글 쓰기
  async createPost(postDto: PostDto) {
    const posts = await this.getAllPost();
    const id = posts.length + 1;
    const createPost = { id: id.toString(), ...postDto, createdDt: new Date() };
    posts.push(createPost);
    await writeFile(this.FILE_NAME, JSON.stringify(posts));
  }


  // ❻ 게시글 하나 가져오기
  async getPost(id: string): Promise<PostDto> {
    const posts = await this.getAllPost();
    const result = posts.find((post) => post.id === id);
    return result;
  }


  // ❼ 게시글 하나 삭제
  async deletePost(id: string) {
    const posts = await this.getAllPost();
    const filteredPosts = posts.filter((post) => post.id !== id);
    await writeFile(this.FILE_NAME, JSON.stringify(filteredPosts));
  }

  // ❽ 게시글 하나 수정하기
  async updatePost(id: string, postDto: PostDto) {
    const posts = await this.getAllPost();
    const index = posts.findIndex((post) => post.id === id);
    const updatePost = { id, ...postDto, updatedDt: new Date() };
    posts[index] = updatePost;
    await writeFile(this.FILE_NAME, JSON.stringify(posts));
  }
}
```

02 읽고 쓸 파일을 blog/src/blog.data.json이라는 이름으로 만들고 초깃값으로 []을 줍시다.

▼ 블로그의 데이터를 저장하는 파일

```
[]                                          chapter8/blog/src/blog.data.json
```

03 다음으로 서비스 파일을 수정합시다. 서비스 파일은 리포지토리를 사용하는 단순한 로직으로 변경됩니다.

▼ 리포지토리를 사용하는 블로그 서비스 파일

```typescript
import { PostDto } from './blog.model';          chapter8/blog/src/blog.service.ts

// ❶ 리포지토리 클래스와 인터페이스 임포트
import { BlogFileRepository, BlogRepository } from './blog.repository';

export class BlogService {
  posts = [];
  blogRepository: BlogRepository;

  constructor() {          // ❷ 블로그 리포지토리 객체 생성
    this.blogRepository = new BlogFileRepository();
  }

  async getAllPosts() {    // ❸ 모든 게시글 가져오기
    return await this.blogRepository.getAllPost();
  }

  createPost(postDto: PostDto) {          // ❹ 게시글 작성
    this.blogRepository.createPost(postDto);
  }

  async getPost(id): Promise<PostDto> {    // ❺ 게시글 하나 가져오기
    return await this.blogRepository.getPost(id);
  }

  delete(id) {    // ❻ 게시글 삭제
    this.blogRepository.deletePost(id);
  }

  updatePost(id, postDto: PostDto) {      // ❼ 게시글 수정
    this.blogRepository.updatePost(id, postDto);
  }
}
```

04 async await를 지원하도록 컨트롤러를 수정합니다.

▼ 컨트롤러 수정

chapter8/blog/src/blog.controller.ts

```
import { Body, Controller, Delete, Get, Param, Post, Put} from '@nestjs/common';
import { BlogService } from './blog.service';

@Controller('blog')
export class BlogController {
  // ... 생략 ...

  @Get('/:id')
  // ❶ 비동기를 지원하는 메서드로 시그니처 변경
  async getPost(@Param('id') id: string) {
    console.log('게시글 하나 가져오기');

    // ❷ 블로그 서비스에서 사용하는 메서드가 비동기로 변경되었으므로 await 사용
    const post = await this.blogService.getPost(id);
    console.log(post);
    return post;
  }

  // ... 생략 ...
```

컨트롤러 부분은 ❷ 서비스에서 사용하는 getPost() 메서드가 비동기로 변경되었으므로 컨트롤러도 함께 변경해야 합니다.

이로써 NestJS로 블로그 API 만들어보기를 마쳤습니다. 이어서 의존성 주입에 대해 배워보고, 그 다음에는 몽고디비와 연동하겠습니다.

8.5 의존성 주입하기

지금까지 만든 컨트롤러, 서비스, 리포지토리는 서로 의존 관계입니다. 컨트롤러는 서비스를 사용하고, 서비스는 리포지토리를 사용합니다. 각 단계마다 필요한 객체를 사용하려면 생성자에서 객체를 생성했습니다. 지금은 각각 하나씩만 있지만, 수십 수백 클래스가 있다면 의존성을 해결하고자 그만큼 많은 객체를 생성자에서 만들어야 합니다. 직접 생성하지 않고 다른 곳에서 생성한 객

체들을 가져다 쓰면 좋을 것 같은데, 어떻게 하면 될까요? 이때 제어의 역전Inversion Of Control 원칙을 사용합니다. 객체 생성은 개발자가 제어하는 영역이었는데 이 영역을 프레임워크에 맡기는 겁니다. 제어의 역전 원칙을 사용해 만든 패턴이 바로 의존성 주입Dependency Injection입니다. 개발자가 객체를 생성하지 않고 프레임워크가 생성한 컨테이너[10]가 의존성을 관리합니다.

NestJS에서 의존성 주입을 하는 방법은 간단합니다. 주입하고 싶은 클래스에 @Injectable 데코레이터를 붙이기만 하면 됩니다. 블로그 예제에서는 리포지토리와 서비스를 다른 클래스에서 사용하므로 의존성 주입 대상이 될 겁니다. NestJS에서는 @Injectable 데코레이터를 붙이는 클래스들이 많습니다(서비스, 리포지토리, 팩토리, 헬퍼 클래스). @Injectable 데코레이터를 사용하여 다른 클래스에 주입해 사용할 수 있는 클래스들을 프로바이더Provider라고 부릅니다.

▼ 컨트롤러, 서비스, 리포지토리의 의존 관계

```
BlogRepository
      ↑
BlogService
      ↑
BlogController
```

이제 코드를 수정하겠습니다. 리포지토리와 서비스에 @Injectable 데코레이터를 추가하고, 컨트롤러와 서비스의 생성자에서 의존성 객체를 직접 생성하지 않고 선언만 하도록 변경해야 합니다. 마지막으로 AppModule의 @Module 데코레이터에 프로바이더 설정을 추가합니다.

To do 01 @Injectable부터 추가하겠습니다.

▼ 의존성 주입 설정

```ts
import { Injectable } from '@nestjs/common';          chapter8/blog/src/blog.repository.ts
// ... 생략 ...


@Injectable()
export class BlogFileRepository implements BlogRepository {
// ... 생략 ...
```

```ts
import { Injectable } from '@nestjs/common';          chapter8/blog/src/blog.service.ts
// 다른 import문 생략
```

---

10 컨테이너는 도커의 컨테이너로도, 의존성 주입을 위한 객체를 담는 컨테이너로도 쓰입니다. 여기서는 의존성 객체를 담고 있는 컨테이너 객체의 의미로 사용하였습니다.

```
@Injectable()
export class BlogService {
  blogRepository: BlogRepository;

  constructor() {
    this.blogRepository = new BlogFileRepository();
  }
  // ❶ 생성자를 통한 의존성 주입
  constructor(private blogRepository: BlogFileRepository) {}
// ... 생략 ...
}
```

❶ 클래스의 생성자에 매개변수로 설정된 타입이 프로바이더로 설정된 타입 중 하나라면, NestJS 에서 자동으로 필요한 객체를 주입해줍니다. BlogRepository는 인터페이스이므로 클래스를 생성할 수 없습니다. 따라서 의존성 주입을 할 수 없습니다. 의존성 주입을 할 때는 실제로 사용할 클래스를 타입으로 주면 됩니다.

타입스크립트 클래스의 생성자 간단 작성법

constructor(private blogRepository: BlogFileRepository) { }가 조금 복잡해보입니다. 다음 코드를 줄여 쓴 타입스크립트의 문법입니다. 기능상으로는 같습니다.

```
private blogRepository: BlogFileRepository;
constructor(blogRepository: BlogFileRepository) {
  // ❶ 클래스 멤버 변수에 주입받은 blogRepository 할당
  this.blogRepository = blogRepository;
}
```

❶ **constructor(private blogRepository: BlogFileRepository) {}를 풀어서 쓴 코드입니다.**

BlogFileRepository 타입이며 이름이 blogRepository인 클래스 멤버 변수가 있는데, 생성자에서 주입받은 BlogFileRepository 타입의 값을 할당해줍니다.

```
                                              chapter8/blog/src/blog.controller.ts
export class BlogController {
  blogService: BlogService;
```

```
  constructor() {
      this.blogService = new BlogService();
  }

    constructor(private blogService: BlogService) {}  // ❶ BlogService 주입
 // ... 생략 ...
```

❶ 기존에 생성자로 되어 있던 부분을 의존성 주입을 받을 수 있도록 모두 변경했습니다. 다만 이렇게만 하면 에러가 납니다. 왜냐하면 NestJS에서 의존성 주입을 하는 타입인지 모르기 때문입니다.

02 마지막으로 AppModule의 모듈 설정에 Provider 설정을 추가합시다.

▼ AppModule에 provider 설정 추가

```
import { BlogFileRepository } from './blog.repository';     chapter8/blog/src/app.module.ts
// 다른 import문 생략

@Module({
  imports: [],
  controllers: [BlogController],
  providers: [BlogService, BlogFileRepository], // ❶ 프로바이더 설정
})
export class AppModule {}
```

❶ BlogService, BlogFileRepository에 @Injectable을 붙였으므로 프로바이더가 되었습니다. 앱이 실행될 때 의존성 주입을 하도록 클래스 정보를 추가해줍니다.

03 의존성 주입을 완료했습니다. npm run start:dev 명령으로 서버를 띄워서 제대로 동작하는지 blog.http 파일을 이용해 확인해봅시다.

8.6 몽고디비 연동하기

몽고디비와 연동해 데이터베이스에 저장하는 API로 수정해봅시다. NestJS에서 몽고디비를 연동하려면 TypeORM을 사용해 connector를 몽고디비로 사용하거나, Mongoose를 사용하는 방법이 있습니다. 작업은 의존성 설치 → 스키마 만들기 → 몽고디비를 사용하는 리포지토리 추가하기 → 서비스 코드 변경 → 모듈에 몽고 디비 설정과 프로바이더 설정 추가하기 순서로 진행합니다.

8.6.1 의존성 설치

To do **01** 의존성 패키지로 NestJS에서 mongoose를 사용하기 편하게 하는 @nestjs/mongoose를 mongoose 와 함께 설치합니다.

```
$ cd chapter8/blog
$ npm install @nestjs/mongoose mongoose
```

설치하고 나면 package.json의 dependencies 항목에 @nestjs/mongoose와 mongoose가 추가됩니다.

8.6.2 스키마 만들기

mongoose에서는 스키마라고 부르고 있습니다만, RDB와 비교한다면 엔티티 객체와 비슷한 역할을 합니다. 스키마는 @Schema 데코레이터를 붙여서 만들 수 있습니다.

To do **01** [src] 밑에 blog.schema.ts 파일을 생성하고 도큐먼트 타입과 스키마를 만들어봅시다.

▼ 블로그 스키마 파일

chapter8/blog/src/blog.schema.ts

```
import { Prop, Schema, SchemaFactory } from '@nestjs/mongoose';
import { Document } from 'mongoose';

export type BlogDocument = Blog & Document; // ❶ 블로그이면서 도큐먼트인 타입 정의


@Schema()      // ❷ 스키마임을 나타냄
export class Blog {
  @Prop()      // ❸ 스키마의 프로퍼티임을 나타냄
  id: string;

  @Prop()
  title: string;

  @Prop()
  content: string;

  @Prop()
  name: string;
```

```
  @Prop()
  createdDt: Date;

  @Prop()
  updatedDt: Date;
}

export const BlogSchema = SchemaFactory.createForClass(Blog); // ❹ 스키마 생성
```

❶ 블로그 타입이면서 몽고디비의 도큐먼트로 사용할 수 있는 BlogDocument 타입을 생성합니다. 왼쪽에 **type <이름>** 오른쪽에 두 개의 타입을 &로 연결해 교차타입intersection type을 만듭니다. C = A & B로 만들었다면 C는 A와 B의 모든 프로퍼티를 가지고 있어야 합니다. 반면 |를 사용하는 유니온 타입union type이 있습니다. C = A | B 형식은 A 또는 B의 프로퍼티를 가지고 있으면 됩니다. ❷ mongoose를 사용하려면 스키마를 통해 만들어질 모델을 정의해야 합니다. @Schema는 그런 모델을 쉽게 만들 수 있도록 @nestjs/mongoose에서 데코레이터를 제공합니다. ❸ @Prop 은 모델의 프로퍼티임을 나타냅니다. @Prop({ required: true}) 등으로 옵션을 추가할 수 있습니다. ❹ SchemaFactory.createForClass() 함수를 사용해 스키마를 생성합니다. 내부적으로는 mongoose의 new Schema를 사용합니다.

8.6.3 몽고디비를 사용하는 리포지토리 추가하기

To do 01 리포지토리에는 이미 파일을 사용하는 리포지토리 클래스가 있습니다. 여기에 몽고디비를 위한 BlogMongoRepository를 하나 더 추가하겠습니다.

▼ 몽고디비를 사용하는 리포지토리 추가

```
import { InjectModel } from '@nestjs/mongoose';          chapter8/blog/src/blog.repository.ts
import { Model } from 'mongoose';
import { Blog, BlogDocument } from './blog.schema';
// 나머지 import문 생략

export interface BlogRepository {
// ... 생략 ...
}


@Injectable()
```

```
export class BlogFileRepository implements BlogRepository { ... 생략 ... }

@Injectable()
// ❶ 몽고디비용 리포지토리
export class BlogMongoRepository implements BlogRepository {
  // ❷ Model<BlogDocument> 타입인 blogModel 주입
  constructor(@InjectModel(Blog.name) private blogModel: Model<BlogDocument>) {}

  // ❸ 모든 게시글을 읽어오는 함수
  async getAllPost(): Promise<Blog[]> {
    return await this.blogModel.find().exec();
  }

  // ❹ 게시글 작성
  async createPost(postDto: PostDto) {
    const createPost = {
      ...postDto,
      createdDt: new Date(),
      updatedDt: new Date(),
    };
    this.blogModel.create(createPost);
  }

  // ❺ 하나의 게시글 읽기
  async getPost(id: string): Promise<PostDto> {
    return await this.blogModel.findById(id);
  }

  // ❻ 하나의 게시글 삭제
  async deletePost(id: string) {
    await this.blogModel.findByIdAndDelete(id);
  }

  // ❼ 게시글 업데이트
  async updatePost(id: string, postDto: PostDto) {
    const updatePost = { id, ...postDto, updatedDt: new Date() };
    await this.blogModel.findByIdAndUpdate(id, updatePost);
  }
}
```

❶ BlogRepository 인터페이스를 구현한 BlogMongoRepository입니다. 같은 인터페이스를 구현했기에 이전에 만든 BlogFileRepository와 같은 메서드들을 가지고 있습니다. 서비스에서 인터페이스 타입을 사용한다면 큰 변경 없이 사용할 수 있는 장점이 있습니다. ❷ 게시글을 읽기, 쓰기, 수정, 삭제 메서드를 가지고 있는 모델을 주입받습니다. @nestjs/mongoose의 @InjectModel 데코레이터를 사용하면 됩니다. ❸ getAllPost()는 모든 게시글을 읽어오는 함수입니다. blogModel의 find() 함수를 사용합니다.

❹ createPost() 메서드는 게시글을 작성하는 메서드입니다. postDto에서 title, content, name 정보를 가져오고 생성일(createdDt), 수정일(updatedDt) 정보는 createPost 객체를 만들 때 현재 시간을 사용합니다. ❺ getPost() 메서드는 id를 매개변수로 받으며 하나의 게시글 정보를 가져올 때 사용합니다. blogModel의 findById() 함수를 사용합니다. ❻ deletePost() 메서드는 id를 매개변수로 받아서 게시글을 삭제합니다. blogModel의 findByIdAndDelete() 메서드를 사용합니다. ❼ updatePost() 메서드는 게시글 정보를 업데이트할 때 사용합니다. updatedDt 정보만 현재 시간으로 변경해 업데이트합니다. 업데이트 시에는 blogModel의 findByIdAndUpdate() 함수를 사용합니다.

8.6.4 서비스 코드 변경

To do 01 서비스 코드는 리포지토리 의존성만 변경하면 됩니다. BlogFileRepository를 사용하는 부분을 이전에 만든 BlogMongoRepository로 변경해주면 됩니다. 인터페이스를 사용했기에 얻은 이득입니다. 상세 클래스를 인터페이스에 맞춰서 만들면 인터페이스를 사용하는 코드들은 변경하지 않아도 됩니다.

```
// 나머지 import문 생략                          chapter8/blog/src/blog.service.ts
import { BlogFileRepository, BlogRepository } from './blog.repository';
import { BlogMongoRepository } from './blog.repository';

@Injectable()
export class BlogService {
  constructor(private blogRepository: BlogMongoRepository) {}

// 나머지 코드 생략
```

이제 마지막으로 몽고디비 연결 설정과 프로바이더 설정을 해주면 끝납니다.

8.6.5 모듈에 몽고 디비 설정과 프로바이더 설정 추가하기

To do 01 app.module.ts에 몽고디비 연결 설정과 프로바이더 설정을 추가합니다.

▼ 몽고디비 설정을 추가한 AppModule

```typescript
                                                chapter8/blog/src/app.module.ts
import { Module } from '@nestjs/common';
import { MongooseModule } from '@nestjs/mongoose';
import { BlogController } from './blog.controller';
import { BlogFileRepository, BlogMongoRepository } from './blog.repository';
import { Blog, BlogSchema } from './blog.schema';
import { BlogService } from './blog.service';

@Module({
  imports: [
    // ❶ 몽고디비 연결 설정
    MongooseModule.forRoot(
      'mongodb+srv://<아이디>:<패스워드>@<클러스터정보>/blog',
    ),                              본인의 정보를 기입하세요.
    // ❷ 몽고디비 스키마 설정
    MongooseModule.forFeature([{ name: Blog.name, schema: BlogSchema }]),
  ],
  controllers: [BlogController],
  // ❸ 프로바이더 설정
  providers: [BlogService, BlogFileRepository, BlogMongoRepository],
})
export class AppModule {}
```

❶ MongooseModule.forRoot를 사용해 몽고디비 연결을 설정합니다. 이전에 예제에서 사용했던 몽고디비 주소를 사용합니다. 기존과 다른 점은 마지막에 blog 부분이 변경된다는 겁니다. 패스워드는 본인의 패스워드를 추가해주시길 바랍니다. ❷ MongooseModule.forFeature로 스키마 설정을 합니다. name 항목에 이름을 schema에는 만들어둔 BlogSchema를 넣어줍시다. ❸ 몽고디비를 위한 리포지토리를 만들었으므로 프로바이더 설정에 추가해줘야 다른 곳에서 의존성 주입을 사용할 수 있습니다. BlogMongoRepository를 프로바이더 배열에 추가해줍시다.

02 이제 npm run start:dev 명령으로 실행하고 blog.http를 사용해 테스트해봅시다. 몽고디비에서 id값은 순차적으로 증가하는 숫자값이 아니라는 것만 주의하셔서 테스트를 진행해봅시다.

익스프레스의 대안으로 사용할 수 있는 웹 서버인 NestJS을 소개했습니다. 기본적인 구조는 모듈, 컨트롤러, 서비스 구조로 되어 있습니다. 본문에서 다루지 않았습니다만, 모듈은 또 다른 모듈을 포함할 수 있어서 큰 프로젝트를 만들어야 한다면 여러 모듈을 쪼개서 각각 관리하는 것이 좋습니다.[11]

블로그 API를 메모리를 사용하기, 파일 사용하기, 마지막으로 몽고디비를 사용하기로 점진적으로 발전시켜보기도 했습니다. 다음 장부터는 NestJS로 프로젝트를 진행하면서 다양한 기능을 함께 배워보겠습니다.

핵심 용어 설명

1 **데코레이터**는 최신 자바스크립트의 기능으로 함수나 클래스에 붙여서 특정한 기능을 수행할 수 있습니다.
2 **DTO**는 Data Transfer Object의 약자로 데이터만 담고 있는 객체입니다.
3 **의존성 주입**은 객체를 직접 생성하지 않고 생성자나 필드 선언에 데코레이터를 추가해 의존성 객체를 주입하는 겁니다.

추가로 알아보기

1 Node.js에서 작동하는 고성능 웹 프레임워크 **패스티파이**Fastify : https://www.fastify.io/
2 **의존성 주입** : https://www.theserverside.com/definition/inversion-of-control-IoC

---

11 https://docs.nestjs.com/modules

1 다음 중 NestJS의 특징이 아닌 것은 무엇일까요?

❶ Node.js에서 실행하는 서버 사이드 프레임워크이다.

❷ 타입스크립트를 완벽하게 지원한다.

❸ 데코레이터를 많이 활용한다.

❹ HTTP 요청은 익스프레스 혹은 패스티파이를 사용할 수 있다.

❺ 의존성 주입을 사용하지 않는다.

2 NestJS 프로젝트를 명령창에서 간편하게 생성하는 패키지는 무엇일까요?

3 NestJS 프로젝트 생성 후 타입스크립트를 설정하기 위해서 필요한 파일명은 무엇일까요?

4 NestJS 프로젝트에서 타입스크립트를 사용할 경우 반드시 설정해야 하는 옵션들이 있습니다. 다음의 보기에서 해당 옵션을 모두 찾아주세요.

❶ module ❷ target ❸ experimentalDecorators
❹ emitDecoratorMetadata ❺ package

5 NestJS로 만든 서버 구동 시 가장 먼저 실행되는 파일은 무엇일까요?

1 **정답** ❺ NestJS에서는 의존성 주입을 적극적으로 사용하며, 잘 만든 의존성 주입 기능을 제공합니다.

2 **정답** nest-cli 패키지입니다. npm install -g @nestjs/cli로 설치합니다. 3 **정답** tsconfig.json

4 **정답** ❸ experimentalDecorators와 ❹ emitDecoratorMetadata입니다. 각각 데코레이터의 사용 활성화와 데코레이터의 메타데이터를 같이 컴파일할지의 여부를 설정합니다.

5 **정답** main.ts 파일

09장

NestJS 환경 변수
설정하기

학습 목표

환경 변수를 설정하는 방법을 함께 알아보겠습니다. 환경 변수를 테스트하는 데 사용할 프로젝트를 생성하고 환경 변수 설정에 사용하는 .env 파일을 불러오는 테스트를 합니다. NestJS에서 환경 변수 관련 로직을 담당하는 ConfigModule의 설정은 각 모듈별로 설정해야 합니다. 이를 전역으로 하는 방법도 알아보고, 여러 환경 변수를 사용하는 법, 커스텀 환경 변수를 사용하는 법, 기동 시에 환경 변수 파일을 읽어오는 절차, YAML 사용 방법, 캐시 옵션 사용 방법, 확장 변수 사용 방법 등을 알아봅니다.

핵심 키워드

환경 설정 dotenv, YAML, 확장 변수, 커스텀 환경 설정, NODE_ENV

서버 기동 bootstrap, 초기화 및 환경 변수 병합, ConfigModule, ConfigSerivce

학습 코스

START

1 환경 변수 소개

2 프로젝트 생성 및 설정하기

3 NestJS 설정 및 테스트하기

4 ConfigModule을 전역 모듈로 설정하기

5 여러 환경 변수 파일 사용하기

6 커스텀 환경 변수 파일 사용하기

7

8 YAML을 사용해 환경 변수 설정하기

서버 기동과 환경 설정 파일 초기화 순서 알아보기

9 캐시 옵션 사용하기

10 확장 변수 사용하기

11 main.ts에서 환경 변수 사용하기

GOAL

9.1 환경 변수 소개

실무에서 개발을 하다 보면 반드시 환경 설정을 하게 됩니다. 우리가 작성하는 서버 애플리케이션은 다양한 환경의 외부 애플리케이션과 연동을 하게 됩니다. 정말 최소한의 설정만 넣는다고 가정하더라도 데이터베이스 설정은 필요합니다. 여기서 배포를 어떤 환경에 하느냐에 따라서 테스트용, 프로덕션용을 나눠주어야 합니다. QA를 거친다면 QA 환경도 필요합니다. 이외에도 소스 코드에는 들어가면 안 되는 민감한 값이 있을 수 있는데 이런 부분은 최소한 환경 변수로 설정하거나 vault[1] 같은 소스 코드 이외의 외부 저장소에 두어야 합니다. 이러한 작업들은 코드로 제어해서는 안 됩니다. 별도의 파일로 두거나 외부의 서버에 설정해서 읽어올 수 있도록 해야 합니다. 그렇지 않으면 설정이 복잡해질수록 환경 변수를 제어하는 코드가 복잡해지기 때문입니다.

NestJS에서 환경 변수 설정은 ConfigModule에서 할 수 있으며, 설정된 환경 변수를 다른 모듈에서 가져다 쓰려면 ConfigService를 주입받아서 사용해야 합니다.

▼ CongifModule 초기화 순서

ConfigModule은 초기화를 해야 하는데, ❶ ConfigModule.forRoot() 함수로 초기화가 가능합니다. 보통 app.module.ts에서 해당 코드를 실행합니다. ConfigModule을 초기화할 때 ❷ envFilePath 설정에서 환경 변수를 읽은 뒤 ❸ process.env에 설정되어 있는 환경 변수와 합칩니다. ❹ 마지막으로 커스텀 환경 변수를 설정한 load 옵션의 설정과 병합한 뒤 ConfigService를

---

1 https://www.vaultproject.io/

초기화합니다. ConfigService는 각 모듈에 의존성 주입을 해서 별다른 추가 설정 없이 사용할 수 있습니다. ConfigService를 사용하는 방법은 쉽고 직관적입니다. 반면 설정은 더 신경 쓸 것이 많습니다. 간단히 사용 방법을 알아보고 나서 환경 변수 설정에 면밀히 설명합니다.

9.2 프로젝트 생성 및 설정하기

To do **01** 환경 설정 파일 테스트용으로 사용할 config-test라는 이름으로 NestJS 프로젝트를 생성하고 의존성 패키지를 설치합시다. 다음과 같이 nest-cli를 사용해 프로젝트를 생성합니다.

```
$ mkdir chapter9
$ cd chapter9
$ nest new config-test    // 에러가 나면 npx @nestjs/cli new config-test를 실행하세요.
$ cd config-test
$ npm i @nestjs/config    // ① 의존성 패키지 설치
```

① @nestjs/config는 내부적으로는 dotenv[2]를 사용합니다. dotenv는 .env라는 이름의 파일에 환경 변수를 설정하고 불러올 수 있게 하는 자바스크립트로 만든 라이브러리입니다.

생성된 프로젝트의 폴더 구조는 다음과 같습니다.

```
├── README.md
├── nest-cli.json
├── package-lock.json
├── package.json
├── src
│   ├── app.controller.ts    // ① 환경 변수 테스트용 핸들러 함수 추가
│   ├── app.module.ts        // ② ConfigModule 설정
│   ├── app.service.ts
│   └── main.ts              // ③ 기동 시 가장 먼저 실행되는 파일
├── tsconfig.build.json
└── tsconfig.json
```

---

2 https://github.com/motdotla/dotenv

❶ app.controller.ts에는 AppController 클래스가 있습니다. 해당 클래스에 환경 변수를 테스트할 핸들러 함수들을 추가합니다. ❷ app.module.ts는 기본적으로 생성되는 모듈 파일입니다. 여기에 환경 변수 설정에 필요한 모듈인 ConfigModule 설정을 하겠습니다. ❸ main.ts는 NestJS 서버 기동 시 가장 먼저 실행되는 파일입니다. 프로바이더 설정 없이 환경 변수를 설정하는 방법을 알아봅니다.

9.3 NestJS 설정 및 테스트하기

@nestjs/config 설치를 완료했으니 간단하게 환경 변수 설정 및 변수를 읽어보는 테스트를 하겠습니다. app.module.ts에 설치한 @nestjs/config에 있는 ❶ ConfigModule 설정 추가 → ❷ .env 파일 생성 → ❸ app.controller.ts에 테스트 라우팅 함수 추가 순서로 진행됩니다.

▼ NestJS 설정 및 테스트 순서

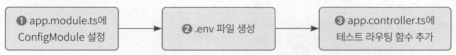

```
❶ app.module.ts에        ❷ .env 파일 생성        ❸ app.controller.ts에
ConfigModule 설정                                테스트 라우팅 함수 추가
```

ConfigModule 설정부터 하겠습니다.

9.3.1 app.module.ts에 ConfigModule 설정하기

To do 01 ConfigModule은 환경 설정에 특화된 기능을 하는 모듈입니다. @nestjs/config 패키지에 포함되어 있는 클래스이며 모든 환경 변수 설정은 ConfigModule로부터 시작한다고 생각하면 됩니다. app.module.ts에 ConfigModule을 설정하겠습니다.

▼ ConfigModule 설정

```typescript
                                          chapter9/config-test/src/app.module.ts
import { Module } from '@nestjs/common';
import { ConfigModule } from '@nestjs/config';
import { AppController } from './app.controller';
import { AppService } from './app.service';

@Module({
  imports: [ConfigModule.forRoot()],  // ❶ ConfigModule 설정
  controllers: [AppController],
```

```
  providers: [AppService],
})
export class AppModule {}
```

❶ ConfigModule.forRoot( ) 함수는 많은 옵션이 있습니다만, 본문에는 아무런 옵션도 추가하지 않았습니다. 이는 NestJS에서 환경 변수를 사용하는 데 필요한 최소한의 설정입니다. 다른 옵션은 표로 정리해두었습니다. 표에 정리한 옵션 중 isGlobal(9.4절), cache(9.9절), envFilePath(9.5절)는 자주 사용하므로 예제 코드와 함께 살펴보겠습니다.

▼ ConfigModule.forRoot( ) 함수 옵션

옵션	설명
cache	메모리 환경 변수를 캐시할지 여부. 애플리케이션의 성능을 향상시켜줍니다.
isGlobal	true이면 global module로 등록되어, 다른 모듈에서 임포트를 따로 해주지 않아도 됩니다.
ignoreEnvFile	true이면 .env 파일이 무시됩니다.
ignoreEnvVars	true이면 환경 변수가 무효가 됩니다.
envFilePath	환경 변수 파일(들)의 경로
encoding	환경 변수 파일의 인코딩
validate	환경 변수의 유효성 검증 함수
load	커스텀 환경 설정 파일을 로딩 시에 사용합니다(ts 파일, YAML 파일 등)

9.3.2 .env 파일 생성하기

To do 01 .env 파일은 @nestjs/config 내부에서 사용하는 dotenv 라이브러리에서 환경 변수 파일을 읽어올 때 사용하는 파일입니다. dotenv는 기본적으로 .env 확장자인 파일을 읽어옵니다. 환경 변수 설정을 가장 간단하게 하는 방법은 .env 파일만 만드는 겁니다. 그러므로 프로젝트 루트 디렉터리([chapter9/config-test] 바로 아래)에 .env 파일을 생성하고 다음과 같이 작성해줍니다. 환경 변수를 키/값으로 저장하는 파일입니다.

▼ .env 파일

chapter9/config-test/.env

```
MESSAGE=hello nestjs  # ❶ 기본 환경 설정 파일 .env의 환경 변수 변수
```

❶ MESSAGE가 키이고 hello nestjs가 값입니다. .env 파일의 형태는 키=값의 형태로 되어 있습니다. '='과 값 사이에는 있는 공백은 무시됩니다. 환경 변수의 키는 보통 대문자로 되어 있으므로 대문자로 해줍니다. 리눅스 또는 맥OS 기반 운영체제에서는 'env' 명령어를 실행하면 시스템 환경 변수를 확인해볼 수 있습니다. 윈도우에서는 set 명령어를 터미널에서 실행하면 됩니다.

9.3.3 app.controller.ts에 코드 추가하기

To do 01 app.controller.ts는 nest-cli로 프로젝트를 생성하면 기본적으로 만들어지는 파일입니다. 내부에는 AppController 클래스가 있는데, 이 클래스에 핸들러 함수 getHello()가 있습니다. getHello() 함수를 수정해 .env에 있는 환경 변수를 사용해봅시다.

▼ app.controller.ts 수정

```
                                            chapter9/config-test/src/app.controller.ts
import { Controller, Get } from '@nestjs/common';
import { ConfigService } from '@nestjs/config';         // ❶ ConfigService 임포트

@Controller()
export class AppController {
  constructor(private configService: ConfigService) {} // ❷ ConfigService 주입

  @Get()
  getHello(): string {
    const message = this.configService.get('MESSAGE'); // ❸ configService.get() 호출
    return message;
  }
}
```

❶ @nestjs/config에 있는 ConfigService를 임포트해줍니다. ❷ 생성자에서 ConfigService를 주입해줍니다. ❸ getHello() 함수에서 configService.get("환경 변수명")을 호출해 값을 message에 할당합니다.

9.3.4 테스트하기

To do 01 이제 npm run start:dev를 실행해 서버를 기동 후 http:// localhost:3000으로 접속해 확인해봅시다. 다음과 같이 화면에 hello nestjs가 나오면 성공입니다.

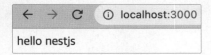

9.4 ConfigModule을 전역 모듈로 설정하기

To do **01** 환경 변수를 읽어오려면 ConfigService를 사용할 수 있어야 합니다. 그러려면 ConfigModule 을 해당 모듈에 설정해야 합니다. 9.3절에서 작성한 코드로는 AppModule에서만 ConfigService 를 사용할 수 있습니다. 만약에 다른 모듈을 추가한다면 추가한 모듈에도 ConfigService를 설정해야 합니다. 모듈이 몇 개 안 된다면 별 문제가 없지만, 큰 프로젝트는 모듈을 수백 개 사용하므로 효율적인 방법이 필요합니다. 이럴 때 isGlobal 옵션을 사용하면 다른 모듈에 ConfigModule을 일일이 임포트하지 않아도 됩니다. isGlobal 옵션을 사용하도록 app.module.ts의 ConfigModule의 설정을 수정해봅시다.

▼ ConfigModule에 isGlobal 옵션

chapter9/config-test/src/app.module.ts

```
import { Module } from '@nestjs/common';
import { ConfigModule } from '@nestjs/config';
import { AppController } from './app.controller';
import { AppService } from './app.service';

@Module({
  imports: [ConfigModule.forRoot({ isGlobal: true })], // ❶ 전역 모듈 설정 추가
  controllers: [AppController],
  providers: [AppService],
})
export class AppModule {}
```

❶ isGlobal 옵션을 주면 전역 모듈로 등록되어 다른 모듈에서는 임포트하지 않아도 됩니다.

전역 모듈이 잘 작동하는지 테스트해봅시다. 날씨 정보를 외부 API를 호출해 가져오는 모듈을 만든다고 합시다. ① .env에 환경 변수를 설정하고 → ② weather 모듈을 만들고 → ③ 임의의 함수를 만들어서 테스트하겠습니다.

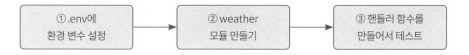

①.env에
환경 변수 설정
→
②weather
모듈 만들기
→
③ 핸들러 함수를
만들어서 테스트

9.4.1 .env에 환경 변수 설정하기

To do **01** .env에 다음과 같이 변수를 추가해줍니다.

▼ .env 파일에 환경 변수 추가

```
                                                                chapter9/config-test/.env
MESSAGE=hello nestjs
WEATHER_API_URL=http://api.openweathermap.org/data/2.5/forecast?id=524901&appid=
WEATHER_API_KEY=my_weather_api_key
```

잘 동작하는 날씨 모듈이 있다고 가정하고 WEATHER_API_URL과 WEATHER_API_KEY 변수를 각각 추가했고 값도 넣어두었습니다.

> **Note** openweathermap.org는 실제로 날씨 API를 제공하는 사이트입니다. 외부 API 사용법을 알려드리는 것은 이 장의 주제와는 맞지 않습니다. 그래서 **이 책에서는 외부의 API를 호출한다고 가정하고 테스트 함수를 만들뿐 실제로 호출을 하지는 않습니다.** 실제로 날씨 정보를 받아오는 동작을 구현하고 싶다면 api.openweathermap.org에서 키를 받아서 해당 API를 구현하면 됩니다. 다만 관심 있는 분들을 고려해 **[chapter9/weather_api_test] 디렉터리에 동작하는 코드를 추가해두었으니, 궁금하신 독자는 참고해주세요.**

다음으로 weather 모듈을 만들어봅시다.

9.4.2 weather 모듈 만들기

To do **01** 전역 모듈 설정이 잘 동작하는지 확인하는 데 사용할 weather 모듈을 만들겠습니다. Nest CLI에서 다음과 같이 실행하면 weather 모듈과 컨트롤러 클래스가 각각 생성됩니다.

```
$ cd chapter9/config-test
$ nest g module weather // 실행에 실패하면 nest 대신 npx @nestjs/cli 명령으로 실행하세요.
$ nest g controller weather --no-spec³
// 실행에 실패하면 nest 대신 npx @nestjs/cli 명령으로 실행하세요.
```

9.4.3 날씨 API 테스트용 핸들러 함수로 테스트하기

모듈을 만들고 컨트롤러 클래스도 추가했으니 컨트롤러에 날씨 API를 테스트할 핸들러 함수를 추가

---

3   –no-spec은 테스트 파일을 만들지 않는다는 의미입니다.

합시다.

To do **01** 날씨 API 테스트용 핸들러 함수를 다음과 같이 작성해줍니다.

▼ weather 모듈의 컨트롤러

```ts
chapter9/config-test/weather/weather.controller.ts

import { Controller, Get } from '@nestjs/common';
import { ConfigService } from '@nestjs/config';    // ❶ ConfigService 임포트

@Controller('weather')
export class WeatherController {
  constructor(private configService: ConfigService) {}    // ❷ 의존성 주입

  @Get()
  public getWeather(): string {
    // ❸ 환경 변숫값 가져오기
    const apiUrl = this.configService.get('WEATHER_API_URL');
    const apiKey = this.configService.get('WEATHER_API_KEY');

    // ❹ 내부 함수인 callWeatherAPI()를 호출
    return this.callWheatherApi(apiUrl, apiKey);
  }

  private callWheatherApi(apiUrl: string, apiKey: string): string {
    console.log('날씨 정보 가져오는 중...');
    console.log(apiUrl);
    console.log(apiKey);
    return '내일은 맑음';
  }
}
```

❶ 환경 변수를 읽는 데 ConfigService가 필요하니 임포트해줍니다. ❷ 클래스에서 사용하도록 configService에 ConfigService를 주입해줍니다. ❸ configService.get() 함수를 사용해 이전에 설정한 WEATHER_API_URL과 WEATHER_API_KEY를 읽어옵니다. ❹ Weather Controller의 내부 함수인 callWeatherAPI()를 호출합니다. callWeatherAPI()에서는 WEATHER_API_URL과 WEATHER_API_KEY의 값을 콘솔에 프린트해주고 "내일은 맑음"이라는 문자열을 반환합니다.

02 이제 npm run start:dev로 서버를 기동하고 http://localhost:3000/weather로 이동합니다. 그러면 getWeather()가 실행됩니다. 브라우저에서 다음과 같은 화면이 보이면 성공입니다.

터미널에 다음과 같은 출력물이 나옵니다.

```
날씨 정보 가져오는 중...
http://api.openweathermap.org/data/2.5/forecast?id=524901&appid=
my_weather_api_key
```

weather 모듈에서 configService를 사용하려면 ConfigModule을 따로 임포트해야 하지만 AppModule에서 ConfigModule을 전역 모듈로 설정했으므로 따로 임포트를 하지 않아도 configService를 사용할 수 있음을 확인했습니다. 다음으로는 하나가 아니라 여러 환경 변수를 사용하는 방법을 알아보겠습니다.

9.5 여러 환경 변수 파일 사용하기

기본 설정으로는 .env 파일을 사용할 수 있습니다만, 현업에서는 dev(개발용), qa(QA용), beta(베타 서비스용), prod(실제 서비스용. real이라고도 부릅니다) 등 여러 가지 환경 변수를 사용합니다. Node.js에서는 일반적으로 NODE_ENV 환경 변수에 용도별 환경 변수를 정의해 사용합니다. 서버 기동 시 사용하는 명령어를 수정해 NODE_ENV에 값을 할당해 환경별로 서버 설정을 다르게 적용해봅시다.

9.5.1 환경별로 서버가 기동되도록 스크립트 수정하기

To do **01** local, dev, prod 환경에서 서버를 기동하려면 package.json의 scripts 항목에 스크립트를 추가해야 합니다. 각각 start, start:dev, start:prod를 수정해 환경별로 기동하게 스크립트를 수정합시다.

▼ 윈도우 서버 기동 스크립트 수정

chapter9/config-test/package.json

```
... 생략 ...
```

```
  "scripts": {
... 생략 ...
    "start": "set NODE_ENV=local&& nest start",  // ❶ NODE_ENV에 local 할당
    "start:dev": "set NODE_ENV=dev&& nest start --watch", // ❷ NODE_ENV에 dev 할당
    "start:debug": "nest start --debug --watch",
    "start:prod": "set NODE_ENV=prod&& node dist/main", // ❸ NODE_ENV에 prod 할당
... 생략 ...
```

맥OS와 리눅스는 다음과 같이 수정해주면 됩니다.

chapter9/config-test/package.json

```
... 생략 ...
  "scripts": {
... 생략 ...
    "start": "NODE_ENV=local nest start",  // ❶ NODE_ENV에 local 할당
    "start:dev": "NODE_ENV=dev nest start --watch", // ❷ NODE_ENV에 dev 할당
    "start:debug": "nest start --debug --watch",
    "start:prod": "NODE_ENV=prod node dist/main",  // ❸ NODE_ENV에 prod 할당
... 생략 ...
```

❶, ❷, ❸ 모두 **NODE_ENV={환경명}** 형식으로 서버 기동 시에 NODE_ENV에 값을 할당합니다.

02 서버 기동 시에 값이 올바르게 나오는지 console.log( )를 추가해 확인해봅시다.

▼ 서버 기동 시 환경 변수 확인

chapter9/config-test/src/app.module.ts

```
// import문 생략
console.log('env : ' + process.env.NODE_ENV); // ❶ 기동 시 환경 변수 출력

@Module({
  imports: [ConfigModule.forRoot({ isGlobal: true }), WeatherModule],
  controllers: [AppController],
  providers: [AppService],

})
export class AppModule {}
```

❶은 서버 기동 시 실행되며 NODE_ENV 환경 변수를 출력합니다. Node.js에서 환경 변수는 **process.env.{환경 변수명}** 형식을 사용합니다. process는 내장 객체이므로 따로 import문을 사

용하지 않아도 됩니다.

03 npm run start:dev로 서버를 기동해 env:dev의 환경 변수가 출력되는지 확인합니다. npm run start 로 서버를 기동하면 local의 환경 변수가, npm run start:prod로 기동하면 prod의 환경 변수 가 출력됩니다.

▼ 서버 기동 시 환경 변수 확인

```
$ npm run start:dev
[오후 10:50:02] Starting compilation in watch mode...
[오후 10:50:03] Found 0 errors. Watching for file changes.
env : dev
```

9.5.2 local, dev, prod 환경 변수 생성

이제 각각 local, dev, prod용 환경 변수를 만들고 서버 기동 시 각 환경에 맞는 환경 변수 파일 을 사용해봅시다. ConfigModule.forRoot()의 옵션 중 envFilePath 옵션을 사용해 구현하겠 습니다.

To do **01** 프로젝트 root에 envs라는 디렉터리를 생성하도록 합시다.

```
$ cd chapter9/config-test
$ mkdir envs
```

디렉터리 생성 후 config-test의 트리 구조는 다음과 같이 됩니다.

```
.
├── README.md
├── envs
├── nest-cli.json
├── package-lock.json
├── package.json
├── src
├── test
├── tsconfig.build.json
└── tsconfig.json
```

02 config-test 서비스 URL이 환경별로 각각 local : http://localhost:3000, dev : http://dev.config-test.com, prod : http://config-test.com이라고 가정하고 local.env, dev.env, prod.env 파일을 생성해 환경 변수를 추가해줍시다.

▼ local 환경 변수

chapter9/config-test/envs/local.env

```
SERVICE_URL=http://localhost:3000
```

▼ dev 환경 변수

chapter9/config-test/envs/dev.env

```
SERVICE_URL=http://dev.config-test.com
```

▼ prod 환경 변수

chapter9/config-test/envs/prod.env

```
SERVICE_URL=http://config-test.com
```

Note http://config-test.com은 존재하지 않는 웹사이트입니다. 환경 변수 테스트를 위해 가정한 URL입니다.

9.5.3 환경 변수에 따라서 다른 환경 변수 파일을 사용하도록 설정 수정하기

To do 01 환경 변수에 따라서 다른 환경 변수 파일을 사용하는 envFilePath를 적용할 수 있게 app.module.ts를 수정합시다. envFilePath는 환경 변수 파일의 경로를 지정하는 옵션입니다.

▼ envFilePath 옵션 추가

chapter9/config-test/src/app.module.t

```
// import문 생략
console.log('env : ' + process.env.NODE_ENV);
console.log('current working directory : ' + process.cwd()); // ❶ 현재 디렉터리 출력

@Module({
  imports: [
    ConfigModule.forRoot({
      isGlobal: true,
      envFilePath: `${process.cwd()}/envs/${process.env.NODE_ENV}.env`,
      // ❷ 환경 변수 파일 경로 지정
    }),
    WeatherModule,
  ],
```

```
  controllers: [AppController],
  providers: [AppService],
})
export class AppModule {}
```

❶ process.cwd( )는 현재 디렉터리의 절대 경로를 출력해줍니다. npm run을 실행하면 chapter9/config-test의 경로에서 실행하므로 **{사용자의 프로젝트경로}/chapter9/config-test**가 출력됩니다. 이 값을 envFilePath에서 사용합니다.

❷ ${process.cwd( )}은 **{사용자의 프로젝트경로}/chapter9/config-test**이고 /envs 뒤에 환경 변숫값 local, dev, prod가 나옵니다. 그 후 파일 확장자명인 .env가 나오게 됩니다. 결국 **/chapter9/config-test/envs/{환경 변숫값}.env**의 파일을 참고합니다.

9.5.4 테스트용 핸들러 함수로 테스트하기

To do **01** 이제 환경 변숫값을 확인하는 핸들러 함수를 만들겠습니다. 브라우저에서 http://localhost:3000/service-url에 접속해 각 환경별로 추가한 SERVICE_URL 환경 변수가 화면에 잘 표시되게 만들어봅시다.

▼ 환경 변수 테스트용 핸들러 함수 추가

chapter9/config-test/src/app.controller.ts

```
// import문 생략

@Controller()
export class AppController {
// ... 생략 ...
  @Get('service-url') // ❶ http://localhost:3000/service-url의 경로 진입 시 실행
  getServiceUrl(): string {
    return this.configService.get('SERVICE_URL');  // ❷ SERVICE_URL 환경 변수 반환
  }
}
```

❶ HTTP 요청이 GET 방식으로 들어오며 요청하는 URL이 http://localhost:3000/service-url 일 때 getServiceUrl() 함수가 실행됩니다. 즉 브라우저에서 해당 URL에 접속하면 실행됩니다.

❷ 환경 변수에서 SERVICE_URL값을 읽어서 반환해줍니다. 브라우저에는 SERVICE_URL에 해당하는 문자열이 나오게 됩니다.

02 이제 준비가 끝났으니 npm run start, npm run start:dev, npm run start:prod를 각각 실행하고 브라우저에서 http://localhost:3000/service-url에 접속해 어떤 값이 나오는지 확인해봅시다.

```
$ npm run start       // 실행 후 브라우저에서 확인. 확인 후 ctrl+c로 종료하고 다음 명령어 실행
$ npm run start:dev   // 실행 후 브라우저에서 확인. 확인 후 ctrl+c로 종료하고 다음 명령어 실행
$ npm run start:prod
```

결괏값은 각각 다음과 같이 나오게 됩니다.

▼ npm run start 실행 때

← → C ⓘ localhost:3000/service-url

http://localhost:3000

▼ npm run start:dev 실행 때

← → C ⓘ localhost:3000/service-url

http://dev.config-test.com

▼ npm run start:prod 실행 때

← → C ⓘ localhost:3000/service-url

http://config-test.com

9.6 커스텀 환경 설정 파일 사용하기

.env 확장자를 가지는 환경 설정 파일 이외에 .ts를 확장자로 가지는 파일도 환경 설정 파일로 사용할 수 있습니다. 일반적으로 .env만으로도 충분합니다만, 복잡한 설정이 필요할 때 .ts 환경 설정 파일을 사용합니다. 환경 설정 파일로 .ts 파일을 사용하면 커스텀한 환경 설정을 할 수 있습니다. 예를 들어 환경 변수 파일에 공통으로 넣을 환경 변수 설정하기, YAML 파일을 환경 변수로 사용하기, 설정에 대한 유효성 검증하기 등을 할 수 있습니다.

.ts 파일을 사용해 공통 환경 변수 설정과 YAML 파일로 설정하기를 알아보겠습니다. 다음의 순서로 진행합니다.

- config.ts 환경 변수 파일 생성
- ConfigModule에 load 옵션 추가
- 커스텀 환경 변수 읽기

이번 절의 핵심은 config.ts 파일입니다. config.ts는 개발자가 환경 변수를 구성하는 로직을 작성할 수 있습니다. 다음에 나올 그림에 있는 로직을 구현하는 파일을 만들겠습니다.

▼ 커스텀 환경 변수 파일 config.ts의 로직

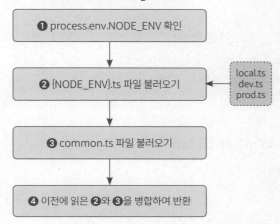

❶ process.env.NODE_ENV 환경 변수를 확인해 어떤 환경에서 서버가 실행되고 있는지 확인합니다. ❷ process.env.NODE_ENV에는 local, dev, prod가 값으로 들어갈 수 있으며 local일 때는 local.ts 파일을 읽습니다. dev, prod의 경우 각각 dev.ts, prod.ts를 읽습니다. ❸ 공통 환경 변수 파일인 common.ts 파일을 읽어옵니다. ❹ 이전에 읽은 ❷와 ❸을 병합한 설정값을 반환합니다.

9.6.1 환경 변수 파일 생성하기

To do 01 실행 시 logLevel, apiVersion, MESSAGE 등 공통으로 사용할 환경 변수를 정의하는 파일을 정의합니다.

▼ 공통 환경 변수

```
export default { // ❶ 공통 환경 변수를 반환       chapter9/config-test/src/configs/common.ts
  logLevel: 'info',
  apiVersion: '1.0.0',
  MESSAGE: 'hello',
};
```

❶ 공통 환경 변수를 위한 객체입니다. logLevel, apiVersion, MESSAGE 정보를 가지고 있습

니다(common.ts에 설정한 키와 값들은 얼핏 보면 실제로 시스템에서 공통적으로 사용하는 정보처럼 보입니다만, 시스템에 영향을 주지 않는 예시용입니다. 안심하고 예제를 작성해주세요).

02 로컬 개발 환경의 환경 변수를 반환하는 파일을 만듭니다.

▼ 로컬 환경 변수

chapter9/config-test/src/configs/local.ts

```
export default {          // 로컬 개발 환경의 환경 변수 반환
  dbInfo: 'http://localhost:3306', // ❶ DB 접속 정보
};
```

❶ 데이터베이스의 접속 주소 정보를 나타내는 dbInfo 하나만 있습니다.

03 개발 환경의 환경 변수를 반환하는 파일을 정의합니다.

▼ 개발 환경 변수

chapter9/config-test/src/configs/dev.ts

```
export default {          // 개발 환경의 환경 변수 반환
  logLevel: 'debug',  // ❶ 로그 레벨
  dbInfo: 'http://dev-mysql:3306',
};
```

❶ logLevel은 common.ts에서는 info로 되어 있습니다만, 개발 환경에서는 debug로 덮어씁니다.

04 프로덕션 환경의 환경 변수를 반환하는 파일을 정의합니다.

▼ 프로덕션 환경 변수

chapter9/config-test/src/configs/prod.ts

```
export default {          // 프로덕션 환경의 환경 변수 반환
  logLevel: 'error',      // logLevel을 error로 덮어씁니다.
  dbInfo: 'http://prod-mysql:3306',
};
```

05 이제 common.ts와 각 환경 변수를 합쳐주는 config.ts 파일을 만들어봅시다.

▼ 통합 환경 변수

chapter9/config-test/src/configs/config.ts

```
import common from './common';
import local from './local';
```

```
import dev from './dev';
import prod from './prod';

const phase = process.env.NODE_ENV;  // ❶ phase에 NODE_ENV값 저장

let conf = {}; // ❷ phase의 값에 따라서 적절한 환경 변숫값을 conf에 저장
if (phase === 'local') {
  conf = local;
} else if (phase === 'dev') {
  conf = dev;
} else if (phase === 'prod') {
  conf = prod;
}

// ❸ common과 conf에서 받은 값을 합쳐서 결괏값으로 주는 함수 반환
export default () => ({
  ...common,
  ...conf,
});
```

❶ process.env.NODE_ENV값을 여러 번 사용해야 하므로 phase 변수에 저장합니다. ❷ phase 값이 각각 local, dev, prod인지에 따라 conf에 저장하는 값이 달라집니다.

❸ 스프레드 연산자 ...을 사용해 common과 conf를 합쳐줍니다. load 옵션에서는 () => ({}) 형태로 값을 주어야 하므로 () => ()로 객체를 한 번 감싸줍니다. Record는 객체를 결괏값으로 받는 함수 타입을 의미하고 〈string, any〉에서 string은 키의 타입입니다. 키는 문자열이며, any는 키에 대한 값의 타입입니다. any이므로 아무 타입이나 올 수 있다는 뜻입니다.

여기까지 진행했다면 src/configs 아래에 다음과 같이 환경 변수 파일이 있습니다.

9.6.2 ConfigModule에 load 옵션 추가하기

To do 01 커스텀 파일 설정을 하려면 load 옵션을 추가해야 합니다. app.module.ts의 ConfigModule 설정에 load 옵션을 추가해봅시다.

▼ ConfigModule 설정

```ts
// chapter9/config-test/src/app.module.ts
// ... 생략 ...
import config from './configs/config';

@Module({
  imports: [
    ConfigModule.forRoot({
      isGlobal: true,
      envFilePath: `${process.cwd()}/envs/${process.env.NODE_ENV}.env`,
      load: [config], // ❶ 커스텀 설정 파일 설정
    }),
    WeatherModule,
  ],
  controllers: [AppController],
  providers: [AppService],
})
export class AppModule {}
```

❶ load 옵션을 사용해 커스텀 설정 파일을 추가해줍니다.

9.6.3 커스텀 환경 변수 읽기 테스트하기

To do 01 이제 커스텀 환경 변수 읽기 테스트를 해봅시다. app.controller.ts에 테스트용 함수를 추가하겠습니다.

▼ db-info 라우팅 정보 추가

```ts
// chapter9/config-test/src/app.controller.ts
import { Controller, Get } from '@nestjs/common';
import { ConfigService } from '@nestjs/config';

@Controller()
export class AppController {
// ... 생략 ...

  @Get('db-info') // ❶ 라우팅 정보
  getTest(): string {
    console.log(this.configService.get('logLevel')); // ❷ logLevel 터미널에 출력
    console.log(this.configService.get('apiVersion')); // ❸ apiVersion 터미널에 출력
    return this.configService.get('dbInfo'); // ❹ 웹브라우저에 dbInfo 표시
```

```
    }
}
```

❶ localhost:3000/db-info에 접속하면 브라우저와 터미널에 정보가 출력됩니다. ❷ logLevel을 터미널에 출력합니다. ❸ apiVersion을 터미널에 출력합니다. ❹ 브라우저에 dbInfo를 표시해줍니다.

02 이제 npm run start, npm run start:dev, npm run start:prod로 서버를 기동해 각각 테스트해봅시다.

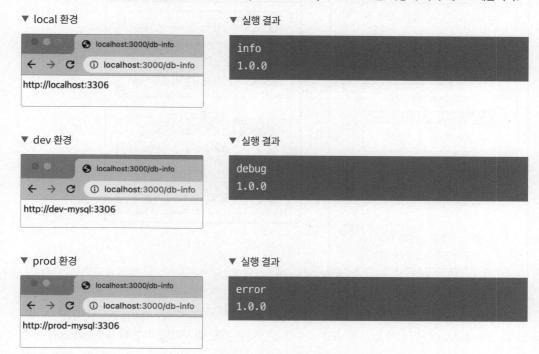

▼ local 환경   ▼ 실행 결과

http://localhost:3306

```
info
1.0.0
```

▼ dev 환경   ▼ 실행 결과

http://dev-mysql:3306

```
debug
1.0.0
```

▼ prod 환경   ▼ 실행 결과

http://prod-mysql:3306

```
error
1.0.0
```

local, dev, prod 환경에 커스텀 환경 변수로 설정한 각 값들이 잘 나오고 있습니다.

깊이보기 9.7 서버 기동과 환경 설정 파일 초기화 순서 알아보기

서버 기동 시에 환경 설정 파일을 읽어서 환경 변수를 사용할 수 있다는 것을 알아보았습니다. 그렇다면 언제 환경 설정 파일을 읽는 것일까요? config-test 프로젝트를 기준으로 서버 기동 시 초기화되는 순서를 알아보고, 환경 변수는 어떤 순서로 반영되는지 알아봅시다. 먼저 서버 기동 시의 초기화 순서를 알아보겠습니다.

▼ 서버 기동 시 환경 변수 설정 및 초기화 순서

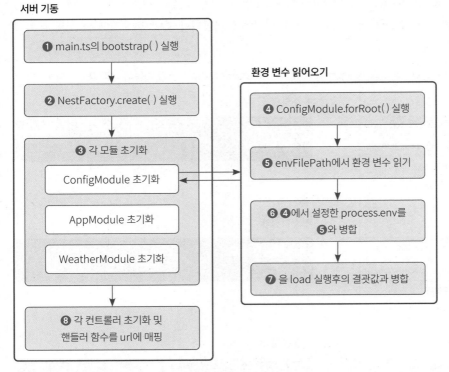

npm run start 명령어를 사용해 서버를 기동할 때 먼저 실행되는 파일은 main.ts입니다. ❶ main. ts에는 bootstrap() 함수가 있으며 해당 함수를 실행하는 것으로 시작합니다. ❷ bootstrap() 함수에서는 NestFactory.create()를 실행합니다. NestFactory.create()는 설정되어 있는 모듈을 초기화하는 작업을 진행합니다.

❸ 각 모듈이 초기화될 때 의존성 주입을 해야 하는 부분들을 초기화하고 주입하도록 인스턴스를 생성하는 일을 합니다. 9장의 프로젝트 기준으로는 ConfigModule을 먼저 초기화해 환경 변수를 어떤 모듈에서든지 읽을 수 있는 준비를 해줍니다. 다음으로 AppModule을 초기화하고, AppModule 하위에 있는 WeatherModule을 초기화합니다. 모듈별 초기화 순서는 프로젝트에 따라 다를 수 있습니다.

❹ AppModule에 설정되어 있는 ConfigModule.forRoot()를 실행해 설정 파일을 읽습니다. 아무런 설정이 없으면 .env 파일에서 설정을 읽어옵니다. ❺ envFilePath 설정이 있다면 리스트에 담겨 있는 순서대로 설정을 읽어서 저장합니다. 다음으로 시스템의 환경 변수인 ❻ process.env에 있는 환경 변수를 병합합니다. ❼ load 옵션이 있다면 load에 있는 환경 변수를 ❻에서 만든 환경 변수와 합치게 됩니다.

❽ 모듈이 모두 초기화되었다면, 컨트롤러의 인스턴스를 생성하고 컨트롤러에 있는 핸들러 함수를 URL과 매핑하는 작업을 진행합니다. 이 작업이 끝나면 서버는 성공적으로 시작된다는 메시지를 보내줍니다.

9.8 YAML 파일을 사용해 환경 변수 설정하기

최근에는 환경 변수를 설정할 때, YAML을 사용하는 경우가 많습니다. 예를 들어 쿠버네티스, 스프링, 앤서블^{Ansible} 등에서는 지원하고 있으니 사용하지 않더라도 알아두는 것이 좋습니다. YAML은 문법이 간결하며 JSON에서 표현하는 모든 데이터를 표현할 수 있습니다. 또한 JSON에서 불가능한 주석도 지원합니다. ConfigModule이 YAML 파일을 읽으려면 9.6절에서 다룬 커스텀 환경 설정 파일에 YAML 파일을 읽어오도록 코드를 작성해야 합니다. 즉 config.ts를 수정해야 합니다.

Nest.js에서 YAML로 환경 변수를 설정해봅시다. js-yaml 패키지를 설치하고 config.yaml 파일을 생성한 후 앞서(9.6.1절) 만든 config.ts 파일을 수정해야 합니다. js-yaml 패키지부터 설치해봅시다.

9.8.1 js-yaml 설치하기

`To do` **01** 설치는 간단합니다. npm install 혹은 npm i를 사용해 설치하면 됩니다. 타입 정보를 저장할 수 있게 @types/js-yaml도 함께 설치해줍시다. 타입 정보가 있으면 IDE에서 타입 정보를 확인해 자동 완성과 컴파일 타임의 타입 체크 등의 기능을 지원해주므로 편리합니다.

```
$ npm i js-yaml
$ npm i -D @types/js-yaml
```

9.8.2 config.yaml 파일 생성하기

To do 01 js-yaml을 설치했으니 js-yaml에서 읽어올 파일을 생성합시다. config-test/envs 디렉터리 아래에 config.ts에서 읽어올 config.yaml 파일을 만들고 다음과 같이 생성해줍시다.

▼ YAML 설정 파일 추가

```
                                    chapter9/config-test/src/envs/config.yaml
http:
  port: 3000

redis:
  host: 'localhost'
  port: 6379
```

9.8.3 config.ts 수정하기

To do 01 YAML 파일은 커스텀 설정 파일로 취급하므로 9.6절에서 만든 config.ts에 설정을 추가해줍니다.

▼ config.ts에 YAML 설정 추가

```
                                    chapter9/config-test/src/configs/config.ts
import { readFileSync } from 'fs';
import * as yaml from 'js-yaml';

// ... 생략 ...
const yamlConfig: Record<string, any> = yaml.load(   // ❶ YAML 파일 로딩
  readFileSync(`${process.cwd()}/envs/config.yaml`, 'utf8'),
);

export default () => ({
  ...common,
  ...conf,
  ...yamlConfig, // ❷ 기존 설정의 마지막에 덧붙임
});
```

❶ yaml.load를 사용해 config.yaml 파일을 읽어옵니다. 이때 반환하는 타입은 Record ⟨string, any⟩입니다. ❷ 기존의 환경 설정에 yaml.load로 읽어온 설정을 덧붙입니다.

9.8.4 테스트용 핸들러 함수로 테스트하기

To do **01** 설정 파일 추가 및 설정을 완료했으므로 테스트용 핸들러 함수를 추가하고 브라우저에서 테스트를 해봅시다.

▼ YAML 테스트용 핸들러 추가

```
                                         chapter9/config-test/src/app.controller.ts
import { Controller, Get } from '@nestjs/common';
import { ConfigService } from '@nestjs/config';

@Controller()
export class AppController {
// ... 생략 ...
  @Get('redis-info')
  getRedisInfo(): string {
    return `${this.configService.get('redis.host')}:${this.configService.
get('redis.port')}`;
  }
}
```

02 npm run start:dev로 서버를 시작하고 브라우저로 http://localhost:3000/redis-info에 접속해봅시다. 다음과 같은 결과가 나오면 성공입니다.

9.9 캐시 옵션 사용하기

To do **01** 설정 파일을 읽고, 내용을 파싱해 메모리에 키와 값으로 저장해야 사용할 수 있습니다. 설정 파일은 서버가 한 번 기동된 뒤에는 변경되지 않으므로 캐시를 사용하면 성능에서 이득입니다. 캐시를 사용할 수 있게 옵션을 수정합니다.

▼ ConfigModule에 캐시 옵션 추가

```
                                            chapter9/config-test/src/app.module.ts
ConfigModule.forRoot({
// ... 생략 ...
```

```
    cache: true, // ❶ 캐시하기
});
```

❶ cache:true 옵션을 사용하면 ConfigService의 get() 함수를 사용할 때 캐시에서 먼저 불러오게 되므로 성능상의 이점이 있습니다.

9.10 확장 변수 사용하기

To do 01 확장 변수expandable variables는 이미 선언된 변수를 다른 변수에 **${ 변수명}**으로 할당하는 기능입니다. 확장 변수 설정을 추가해줍니다.

▼ 확장 변수의 설정 추가

chapter9/config-test/envs/local.env

```
SERVER_DOMAIN=localhost    // ❶ 환경 변수 SERVER_DOMAIN 선언
SERVER_PORT=3000           // ❷ 환경 변수 SERVER_PORT 선언

# ❸ 확장 변수 기능을 사용한 변수 선언
SERVER_URL=http://${SERVER_DOMAIN}:${SERVER_PORT}
```

❶ 환경 변수 SERVER_DOMAIN과 ❷ SERVER_PORT의 값을 ❸ 새로운 변수 SERVER_URL에 할당했습니다.

확장 변수는 내부적으로는 dotenv-expand[4] 패키지를 사용합니다.

9.10.1 확장 변수를 사용할 수 있게 추가 설정하기

To do 01 확장 변수를 사용하려면 ConfigModule에 한 가지 더 설정을 해줘야 합니다. expandVariables 옵션을 추가해줍시다.

---

4 https://github.com/motdotla/dotenv-expand

▼ ConfigModule에 확장 함수 옵션 추가

```
ConfigModule.forRoot({                              chapter9/config-test/src/app.module.ts
// ... 생략 ...
    expandVariables: true, // ❶ 확장 변수 옵션 추가
});
```

9.10.2 테스트용 핸들러 함수로 테스트하기

To do 01 controller.ts의 service-url 핸들러 함수의 내용을 약간 수정해 만들어둔 확장 변수를 잘 읽어오는지 확인해봅시다.

▼ 확장 변수 테스트 추가

```
@Controller()                                       chapter9/config-test/src/app.controller.ts
export class AppController {

  @Get('server-url')
  getServerUrl(): string {
    return this.configService.get('SERVER_URL'); // ❶ 확장 변숫값 읽기
  }
}
```

02 npm run start를 사용해 서버를 기동하고 http://localhost:3000/server-url에서 확인해봅시다. 다음과 같이 나오면 성공입니다.

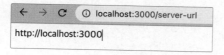

Warning 확장 변수는 local.env에만 정의했으므로 dev, prod 환경에서는 나오지 않습니다. npm run start:dev, npm run start:prod의 때는 제대로 표시되지 않는 것에 주의합시다.

9.11 main.ts에서 환경 변수 사용하기

To do **01** main.ts는 서버 기동 시 가장 먼저 실행되는 파일입니다. 익스프레스에서는 index.js와 같은 역할을 하는 파일입니다. 가장 먼저 실행이 되므로 해당 파일에서 NestFactory.create()를 호출해주기 전에는 ConfigModule이 활성화되지 않습니다. 또한 클래스가 아니라 bootstrap() 함수만 있으므로 기존처럼 클래스의 생성자로 의존성 주입을 받을 수 없어, 다른 방법으로 ConfigService를 사용해야 합니다. main.ts에서는 configService 인스턴스를 주입받을 수는 없으므로 app.get() 메서드에 ConfigService 클래스를 인수로 주고, 반환값을 받는 방식을 사용합니다. ConfigService를 추가하고 사용하도록 코드를 수정하겠습니다.

```
                                                    chapter9/config-test/src/main.ts
import { ConfigService } from '@nestjs/config';
// import 생략

async function bootstrap() {
  const app = await NestFactory.create(AppModule);
  const configService = app.get(ConfigService); // ❶ ConfigService를 app.get()에 추가
  await app.listen(configService.get("SERVER_PORT"));  // ❷ configService 사용
}
bootstrap();
```

❶ app.get() 메서드에 ConfigService를 넣으면 앱의 환경 변수를 사용할 수 있는 configService 인스턴스를 반환해줍니다. ❷에서는 ❶에서 받은 configService 인스턴스를 사용해 기존에는 하드코딩되어 있던 서버 포트 정보를 환경 변수로 변경합니다.

개발, 배포 등에 상황에 따라 환경 변수를 달리해야 합니다. 한 번 잘 설정해두면 개발 중이던 애플리케이션을 플래그만 변경해 배포할 수도 있습니다. ConfigModule에는 다양한 옵션이 있는데 그 중 전역 모듈로 만들어주는 isGlobal 옵션, 환경 변수 파일의 경로를 지정하는 envFilePath 옵션, 커스텀한 환경 변수 파일을 사용할 수 있게 하는 load 옵션, 캐싱을 지원하는 cache 옵션, 확장 변수를 지원하는 expandVariables 옵션을 알아보았습니다. 이외에도 환경 변수 무시하기, 환경 변수 유효성 검증하기 등의 다양한 옵션이 있습니다만, 활용도가 높지 않아서 다루지 않았습니다.

핵심 용어 설명

1 **환경 설정 파일**은 애플리케이션에서 사용하는 각종 정적인 값을 저장한 파일입니다.
2 **ConfigModule**은 NestJS에서 환경 설정에 사용하는 모듈입니다.
3 **ConfigService**는 애플리케이션의 환경 변수를 읽어들이는 서비스입니다.
4 **NODE_ENV**는 Node.js 애플리케이션에서 주로 사용하는 환경 변수 이름입니다.
5 **YAML**은 환경 설정용 파일 포맷입니다. JSON보다 간단한 문법으로 되어 있으며 JSON과 완벽하게 호환됩니다. JSON에서 지원하지 않는 주석을 지원합니다.
6 **확장 변수**는 환경 변수를 다른 환경 변수의 값에 변수로 포함시키는 기능입니다.
7 **.env** 파일은 NestJS의 기본 환경 변수 파일입니다. NestJS에서는 내부적으로 dotenv 라이브러리를 사용합니다.

추가로 알아보기

1 민감한 환경 변수를 관리하는 설정 파일 저장소 **vault** : https://www.vaultproject.io/
2 서버 간 설정을 동기화하는 데 사용할 수 있는 **주키퍼** 서버 : https://zookeeper.apache.org/
3 **NestJS 설정** 공식 문서 : https://docs.nestjs.com/techniques/configuration

연습문제

1 NestJS에서 환경 변수 설정 시 사용하는 패키지인 @nestjs/config가 내부적으로 사용하는 라이브러리는 무엇일까요?

2 @nestjs/config 라이브러리 설치 후 환경 설정 기능을 실제로 사용하기 위해서는 반드시 사용해야 하는 모듈이 있습니다. 그 모듈은 무엇일까요?

3 다음 중 ConfigModule.forRoot() 메서드의 옵션명과 설명이 잘못된 것을 찾아주세요.

　❶ cache : 메모리에 환경 변수를 캐시할지 여부

　❷ envFilePath : 환경 변수 설정 파일들의 경로

　❸ validate : 유효성 검증을 할지 여부

　❹ load : 커스텀 환경 설정 파일을 불러오기 위한 용도로 사용

　❺ isGlobal : ConfigModule을 전역 모듈로 설정

4 Node.js에서 여러 가지 환경에 대한 설정값(development, production 등)을 저장하는 데 사용하는 환경 변수명은 무엇일까요?

5 환경 변수 설정 시 cache 옵션을 사용하는 이유는 무엇일까요?

---

1 **정답** dotenv입니다. dotenv는 NestJS뿐 아니라 많은 Node.js 프로젝트에서 환경 변수 설정 시에 사용되고 있습니다.

2 **정답** ConfigModule

3 **정답** ❶ validate입니다. validate 옵션은 유효성 검증을 할지의 여부가 아닌 실제 검증하는 커스텀 유효성 검증 함수를 추가해야 합니다.

4 **정답** NODE_ENV

5 **정답** cache 옵션을 사용하면 파일이 아니라 메모리에서 읽어오게 됩니다. 환경 설정 파일이 간단한 경우도 있겠지만, 설정해야 하는 내용이 많아서 파일이 커지는 경우 파일을 읽는 것보다는 메모리에서 읽어오는 것이 성능상으로 이득입니다.

10장

프로젝트

회원 가입과
인증하기

인증(Authentication)은 누구인지 확인하는 절차이고, 인가(Authorization)는 인증된 사용자의 권한을 확인하는 절차입니다. 인증과 인가는 비슷한 단어이지만 의미가 다르므로 구분해서 사용해야 합니다. 10장에서는 쿠키와 세션을 사용해 인증 기능을 구현하겠습니다.

> **Note** 이 책에서는 인가 즉 권한 관련된 부분은 다루지 않습니다만 NestJS에서는 롤 기반의 권한 관리를 제공하니, 관심 있는 분은 NestJS 인증 문서(https://docs.nestjs.com/security/authorization)를 참고하세요.

핵심 키워드

회원 가입 인증, 인가, 쿠키, 토큰, 세션, JWT

유효성 검증 파이프, ValidationPipe, class-validator, 가드

패스포트 스트래티지, 세션 시리얼라이저, 믹스인

데이터베이스 SQLite, TypeORM, 엔티티, 리포지토리, 서비스

학습 코스

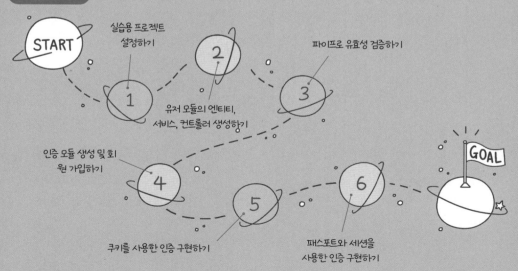

START

실습용 프로젝트
설정하기

1

2

유저 모듈의 엔티티,
서비스, 컨트롤러 생성하기

파이프로 유효성 검증하기

3

인증 모듈 생성 및 회
원 가입하기

4

5

6

GOAL

쿠키를 사용한 인증 구현하기

패스포트와 세션을
사용한 인증 구현하기

난이도	★★★☆☆
예제 위치	https://github.com/wapj/jsbackend/tree/main/chapter10/nest-auth-test
프로젝트명	nest-auth-test
개발 환경	Node.js 20.9.0
미션	인증 프로젝트를 생성하고 쿠키와 세션을 사용해 인증 기능을 구현하라.
기능	• 회원가입 • 쿠키를 사용한 로그인 • 세션을 사용한 인증정보 저장
테스트	• 서버 기동 후 웹페이지에서 실행
컴포넌트	• 웹 애플리케이션 서버 : NestJS • 데이터베이스 : SQLite

10.1 실습용 프로젝트 설정하기

실습에 사용할 프로젝트와 데이터베이스를 다음과 같은 절차로 만들고 설정하겠습니다.

1 nest-cli로 프로젝트 생성하기

2 user 모듈 생성하기

3 SQLite 데이터베이스 설정하기

10.1.1 nest-cli로 프로젝트 생성하기

`To do` **01** nest-cli에서 다음 명령을 순차적으로 입력해 프로젝트를 생성합니다.

```
$ mkdir chapter10
$ cd chapter10
$ nest new nest-auth-test
// nest 명령에서 에러가 나면 npx @nestjs/cli 명령을 실행하세요.
```

8.4절 'NestJS로 웹 API 만들기'에서 만든 블로그 API는 기본적으로 설정되어 있는 모듈
인 AppModule만 가지고 있습니다. 이번에는 더 복잡한 구조의 프로그램을 만들게 되므로
AuthModule과 UserModule을 추가로 만들어 사용하겠습니다. AppModule에는 전체 애플리
케이션 관련 설정을, AuthModule에는 인증 관련 기능을, UserModule 모듈에는 유저 데이터
를 다루는 기능을 구현하겠습니다. 다음과 같이 ❶ AppModule의 하위에 ❷ AuthModule과 ❸
UserModule을 두겠습니다.

▼ 회원 가입과 인증 프로젝트 모듈 구성

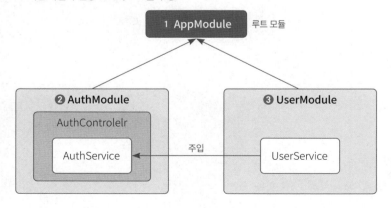

인증을 담당하는 ❷ AuthModule은 AuthController, AuthService 클래스로 구성됩니다. AuthController에는 인증에 필요한 핸들러 메서드를 설정합니다. AuthService에는 회원 가입과 회원 유효성을 검증하는 메서드를 추가합니다. AuthService의 회원 가입 메서드에서 UserService를 주입해 사용합니다. UserService에는 회원정보 추가, 수정, 삭제 등의 메서드가 있습니다.

10.1.2 User 모듈 생성하기

To do **01** 먼저 사이트에 방문한 유저가 회원 가입을 하도록 User 모듈을 만들어 회원 가입 서비스를 제공해봅시다. 모듈을 만들고, 컨트롤러, 서비스를 차례대로 만들겠습니다. 다음 명령을 차례대로 입력하면 nest-cli가 자동으로 기본 코드를 만들어줍니다. [nest-auth-test] 디렉터리로 이동 후 실행해주세요.

```
$ cd nest-auth-test
$ nest g module user // nest 명령에서 에러가 나면 npx @nestjs/cli 명령을 실행하세요.
$ nest g controller user --no-spec
$ nest g service user --no-spec
```

> **Note** nest g module 실행 시 아무런 반응도 없으면 다음의 명령을 실행해 다시 @nestjs/cli를 설치해주세요.
>
> ```
> $ npm i -g @nestjs/cli
> ```

실행 후에는 다음과 같은 구조가 되어야 합니다.

```
src
├── app.controller.spec.ts
├── app.controller.ts
├── app.module.ts
├── app.service.ts
├── main.ts
└── user
    ├── user.controller.ts
    ├── user.module.ts
    └── user.service.ts
```

이렇게 하면 [src] 디렉터리 아래에 [user] 디렉터리가 생기고, [user] 디렉터리에는 명령어로 생성한 module, controller, service 파일이 있습니다. 유저 정보를 데이터베이스에 저장을 하려면 리포지토리가 필요합니다. 리포지토리는 생성하지 않고 TypeORM 라이브러리에서 지원하는 Repository 클래스를 사용하겠습니다. 데이터베이스로 SQLite[1]를 사용하겠습니다.

데이터베이스에 정보를 입력하고 가져오려면 SQL을 문법을 사용해야 하는데, 이는 책 한 권이 넘는 분량입니다. 또한 현업에서 직접 SQL문을 작성해 데이터베이스를 사용하기보다는 객체 관계형 매핑 기술, 즉 ORM^Object Relational Mapping을 지원하는 라이브러리를 사용해 객체를 다루 듯이 정보를 다루는 경우가 많습니다. 개발자 입장에서는 SQL 문법을 사용하지 않고 데이터베이스와 통신할 수 있어 편리하기 때문에 아주 복잡한 SQL문을 다루지 않을 때는 ORM 라이브러리를 사용합니다. 이 책에서는 ORM 라이브러리로 TypeORM을 사용합니다.

10.1.3 SQLite 데이터베이스 설정하기

To do 01 SQLite 데이터베이스 설정을 하겠습니다. 먼저 필요한 패키지부터 설치합시다. sqlite3와 typeorm 그리고 typeorm을 nest에서 편하게 사용하려면 @nestjs/typeorm이 필요하니 설치하겠습니다.

```
$ npm install sqlite3 typeorm @nestjs/typeorm
```

02 설치를 완료했으니 app.module.ts에 설정을 하겠습니다.

▼ SQLite 데이터베이스 설정

```
                                            chapter10/nest-auth-test/src/app.module.ts
import { Module } from '@nestjs/common';
import { AppController } from './app.controller';
import { AppService } from './app.service';
import { UserModule } from './user/user.module';
import { TypeOrmModule } from '@nestjs/typeorm';

@Module({
  imports: [
    TypeOrmModule.forRoot({    // sqlite 설정 메서드
      type: 'sqlite',          // ❶ 데이터베이스의 타입
```

---

1   SQLite는 관계형 데이터베이스의 한 종류로 매우 가볍고 데이터베이스 설치를 따로 하지 않아도 되어서 좋습니다.

```
        database: 'nest-auth-test.sqlite',  // ② 데이터베이스 파일명
        entities: [],              // ③ 엔티티 리스트
        synchronize: true,         // ④ 데이터베이스에 스키마를 동기화
        logging: true,             // ⑤ SQL 실행 로그 확인
      }),
      UserModule,
    ],
    controllers: [AppController],
    providers: [AppService],
  })
  export class AppModule {}
```

TypeOrmModule.forRoot() 메서드는 매우 많은 속성을 가지고 있습니다만, ① type, ② data base, ③ entities만 설정해주면 동작합니다. ① type은 데이터베이스의 타입이고, ② database 는 데이터베이스 파일명입니다. SQLite는 확장자로 sqlite를 사용합니다.

▼ 데이터베이스별 타입 및 확장자

이름	타입
SQLite	'sqlite'
MySQL	'mysql'
포스트그레SQL	'postgres'
CockroachDB	'cockroachdb'
오라클	'oracle'
마이크로소프트 SQL Server	'sqlserver'
SAP 하나	'sap'
sql.js	'sqljs'

③ entities에는 엔티티로 만드는 객체를 넣어주면 됩니다. 엔티티는 아직 만들지 않았으니 비워둡니다. ④ synchronize를 true로 하면 서버 기동 시 서버가 엔티티 객체를 읽어서 데이터베이스 스키마를 만들거나 변경해줍니다. synchronize 옵션은 꼭 개발용으로만

> **엔티티(entity)**
>
> 데이터베이스에서 엔티티는 한 건의 자료를 구성하는 데이터를 의미합니다. ORM 프레임워크에서는 테이블과 매핑하는 클래스를 엔티티라고 하며 TypeORM의 경우 @Entity() 데코레이터를 붙인 클래스를 의미합니다.

사용해야 합니다. 프로덕션 서버에서 사용하면 서버 기동 시 의도치 않게 데이터베이스 스키마를 변경할 수도 있기 때문입니다. ❺ logging은 true로 설정 시 SQL 실행 로그를 확인할 수 있습니다. 개발 시에 유용하니 true로 해주면 좋습니다.

10.2 유저 모듈의 엔티티, 서비스, 컨트롤러 생성하기

이제 데이터베이스 설정을 완료했으니, 유저 모듈의 컨트롤러, 서비스, 엔티티 작업을 하겠습니다. 엔티티 → 서비스 → 컨트롤러 순서로 만들어봅니다.

10.2.1 엔티티 만들기

`To do` 01 유저 엔티티는 데이터베이스 테이블과 1:1로 매칭되는 객체입니다. 작성할 유저 엔티티는 id, email, username, password, createdDt 속성을 가지고 있습니다. 유저 엔티티를 정의합니다.

▼ User 엔티티 정의

nest-auth-test/src/user/user.entity.ts

```
// ❶ 데코레이터 임포트
import { Column, Entity, PrimaryGeneratedColumn } from 'typeorm';

@Entity()          // ❷ 엔티티 객체임을 알려주기 위한 데코레이터
export class User {
  @PrimaryGeneratedColumn()
  id?: number;     // ❸ id는 pk이며 자동 증가하는 값

  @Column({ unique: true })
  email: string;  // ❹ email은 유니크한 값

  @Column()
  password: string;

  @Column()
  username: string;

  @Column({ type: "datetime", default: () => "CURRENT_TIMESTAMP"})
  // ❺ 기본값을 넣어줌
  createdDt: Date = new Date();
}
```

❶ 엔티티 객체를 만들기 위한 데코레이터들을 임포트합니다. typeorm에서 가져와서 사용합니다. ❷ 엔티티 객체는 @Entity 데코레이터를 붙여줘야 다른 곳에 의존성 주입을 할 수 있습니다. ❸ @PrimaryGeneratedColumn이 붙은 필드는 기본키[2]이면서 자동 증가하는 컬럼이 됩니다. id 뒤에 있는 ?는 객체 생성 시 필수값이 아닌 선택적인 값임을 표시해줍니다. 자동 증가하는 값이므로 데이터 생성 시에는 필요하지 않기 때문입니다. ❹ @Column이 붙으면 데이터베이스의 컬럼으로 인식합니다. unique:true를 붙여주면 중복 데이터가 존재하는 경우 저장되지 않고 에러가 납니다. ❺ 생성일 데이터는 기본값을 넣도록 default : true 설정을 추가해줍니다.

02 엔티티를 만들었으니 유저 서비스를 만들어봅시다.

▼ User 서비스 생성

```
                                                          nest-auth-test/src/user/user.service.ts
import { Injectable } from '@nestjs/common';
import { InjectRepository } from '@nestjs/typeorm'; // ❶ 리포지토리 주입 데코레이터
import { User } from './user.entity';
import { Repository } from 'typeorm'; // ❷ 리포지토리 임포트
@Injectable()
export class UserService {
  constructor(
    // ❸ 리포지토리 주입
    @InjectRepository(User) private userRepository: Repository<User>,
  ) {}
}
```

❶ 리포지토리 의존성을 주입하는 데코레이터입니다. ❷ typeorm의 리포지토리입니다. 저장, 읽기 같은 기본적인 메서드들을 제공합니다(표로 정리해뒀습니다). 사용 시에는 Repository⟨User⟩와 같이 엔티티 객체를 타입으로 추가해야 합니다. ⟨ ⟩ 안에는 엔티티 객체 타입을 넣어주면 됩니다. ❸ 리포지토리를 주입하는 코드입니다. @InjectRepository(User)로 User 타입의 리포지토리를 주입한다고 알려줍니다. 다음으로는 private userRepository로 변수를 선언합니다. 해당 변수의 타입은 Repository⟨User⟩ 타입입니다. 서비스는 우선 리포지토리만 선언해두고 컨트롤러를 만들겠습니다.

---

2 Primary Key(pk)는 디비테이블의 유일한 식별자로 존재하는 값입니다. 본문에서는 자동 증가하는 값을 PK로 사용했습니다.

▼ 자주 사용하는 Repository<Entity>의 메서드[3]

메서드	설명
find	SQL에서 select와 같은 역할을 하며 conditions에 쿼리 조건을 넣어주면 됩니다. `find(conditions?: FindConditions<Entity>): Promise<Entity[]>` • 반환값 : `Promise<Entity[]>` • 사용 예시 : `find({email: andy@podo.com })`

findOne	값을 하나만 찾을 때 사용합니다.
	
	`findOne(id?: string ¦ number ¦ Date ¦ ObjectID, options?: FindOneOptions<Entity>)`
	`findOne(options?: FindOneOptions<Entity>)`
	`findOne(conditions?: FindConditions<Entity>, options?: FindOneOptions<Entity>)`
	
	• 반환값 : `Promise<Entity>` • 사용 예시 : `findOne({email: andy@podo.com })`

findAndCount	find로 쿼리해오는 객체와 더불어 엔티티의 개수(count)가 필요한 경우 사용합니다.
	
	`findAndCount(options?: FindManyOptions<Entity>)`
	`findAndCount(conditions?: FindConditions<Entity>)`
	
	• 반환값 : `Promise<[Entity[], number]>`
	• 사용 예시 : `findAndCount({})`

create	새로운 엔티티 인스턴스를 만들 때 사용합니다. user가 Repository<User> 타입이라면 다음과 같이 사용할 수 있습니다. `user.create()`
update	엔티티의 일부를 업데이트할 때 사용합니다. 조건과 변경해야 하는 엔티티값에 대해 업데이트 쿼리를 실행합니다. 엔티티데이터가 데이터베이스에 존재하는지는 확인하지 않습니다. `update(조건, Partial<Entity>, 옵션)` • 결괏값 : `Promise<UpdateResult>` • 사용 예시 : `update({email: andy@podo.com}, {username: 'test2'})`
save	엔티티를 데이터베이스에 저장합니다. 엔티티가 없으면 insert를 하고 있으면 update를 합니다. `save<T>(entities: T[])` • 반환값 : `Promise<T[]>` • 사용 예시 : `save(user)` 또는 `save(users)`

---

3 typeorm.delightful.studio/classes/_repository_repository_.repository.html `단축url` https://bit.ly/3Ubas7J

delete	엔티티가 데이터베이스에 있는지 체크하지 않고 조건에 해당하는 delete 쿼리를 실행합니다.
	```delete(조건)```
	• 반환값 : ```Promise<DeleteResult>``` • 사용 예시 : ```delete({'email': 'andy@podo.com'})```
remove	받은 엔티티를 데이터베이스에서 삭제합니다.
	```remove(entity: Entity)``` ```remove(entity: Entity[])```
	• 반환값 : ```Promise<Entity[]>``` • 사용 예시 : ```remove(user)```

10.2.2 컨트롤러 만들기

To do 01 엔티티를 생성했으니 다음으로 유저 컨트롤러를 만들어봅니다. 유저 컨트롤러는 유저가 요청을 보냈을 때 실행되는 핸들러 메서드를 정의합니다. 유저 추가, 로그인에 사용할 1명의 유저 찾기, 정보 업데이트, 삭제 이렇게 4가지 API에 대한 핸들러 메서드를 만들겠습니다. 유저 모듈에서 컨트롤러, 서비스, 리포지토리의 관계는 다음 그림을 참고해주세요.

▼ 유저 모듈의 구성

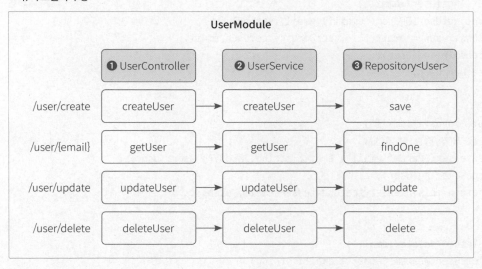

유저 모듈에서는 유저 생성(/user/create), 유저 정보 확인(/user/email), 유저 정보 수정(/user/update), 유저 삭제(/user/delete) 요청을 처리하는 클래스들을 만들게 됩니다. 유저

가 HTTP 요청을 보내면 ❶ UserController → ❷ UserService → ❸ UserRepository 순서로 호출합니다. 예를 들어 /user/create 요청이라면 UserController의 createUser() → UserService의 createUser() → Repository〈User〉의 save() 메서드를 실행합니다.

To do 01 컨트롤러의 코드를 작성하겠습니다.

▼ UserController 작성하기

nest-auth-test/src/user/user.controller.ts

```typescript
import {  Body,  Controller,  Get,  Post,
  Param,  Put,  Delete } from '@nestjs/common';
import { User } from './user.entity';
import { UserService } from './user.service';

@Controller('user')  // ❶ 컨트롤러 설정 데코레이터
export class UserController {
  constructor(private userService: UserService) {}     // ❷ 유저 서비스 주입

  @Post('/create')
  createUser(@Body() user: User) { // ❸ 유저 생성
    return this.userService.createUser(user);
  }

  @Get('/getUser/:email')
  async getUser(@Param('email') email: string) {        // ❹ 한 명의 유저 찾기
    const user = await this.userService.getUser(email);
    console.log(user);
    return user;
  }

  @Put('/update/:email')
  // ❺ 유저 정보 업데이트
  updateUser(@Param('email') email: string, @Body() user: User) {
    console.log(user);
    return this.userService.updateUser(email, user);
  }

  @Delete('/delete/:email')
  deleteUser(@Param('email') email: string) {           // ❻ 유저 삭제
    return this.userService.deleteUser(email);
  }
}
```

❶ 컨트롤러임을 나타내는 데코레이터입니다. 'user' 문자열은 주소가 user로 시작된다는 것을 말합니다. ❷ 생성자에서 유저 서비스를 주입받아서 userService 객체에 할당합니다. ❸ 유저 생성 메서드입니다. Request의 Body에 있는 내용을 User 객체에 담습니다. 타입에 맞지 않는 데이터가 오는지를 파이프를 사용해 검증합니다(10.3절 '파이프로 유효성 검증하기'에서 자세히 알아보겠습니다). ❹ getUser() 메서드는 한 명의 유저를 찾는 메서드입니다. 매개변수로 email을 받고 userService의 getUser() 메서드에 email을 넘겨서 찾습니다. ❺ updateUser() 메서드는 유저 정보를 업데이트할 때 사용합니다. 키로 사용할 email과 내용을 채워넣는 데 사용할 User 객체가 둘 다 필요합니다. ❻ deleteUser() 메서드는 email을 받아서 유저 정보를 삭제합니다.

10.2.3 서비스 만들기

To do 01 서비스는 컨트롤러와 리포지토리를 이어주는 역할을 합니다. 유저 데이터의 생성, 특정 유저 정보 가져오기, 수정, 삭제를 담당하는 클래스를 작성해봅시다.

▼ UserService 만들기

```
                                        nest-auth-test/src/user/user.service.ts
import { Injectable } from '@nestjs/common';
import { InjectRepository } from '@nestjs/typeorm';
import { Repository } from 'typeorm';
import { User } from './user.entity';

@Injectable() // ❶ 의존성 주입을 위한 데코레이터
export class UserService {
  constructor( // ❷ 리포지토리 주입
    @InjectRepository(User) private userRepository: Repository<User>,
  ) {}

  // ❸ 유저 생성
  createUser(user) : Promise<User> {
    return this.userRepository.save(user);
  }

  // ❹ 한 명의 유저 정보 찾기
  async getUser(email: string) {
    const result = await this.userRepository.findOne({
      where: { email },
    });
```

```
    return result;
  }

  // ❺ 유저 정보 업데이트. username과 password만 변경
  async updateUser(email, _user) {
    const user: User = await this.getUser(email);
    console.log(_user);
    user.username = _user.username;
    user.password = _user.password;
    console.log(user);
    this.userRepository.save(user);
  }

  // ❻ 유저 정보 삭제
  deleteUser(email: any) {
    return this.userRepository.delete({ email });
  }
}
```

❶ @Injectable() 데코레이터가 있으면 프로바이더가 됩니다. 모듈에 설정을 하면 다른 객체에 주입할 수 있습니다. ❷ 생성자 메서드에서 @InjectRepository() 메서드를 사용해 리포지토리를 주입받습니다. userRepository는 User 엔티티를 다룹니다. ❸ createUser() 메서드는 유저를 생성하는 역할을 하며, Promise⟨User⟩ 타입을 반환합니다. await createUser()로 실행하면 User를 반환받을 수 있습니다. 내부에서 userRepository.save() 메서드를 사용하는데, userRepository.save() 메서드는 업데이트에도 사용합니다. ❹ getUser()는 유저 한 명을 찾는데 사용하는 메서드입니다. 내부에서 userRepository.findOne() 메서드를 사용합니다. where 조건에 email을 넣었으므로 email로 찾습니다. ❺ updateUser() 메서드는 유저 정보를 업데이트하는 역할을 합니다. email은 식별자이므로 변경하면 안 되니 username과 password만 변경합니다. ❻ deleteUser() 메서드는 userRepository.delete() 메서드를 사용해 데이터를 삭제합니다. { email }은 { email : email }을 줄여서 쓴 겁니다.

02 추가로 서비스에서 사용하는 리포지토리를 모듈에 등록해주어야 합니다. 다음과 같이 user.module.ts를 수정해줍니다. 리포지토리를 모듈에 등록하지 않으면 서비스에서 리포지토리를 찾을 수 없어서 서버 기동 시 에러가 나게 됩니다.

```ts
                                                    nest-auth-test/src/user/user.module.ts
import { Module } from '@nestjs/common';
import { UserController } from './user.controller';
import { UserService } from './user.service';
import { TypeOrmModule } from '@nestjs/typeorm';
import { User } from './user.entity';

@Module({
  imports: [TypeOrmModule.forFeature([User])],
  controllers: [UserController],
  providers: [UserService],
})
export class UserModule {}
```

03 엔티티가 등록이 되어 있어야만 typeorm에서 해당 엔티티에 대한 메타 데이터를 읽을 수 있습니다. app.module.ts의 TypeOrmModule 설정에 User 엔티티를 추가합시다.

```ts
                                                    nest-auth-test/src/app.module.ts
import { Module } from '@nestjs/common';
import { AppController } from './app.controller';
import { AppService } from './app.service';
import { UserModule } from './user/user.module';
import { TypeOrmModule } from '@nestjs/typeorm';
import { User } from 'src/user/user.entity';

@Module({
  imports: [
    TypeOrmModule.forRoot({
      // sqlite 설정 메서드
      type: 'sqlite',
      database: 'nest-auth-test.sqlite',
      entities: [User],
      synchronize: true,
      logging: true,
    }),
    UserModule,
  ],
  controllers: [AppController],
  providers: [AppService],
})
export class AppModule {}
```

10.2.4 테스트하기

To do 01 이제 테스트용 HTTP 파일을 만들어 생성, 유저 정보 읽기, 업데이트, 삭제가 모두 잘 동작하는지 확인해봅시다.

▼ 유저 서비스 테스트

```
### Create ❶ 유저 생성                         user.http nest-auth-test/src/user/user.http
POST http://localhost:3000/user/create
content-type: application/json

{
  "username": "andy",
  "password": "test1234",
  "email": "andy@podo.com"
}

### GetUser ❷ 유저 정보 찾기
GET http://localhost:3000/user/getUser/andy@podo.com


### Update User ❸ 유저 정보 업데이트
PUT http://localhost:3000/user/update/andy@podo.com
content-type: application/json

{
  "email": "andy@podo.com",
  "username": "andy2",
  "password": "test12345"
}

### Delete User ❹ 유저 삭제
DELETE http://localhost:3000/user/delete/andy@podo.com
```

❶ 유저 데이터 생성에는 POST 메서드를 사용합니다. HTTP 요청의 바디에는 유저 정보를 JSON 형식으로 줍니다. ❷ 유저 정보 찾기에는 GET 메서드를 사용합니다. 이메일 주소를 URL에 추가하면 됩니다. ❸ 유저 정보 업데이트에는 PUT 메서드를 사용합니다. URL에 이메일을 추가하고, BODY에 업데이트할 정보를 넣어주면 됩니다. ❹ 유저 삭제에는 DELETE 메서드를 사용합니다. 주소에 이메일을 넣어줍니다.

02 터미널에서 npm run start:dev 로 서버 기동 후 user.http 파일에서 Send Request를 누르면 HTTP 요청을 보냅니다.

```
### Create
Send Request
POST http://localhost:3000/user/create
content-type: application/json

{
  "username": "andy",
  "password": "test1234",
  "email": "andy3@podo.com"
}

### GetUser
Send Request
GET http://localhost:3000/user/getUser/andy3@podo.com

### Update User
Send Request
PUT http://localhost:3000/user/update/andy3@podo.com
content-type: application/json

{
  "email": "andy3@podo.com",
  "username": "andy2",
  "password": "test12345"
}

### Delete User
Send Request
DELETE http://localhost:3000/user/delete/andy3@podo.com
```

❶ Send Request를 눌러서 유저 생성을 해주세요. HTTP 요청의 응답을 확인할 수 있습니다. 201 Created로 응답이 온다면 성공입니다.

```
1  HTTP/1.1 201 Created
2  X-Powered-By: Express
3  Content-Type: application/json; charset=utf-8
4  Content-Length: 130
5  ETag: W/"82-iJajodjEG1mIBESqkquFS+do9R4"
6  Date: Tue, 15 Nov 2022 01:50:19 GMT
7  Connection: close
8
9 ∨ {
10     "username": "andy",
11     "password": "test1234",
12     "email": "andy3@podo.com",
13     "providerId": null,
14     "id": 2,
15     "createdDt": "2022-11-15T01:50:19.000Z"
16   }
```

❷ GetUser를 테스트해봅시다. Send
Request를 누르면 응답이 옵니다. 다음과
같이 200 OK 응답이 오고 유저 데이
터가 보이면 성공입니다.

```
HTTP/1.1 200 OK
X-Powered-By: Express
Content-Type: application/json; charset=utf-8
Content-Length: 130
ETag: W/"82-vyBYAwVDX5gB67Yc1Eglhmji2zM"
Date: Tue, 15 Nov 2022 02:56:47 GMT
Connection: close

{
  "id": 2,
  "email": "andy3@podo.com",
  "password": "test1234",
  "username": "andy",
  "createdDt": "2022-11-15T01:50:19.000Z",
  "providerId": null
}
```

❸ 유저 정보 업데이트를 해봅시다. 원래
username은 andy였는데 andy2로 변경
하겠습니다. password는 test1234였는데
test12345로 변경합니다. Send Request
를 클릭 후 200 OK가 오면 성공입니다.

다시 ❷의 getUser를 호출해 유저 정보를
읽어봅시다. 반환되어 오는 유저의 정보
가 잘 변경되어 있다면 성공입니다.

```
HTTP/1.1 200 OK
X-Powered-By: Express
Date: Tue, 15 Nov 2022 03:02:12 GMT
Connection: close
Content-Length: 0
```

```
{
  "id": 2,
  "email": "andy3@podo.com",
  "password": "test12345",
  "username": "andy2",
  "createdDt": "2022-11-15T01:50:19.000Z",
  "providerId": null
}
```

❹ userDelete는 유저를 삭제하는 역
할입니다. Send Request를 눌러서 실행
해봅시다. 다음과 같이 200 OK가 오면
성공입니다. **"affected ": 1**은 1개의
데이터에 영향이 있다는 이야기입니다.
여기서는 하나의 데이터가 삭제됐다는
의미입니다.

```
HTTP/1.1 200 OK
X-Powered-By: Express
Content-Type: application/json; charset=utf-8
Content-Length: 23
ETag: W/"17-PVQD/E0HAqMH9FRBYNXdIixTtCA"
Date: Tue, 15 Nov 2022 03:10:31 GMT
Connection: close

{
  "raw": [],
  "affected": 1
}
```

유저가 잘 삭제되었는지 getUser를 다시 호출해봅시다.
200 OK는 나오지만 유저 정보가 반환되지 않을
겁니다. 삭제됐기 때문입니다.[4]

```
HTTP/1.1 200 OK
X-Powered-By: Express
Date: Tue, 15 Nov 2022 03:17:54 GMT
Connection: close
Content-Length: 0
```

10.3 파이프로 유효성 검증하기

유저 모듈을 만들고 CRUD 테스트까지 진행했습니다. 이제 사용자에게 입력받은 값이 유효한지
검증할 차례입니다. 사용자 입력은 늘 예상을 벗어나기 마련이라 유효성 검증을 하지 않으면 예상
치 못한 일이 벌어집니다. 실제 서비스에서 사용자 입력값에 대한 유효성 검증은 필수라고 생각하
면 됩니다. 익스프레스에서는 컨트롤러 역할을 하는 곳 또는 별도의 라이브러리를 사용해 검증을
합니다만, NestJS에서는 파이프pipe를 사용해서 유효성 검증을 합니다.

▼ ValidationPipe

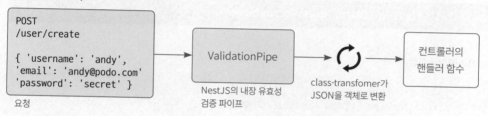

다양한 파이프들이 있으며 직접 만들 수도 있습니다만, 여기서는 가장 사용하기 간편한
ValidationPipe를 사용합니다. ValidationPipe를 사용하려면 class-validator와 class-
transformer를 설치해야 합니다.

class-transformer는 JSON 정보를 클래스 객체로 변경합니다. 받은 요청payload을 변환한 클
래스가 컨트롤러의 핸들러 메서드의 매개변수에 선언되어 있는 클래스와 같다면 유효성 검증을
합니다. class-validator는 데코레이터를 사용해 간편하게 유효성 검증을 하는 라이브러리입니
다. 10.2절 '유저 모듈의 엔티티, 서비스, 컨트롤러 생성하기'에서는 타입으로 User 엔티티를 바
로 사용했습니다만, 클라이언트와 데이터를 주고받을 때는 보통 데이터 전송 객체Data Transfer Object,
DTO를 따로 만들어 사용합니다.

---

4 REST API에서는 데이터가 없으면 404 Not Found를 반환하는 것이 일반적입니다. 예제에서는 테스트를 편하게 위해서 추가 코드 수정 없
이 200 OK로 반환했습니다.

먼저 전역 ValidationPipe을 설정하고 나서 UserDto 객체를 만들어 유효성 검증에 필요한 조건들을 추가하겠습니다.

> **Note** 유효성 검증으로 @UsePipes 데코레이터와 Joi 라이브러리를 사용하는 방법도 있습니다만, 스키마를 만들어야 하고 메서드마다 @UsePipes 데코레이터를 일일이 붙여야 합니다. 프로젝트 전체에서 유효성 검증을 제어할 때는 ValidationPipe + class-transformer를 사용한 방법이 조금 더 유용합니다. 반면 개별 메서드에서 상세한 유효성 검증 로직이 필요할 때는 @UsePipe와 Joi 라이브러리를 이용하는 방법이 유용합니다.

10.3.1 전역 ValidationPipe 설정하기

To do 01 유효성 검증을 하려면 ValidationPipe를 main.ts에 설정해야 합니다. ValidationPipe 추가는 간단합니다. ❶ 의존성을 설치하고 ❷ 임포트를 하고 ❸ 전역 파이프 설정에 ValidationPipe 객체를 생성해넣으면 끝입니다.

▼ ValidationPipe 의존성 설치

```
$ npm install class-validator class-transformer
```

▼ ValidationPipe 설정

nest-auth-test/src/main.ts

```
import { ValidationPipe } from '@nestjs/common'; // validationPipe 임포트
import { NestFactory } from '@nestjs/core';
import { AppModule } from './app.module';

async function bootstrap() {
  const app = await NestFactory.create(AppModule);
  app.useGlobalPipes(new ValidationPipe());
  // 전역 파이프에 validationPipe 객체 추가
  await app.listen(3000);
}
bootstrap();
```

10.3.2 UserDto 만들기

To do 01 유저 디렉터리에 UserDto 객체를 만들겠습니다. 생성 시와 수정 시 검사 항목이 다르기 때문에 CreateUserDto와 UpdateUserDto를 따로 만듭니다.

▼ UserDto 객체 생성

```typescript
// ❶ IsEmail, IsString 임포트
import { IsEmail, IsString } from 'class-validator';

// ❷ email, password, username 필드를 만들고 데코레이터 붙이기
export class CreateUserDto {
  @IsEmail()
  email: string;

  @IsString()
  password: string;

  @IsString()
  username: string;
}

// ❸ 업데이트의 유효성 검증 시 사용할 DTO
export class UpdateUserDto {
  @IsString()
  username: string;

  @IsString()
  password: string;
}
```

`nest-auth-test/src/user/user.dto.ts`

UserDto를 만드는 것은 데이터 필드만 있는 클래스를 만드는 것과 다르지 않습니다. 유효성 검증도 가능하도록 class-validator를 임포트해주고 ❶ IsEmail, IsString을 임포트합니다. ❷ email 필드에는 @IsEmail을 붙여서 이메일인지 검증하고 그 외에는 IsString을 붙여서 문자열이 들어갈 수 있게 해줍시다. class-validator의 데코레이터를 표로 정리해두었으니 필요할 때 활용하기 바랍니다.

▼ class-validator의 데코레이터

데코레이터	설명
@IsEmpty( )	주어진 값이 null 또는 undefined, ""인지 확인
@IsNotEmpty( )	주어진 값이 빈 값(null, undefined, "")이 아닌지 확인

@IsIn(values: any[])	주어진 값이 values 배열에 있는 값인지 확인
@IsNotIn(values: any[])	주어진 값이 values 배열에 없는 값인지 확인
@IsBoolean( )	주어진 값이 boolean인지 확인
@IsDate( )	주어진 값이 Date 타입인지 확인
@IsString( )	주어진 값이 문자열인지 확인
@IsNumber(options: IsNumberOptions)	주어진 값이 number인지 확인
@IsInt( )	주어진 값이 Integer인지 확인
@IsArray( )	주어진 값이 배열인지 확인
@Min(min: number)	주어진 값이 min값보다 크거나 같은지 확인
@Max(max: number)	주어진 값이 max값보다 작거나 같은지 확인
@Contains(seed: string)	문자열에 매개변수로 주어진 seed값이 포함인지 확인
@NotContains(seed: string)	문자열에 매개변수로 주어진 seed값이 미포함인지 확인
@IsAlpha( )	문자열이 a-zA-Z로만 되어 있는지 확인
@IsAlphanumeric( )	문자열이 숫자나 알파벳인지 확인
@IsAscii( )	문자열이 ASCII 문자인지 확인
@IsEmail(options?: IsEmailOptions)	문자열이 이메일인지 확인
@IsFQDN(options?: IsFQDNOptions)	문자열이 도메인 주소인지 확인(예 : domain.com)
@IsIP(version?: "4"|"6")	문자열이 IP 주소인지 확인(버전 4 또는 6)
@IsJSON( )	문자열이 유효한 JSON인지 확인
@IsObject( )	문자열이 객체인지 확인(null, 함수, 배열은 false 반환)
@Length(min: number, max?: number)	문자열 길이의 최대 최솟값 확인
@MinLength(min: number)	문자열의 최소 길이 확인
@MaxLength(max: number)	문자열의 최대 길이 확인
@Matches(pattern: RegExp, modifiers?: string)	문자열이 정규표현식에 매치되는 값인지 확인
@ArrayNotEmpty( )	배열이 빈 배열이 아닌지 확인
@ArrayUnique(identifier?: (o) => any)	배열에 있는 모든 값들이 고유한 값인지 확인. 참조를 통해 비교합니다.

02 다음으로 컨트롤러로 가서 createUser, updateUser를 선언한 User 타입 부분을 각각 CreateUserDto, UpdateUserDto로 변경합시다.

▼ UserController 수정하기

nest-auth-test/src/user/user.controller.ts

```
import { CreateUserDto, UpdateUserDto } from './user.dto';
// ... 생략 ...
  @Post('/create')
  createUser(@Body() user: CreateUserDto) { ... }

  @Put('/update/:email')
  updateUser(@Param('email') email: string, @Body() user: UpdateUserDto) { ... }
// ... 생략 ...
```

10.3.3 테스트하기

To do **01** 10.2.4절 '테스트하기'에서 만든 user.http를 사용해 유효성 검증이 잘 적용되는지 테스트해봅시다. 잘못된 이메일 형식을 넣었을 때 다음과 같이 에러가 나면 유효성 검증 기능이 제대로 동작하는 겁니다.

▼ 이메일 유효성 검증 확인 코드 추가

nest-auth-test/src/user/user.http

```
# 이전 생략

### Delete User ❹ 유저 삭제
DELETE http://localhost:3000/user/delete/andy@podo.com

### 잘못된 이메일을 입력한 경우
POST http://localhost:3000/user/create
content-type: application/json

{
  "username": "andy",
  "password": "test1234",
  "email": "andy-podo"
}
```

▼ 잘못된 이메일을 넣은 경우의 유효성 검증 에러 결과

```
{
  "statusCode": 400,
  "message": [
    "email must be an email"
  ],
  "error": "Bad Request"
}
```

10.4 인증 모듈 생성 및 회원 가입하기

인증을 더 자세히 알아보겠습니다. 인증은 정확성과 시간 측면에서 사용자의 자격증명을 확인하는 겁니다. 정확성 측면에서는 사용자의 자격증명을 기존 정보를 기반으로 확인 후 인증 토큰[5]을 발급하는 것을 말하며, 시간 측면에서는 사용자에게 부여된 인증 토큰은 특정 기간 동안만 유효하다는 것을 말합니다.

인증을 만드는 방법은 2가지입니다. 쿠키를 기반으로 만들거나, 토큰 기반으로 만들 수 있습니다. 쿠키가 없는 토큰 기반을 쿠키리스cookieless라고 부릅니다. 쿠키는 서버에서 보내준 쿠키를 클라이언트(주로 브라우저)에 저장해 관리합니다. 토큰은 서버에 상태를 저장할 필요가 없습니다. 쿠키와 토큰은 서로 장단점이 있으므로 요구사항에 따라 선택하면 됩니다.

▼ 쿠키와 토큰의 비교

	쿠키	토큰
장점	• 하위 도메인에서 같은 세션을 사용할 수 있음 • 저장 공간을 적게 차지함 • 브라우저에서 관리함 • httpOnly 설정을 하면 클라이언트에서 자바스크립트로 조작할 수 없음	• 유연하며 사용이 간단함 • 크로스 플랫폼 대응 • 다양한 프론트 엔드 애플리케이션에서 대응

---

5 인증 토큰은 엑세스 토큰을 의미하는 것이 아니라 애플리케이션에서 구현할 수 있는 모든 형태의 자격증명을 말합니다.

단점	• 사이트 간 위조 공격(CSRF : 사용자가 자신의 의지와 무관하게 공격자가 의도한 행위를 특정 웹사이트에 요청하게 만드는 공격)이 있을 수 있음 • 서버에 저장해야 하므로 스케일링 이슈가 있음 • API 인증으로는 좋지 않음	• 토큰 누출 시 권한 삭제가 어려움. 거부 목록을 따로 관리해야 하는데 그러면 무상태가 아니게 됨 • 쿠키보다 공간을 많이 사용함 • JWT[6] 내부 정보는 토큰 생성 시의 데이터이므로 최신 데이터를 반영하지 않을 수 있음
저장소	• 브라우저에서 관리해줌	• 커스텀 HTTP 헤더 사용(주로 Authorization)

nest-auth-test는 웹 서비스이므로 브라우저를 사용합니다. 쿠키와 토큰 둘 다 적용할 수 있습니다만, 토큰은 OAuth를 사용한 소셜 로그인에서 사용할 예정이므로, 먼저 쿠키를 사용해 인증을 구현하겠습니다.

10.4.1 인증 모듈 만들기 및 설정하기

To do **01** 먼저 인증 모듈을 만들겠습니다. 다음의 명령어를 nest-auth-test 디렉터리에서 실행해 인증 모듈 및 service와 controller를 만듭시다.

```
$ nest g module auth                    # 인증 모듈을 생성
$ nest g service auth --no-spec         # 인증 모듈에 service 파일 생성
$ nest g controller auth --no-spec      # 인증 모듈에 controller 파일 생성
```

--no-spec은 테스트 파일을 만들지 않는다는 의미입니다. 위 터미널 명령을 실행한 후의 디렉터리 구조는 다음과 같이 됩니다.

```
— src
  ├— app.controller.ts
  ├— app.module.ts
  ├— app.service.ts
  ├— auth
  │   ├— auth.controller.ts
  │   ├— auth.module.ts
  │   └— auth.service.ts
  ├— main.ts
```

---

6 JWT는 JSON Web Token의 약자로 인증, 인가에 관련된 정보를 담고 있는 데이터를 말합니다. 웹 표준(RFC-7519)으로 정의되어 있습니다.

```
└── user
    ├── user.controller.ts
    ├── user.dto.ts
    ├── user.entity.ts
    ├── user.http
    ├── user.module.ts
    └── user.service.ts
```

이제부터 구현할 인증 모듈의 구조를 다음 그림에서 확인할 수 있습니다.

▼ 인증 모듈(AuthModule) 구조

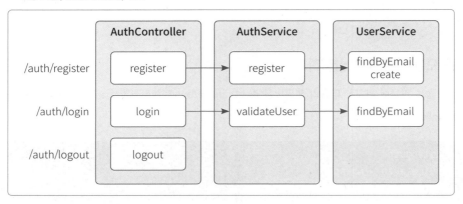

02 UserService를 AuthService에서 주입받을 수 있도록 user.module.ts에 exports 설정을 추가해봅시다.

▼ UserService export 설정

```
                                              nest-auth-test/src/user/user.module.ts
// ... 생략 ...
import { User } from './user.entity';
import { TypeOrmModule } from '@nestjs/typeorm';

@Module({
  imports: [TypeOrmModule.forFeature([User])],
  controllers: [UserController],
  providers: [UserService],
  exports: [UserService], // ❶ UserService를 외부 모듈에서 사용하도록 설정
})
export class UserModule {}
```

인증 모듈의 AuthService에서는 회원 가입이나 로그인/로그아웃 처리에 UserService를 이용합니다. @Injectable()이 붙어 있는 프로바이더의 경우 같은 모듈의 다른 클래스에서 주입해 사용할 수 있습니다. 다만 다른 모듈에서 사용하려면 ❶ @Module 데코레이터의 속성으로 exports에 프로바이더를 넣어주어야 합니다.

03 다음으로 AuthModule에 UserModule의 import 설정을 추가합시다.

▼ UserModule의 import 설정

```
                                                   nest-auth-test/src/auth/auth.module.ts
import { Module } from '@nestjs/common';
import { AuthService } from './auth.service';
import { AuthController } from './auth.controller';
import { UserModule } from 'src/user/user.module';


@Module({
  imports: [UserModule],
  providers: [AuthService],
  controllers: [AuthController],
})
export class AuthModule {}
```

10.4.2 회원 가입 메서드 만들기

회원 가입을 해야만 로그인을 할 수 있으니 회원 가입 메서드를 만들어봅시다.

To do **01** UserService 클래스의 createUser를 사용해도 되지만, 비밀번호 같은 민감한 정보는 무조건 암호화해야 합니다. 기존 코드로는 패스워드가 암호화되어서 저장되지 않으므로 암호화 코드를 추가하겠습니다. 암호화 모듈로 bcrypt를 사용합니다. bcrypt를 설치해봅시다.

```
# nest-auth-test 디렉터리에서 실행해주세요.
$ npm install bcrypt
$ npm install -D @types/bcrypt # 타입스크립트에 타입을 제공하는 @types/bcrypt
```

02 서비스 → 컨트롤러의 순서로 코드를 작성하겠습니다. auth.service.ts는 이미 생성되어 있으므로 내용을 채워넣어보겠습니다.

▼ AuthService의 register( ) 메서드 작성

```typescript
import { HttpException, HttpStatus, Injectable } from '@nestjs/common';
import { CreateUserDto } from 'src/user/user.dto';
import { UserService } from 'src/user/user.service';
import * as bcrypt from 'bcrypt';

@Injectable() // ❶ 프로바이더로 사용
export class AuthService {
  // ❷ 생성자에서 UserService를 주입받음
  constructor(private userSerivice: UserService) {}

  // ❸ 메서드 내부에 await 구문이 있으므로 async 필요
  async register(userDto: CreateUserDto) {
    // ❹ 이미 가입된 유저가 있는지 체크
    const user = await this.userSerivice.getUser(userDto.email);
    if (user) {
      // ❺ 이미 가입된 유저가 있다면 에러 발생
      throw new HttpException(
        '해당 유저가 이미 있습니다.',
        HttpStatus.BAD_REQUEST,
      );
    }

    // ❻ 패드워드 암호화
    const encryptedPassword = bcrypt.hashSync(userDto.password, 10);

    // 데이터베이스에 저장. 저장 중 에러가 나면 서버 에러 발생
    try {
      const user = await this.userSerivice.createUser({
        ...userDto,
        password: encryptedPassword,
      });
      // ❼ 회원 가입 후 반환하는 값에는 password를 주지 않음
      user.password = undefined;
      return user;
    } catch (error) {
      throw new HttpException('서버 에러', 500);
    }
  }
```

```
      }
    }
```

❶ @Injectable() 데코레이터가 있으므로 프로바이더로 사용할 수 있습니다. 즉 다른 곳에 주입을 할 수 있습니다. ❷ 생성자에서 userService 변수에 UserService 클래스를 주입받습니다. ❸ register 메서드는 내부에 await 구문이 있습니다. 그러므로 async를 붙여주어야 합니다. ❹ userService.getUser(email) 메서드를 사용해 이미 가입된 유저가 있는지 확인합니다. ❺ 이미 가입된 유저가 있다면 400(BAD_REQUEST) 에러를 발생시킵니다. HttpException과 HttpStatus는 각각 @nestjs/common에 있는 클래스와 enum입니다.

❻ bcrypt를 사용해 패스워드를 암호화합니다. hashSync의 첫 번째 매개변수는 암호화할 문자열(예제에서는 userDto.password)이고, 뒤에 있는 10은 암호화 처리를 10번 하겠다는 의미입니다. 숫자가 올라갈수록 해시값(암호화된 문자열)을 얻는 데 시간이 오래 걸립니다. ❼ 회원 가입 시에는 userService.createUser를 사용하므로 모든 데이터가 다 있는 user 객체를 줍니다. 패스워드 정보를 넘겨주는 것은 보안에 문제가 될 수 있으니 user.password값을 undefined로 해 데이터를 넘겨주는 값에서 데이터를 삭제합니다.

03 다음으로 controller를 만듭시다.

▼ AuthController의 register( ) 메서드 함수 작성

nest-auth-test/src/auth/auth.controller.ts

```typescript
import { Body, Controller, Get, Post } from '@nestjs/common';
import { CreateUserDto } from 'src/user/user.dto';
import { AuthService } from './auth.service';

@Controller('auth')          // ❶ 컨트롤러 생성
export class AuthController {
  constructor(private authService: AuthService) {} // ❷ AuthService를 주입받음

  @Post('register')          // ❸ register 주소로 POST로 온 요청 처리
  // ❹ class-validator가 자동으로 유효성 검증
  async register(@Body() userDto: CreateUserDto) {
    return await this.authService.register(userDto);
    // ❺ authService를 사용해 user 정보 저장
  }
}
```

❶ @Controller() 데코레이터가 있으므로 컨트롤러입니다. 'auth' 문자열이 있으므로 주소는 localhost:3000/auth로 시작합니다. ❷ 생성자에서 authService 변수에 AuthService를 주입받습니다. ❸ @Post() 데코레이터가 있으므로 POST로 HTTP 요청을 주고, 주소가 **<서버 주소>/auth/register**이면 register 메서드를 실행합니다. ❹ HTTP 요청의 Body에 CreateUserDto 타입의 데이터가 오면 class-validator가 유효성을 검증합니다. 유효성 검증에 통과하면 메서드가 실행됩니다. authService.register가 async await를 사용하므로 Controller의 register() 메서드도 async await를 사용해야 합니다. 이렇게 하지 않으면 Promise가 완료 상태가 되지 않아서 유저가 요청을 못 받게 됩니다. ❶~❹의 과정에서 유효성 검증은 모두 완료되었으므로 ❺에서 authService.register 메서드를 사용해 회원 가입 로직을 실행합니다.

테스트하기

To do **01** 다음으로 src/auth/ 아래에 auth.http 파일을 만들어서 테스트해봅시다.

▼ AuthController의 register() 메서드 함수 테스트하기

nest-auth-test/src/auth/auth.http

```
### 회원 가입

POST http://localhost:3000/auth/register
content-type: application/json

{
    "email" : "andy1@podo.com",
    "password" : "1234",
    "username" : "andy"
}
```

npm run start:dev로 서버를 기동시킨 후, REST 클라이언트 익스텐션을 사용해 테스트를 진행합니다.

```
### 회원가입

Send Request
POST http://localhost:3000/auth/register
content-type: application/json

{
    "email" : "andy5@podo.com",
    "password" : "1234",
    "username" : "andy"
}
```

02 Send Request를 같은 내용으로 두 번 실행해보세요. 같은 내용으로 회원 가입을 시도했으므로 다음과 같이 400 에러가 나면 정상 동작한 겁니다.

```
HTTP/1.1 400 Bad Request
X-Powered-By: Express
Content-Type: application/json; charset=utf-8
Content-Length: 68
ETag: W/"44-CYCfSqiwswY6Jfx2oFVWtR+j3uE"
Date: Sat, 17 Sep 2022 15:31:49 GMT
Connection: close

{
  "statusCode": 400,
  "message": "해당 유저가 이미 있습니다."
}
```

10.4.3 SQLite 익스텐션으로 테이블 확인하기

`To do` **01** 패스워드를 암호화해 저장한다고 했는데, AuthService 클래스의 register() 메서드의 반환 값에 있는 user 객체에서는 password값을 지워버리기 때문에 제대로 저장되었는지 알 수가 없습니다. SQLite를 사용해 데이터베이스(src/nest-auth-test.sqlite 파일)에 저장했으니 SQLite 클라이언트를 사용해 테이블 내용을 확인하겠습니다. VSCode의 커맨드 팔레트(윈도우, 우분투 `Ctrl + Shift + P` | 맥OS `Cmd + Shift + P`)에서 SQLite를 입력하면 'Open Database'가 보입니다. 여기서 'SQLite: Open Database'를 선택합니다.

02 다음으로 chapter10의 nest-auth-test.sqlite 파일을 선택합니다.

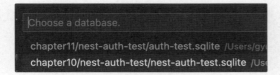

03 그러면 왼쪽 아래에 SQLITE EXPLORE가 나옵니다. 재생 버튼을 클릭하면 테이블의 내용을 확인할 수 있습니다.

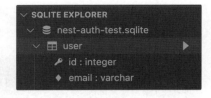

> **Note** 웹스톰(WebStorm)에는 젯브레인스에서 만든 Database Tools and SQL for Webstorm 플러그인이 있으니 설치해 사용하면 됩니다.

db.sqlite 파일을 열어보면 다음과 같이 password 컬럼에 암호화된 문자열을 확인할 수 있습니다(이 책에서는 VSCode의 SQLite 익스텐션을 사용했습니다).

SQL ▼		‹ 1 / 1 › 1 − 9 of 9		
id	**email**	**password**	**username**	**createdDt**
2	andypodo.com	test1234	andy	2022-08-29 16:37:43
3	andy2@podo.com	test12345	andy2	2022-08-29 16:41:01
4	andy3@podo.com	test1234	andy	2022-08-29 16:44:18
5	andy.sg@podo.com	$2b$10$WKijvNPPjSThjy/CjQFIyewC28IqQ248fljkJb6Y4XJnN/1yn9WuS	andy	2022-09-17 07:54:24
6	andy4@podo.com	$2b$10$vdvLSJXOWBcQILPOkoNA1OHTkYCr6dVfHEBmzzRIV5VwJxBstB1Ja	andy	2022-09-17 14:49:24
7	andy5@podo.com	$2b$10$tgrOAPyJfdeJ4XPRXuTJPO1hlODwNyd3ae8UShtx/l.SOsN.lYrCq	andy	2022-09-17 14:49:47
8	andy6@podo.com	$2b$10$qXElILGguAhPNgC7/eOYpORtlSzpS7rUGjSSufOkzXTBeacGR/6zm	andy	2022-09-17 15:35:19
9	andy7@podo.com	$2b$10$bDTcRmqIauWmn0Fa/JhvoO.L8jv39mNMKZjOm71.12gkhdbApOXMq	andy	2022-09-17 15:35:28
10	andy8@podo.com	$2b$10$PbTSEA.M7tWxcI/5sRWb9ekB5V2Ya0bttrVjn2W/VJPi.YXOI/tOK	andy	2022-09-17 15:35:46

이로써 회원 가입까지 마쳤습니다. 다음은 쿠키를 사용해 인증 기능을 만들겠습니다.

10.5 쿠키를 사용한 인증 구현하기

이제 쿠키를 사용해 인증 기능을 만들어봅시다. 먼저 AuthController에 login 핸들러 메서드가 필요합니다. 두 번째로는 AuthService에서 email, password를 넘겨주면 해당 정보의 유저가 있는지 유효성 검증을 하는 로직이 필요합니다. 유저 정보의 유효성 검증이 끝나면 응답response값에 쿠키 정보를 추가해 반환합니다.

NestJS에서 인증을 구현할 때는 보통 인증용 미들웨어인 가드Guard를 함께 사용합니다. 가드는 특정 상황(권한, 롤, 액세스컨트롤)에서 받은 요청request을 가드를 추가한 라우트 메서드에서 처리할지 말지를 결정하는 역할을 합니다.

10.5.1 AuthService에 이메일과 패스워드 검증 로직 만들기

To do **01** 쿠키에 데이터를 추가하기 전에 유저의 데이터가 맞는지 검증하는 로직이 필요합니다. 그래서 쿠키 정보를 저장하는 로직보다 유저의 이메일과 패스워드 검증 로직을 먼저 만들겠습니다.

▼ AuthService의 유저 정보 검증 메서드 작성

```ts
// ... 생략 ...

export class AuthService {
// ... 생략 ...

  async validateUser(email: string, password: string) {
    const user = await this.userSerivice.getUser(email);
    // ❶ 이메일로 유저 정보를 받아옴

    if (!user) { // ❷ 유저가 없으면 검증 실패
      return null;
    }
    const { password: hashedPassword, ...userInfo } = user;
    // ❸ 패스워드를 따로 뽑아냄
    if (bcrypt.compareSync(password, hashedPassword)) { // ❹ 패스워드가 일치하면 성공
      return userInfo;
    }
    return null;
  }
}
```
`nest-auth-test/src/auth/auth.service.ts`

❶ 입력받은 email로 등록된 유저가 있는지 찾습니다. ❷ 유저가 없다면 올바른 정보가 아니므로 null을 반환합니다. ❸ 다음으로 패스워드를 검증해야 하는데 유저 정보에서 패스워드만 따로 뽑아서 hashedPassword라는 변수로 받아옵니다. ❹ bcrypt.compasreSync(data, encrypted) 함수에서 data는 입력받은 패스워드값을 넣고 두 번째에는 패스워드 해시값을 넣어주면 바르게 암호화된 경우 userInfo를 반환합니다. 아니라면 null을 반환합니다. ❶~❹ 과정을 통해 email과 password를 검증할 수 있으며, 쿠키에 넣어줄 패스워드를 제외한 유저 정보도 받아올 수 있습니다.

02 validateUser( ) 메서드를 AuthController에서 사용해 인증 결과를 쿠키에 추가해봅시다.

▼ login 핸들러 메서드 작성

nest-auth-test/src/auth/auth.controller.ts

```typescript
import { Body, Controller, Get, Post, Request, Response } from '@nestjs/common';
import { CreateUserDto } from 'src/user/user.dto';
import { AuthService } from './auth.service';


@Controller('auth')
export class AuthController {

// ... 생략 ...

  @Post('login')
  async login(@Request() req, @Response() res) { // ❶ Request, Response를 둘 다 사용
    // ❷ validateUser를 호출해 유저 정보 획득
    const userInfo = await this.authService.validateUser(
      req.body.email,
      req.body.password,
    );

    // ❸ 유저 정보가 있으면, 쿠키 정보를 Response에 저장
    if (userInfo) {
      res.cookie('login', JSON.stringify(userInfo), {
        httpOnly: false, // ❹ 브라우저에서 읽을 수 있도록 함
        maxAge: 1000 * 60 * 60 * 24 * 7, // 7day 단위는 밀리초
      });
    }
    return res.send({ message: 'login success' });
  }
}
```

❶ login() 메서드는 Request와 Response를 모두 사용해야 하므로 @Body나 @Param이 아닌 @Request를 직접 사용합니다. Response 객체는 쿠키를 설정할 때 사용합니다. ❷ 앞서 만든 authService의 validateUser를 호출해 패스워드를 제외한 유저 정보를 받아옵니다. ❸ 유저 정보가 있으면 res.cookie를 사용해서 쿠키를 설정해줍니다. ❹ httpOnly를 true로 설정하면 브

라우저에서 쿠키를 읽지 못 합니다. 브라우저에서 쿠키를 읽을 수 있다면 XSS^{Cross Site Scripting} 등의 공격으로 쿠키가 탈취되는 상황이 발생합니다. 명시적으로 false를 주었습니다만, 기본값도 false 입니다. 쿠키 정보를 브라우저에서 읽지 않아도 된다면(자바스크립트의 Document.cookie API를 통해 쿠키를 사용하는 것이 아니라면) true로 설정하는 편이 보안에 더 유리합니다.

테스트하기

`To do` **01** 이제 auth.http에 쿠키 정보가 원하는 대로 반환되는지 테스트해봅시다.

▼ AuthController의 login 테스트하기

```
### 회원 가입                                      nest-auth-test/src/auth/auth.http
# ... 생략 ...

### 로그인
POST http://localhost:3000/auth/login
content-type: application/json

{
    "email" : "andy1@podo.com",
    "password" : "1234"
}
```

반환값으로 다음과 같이 Set-Cookie가 있어야 합니다.

```
HTTP/1.1 201 Created
X-Powered-By: Express
Set-Cookie: login=%7B%22id%22%3A10%2C%22email%22%3A%22andy1%40podo.com%
22%2C%22username%22%3A%22andy%22%2C%22createdDt%22%3A222022-09-17T15%3
A35%3A46.000Z%22%7D; Max-Age=604800; Path=/; Expires=Sun, 25 Sep 2022 1
6:28:19 GMT; HttpOnly
Content-Type: application/json; charset=utf-8
Content-Length: 27
ETag: W/"1b-1kZjyyqCNo1Oj/t1Y5EmCqBR99s"
Date: Sun, 18 Sep 2022 16:28:19 GMT
Connection: close

{
  "message": "login success"
}
```

10.5.2 가드를 사용해 인증됐는지 검사하기

Nest.js에는 인증할 때 가드라는 미들웨어를 보편적으로 사용합니다. 가드는 @Injectable() 데코레이터가 붙어 있고 CanActivate 인터페이스를 구현한 클래스입니다. @UseGuard 데코레이터로 가드를 사용할 수 있습니다. ❶ 클라이언트의 요청을 @Get, @Post 등이 붙어 있는 핸들러 메서드에 넘기기 전에 인증에 관련된 처리를 할 수 있습니다. CanActivate 인터페이스를 구현하려면 canActivate() 메서드를 구현해야 합니다. canActivate() 메서드는 boolean 또는 Promise〈boolean〉을 반환하며 ❷ true인 경우 핸들러 메서드를 실행하고 ❸ false이면 '403 Forbidden' 에러를 줍니다.

▼ 가드의 작동 흐름

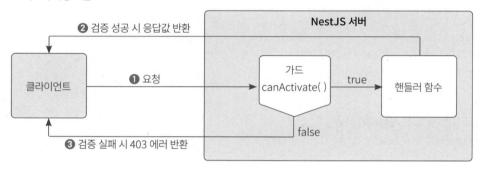

To do **01** 서버 측에서 HTTP 요청의 헤더에 있는 쿠키를 읽는 코드가 필요합니다. 쿠키를 읽는 이유는 유저의 인증 정보를 확인하기 위해서입니다. HTTP 헤더에서 쿠키를 읽으려면 cookie-parser 패키지를 설치하고 설정을 해야 합니다. 먼저 cookie-parser 패키지를 설치하겠습니다.

```
# nest-auth-test 디렉터리에서 실행해주세요.
$ npm install cookie-parser
```

02 이번에는 HTTP 요청의 헤더에서 쿠키를 읽어올 수 있도록 NestApplication의 설정을 변경하겠습니다.

▼ cookie-parser 설정

```
// 기존 임포트 구문 생략                        nest-auth-test/src/main.ts
import * as cookieParser from 'cookie-parser';

async function bootstrap() {
  const app = await NestFactory.create(AppModule);
```

```
  app.useGlobalPipes(new ValidationPipe());
  app.use(cookieParser());  // ❶ 쿠키 파서 설정
  await app.listen(3000);
}
bootstrap();
```

❶ 쿠키 파서는 쿠키를 Request 객체에서 읽어오는 데 사용하는 미들웨어입니다. cookieParser()
로 추가합니다. NestFactory.create로 만든 NestApplication의 객체인 app에서 use() 함수를
사용해 미들웨어를 사용하도록 한 줄만 추가하면 끝입니다.

03 다음으로 authService의 validateUser를 사용해 가드를 만들어봅시다. src/auth 아래에 auth.guard.ts
파일을 생성하고 다음과 같이 작성하겠습니다.

▼ 사용자 인증 정보를 확인하는 LoginGuard 클래스 작성

nest-auth-test/src/auth/auth.guard.ts

```
import { CanActivate, Injectable } from '@nestjs/common';
import { AuthService } from './auth.service';


@Injectable()  // ❶ Injectable이 있으니 프로바이더
export class LoginGuard implements CanActivate {    // ❷ CanActivate 인터페이스 구현
  constructor(private authService: AuthService) {} // ❸ authService를 주입받음

  // ❹ CanActivate 인터페이스의 메서드
  async canActivate(context: any): Promise<boolean> {
    // ❺ 컨텍스트에서 리퀘스트 정보를 가져옴
    const request = context.switchToHttp().getRequest();

    // ❻ 쿠키가 있으면 인증된 것
    if (request.cookies['login']) {
      return true;
    }

    // ❼ 쿠키가 없으면 request의 body 정보 확인
    if (!request.body.email || !request.body.password) {
      return false;
    }

    // ❽ 인증 로직은 기존의 authService.validateUser 사용
```

```
    const user = await this.authService.validateUser(
      request.body.email,
      request.body.password,
    );

    // 유저 정보가 없으면 false 반환
    if (!user) {
      return false;
    }
    // ❾ 있으면 request에 user 정보를 추가하고 true 반환
    request.user = user;
    return true;
  }
}
```

❶ @Injectable 이 있으므로 다른 클래스에 주입할 수 있습니다. ❷ 또한 CanActivate를 구현했으므로 가드입니다. ❸ 인증에 사용할 AuthService 객체를 주입합니다. ❹ canActivate() 메서드는 CanActivate의 추상 메서드이므로, 사용할 클래스에서 구현해야 합니다. 반환 타입으로 boolean 또는 Promise⟨boolean⟩을 줘야 하는데, async await 구문을 사용하므로 여기서는 Promise⟨boolean⟩을 반환 타입으로 사용합니다. true이면 인증이 됐다는 의미이고 false는 인증이 되지 않았다는 의미입니다. false에는 403 에러를 보내줍니다. ❺ context는 ExecuteContext 타입으로 주로 Request나 Response 객체를 얻어오는 데 사용합니다. 여기서는 Request 정보를 가져오는 데 사용했습니다. ❻ login() 메서드에서 응답값으로 쿠키를 저장했습니다. 다시 한번 인증을 요청할 때 쿠키의 login 항목에 값이 있다면 인증이 된 겁니다.

❼ 쿠키에 값이 없다면 다시 인증을 시도하기 위해 request.body에 email과 password값이 모두 있는지 확인합니다. 둘 중에 하나라도 없다면 false를 반환합니다. ❽ 인증 로직은 기존의 authService.validateUser를 사용합니다. ❾ user 정보가 있다면 request.user에 user 정보를 할당하고 true를 반환합니다.

주의할 점으로 가드 내에서 응답에 쿠키를 설정할 수 없습니다. 또한 가드는 모든 미들웨어의 실행이 끝난 다음 실행되며 filter나 pipe보다는 먼저 실행됩니다.

04 컨트롤러에 LoginGuard 로직을 붙여보겠습니다.

▼ LoginGuard 테스트 로직을 controller에 추가

nest-auth-test/src/auth/auth.controller.ts

```
import { Body, Controller, Get, Post,
  Request, Response, UseGuards } from '@nestjs/common';
import { LoginGuard } from './auth.guard';

// ... 생략 ...

@Controller('auth')
export class AuthController {

// ... 생략 ...

  @UseGuards(LoginGuard) // ❶ LoginGuard 사용
  @Post('login2')
  async login2(@Request() req, @Response() res) {
    // ❷ 쿠키 정보는 없지만 request에 user 정보가 있다면 응답값에 쿠키 정보 추가
    if (!req.cookies['login'] && req.user) {
      // 응답에 쿠키 정보 추가
      res.cookie('login', JSON.stringify(req.user), {
        httpOnly: true,
        // maxAge: 1000 * 60 * 60 * 24 * 7, // 1day
        maxAge: 1000 * 10,  // ❸ 로그인 테스트를 고려해 10초로 설정
      });
    }
    return res.send({ message: 'login2 success' });
  }

   // ❹ 로그인을 한 때만 실행되는 메서드
  @UseGuards(LoginGuard)
  @Get('test-guard')
  testGuard() {
    return '로그인된 때만 이 글이 보입니다.';
  }
}
```

❶ 가드를 사용 시에는 @UseGuards 데코레이터를 사용합니다. 괄호 안에 만들어둔 LoginGuard
를 넣어주면 됩니다. ❷ LoginGuard에서 인증에 성공 시 request.user에 user 정보를 할당
했습니다. 쿠키 정보가 없으나 user 정보가 있는 경우 로그인 프로세스를 진행한 것으로 보고
쿠키를 설정합니다. ❹에서 수행할 테스트를 고려해 ❸ 쿠키 활성화 시간을 10초로 했습니다.

❹ testGuard()는 인증에 성공할 때만 실행됩니다.

테스트하기

To do **01** auth.http에 다른 유저로 로그인과 가드 로직 테스트 두 가지 항목을 더 추가해 테스트를 해봅시다.

▼ LoginGuard 테스트용 스크립트 추가

nest-auth-test/src/auth/auth.http

```
### 로그인
POST http://localhost:3000/auth/login
content-type: application/json

{
    "email" : "andy1@podo.com",
    "password" : "1234"
}

### 로그인 2 : LoginGuard
POST http://localhost:3000/auth/login2
content-type: application/json

{
    "email" : "andy1@podo.com",
    "password" : "1234"
}

### Guard 테스트
GET http://localhost:3000/auth/test-guard
```

02 REST 클라이언트에서는 쿠키를 자동으로 저장하고 다음 리퀘스트를 보낼 때 함께 보내줍니다. 그러므로 쿠키도 자연스럽게 테스트할 수 있습니다.

```
### 로그인2 : LoginGuard
Send Request   ❶ 클릭
POST http://localhost:3000/auth/login2
content-type: application/json

{
    "email" : "andy1@podo.com",
    "password" : "1234"
}

### Guard Test
Send Request   ❷ 바로 클릭   ❸ 11초 후 클릭
GET http://localhost:3000/auth/test-guard
```

❶ Send Request를 클릭합니다. Set-Cookie: login=%7B… 항목이 응답으로 와야 합니다. 다음과 같이 "login2 success"라는 메시지와 함께 Set-Cookie값이 설정됩니다.

```
1   HTTP/1.1 201 Created
2   X-Powered-By: Express
3   Set-Cookie: login=%7B%22id%22%3A3%2C%22email%22%3A%22andy1%40podo.com%
    22%2C%22username%22%3A%22andy%22%2C%22createdDt%22%3A%222022-12-30T14%
    3A25%3A42.000Z%22%2C%22providerId%22%3Anull%7D; Max-Age=604800; Path
    =/; Expires=Fri, 06 Jan 2023 14:25:45 GMT; HttpOnly
4   Content-Type: application/json; charset=utf-8
5   Content-Length: 28
6   ETag: W/"1c-iXcyPM+mblycrFnwNOojjC7X0e8"
7   Date: Fri, 30 Dec 2022 14:25:45 GMT
8   Connection: close
9
10 ∨ {
11    "message": "login2 success"
12  }
```

❶을 실행하고 10초 안에 ❷의 Guard Test에 있는 Send Request를 클릭합니다. 그러면 '로그인했을 때만 보이는 메시지입니다.' 응답을 받습니다. ❸ 11초 후 실행하면 쿠키의 유효기간 만료 때문에 403 에러가 뜹니다.

테스트 후에는 꼭 쿠키 만료 시간을 하루로 변경해두도록 합시다!

10.6 패스포트와 세션을 사용한 인증 구현하기

쿠키만으로 인증하면 위변조와 탈취의 위험에서 자유롭지 못합니다. 그러면 어떻게 보안을 더 강화할 수 있을까요? 좋은 방법은 서버에서 인증을 하고 해당 정보를 서버의 특정 공간에 저장해두는 겁니다. 이때 사용하는 것이 세션입니다. 세션을 사용할 때도 쿠키를 사용합니다만, 쿠키는 세션을 찾는 정보만 저장(예 : 세션의 아이디값)하고, 중요 정보는 세션에 모두 넣는 것이 좋습니다. 세션은 서버의 자원을 사용하는 것이므로 서버에 부하를 주는 단점이 있습니다만, 위조, 변조, 탈취가 불가능하므로 보안적으로는 더 안전하다고 할 수 있습니다.

10.5절에서 쿠키로만 인증하는 법을 알아보았습니다. 이때는 가드 하나를 로그인과 인증 모두에 사용했습니다. 이번 절에는 가드 두 개와, 인증을 처리하기 위한 파일 여러 개를 만듭니다. 먼저 로

그인에 사용할 가드가 필요합니다. 인증 로직 구현 부분은 패스포트[7]라는 인증 로직을 쉽게 분리해서 개발하는 라이브러리를 사용합니다. 패스포트passport 사용 시 인증 로직은 스트래티지strategy 파일을 생성해서 사용합니다. 스트래티지는 '전략'이라는 뜻입니다만, 패스포트에서는 인증 로직 수행을 담당하는 클래스를 의미합니다. 직접 구현해도 되지만, 다양한 인증을 위한 스트래티지 패키지를 같이 설치해 인증을 쉽게 구현할 수 있습니다. 기존처럼 가드 안에 인증 로직을 두는 것이 아니라 인증 로직을 처리하는 별도의 스트래티지 파일이 필요합니다. 예를 들면 id, password를 주었을 때 올바른 정보인지 판단하는 로직이나, 쿠키에서 값을 읽어서 인증을 위한 올바른 데이터가 들어 있는지 등을 검증하는 로직을 의미합니다. 또한 세션 사용 시 세션에서 데이터를 읽어오고 저장하므로 세션에 데이터 저장하고 읽어올 세션 시리얼라이저session serializer 파일도 필요합니다. 요약하면 가드, 패스포트의 스트래티지, 세션 시리얼라이저가 서로 협력해서 사용자 신원을 확인하고, 인증 정보를 저장하고 읽어와서 다시 인증하는 작업을 합니다. 조금 복잡하지만 이해하고 나면 각 역할 분담이 잘되어 있어서 유지보수에 유리하다는 것을 알게 될 겁니다.

▼ 패스포트와 세션을 사용한 인증의 과정

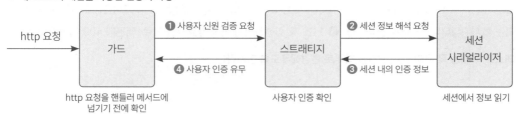

❶ 가드를 통과한 요청은 스트래티지에 전달되어 사용자 신원 검증을 합니다. ❷ 스트래티지는 세션 정보를 읽기 위해 세션 시리얼라이저 세션에 있는 인증 정보를 요청합니다. ❸ 세션 시리얼라이저는 세션에 있는 인증 정보를 스트래티지에 돌려줍니다. ❹ 스트래티지는 세션에 있는 인증 정보를 확인해 사용자 인증 유무를 가드에 결괏값으로 반환합니다.

지금까지 말씀드린 과정을 다음과 같은 순서로 자세히 알아보겠습니다.

1 라이브러리 설치 및 설정
2 로그인과 인증에 사용할 가드 구현하기
3 세션 시리얼라이저 구현하기

---

7 https://www.passportjs.org/

4 로컬 스트래티지 파일 만들기

5 auth.module.ts 설정 추가하기

6 auth.http에서 테스트해보기

10.6.1 라이브러리 설치 및 설정하기

`To do` **01** passport 라이브러리를 설치합시다. 유저 아이디와 패스워드로 인증할 때 스트래티지는 passport-local을 사용합니다. passport-local은 username과 password로 인증할 수 있는 전략을 사용하는 모듈입니다. 세션 저장에는 express-session을 사용합니다. @types/passport-local @types/express-session은 타입스크립트의 타입 정보를 담고 있는 라이브러리들입니다. 개발할 때 유용하므로 개발 환경 패키지를 설치하는 -D 옵션을 주어 설치합니다.

▼ passport와 express-session 라이브러리 설치하기

```
# nest-auth-test 디렉터리에서 실행해주세요.
$ npm i @nestjs/passport passport passport-local express-session
$ npm i -D @types/passport-local @types/express-session
```

02 세션을 사용하려면 main.ts 파일에 설정을 추가해야 합니다.

▼ passport와 session을 사용하기 위한 설정

nest-auth-test/src/main.ts

```
// 기존 import문 생략
import * as session from 'express-session';
import * as passport from 'passport';

async function bootstrap() {
  const app = await NestFactory.create(AppModule);
  app.useGlobalPipes(new ValidationPipe());
  app.use(cookieParser());
  app.use(
    session({
      secret: 'very-important-secret', // ❶ 세션 암호화에 사용되는 키
      resave: false,                    // ❷ 세션을 항상 저장할지 여부
      // ❸ 세션이 저장되기 전에는 초기화하지 않은 상태로 세션을 미리 만들어 저장
      saveUninitialized: false,
      cookie: { maxAge: 3600000 },      // ❹ 쿠키 유효기간 1시간
    }),
```

```
  );
  // ❺ passport 초기화 및 세션 저장소 초기화
  app.use(passport.initialize());
  app.use(passport.session());
  await app.listen(3000);
}
bootstrap();
```

❶ 내부적으로 secret은 암호화를 하는 데 사용하는 키입니다. 절대 유출되지 않도록 관리해야 합니다. ❷ resave는 세션을 항상 저장할지 여부를 나타냅니다. HTTP 요청이 올 때마다 세션을 새로 저장하면 효율이 떨어질 수 있으므로 false로 해둡니다. ❸ saveUninitialized 옵션은 세션이 저장되기 전에 빈 값을 저장할지 여부를 나타냅니다. 인증이 되지 않은 사용자 정보도 빈 값으로 저장하므로 false로 설정해 불필요한 공간을 차지하지 않게 했습니다. ❹ 세션을 찾는 데 사용할 키값을 쿠키에 설정합니다. 해당 쿠키의 유효기간을 1시간으로 했습니다. 단위는 ms(밀리세컨드)입니다. ❺ 마지막으로 패스포트 초기화 및 세션 저장소를 초기화합니다. 세션의 저장소를 따로 지정하지 않았으므로 서버의 메모리에 저장됩니다.

이제 세션 인증 작업을 할 준비를 마쳤으므로 인증의 시작점인 가드를 만들겠습니다.

10.6.2 로그인과 인증에 사용할 가드 구현하기

To do 01 10.5절 '쿠키를 사용한 인증 구현하기'에서는 가드를 하나만 만들어서 로그인과 인증 모두에 사용했습니다. 이번에는 로그인에 사용할 가드(LoginAuthGuard)와 로그인 후 인증에 사용할 가드(AuthenticatedGuard)를 별개로 만들어서 사용하겠습니다. LoginAuthGuard는 HTTP 요청으로 받은 email과 password 정보로 유효한 user 정보가 있는지 확인해, 유효할 경우 유저의 정보를 세션에 저장합니다. AuthenticatedGuard는 HTTP 요청에 있는 쿠키를 찾아 쿠키에 있는 정보로 세션을 확인해 로그인이 완료된 사용자인지 판별합니다. LoginAuthGuard와 AuthenticatedGuard 가드를 auth.guard.ts에 추가합시다.

> Note 이제부터 총 4개 파일(auth.guard.ts, session.serializer.ts, local.strategy.ts, auth.module.ts)을 사용해 인증을 구현합니다. auth.module.ts는 인증 모듈 파일이므로 인증 로직에 관련된 파일은 3개(auth.guard.ts, session.serializer.ts, local.strategy.ts)입니다. 진행하다가 전체 흐름이 궁금하다면 10.6.7절 '로그인과 세션 저장까지 순서'를 먼저 살펴봐도 좋습니다.

```
                                             nest-auth-test/src/auth/auth.guard.ts
// 기존 임포트문 생략
import { CanActivate, ExecutionContext, Injectable } from '@nestjs/common';
import { AuthGuard } from '@nestjs/passport'; // ❶ 패스포트를 사용하는 AuthGuard 임포트

@Injectable()
export class LoginGuard implements CanActivate {
// ... 생략 ...
}

@Injectable()
// ❷ AuthGuard 상속
export class LocalAuthGuard extends AuthGuard('local') {
  async canActivate(context: any): Promise<boolean> {
    const result = (await super.canActivate(context)) as boolean;
    // ❸ 로컬 스트래티지 실행
    const request = context.switchToHttp().getRequest();
    await super.logIn(request);            // ❹ 세션 저장
    return result;
  }
}

@Injectable()
export class AuthenticatedGuard implements CanActivate {
  canActivate(context: ExecutionContext): boolean {
    const request = context.switchToHttp().getRequest();
    return request.isAuthenticated(); // ❺ 세션에서 정보를 읽어서 인증 확인
  }
}
```

❶ NestJS에서는 패스포트를 편하게 사용할 수 있도록 @nestjs/passport를 제공합니다. 패스포트 인증에 가드를 사용할 수 있도록 감싸둔 AuthGuard를 제공하는 라이브러리입니다. ❷ 패스포트는 인증 로직을 스트래티지라는 개념으로 구현합니다. id, password로 인증을 처리할 때는 passport-local을 사용합니다. AuthGuard('local')은 로컬 스트래티지를 사용합니다. 이외의

스래티지로 passport-jwt[8]와 passport-google-oauth20[9] 등이 있습니다. ❸ 가드를 사용하려면 canActivate를 구현해야 합니다. AuthGuard를 상속받았으니 super.canActivate()에서는 passport-local의 로직을 구현한 메서드를 실행합니다. 해당 메서드를 아직 구현하지 않았습니다. local.strategy.ts 파일 LocalStrategy 클래스를 생성한 후 validate() 메서드를 구현할 겁니다(10.6.4절 'email, password 인증 로직이 있는 LocalStrategy 파일 작성하기' 참조). ❹ super.logIn()[10]에서는 로그인 처리를 하는데, 여기서는 세션을 저장합니다. 세션을 저장하고 꺼내오는 방법은 session.serializer.ts 파일에 작성합니다. ❺ AuthenticatedGuard는 로그인 후 인증이 되었는지 확인할 때 사용합니다. 세션에 데이터를 저장하고 돌려주는 응답(response) 값에 connect.sid라는 이름의 쿠키를 만들게 됩니다. 이후의 요청에 해당 쿠키값을 같이 전송하면 세션에 있는 값을 읽어서 인증 여부를 확인할 때 사용하는 가드입니다.

auth.guard.ts에 로그인 시 사용할 가드와 인증 확인 시 사용할 가드를 각각 만들었습니다. 코드 설명에서 언급했지만, 세션을 저장하는 부분과 세션에서 정보를 읽는 부분은 session.serializer.ts에 작성합니다. 곧바로 serializer 코드를 작성해봅시다.

10.6.3 세션에 정보를 저장하고 읽는 세션 시리얼라이저 구현하기

To do **01** 직전에 작성한 request.isAuthenticated() 함수는 세션에서 정보를 읽어옵니다. 아직은 세션에 정보 저장과 정보 읽기 기능을 구현하지 않았으므로 올바르게 동작하지 않습니다. 해당 로직을 추가해봅시다.

▼ 세션 저장 및 읽기를 위한 코드 작성

```
                                          nest-auth-test/src/auth/session.serializer.ts
import { Injectable } from '@nestjs/common';
import { PassportSerializer } from '@nestjs/passport';
import { UserService } from 'src/user/user.service';


@Injectable()
// ❶ PassportSerializer 상속받음
export class SessionSerializer extends PassportSerializer {
  constructor(private userSerivice: UserService) { // ❷ userService를 주입받음
    super();
```

---

8 다른 패키지는 패스포트 사이트에 있습니다. http://www.passportjs.org/packages/

9 passport-google-oauth20는 11장에서 다룹니다.

10 패스포트의 소스 코드 https://url.kr/pqbkhf 참조

```
  }

  // ❸ 세션에 정보를 저장할 때 사용
  serializeUser(user: any, done: (err: Error, user: any) => void): any {
    done(null, user.email); // 세션에 저장할 정보
  }

  // ❹ 세션에서 정보를 꺼내올 때 사용
  async deserializeUser(
    payload: any,
    done: (err: Error, payload: any) => void,
  ): Promise<any> {
    const user = await this.userSerivice.getUser(payload);
    // ❺ 유저 정보가 없는 경우 done() 함수에 에러 전달
    if (!user) {
      done(new Error('No User'), null);
      return;
    }
    const { password, ...userInfo } = user;

    // ❻ 유저 정보가 있다면 유저 정보 반환
    done(null, userInfo);
  }
}
```

❶ SessionSerializer는 PassportSerializer를 상속받습니다. PassportSerializer는 serializeUser(), deserializeUser(), getPassportInstance()를 제공하는데 여기서는 serializeUser(), deserializeUser()만 사용합니다.

- serializeUser() : 세션에 정보를 저장합니다.
- deserializeUser() : 세션에서 가져온 정보로 유저 정보를 반환합니다.
- getPassportInstance() : 패스포트 인스턴스를 가져옵니다. 패스포트 인스턴스의 데이터가 필요한 경우 사용합니다.

❷ 세션에는 유저를 식별하는 데 사용할 최소한의 정보인 email만 저장합니다. UserService에서 email로 유저 정보를 가져와야 하므로 UserService를 주입합니다. ❸ serializeUser()는 세션에 정보를 저장할 때 사용합니다. user 정보는 LocalAuthGuard의 canActivate() 메서드에

서 super.logIn(request)를 호출할 때 내부적으로 request에 있는 user 정보를 꺼내서 전달하면서 seriealizeUser()를 실행합니다. ❹ deserializeUser()는 인증이 되었는지 세션에 있는 정보를 가지고 검증할 때 사용합니다. payload는 세션에서 꺼내온 값이며 세션의 값을 확인해보려면 console.log(request.session)으로 확인할 수 있습니다. serializeUser()에서 email만 저장했기 때문에 해당 정보가 payload로 전달됩니다. 식별하는 데 email만 있으면 되기 때문에 userService.getUser(payload)로 해당하는 유저가 있는지 확인을 할 수 있습니다.

❺ 유저 정보가 없으면 매개변수로 받은 done() 메서드에 Error를 전달합니다. 세션 정보가 없으면 곧바로 403 (리소스 접근 금지) 에러를 발생시킵니다. ❻ 유저 정보가 있다면 패스워드를 뺀 나머지 정보를 전달합니다.

이로써 시리얼라이저를 구현해 세션에 값을 저장하고 가져올 수 있게 되었습니다. 이어서 AuthGuard('local')의 실제 인증 로직을 담는 LocalStrategy를 만들겠습니다.

10.6.4 email, password 인증 로직이 있는 LocalStrategy 파일 작성하기

인증 방법은 다양합니다. 다양한 방법을 패키지 하나에 담을 필요는 없기 때문에 패스포트에서는 이를 strategy라는 별개의 패키지로 모두 분리해 담습니다. 이중 id, password로 인증하는 기능은 passport-local 패키지에서 제공합니다.

▼ 표 10-5 인증 유형별 스트래티지[11]

인증 방법	패키지명	설명
Local	passport-local	유저명과 패스워드를 사용해 인증
OAuth	passport-oauth	페이스북, 구글, 트위터 등의 외부 서비스에서 인증
SAML	passport-saml	SAML 신원 제공자에서 인증, OneLogin, Okta 등
JWT	passport-jwt	JSON Web Token을 사용해 인증
AWS Cognito	passport-cognito	AWS의 Cognito user pool을 사용해 인증
LDAP	passport-ldapauth	LDAP 디렉터리를 사용해 인증

---

11 표에 정리한 내용 이외의 스트래티지는 https://www.passportjs.org/packages/를 참고하세요.

To do **01** NestJS에서는 PassportStrategy(Strategy)를 상속받은 클래스에 인증 로직을 작성합니다. email, password 인증 로직이 있는 LocalStrategy 파일을 작성해봅시다.

▼ email, password로 인증하는 코드 작성

```
                                                  nest-auth-test/src/auth/local.strategy.ts
import { Injectable } from '@nestjs/common';
import { PassportStrategy } from '@nestjs/passport';
import { Strategy } from 'passport-local';
import { AuthService } from './auth.service';

@Injectable()
export class LocalStrategy extends PassportStrategy(Strategy) {
// ❶ PassportStrategy 믹스인
  constructor(private authService: AuthService) {
    super({ usernameField: 'email' });  // ❷ 기본값이 username이므로 email로 변경해줌
  }

  // ❸ 유저 정보의 유효성 검증
  async validate(email: string, password: string): Promise<any> {
    const user = await this.authService.validateUser(email, password);
    if (!user) {
      return null; // ❹ null이면 401 에러 발생
    }
    return user; // ❺ null이 아니면 user 정보 반환
  }
}
```

❶ PassportStrategy(Strategy)는 믹스인이라고 불리는 방법입니다. 컴포넌트를 재사용할 때 상속을 많이 사용하지만 해당 클래스의 모든 것을 재사용해야 하는 불편함이 있습니다. 클래스의 일부만 확장하고 싶을 때는 믹스인[12]을 사용합니다.

> **믹스인(mixin)/트레잇(trait)**
> 클래스에 새로운 기능을 추가하기 위해, 필요한 메서드를 가지고 있는 작은 클래스들을 결합해 기능을 추가하는 방법을 말합니다.

❷ local-strategy에는 인증 시 사용하는 필드명이 username, password로 정해져 있습니다. 우리는 username이 아니라 email, password로 인증하게 되므로 usernameField 이름을 email로 바꿔주는 설정을 추가했습니다. ❸ validate() 메서드

---

12 믹스인에 대한 공식 문서. https://www.typescriptlang.org/docs/handbook/mixins.html

에서는 전달한 email과 password가 올바른지 검증합니다. 이미 만들어둔 authService의 validateUser() 메서드를 사용합니다. ❹ 유저가 없으면 즉 user가 null이면 null을 반환합니다. 이때 클라이언트에 401 에러를 보내줍니다. ❺ 유저 정보가 있으면 validateUser()에서 받은 user 정보를 반환합니다.

여기까지 인증과 세션 저장, 읽기 코드를 모두 완성했습니다. 마지막으로 만들어둔 파일들의 설정을 auth.modules.ts에 추가해야 합니다.

10.6.5 auth.module.ts에 설정 추가하기

To do **01** 만들어둔 LocalStrategy, SessionSerializer를 다른 클래스에서 사용할 수 있게 프로바이더에 등록해줍니다. 또한 PassportModule에 세션을 사용하도록 설정을 추가합니다.

▼ 인증 모듈에 필요한 설정들 추가

```
                                              nest-auth-test/src/auth.module.ts
import { Module } from '@nestjs/common';
import { AuthService } from './auth.service';
import { AuthController } from './auth.controller';
import { UserModule } from 'src/user/user.module';
import { PassportModule } from '@nestjs/passport';
import { SessionSerializer } from './session.serializer';
import { LocalStrategy } from './local.strategy';

@Module({
  imports: [UserModule, PassportModule.register({ session: true })],
  // ❶ 패스포트 모듈 추가
  providers: [AuthService, LocalStrategy, SessionSerializer],
  // ❷ 프로바이더 설정 추가
  controllers: [AuthController],
})
export class AuthModule {}
```

❶ PassportModule의 기본 설정은 세션 설정이 false로 되어 있습니다. {session: true}를 사용해 세션을 사용할 수 있게 해줍니다. ❷ LocalStrategy와 SessionSerializer 모두 다른 곳에서 사용하는 클래스들이므로 프로바이더로 등록해야 합니다. 명시적으로 LocalStrategy와 SessionSerializer를 주입하는 코드가 없습니다만, 사용하려면 등록을 해야 합니다. 등록하지 않으면 클래스를 찾지 못해서 에러가 나게 됩니다.

10.6.6 테스트하기

`To do` **01** 이제 세션을 사용한 인증이 제대로 동작하는지 테스트를 해봅시다. auth.http에 다음의 코드를 추가해주세요.

▼ 세션으로 인증하는 API 테스트 코드 추가

```
                                              nest-auth-test/src/auth/auth.http
# ... 생략 ...

### Guard 테스트
GET http://localhost:3000/auth/test-guard

### 로그인 3 : ❶ 세션을 사용하는 테스트
POST http://localhost:3000/auth/login3
content-type: application/json

{
    "email" : "andy1@podo.com",
    "password" : "1234"
}

### 로그인 3 : ❷ 틀린 패스워드로 테스트
POST http://localhost:3000/auth/login3
content-type: application/json

{
    "email" : "andy1@podo.com",
    "password" : "12345"
}

### ❸ 인증이 성공 하는지 테스트
GET http://localhost:3000/auth/test-guard2
```

02 테스트를 수행하려면 AuthController에 다음과 같이 라우팅 메서드들을 추가해야 합니다.

▼ 세션을 사용하는 로그인 테스트를 위한 핸들러 메서드 추가

```
                                        nest-auth-test/src/auth/auth.controller.ts
// 다른 import문 생략
  import { AuthenticatedGuard, LocalAuthGuard, LoginGuard } from './auth.guard';

// ... 생략 ...
```

```
@UseGuards(LocalAuthGuard)
@Post('login3')
login3(@Request() req) {
  return req.user;
}


@UseGuards(AuthenticatedGuard)
@Get('test-guard2')
testGuardWithSession(@Request() req) {
  return req.user;
}
```

03 터미널에서 npm run start:dev를 실행 후 테스트해봅시다.

❶ '세션을 사용하는 테스트'를 실행하면 다음과 같이 쿠키에 connect.sid값이 설정됩니다. 이 값은 세션에 저장된 값을 찾는 데 사용할 쿠키값입니다.

```
1   HTTP/1.1 201 Created
2   X-Powered-By: Express
3   Content-Type: application/json; charset=utf-8
4   Content-Length: 91
5   ETag: W/"5b-E3VLdthLO7QHKrO89qOh+3cORSc"
6   Set-Cookie: connect.sid=s%3AVAMJcgi25j-xX9cbnCXzky-BUd5Fp8qB.07Ro66uOkZ
    kcw0EEMo6zkxf5gE0OonywNWheYlURRyQ; Path=/; Expires=Sun, 25 Sep 2022 14:
    58:38 GMT; HttpOnly
7   Date: Sun, 25 Sep 2022 13:58:38 GMT
8   Connection: close
9
10 ∨ {
11      "id": 10,
12      "email": "andy1@podo.com",
13      "username": "andy",
14      "createdDt": "2022-09-17T15:35:46.000Z"
15  }
```

❷ '틀린 패스워드로 테스트'를 실행하면 401 에러가 납니다.

```
{
  "statusCode": 401,
  "message": "Unauthorized"
}
```

이어서 ❸ '인증이 성공 테스트'를 실행하면 유저 정보를 볼 수 있습니다.

```
{
  "id": 10,
  "email": "andy1@podo.com",
  "username": "andy",
  "createdDt": "2022-09-17T15:35:46.000Z"
}
```

서버를 재시작 후 ❸ '인증 성공 테스트'를 실행해 세션이 없는 경우를 테스트해봅시다. 세션은 DB에 저장할 수도 있습니다만, 설정을 하지 않았으므로 메모리에 저장됩니다. 메모리에 저장된 세션은 서버를 껐다가 켜면 초기화됩니다. 따라서 세션이 서버에 없으므로 403 에러가 납니다.

```
{
  "statusCode": 403,
  "message": "Forbidden resource",
  "error": "Forbidden"
}
```

지금까지 패스포트와 세션을 사용해 인증하는 방법을 알아보았습니다. 조금 복잡하지만 각 코드가 하는 역할이 명확하게 때문에 OAuth 인증도 쉽게 추가할 수 있습니다.

10.6.7 로그인과 세션 저장까지 순서

여러 파일을 오가며 인증 요청을 처리했습니다. 이번 장을 마치기 전에 사용자의 인증 요청을 LocalAuthGuard, LocalStrategy, SessionSerializer가 어떠한 순서로 처리하는지 정리하겠습니다.

▼ 로그인부터 세션 저장까지 순서도

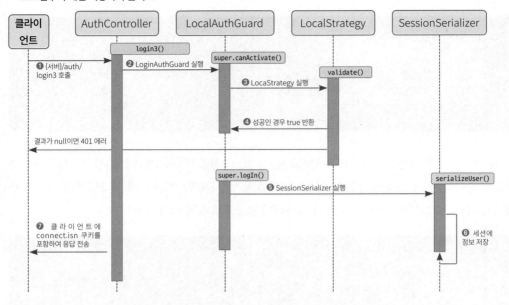

❶ 유저가 서버에 로그인 요청을 보냅니다. ❷ 유저가 보낸 요청은 AuthController에 있으며 @ UseGuards(LocalAuthGuard) 데코레이터가 붙어 있습니다. 이에 LocalAuthGuard가 먼저 실행됩니다. Guard이므로 canActivate() 메서드가 구현되어 있으며, LocalAuthGuard는 AuthGuard('local')을 상속받았으므로 canActivate() 메서드 내에서 부모의 canActivate()를 호출하도록 super.canActivate( )를 실행합니다. ❸ super.canActivate( )는 LocalStrategy의 validate() 메서드를 실행합니다. validate() 메서드에서는 유저의 email과 password 정보를 사용해 유효한 유저인지 확인합니다. ❹ LocalStrategy의 validate() 메서드는 성공하면 true를, 실패하면 401 에러를 반환합니다. LocalAuthGuard는 LocalStrategy에서 validate()의 반환값이 true이면 ❺ super.logIn()을 호출합니다. ❺ super.logIn()은 ❻ SessionSerializer의 serializeUser()를 실행하며 세션에 유저 정보를 저장합니다. ❼ 인증 및 세션 저장이 완료되면 login3() 메서드의 몸체가 실행되어 클라이언트에게 응답값을 전송합니다.

인증은 거의 모든 애플리케이션에 필수 항목이자 매우 민감한 항목입니다. 그래서 NestJS를 사용해 쿠키와 세션을 사용한 인증 방법을 자세하게 알아보았습니다. Node.js에서는 passport 라이브러리를 사용해 스트래티지를 바꾸고 약간 수정만 하면 인증을 구현할 수 있으므로 편리합니다. 문법적으로는 타입스크립트의 믹스인을 사용합니다.

핵심 용어 설명

1 **SQLlite**는 데이터가 하나의 파일에 저장되는 매우 가벼운 관계형 데이터베이스입니다.
2 **파이프**는 NestJS에서 유효성 검증에 사용되는 미들웨어입니다. 본문에서는 main.ts에 전역 pipe를 설정해 유효성 검증을 추가했습니다.
3 **쿠키**는 클라이언트에(특히 브라우저에서) 인증 정보를 저장하는 공간입니다.
4 **JWT**는 Json Web Token의 약자로 모바일이나 웹에서 인증에 사용하는 암호화된 토큰을 의미합니다.
5 **세션**은 서버에 유저 인증을 위한 정보를 저장하는 공간을 뜻합니다.
6 **패스포트**는 Node.js 애플리케이션에 인증을 쉽게 붙일 수 있게 만들어주는 라이브러리입니다.
7 **가드**는 NestJS의 미들웨어 중 하나로 인증을 확인하는 데 사용합니다.
8 **믹스인**은 클래스에 필요한 메서드를 가지고 있는 작은 클래스들을 결합해 기능을 추가하는 방법입니다.

추가로 알아보기

1 **인증 관련 NestJS 공식 문서** : https://docs.nestjs.com/security/authentication
2 **JWT 토큰 기반 인증** : https://jwt.io/

연습문제

1 사용자의 신원을 확인하는 것을 무엇이라고 할까요?

2 NestJS에서 HTTP 요청과 컨트롤러 핸들러 함수 사이에서 유효성 검증을 하는 역할을 하는 미들웨어가 있습니다. 이를 무엇이라고 부를까요?

3 다음 보기 중 class-validator의 데코레이터와 설명이 맞지 않는 것을 고르세요.

   ❶ @IsEmpty() : 주어진 값이 null 또는 undefined, " "인지 확인

   ❷ @IsNumber() : 주어진 값이 number인지 확인

   ❸ @IsInt() : 주어진 값이 number인지 확인

   ❹ @Contains(seed: string) : 문자열에 파라미터로 주어진 seed값이 포함인지 확인

   ❺ @IsAlphanumeric() : 문자열이 숫자나 알파벳인지 확인

4 NestJS에서 인증을 확인하기 위해 사용하는 미들웨어를 무엇이라고 할까요?

5 다양한 인증 로직을 스트래지라는 방식으로 구현하는 라이브러리의 이름은 무엇일까요?

1 **정답** '인증'입니다. 사용자의 권한을 확인하는 과정은 '인가'입니다.

2 **정답** '파이프'입니다. 10장에서 UserDto 객체의 유효성 검증에 파이프를 사용하였습니다.

3 **정답** ❸ @IsInt()입니다. @IsInt()는 주어진 값이 Integer인지 확인합니다.

4 **정답** '가드'입니다. 가드는 CanActivate 인터페이스를 구현해 canActivate()로 인증을 확인하는 클래스입니다. 10장에서 쿠키가 있는지 확인할 때 사용하였습니다.

5 **정답** '패스포트(passport)'입니다. 인증 로직을 스트래티지 파일을 사용해 구현합니다.

11장

OAuth를 사용한
구글 로그인
인증하기

10장에서는 애플리케이션 내에 인증에 사용할 정보를 저장했습니다. 11장에서는 인증 정보를 외부 저장소에서 받아와서 인증하는 방법을 알아봅니다. 이를 위해 개방형 인가 표준인 OAuth를 알아보고, 구글의 OAuth 서비스를 우리 애플리케이션에 적용하겠습니다.

핵심 키워드

OAuth 액세스 토큰, 리프레시 토큰, providerId

패스포트 GoogleStrategy, GoogleAuthGuard, 리다이렉트

학습 코스

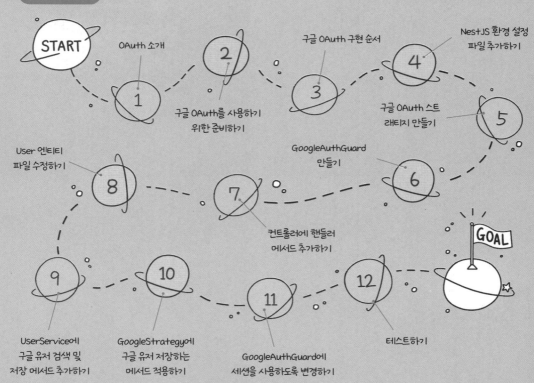

이번 장에서는 10장에서 사용한 프로젝트를 사용합니다. 추가로 NestJS config를 설정하고 구글 OAuth를 적용하는 코드를 구현하겠습니다.

난이도	★★★★☆
예제 위치	https://github.com/wapj/jsbackend/tree/main/chapter11/nest-auth-test
프로젝트명	nest-auth-test
개발 환경	Node.js 20.9.0
미션	10장에서 만든 인증 프로젝트에 OAuth를 사용한 구글 로그인을 적용하기.
기능	• 구글 로그인 및 세션 연동
테스트	• 서버 기동 후 웹페이지에서 실행
컴포넌트	• 웹 애플리케이션 서버 : NestJS • 데이터베이스 : SQLlite

11.1 OAuth 소개

OAuth는 Open Authorization의 약자로서 2006년에 구글과 트위터가 만든 개방형 인가의 표준입니다. 최근의 웹사이트들은 네이버, 구글, 페이스북, 카카오톡 로그인을 지원하는 경우가 많습니다. 바로 소셜 로그인 기능입니다. 소셜 로그인은 유저가 해당 웹사이트에 가입한 ID와 패스워드 대신 다른 사이트에 있는 유저 정보를 사용해 인증하는 기능입니다.

▼ 소셜 로그인을 지원하는 서비스 예시

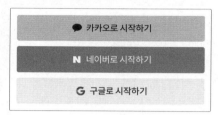

인증을 구현하기 위해 OAuth를 많이 사용하긴 합니다만, OAuth는 인증이 아니라 인가의 관점에서 보아야 합니다. 소셜 로그인 후 팝업이 뜨면서 권한을 요청하는 화면을 보신 적이 있을 겁니다. 이때 인증에 필요한 정보인 이름, 이메일 정보 등을 다른 사이트에 요청합니다.

▼ 인증 요청 예시

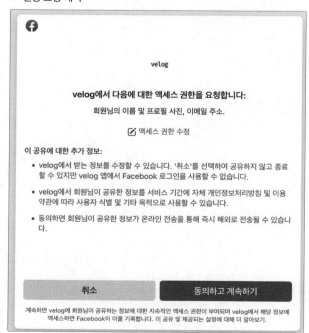

OAuth는 1.0, 2.0, 2.1 버전이 있으며 현재 2.0 버전을 가장 많이 사용합니다. 별도의 언급이 없다면 이 책에서 OAuth는 OAuth 2.0을 말합니다. OAuth 2.0 OAuth2로 표기해 사용하기도 합니다. 정확한 사양은 RFC 6749[1]에 정리되어 있습니다.

OAuth2를 본격적으로 알아보기 전에 인증, 인가, 액세스 토큰access token, 리프레시 토큰refresh token 등의 주요 용어부터 알아봅시다.

- **인증** : 리소스에 접근 자격이 있는지 검증하는 과정입니다. OAuth에서 리소스는 보호된 정보를 의미합니다.
- **인가** : 자원에 접근할 권한을 부여하는 과정입니다. 인가가 완료되면 리소스의 접근 권한 정보가 있는 액세스 토큰을 클라이언트에게 보내줍니다.
- **액세스 토큰** : 리소스 서버에서 리소스 소유자의 보호된 정보를 획득할 때 사용하는 만료 기간이 있는 토큰입니다.
- **리프레시 토큰** : 액세스 토큰이 만료되었을 때 갱신하는 용도로 사용하는 토큰입니다. 액세스 토큰보다 만료 기간을 길게 가져갑니다.
- **리소스 소유자** resource owner : 리소스는 사용자의 보호된 정보를 말하며 이런 정보에 접근하도록 자격을 부여하는 사람을 말합니다. 즉 'OAuth에서는 사용자가 리소스 소유자다'라고 생각하면 됩니다.
- **클라이언트** : 리소스를 사용하려고 접근을 요청하는 애플리케이션을 의미합니다.
- **리소스 서버** resource server : 사용자의 보호된 자원을 가지고 있는 서버입니다.
- **인가 서버** authorization server : 인증/인가를 수행하는 서버로 클라이언트의 접근 자격을 확인하고 액세스 토큰을 발급해 권한을 부여합니다.

인가 서버와 리소스 서버의 조합을 OAuth2 프로바이더라고 부르기도 합니다.

---

1   RFC 6749 https://datatracker.ietf.org/doc/html/rfc6749

11.1.1 OAuth 프로토콜 흐름

용어를 살펴봤으니 OAuth 프로토콜의 흐름을 알아보겠습니다.

▼ OAuth 프로토콜의 흐름

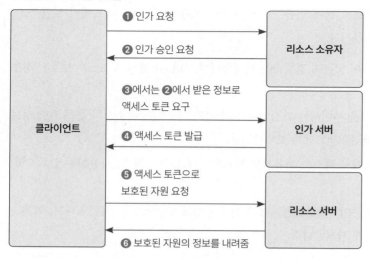

❶ 클라이언트가 리소스 소유자에게 권한 부여를 요청합니다. ❷ 클라이언트는 권한을 부여받습니다. 권한 부여 유형은 다음과 같이 4가지입니다.

- 인증 코드Authorization Code 사용하기
- 암묵적인Implicit 방법
- 리소스 소유자의 암호 자격증명Resource Owner Password Credentials
- 클라이언트 자격증명Client Credentials

구글 인증에는 인증 코드 방법을 사용합니다. ❸ 클라이언트는 ❷에서 받은 정보를 통해 액세스 토큰을 인가 서버에 요구합니다. ❹ 인가 서버에서는 클라이언트를 인증하고 유효성 검사를 합니다. 유효한 경우 액세스 토큰을 발급합니다. ❺ 클라이언트가 리소스 서버에 보호된 리소스를 요청합니다. 요청 시에는 액세스 토큰을 사용합니다. ❻ 리소스 서버는 액세스 토큰의 유효성을 검사하고 유효한 경우 보호된 자원 정보를 보내줍니다.

11.1.2 액세스 토큰을 재발행하는 흐름

다음으로 액세스 토큰 만료 시 리프레시 토큰을 사용해 액세스 토큰을 재발행하는 흐름을 알아보겠습니다.

▼ 액세스 토큰 만료 시 리프레시 토큰을 사용한 액세스 토큰 재발행 흐름

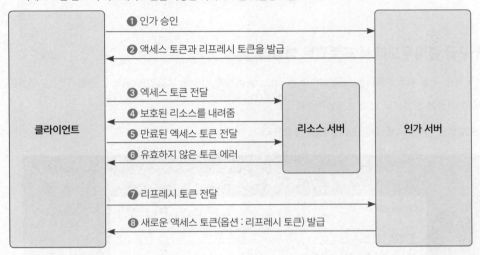

❶ 클라이언트는 인가 서버에 인증을 하고 액세스 토큰을 요청합니다. ❷ 인가 서버는 클라이언트를 인증하고 유효성 검증을 한 후에 문제가 없으면 액세스 토큰과 리프레시 토큰을 발급합니다. ❸ 클라이언트가 리소스 서버에 액세스 토큰을 보내면서 보호된 리소스를 요청합니다. ❹ 리소스 서버가 액세스 토큰의 유효성을 검증하고 유효한 경우 리소스를 내려줍니다. ❸과 ❹ 단계는 액세스 토큰이 만료될 때까지 반복됩니다. ❺ 액세스 토큰 만료 시에도 클라이언트는 액세스 토큰을 리소스 서버에 전달하기도 합니다. 클라이언트가 액세스 토큰이 만료된 것을 알고 있다면 ❼로 가게 되고, 모른다면 만료된 액세스 토큰을 전달합니다. ❻ 리소스 서버에서는 액세스 토큰이 만료되었으므로 잘못된 토큰 에러를 발생시킵니다.

❼ 클라이언트에서는 액세스 토큰이 만료되어 에러가 발생했으므로 리프레시 토큰을 인가 서버로 전달해 새 액세스 토큰을 요청합니다. ❽ 인가 서버는 리프레시 토큰이 유효한 경우 새로운 액세스 토큰을 발급해줍니다. 선택적으로 리프레시 토큰도 재발급합니다.

OAuth의 프로토콜의 흐름을 알아보았습니다. 이어서 Nest.js에서 OAuth를 사용해 어떻게 인증을 구현하는지 알아봅시다.

11.2 구글 OAuth를 사용하기 위한 준비하기

클라이언트에서 구글의 OAuth 인가 서버에 접속하려면 OAuth 클라이언트 ID와 비밀번호가 필요합니다. 이를 위해서는 ❶ 구글 클라우드에서 프로젝트를 생성하고, ❷ OAuth 동의 화면을 생성하고, ❸ 클라이언트 ID를 생성해야 됩니다.

11.2.1 구글 클라우드에서 프로젝트 생성하기

To do **01** 브라우저로 구글 클라우드(console.cloud.google.com/)에 접속해 로그인합니다. 가입하지 않은 분들은 안내에 따라 가입을 진행하고 나서 로그인해주세요.

02 ❶ [프로젝트 선택] → ❷ [새 프로젝트]를 클릭합니다.

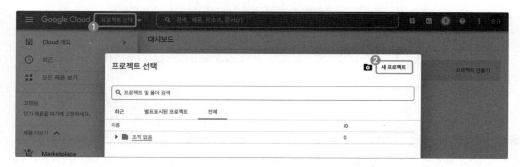

03 프로젝트명을 ❶에 입력하고 ❷ [만들기]를 클릭합니다. 그러면 프로젝트가 생성됩니다.

11.2.2 OAuth 동의 화면을 만들기

To do **01** 생성한 프로젝트를 ❶에서 선택하고 → ❷ 왼쪽 메뉴에서 [API 및 서비스] → [OAuth 동의 화면]을 클릭합니다.

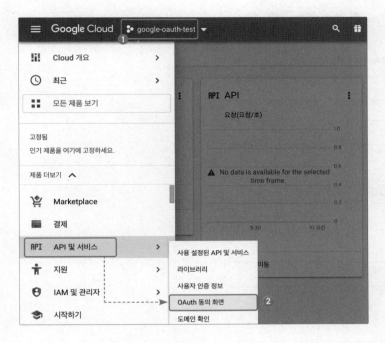

02 OAuth 동의 화면에서 ❶ '외부'를 선택하고 ❷ [만들기]를 클릭합시다.

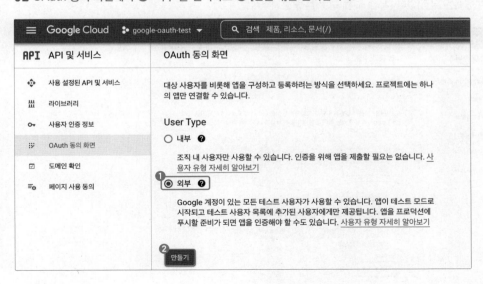

03 필수값인 ❶ 앱 이름, ❷ 사용자 지원 이메일, ❸ 개발자 연락처 정보만 입력하고 ❹ [저장 후 계속] 버튼을 클릭합시다.

04 '범위'에서는 설정 없이 [저장 후 계속] 버튼을 눌러주세요.

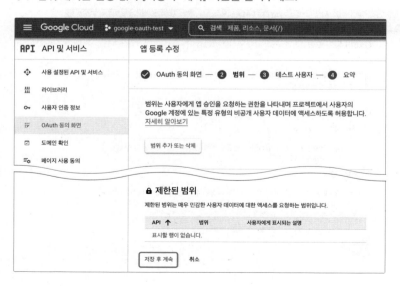

05 '테스트 사용자'에서도 설정 없이 [저장 후 계속]을 눌러서 진행해줍니다.

06 OAuth 동의 화면 설정에 대한 '요약' 화면이 보이면 완성입니다. [대시보드로 돌아가기] 버튼을 눌러주세요.

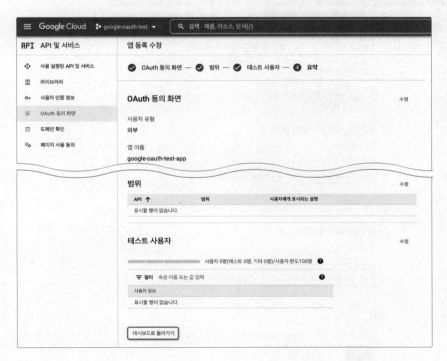

11.2.3 OAuth 클라이언트의 ID와 비밀번호 만들기

To do **01** 왼쪽 메뉴에서 ❶ [사용자 인증 정보] → ❷ [사용자 인증정보 만들기] → [OAuth 클라이언트 ID]를 눌러서 인증 정보 설정 화면으로 이동합니다.

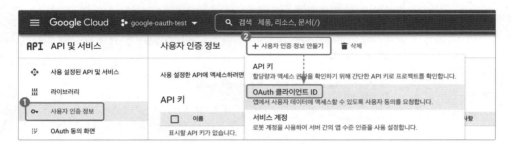

02 OAuth 클라이언트 ID 만들기입니다. ❶ '애플리케이션 유형'을 '웹 애플리케이션'으로 선택해주세요. ❷ '승인된 자바스크립트 원본'에는 서버 주소를 입력합니다(여기서는 https://localhost:3000으로 했습니다). ❸ '승인된 리디렉션 URI'에는 구글 인증 후 리디렉션할 URL을 입력해줍니다(여기서는 http://localhost:3000/auth/google로 했습니다). ❹ [만들기] 버튼을 클릭해서 OAuth 클라이언트를 생성합니다.

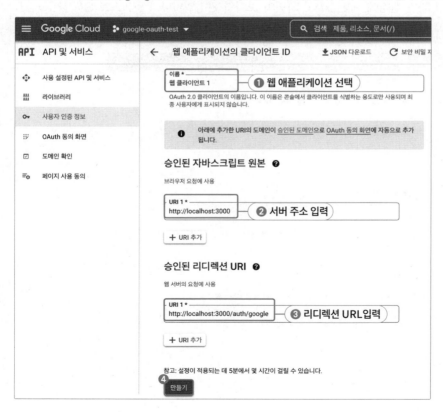

OAuth 클라이언트가 생성됐다는 팝업이 뜹니다. 클라이언트 **보안 비밀번호는 절대로 유출되면 안 되니**
주의해야 합니다.

OAuth 클라이언트 생성됨

API 및 서비스의 사용자 인증 정보에서 언제든지 클라이언트 ID와 보안 비밀에 액세스할 수
있습니다.

> ℹ️ OAuth 액세스는 OAuth 동의 화면에 나열된 테스트 사용자로 제한됩니다.

클라이언트 ID
9182▓▓▓▓▓▓▓▓▓▓▓▓▓▓▓▓▓▓▓▓▓▓▓▓▓.apps.gov 📋

클라이언트 보안 비밀번호
GO▓▓▓▓▓▓▓▓▓▓▓▓▓▓▓▓▓▓▓▓▓ 📋

⬇️ JSON 다운로드

확인

이제 구글 OAuth를 사용할 수 있는 준비가 되었습니다.

11.3 구글 OAuth 구현 순서

어떤 순서로 구글 OAuth를 만들지 잠깐 정리하고 넘어갑시다. ❶ 구글 OAuth를 사용해 구
글에 사용자 정보를 요청하면 이메일과 프로필 정보를 구글 OAuth 스트래티지 파일(이하
GoogleStrategy)의 validate() 메서드에서 콜백으로 받습니다. ❷ 이때 넘어오는 데이터는 액
세스 토큰, (때에 따라) 리프레시 토큰, 프로필 정보입니다. 프로필에는 식별자로 사용되는 ID
가 있으며 providerId로 부릅니다. 또한 name 객체도 넘어오는데 성(familyName)과 이름
(givenName) 속성을 가지고 있습니다. 프로젝트에서 유저 정보의 키^{key}로 사용하는 이메일 정보
도 가지고 있습니다.

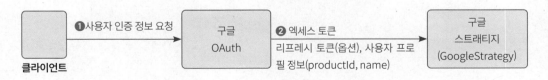

구글 OAuth 인증 시 구글에 데이터를 요청하지만 해당 데이터를 어떻게 다룰지는 애플리케이션마다 다릅니다. 이 책에서는 구글 OAuth로 받은 데이터를 10.6절 '패스포트와 세션을 사용한 인증 구현하기'에서 살펴본 세션에 저장해서 인증하는 방법으로 사용하겠습니다.

우리가 만드는 애플리케이션에서 유저 식별자는 이메일입니다. 구글 OAuth로 가입한 유저는 패스워드가 없으므로 구글 OAuth로 가입한 유저라는 것을 알 수 있도록 구글 OAuth의 식별자인 providerId를 같이 저장하는 것이 좋습니다. 그러므로 User 엔티티 수정이 필요합니다.

GoogleStrategy의 validate() 메서드에서는 인증 시 유저 데이터가 있으면 가져오고 없으면 저장하는 로직이 필요합니다. 이 로직을 UserService에 작성할 겁니다. 관련 유저 데이터는 User 엔티티에 담습니다.

마지막으로 Auth 컨트롤러의 테스트에 사용할 메서드 두 개를 추가합니다. 하나는 OAuth 로그인 화면을 띄울 메서드이고 다른 하나는 OAuth 리다이렉트에 사용할 메서드입니다. 컨트롤러에는 가드가 필요합니다. GoogleAuthGuard도 만들겠습니다. 리다이렉트 시 GoogleStrategy의 validate 메서드가 실행됩니다.

순서대로 정리하면 다음과 같습니다. 설명에는 없지만, GoogleStrategy 설정 시 민감한 정보가 들어가므로 NestJS config도 설정을 해야 합니다.

▼ 구글 OAuth 구현 순서

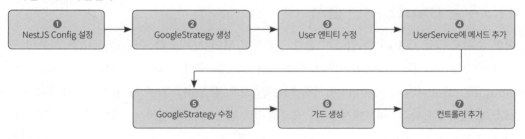

이제 하나씩 구현하고 테스트하겠습니다.

11.4 NestJS 환경 설정 파일 추가하기

Notice 11장의 코드들은 10장의 코드를 기반으로 하므로 10장의 폴더(chapter10/nest-auth-test)를 깃허브에서 받아서 진행해주세요. **폴더명 [chapter10]을 [chapter11]로 변경해주세요.**

NestJS 환경 설정은 9장에서 이미 다뤘으므로 빠르게 진행하겠습니다. 의존성 패키지 설치 → .env 파일 생성 → ConfigModule 설정순으로 진행합니다.

To do **01** 의존성 패키지를 설치하겠습니다. 다음의 명령어를 입력해 @nestjs/config를 설치합니다.

```
$ cd chapter11/nest-auth-test
$ npm i @nestjs/config
```

02 구글 OAuth용 환경 설정 파일을 만들고 값을 설정합시다.

▼ 구글 OAuth용 환경 설정 파일 만들기

chapter11/nest-auth-test/.env
```
GOOGLE_CLIENT_ID={구글OAuth 클라이언트 ID}
GOOGLE_CLIENT_SECRET={구글 OAuth 클라이언트 시크릿}
```

Warning 구글 OAuth 환경 설정 파일의 내용이 유출되면 보안 문제가 발생할 수 있으므로 저장소에는 올리지 않도록 .gitignore에 추가하는 것이 좋습니다.

03 NestJS config를 활성화하려면 ConfigModule을 설정해야 합니다. app.module.ts에 설정을 추가합니다.

▼ ConfigModule 설정 추가

chapter11/nest-auth-test/src/app.module.ts
```
// import문 생략
@Module({
  imports: [
    TypeOrmModule.forRoot({    // ... 생략 ...
    }),
    UserModule,
    AuthModule,
    ConfigModule.forRoot(),    // ❶ .env 설정을 읽어오도록 ConfigModule 설정
  ],
  controllers: [AppController],
  providers: [AppService],
})
export class AppModule {}
```

❶ @nestjs/config를 설정하고 .env 설정 파일을 만들어도 ConfigModule.forRoot()를 임포트하지 않으면 활성화되지 않습니다. ConfigModule.forRoot()를 실행해서 기동 시에 .env 파일을 읽어 환경 변수에 GOOGLE_CLIENT_ID와 GOOGLE_CLIENT_SECRET를 추가합니다.

11.5 구글 OAuth 스트래티지 만들기

구글 OAuth 스트래티지를 만들어봅시다. 스트래티지는 구글 OAuth 인증의 핵심 로직을 추가하는 곳입니다. 구글에서 인증을 마치고 콜백을 받는 메서드를 작성합니다.

To do **01** 먼저 구글 OAuth 스트래티지를 지원하는 의존성 패키지 passport-google-oauth20을 설치합니다. @types/passport-google-oauth20은 타입 정보를 가지고 있는 패키지입니다.

```
$ npm i passport-google-oauth20
$ npm i -D @types/passport-google-oauth20
```

02 다음으로 strategy 클래스를 만들어봅시다. src/auth 디렉터리 아래에 google.strategy.ts를 다음과 같이 작성합니다.

▼ 구글 OAuth용 스트래티지 파일

chapter11/nest-auth-test/src/auth/google.strategy.ts

```
import { Injectable } from '@nestjs/common';
import { PassportStrategy } from '@nestjs/passport';
import { Profile, Strategy } from 'passport-google-oauth20';
import { User } from 'src/user/user.entity';
import { UserService } from 'src/user/user.service';

@Injectable()
// ❶ PassportStrategy(Strategy) 상속
export class GoogleStrategy extends PassportStrategy(Strategy) {
  constructor(private userService: UserService) { // ❷ 생성자

// ❸ 부모 클래스의 생성자를 호출
    super({
      clientID: process.env.GOOGLE_CLIENT_ID,           // 클라이언트 ID
      clientSecret: process.env.GOOGLE_CLIENT_SECRET,    // 시크릿
```

```
      callbackURL: 'http://localhost:3000/auth/google',    // 콜백 URL
      scope: ['email', 'profile'],                          // scope
    });
  }


  // ❹ OAuth 인증이 끝나고 콜백으로 실행되는 메서드
  async validate(accessToken: string, refreshToken: string, profile: Profile) {
    const { id, name, emails } = profile;
    console.log(accessToken);
    console.log(refreshToken);

    const providerId = id;
    const email = emails[0].value;

    console.log(providerId, email, name.familyName, name.givenName);
    return profile;
  }
}
```

❶ 10장에서 패스포트로 여러 가지 Strategy 클래스를 만들어보았으므로 Strategy 클래스는 인증 시에 사용하는 로직을 추가하는 메서드라는 사실은 알고 있을 겁니다. 구글 OAuth 인증을 지원하는 클래스는 passport-google-oauth20 패키지에 있습니다. 여기서는 Strategy에 @nestjs/passport의 클래스인 PassportStrategy의 메서드 validate()를 추가할 목적으로 사용했습니다. PassportStrategy는 NestJS에서 패스포트를 사용하는 방법을 일원화하는 데 사용하는 믹스인입니다. 인증의 유효성 검증 시 validate() 메서드를 사용할 것이라는 것을 쉽게 유추할 수 있습니다.

❷ 생성자에서는 private userService: UserService를 선언해두었습니다만, 현재는 사용하지 않습니다. ❸ 부모 클래스의 생성자를 호출하며 매개변수로 clientID, clientSecret, callbackURL, scope를 받습니다. 각각 구글 OAuth 클라이언트 ID, 구글 OAuth 클라이언트 시크릿, 구글 OAuth 인증 후 실행되는 URL, 구글 OAuth 인증 시 요청하는 데이터입니다.

❹ 구글의 OAuth 인증이 끝나고 콜백 URL을 실행하기 전에 유효성 검증하는 메서드입니다. 콜백의 매개변수로 access_token, refresh_token, profile을 받습니다. access_token과 refresh_token을 받기는 하지만 딱히 필요는 없습니다. 왜냐하면 최초 인증 시 유저 데이터를 데이터베이스에 저장하기 때문입니다. 따라서 저장한 이후에는 구글의 리소스 서버에 인증을 요청하

지 않아도 됩니다. profile은 passport-google-oauth20에 있는 Profile 타입의 인스턴스입니다. Profile에는 id, name, emails 속성이 있습니다. id는 프로바이더 ID로서 해당 프로바이더 내에서 유일한 값입니다. name에는 성(familyName), 이름 (givenName)이 있으며, emails는 말그대로 이메일을 여러 개 사용할 때 쓰는 변수입니다. 우리가 받을 수 있는 값은 하나이므로 email[0].value만 필요합니다.

03 Strategy는 프로바이더이므로 등록을 해야 합니다. AuthModule에 등록을 해줍니다.

▼ AuthModule에 GoogleStrategy 등록

```
// ... 생략 ...                          chapter11/nest-auth-test/src/auth/auth.module.ts
import { GoogleStrategy } from './google.strategy';

@Module({
  imports: [UserModule, PassportModule.register({ session: true })],
  providers: [AuthService, LocalStrategy, SessionSerializer, GoogleStrategy],
  controllers: [AuthController],
})
export class AuthModule {}
```

테스트를 실행하려면 가드와 컨트롤러 클래스에 메서드 2개를 추가해야 합니다. 가드를 먼저 만들고 컨트롤러에 메서드를 2개 추가해봅시다.

11.6 GoogleAuthGuard 만들기

`To do` **01** auth.guard.ts에 GoogleAuthGuard 클래스를 추가해봅시다. 다른 가드와 형태는 크게 다르지 않으며 상속 시 추가하는 매개변수 이름만 약간 다릅니다.

▼ GoogleAuthGuard 추가

```
// ... 생략 ...                          chapter11/nest-auth-test/src/auth/auth.guard.ts
@Injectable()
// ❶ google 스트래티지 사용
export class GoogleAuthGuard extends AuthGuard('google') {
  async canActivate(context: any): Promise<boolean> {
    // ❷ 부모 클래스의 메서드 사용
    const result = (await super.canActivate(context)) as boolean;
```

```
    // ❸ 컨텍스트에서 리퀘스트 객체를 꺼냄
    const request = context.switchToHttp().getRequest();
    return result;
  }
}
```

❶ AuthGuard는 @nestjs/passport의 클래스입니다. passport의 Strategy를 쉽게 사용하기 위한 클래스로 생성자의 매개변수에 사용할 스트래티지를 문자열로 넣으면 됩니다. 이름으로 구분하므로 이름을 잘 넣어주어야 합니다. ❷ super.canActivate() 메서드에서 GoogleStrategy의 validate() 메서드를 실행합니다. 실행 결과가 null 혹은 false이면 401(권한 없음) 에러가 납니다.

❸ nestjs에서는 context에서 리퀘스트 객체를 꺼낼 수 있습니다.

코드의 실행 순서는 LocalStrategy와 같습니다. GoogleAuthGuard의 동작 순서를 그림으로 살펴보겠습니다.

▼ GoogleAuthGuard의 동작 순서

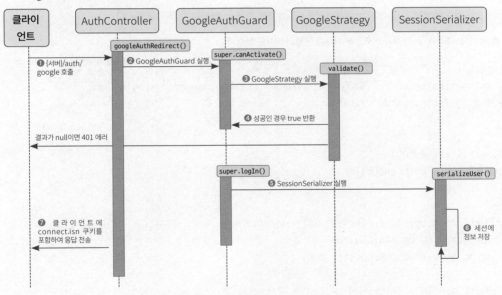

❶ 클라이언트가 /auth/to-google을 호출하면 구글로 리다이렉트됩니다. 로그인을 하면 /auth

/google이 호출됩니다. ❷ /auth/google 호출 시 GoogleAuthGuard가 실행됩니다. ❸ Google AuthGuard의 canActivate() 메서드가 실행되며, 내부 로직에서 GoogleStrategy를 실행합니다. ❹ GoogleStrategy의 validate() 메서드에서 인증이 문제가 없는 경우 true를 반환합니다. 실패하면 401 에러가 납니다. ❺ GoogleAuthGuard의 canActivate() 메서드에서 SessionSerializer를 실행합니다.

❻ SessionSerializer는 세션에 유저의 인증 정보를 저장합니다. ❼ 인증 및 세션 저장이 완료되었으므로 클라이언트에 세션 정보 조회를 위한 쿠키를 포함해 응답을 전송합니다.

가드를 만들었으므로 다음으로는 컨트롤러에 핸들러 메서드를 추가해봅시다. 구글 OAuth에는 구글 로그인 화면으로 이동시킬 핸들러 메서드와 다른 하나는 구글 로그인 성공 시 콜백을 실행하는 메서드를 사용합니다.

11.7 컨트롤러에 핸들러 메서드 추가하기

To do 01 스트래티지와 가드를 만들었으면 유저의 요청을 받아줄 컨트롤러의 핸들러 메서드가 필요합니다. Auth 컨트롤러에 구글 OAuth 확인(인증)에 사용할 핸들러 메서드를 추가해봅시다.

▼ Auth 컨트롤러에 구글 OAuth 확인에 사용할 핸들러 메서드 함수 추가

```
                                      chapter11/nest-auth-test/src/auth/auth.controller.ts
import {
  AuthenticatedGuard, GoogleAuthGuard, LocalAuthGuard,  LoginGuard,
} from './auth.guard'; // ❶ GoogleAuthGuard 임포트



@Controller('auth')
export class AuthController {
// ... 생략 ...

  @Get('to-google') // ❷ 구글 로그인으로 이동하는 라우터 메서드
  @UseGuards(GoogleAuthGuard)
  async googleAuth(@Request() req) {}

  @Get('google') // ❸ 구글 로그인 후 콜백 실행 후 이동 시 실행되는 라우터 메서드
  @UseGuards(GoogleAuthGuard)
  async googleAuthRedirect(@Request() req, @Response() res) {
    const { user } = req;
```

```
      return res.send(user);
  }
}
```

❶ 11.6절에서 만든 GoogleAuthGuard를 임포트합니다. 새로 추가할 라우터 메서드인 googleAuth()와 googleAuthRedirect()에서 사용합니다. ❷ googleAuth()는 구글 로그인 창을 띄우는 메서드입니다. @Get('to-google')이 있으므로 localhost:3000/auth/to-google 로 접근 시 실행합니다. 가드로 GoogleAuthGuard를 사용합니다. ❸ googleAuthRedirect() 메서드는 구글 로그인 성공 시 실행하는 라우터 메서드입니다. GoogleAuthGuard에서 GoogleStrategy의 validate() 메서드를 실행한 다음에 googleAuthRedirect() 메서드를 실행합니다. googleAuthRedirect() 메서드에서는 request에서 user 정보를 뽑아낸 다음, res.send() 메서드를 실행해 화면에 뿌리는 역할을 합니다.

11.7.1 테스트하기

`To do` 01 여기까지 작성했으면 이제 구글 로그인을 테스트해볼 수 있습니다. 콘솔창에서 npm run start:dev를 실행해 서버를 기동합니다. 서버가 기동되었으면 브라우저에서 http://localhost:3000/auth/to-google에 접속해봅시다. 화면이 리다이렉트되면서 다음과 같은 구글 로그인 창이 나옵니다.

02 본인의 계정을 선택해 로그인을 해봅시다. 로그인 후에는 구글 콘솔에서 입력한 URL인 http://localhost:3000/auth/google으로 이동하며 다음과 같이 Profile 정보가 나옵니다.

```
▼ {
    "id": "                    ",
    "displayName": "박승규",
    "name": {
        "familyName": "박",
        "givenName": "승규"
    },
    "emails": [
        ▼ {
            "value": "        gmail.com",
            "verified": true
        }
    ],
    "photos": [
        ▼ {
            "value": "https://lh3.googleusercontent.com/a/ALm5wu1wFe74sizbZtXJ5QiUWCV85fTByqxojKd80s7k=s96-c"
        }
    ],
    "provider": "google",
    "_raw": "{\n  \"sub\": \"                    \",\n  \"name\": \"박승규\",\n  \"given_name\": \"승규\",\n  \"fami
\"https://lh3.googleusercontent.com/a/ALm5wu1wFe74sizbZtXJ5QiUWCV85fTByqxojKd80s7k\\u003ds96-c\",\n  \"email\"
    ▼ "_json": {
        "sub": "                  ",
        "name": "박승규",
        "given_name": "승규",
        "family_name": "박",
        "picture": "https://lh3.googleusercontent.com/a/ALm5wu1wFe74sizbZtXJ5QiUWCV85fTByqxojKd80s7k=s96-c",
        "email": "        gmail.com",
        "email_verified": true,
        "locale": "ko"
    }
}
```

GoogleStrategy의 validate( ) 메서드에서 profile을 반환했고, GoogleAuthGuard의 canActivate에서 해당 값을 request.user에 저장합니다. AuthController의 googleAuth Redirect에서는 request에서 값을 받아서 화면에 보여주는 역할을 합니다. 구글 OAuth로 유저 정보를 잘 받아오는지 확인했으니, UserEntity를 수정하고, 구글 로그인 시 회원 정보를 저장하는 로직도 추가해봅시다. 그리고 세션을 활용해 인증 시에 확인하는 기능도 추가하겠습니다.

11.8 User 엔티티 파일 수정하기

To do **01** user.entity.ts 파일에서는 두 가지 수정을 진행합니다. password가 없는 때도 데이터가 저장하는 기능과 구글 인증 시의 식별자인 providerId를 추가합니다.

▼ 유저 정보에 providerId 추가

```
                                                    chapter11/nest-auth-test/src/user/user.entity.ts
@Entity()
export class User {
```

```
  @PrimaryGeneratedColumn()
  id?: number;

  @Column({ unique: true })
  email: string;

  @Column({ nullable: true })  // ❶ 패스워드에 빈 값 허용
  password: string;

  @Column()
  username: string;

  @Column({ type: 'datetime', default: () => 'CURRENT_TIMESTAMP' })
  createdDt: Date;

  @Column({ nullable: true }) // ❷ providerId에 빈 값 허용
  providerId: string;          // ❸ providerId 추가
}
```

❶ {nullable: true}로 설정하면 빈 값을 허용한다는 뜻입니다. 구글 OAuth 인증에는 구글에서
인증을 한 다음 돌아오므로 패스워드를 알 수 없으니 빈 값으로 넣습니다. ❷ providerId는 구
글 OAuth로 가입하지 않은 경우에는 모르는 값이므로 빈 값을 허용합니다. ❸ providerId는
OAuth 인증 시 식별자로 사용할 수 있는 값입니다.

11.9 UserService에 구글 유저 검색 및 저장 메서드 추가하기

To do **01** 구글 OAuth 인증의 정보를 기반으로 회원 가입을 시켜주는 메서드가 필요합니다. 동시에 이
미 회원 정보가 있다면 회원 정보를 반환하는 메서드도 필요합니다. 구글은 providerId로 찾지만
우리가 만드는 애플리케이션에서는 이메일이 회원을 구분하는 단위입니다. 따라서 이메일로 기존 가
입 여부를 확인해 가입되어 있으면 유저 정보를 반환하고, 아니면 회원 정보를 유저 테이블에 저장하는 코드를
작성하겠습니다.

▼ 구글 유저 검색 및 유저 정보 저장 메서드 추가

chapter11/nest-auth-test/src/user/user.service.ts

```
@Injectable()
export class UserService {
```

```
// ... 생략 ...
  async findByEmailOrSave(email, username, providerId): Promise<User> {
    const foundUser = await this.getUser(email); // ❶ 이메일로 유저를 찾음
    if (foundUser) {                 // ❷ 찾았으면
      return foundUser;              // ❸ 유저 정보 반환
    }

    const newUser = await this.userRepository.save({ // ❹ 유저 정보 없으면 저장
      email,
      username,
      providerId,
    });
    return newUser;                  // ❺ 저장 후 유저 정보 반환
  }
}
```

❶ 10.2.3 '서비스 만들기'에서 만들어둔 getUser(email) 메서드를 사용해 이메일로 가입 정보가 있는지 확인합니다. ❷ 유저 정보가 있으면 ❸ 유저 정보를 바로 반환합니다. 이때 반환값의 타입은 Promise⟨User⟩입니다. 호출하는 곳에서 await를 해야 올바르게 받을 수 있습니다. ❹ 유저 정보가 없으면 email, username(성, 이름), providerId를 저장합니다. ❺ 유저 정보 저장 후 바로 저장된 유저 정보를 반환해줍니다.

11.10 GoogleStrategy에 구글 유저 저장하는 메서드 적용하기

To do 01 GoogleStrategy의 validate( ) 메서드에서 구글 유저 정보가 있다면 정보를 데이터베이스에서 가져오고 없다면 저장해야 하므로 findByEmailOrSave( ) 메서드를 GoogleStrategy에 적용해봅시다. validate( ) 메서드에서 profile 정보의 id, name, email을 디비에 저장하도록 User 엔티티에 맞춰서 넘겨주면 됩니다.

▼ userService의 findByEmailOrSave( ) 메서드 적용

chapter11/nest-auth-test/src/auth/google.strategy.ts

```
import { User } from 'src/user/user.entity';
export class GoogleStrategy extends PassportStrategy(Strategy) {
// ... 생략 ...
  async validate(accessToken: string, refreshToken: string, profile: Profile) {
    const { id, name, emails } = profile;
    console.log(accessToken);
```

```
      console.log(refreshToken);

      const providerId = id;
      const email = emails[0].value;

   // ❶ 유저 정보 저장 혹은 가져오기
      const user: User = await this.userService.findByEmailOrSave(
        email,
        name.familyName + name.givenName,
        providerId,
      );

   // ❷ 유저 정보 반환
      return user;
    }
}
```

❶ userService에 findByEmailOrSave() 메서드를 추가해 유저 정보를 가져옵니다. ❷ 수정 전에는 OAuth에 있는 profile을 반환했으나 이제는 DB에 저장한 user 정보를 반환합니다. 세션에서는 유저 정보를 다룰 때 userEntity를 사용합니다. OAuth 정보를 담은 User 엔티티를 사용하도록 수정했으므로 이제 세션을 사용할 수 있습니다. OAuth 정보를 사용하는 세션을 사용하도록 GoogleAuthGuard를 수정해봅시다.

11.11 GoogleAuthGuard에 세션을 사용하도록 변경하기

To do 01 Google OAuth 적용의 마지막 단계입니다. 지금까지 구현한 코드들은 클라이언트에서 HTTP 요청 시마다 구글 OAuth 인증을 해야 합니다. 유저가 로그인 상태인지 유지하는 쿠키나 세션 같은 장치가 없기 때문입니다. 로그인 시에만 구글 OAuth 요청을 하고 그 뒤로는 세션에 저장된 데이터로 인증을 확인하도록 코드를 변경해봅시다.

▼ GoogleAuthGuard에 세션 적용하기

chapter11/nest-auth-test/src/auth/auth.guard.ts
```
@Injectable()
export class GoogleAuthGuard extends AuthGuard('google') {
  async canActivate(context: any): Promise<boolean> {
    const result = (await super.canActivate(context)) as boolean;
```

```
      const request = context.switchToHttp().getRequest();
      await super.logIn(request); // ❶ 세션 적용
      return result;
    }
  }
```

❶ 부모 클래스의 logIn(request)를 실행합니다. 세션 기능이 활성화되어 있다면 Session Serializer를 실행해 request.user의 값을 세션에 저장합니다.

이제 데이터베이스에 유저 데이터가 저장되어 있고 세션도 사용할 수 있게 되었으니, 매번 구글 OAuth 인증을 하지 않아도 됩니다.

11.12 테스트하기

To do **01** 의도한 대로 작동하는지 http://localhost: 3000/auth/to-google로 가서 구글 로그인을 진행해봅시다. 리다이렉트된 창에는 다음과 같이 userEntity 형태의 유저 정보가 나와야 합니다.

02 SQLite 클라이언트를 열어서 auth-test.sqlite 파일을 확인해봅시다. 다음과 같이 패스워드는 null이고 providerId값이 들어 있어야 합니다.

id	email	password	username	createdDt	providerId
1	seungkyoo.park@gmail.com	NULL	박승규	2022-10-24 15:06:31	1112
2	wapj2000@gmail.com	NULL	박승규	2022-10-29 14:09:32	109

03 세션이 잘 동작하는지 확인해봅시다. AuthController 클래스의 testGuardWith Session() 메서드(10.6.6절 '테스트하기' 참조)를 사용하면 됩니다. 구글 OAuth 로그인을 한 브라우저 창에서 http://localhost:3000/auth/test-guard2로 이동해봅시다. 다음과 같이 userEntity 정보가 보인다면 성공입니다.

OAuth는 정보를 가진 리소스와 인증 서버를 분리하고 이를 잘 이용하도록 프로토콜을 정의한 것이 핵심입니다. 애플리케이션에서 OAuth를 사용하면 유저 정보의 유효성 체크를 구글에 맡기게 되므로 유저 정보를 다루기 편리합니다. 사용자는 계정 정보를 신뢰할 수 있는 곳에 저장할 수 있으니 이점이 있습니다. 여기서는 구글에서 기본적으로 제공하는 인증 데이터만 사용했습니다. 구글 클라이언트 설정과, OAuth 적용에 필요한 로직을 추가했습니다. 조금 복잡하더라도 잘 익혀두시길 바랍니다.

핵심 용어 설명

1 **OAuth**는 2006년에 구글과 트위터가 만든 개방형 인가의 표준입니다. 흔히 사이트에서 구글, 페이스북, 카카오톡 로그인을 하는 데 많이 사용합니다. 1.0, 2.0, 2.1 버전이 있으며 2.0이 가장 많이 사용됩니다.

2 **액세스 토큰**은 리소스 서버에서 리소스 소유자의 보호된 정보를 획득할 때 사용하는 만료 기간이 있는 토큰입니다.

3 **리다이렉트**redirect란 웹 서버에서 전송한 응답으로 클라이언트의 웹브라우저가 새로운 URL로 재요청하도록 지시하는 것을 의미합니다.

4 **providerId**는 리소스 소유자, 즉 유저의 자원을 소유한 리소스 서버의 고유한 식별자를 뜻합니다.

추가로 알아보기

1 웹 기반으로 OAuth를 테스트해볼 수 있는 **OAuth playground** : https://oauth.com/playground/

2 **OAuth2 rfc** : https://tools.ietf.org/html/rfc6749

연습문제

1 Open Authorization의 약자로서 개방형 인가의 표준은 무엇일까요?

2 OAuth에서 보호된 정보를 저장하는 곳을 무엇이라 부를까요?

3 다음 중 OAuth와 관련 없는 용어를 선택해주세요.

❶ 리소스 소유자　　　❷ 액세스 토큰
❸ 리프레시 토큰　　　❹ 인가　　　　　❺ 패스포트

4 OAuth에서 액세스 토큰이 만료되는 경우 어떻게 처리해야 할까요?

5 웹 서버에서 전송한 응답으로 클라이언트의 웹브라우저가 새로운 URL로 재요청하도록 지시하는 것을 무엇이라 부를까요?

1 **정답** OAuth

2 **정답** 리소스 서버

3 **정답** ❺ 패스포트입니다. 패스포트 라이브러리로 OAuth를 구현을 합니다만, OAuth와 패스포트는 무관합니다.

4 **정답** 만료된 액세스 토큰으로 리소스 서버에 리소스 요청 시 에러가 납니다. 이 경우 리프레시 토큰을 사용해 인가 서버에서 새로운 액세스 토큰을 발급받아야 합니다. 선택적으로 리프레시 토큰도 재발급받을 수 있습니다.

5 **정답** 리다이렉트

12장

파일 업로드 기능
구현하기

파일 업로드 기능을 구현합니다. 요즘 애플리케이션은 문자 말고도 영상이나 이미지 등 다양한 포맷의 정보를 제공합니다. REST HTTP 클라이언트[1]를 사용해 파일을 업로드하는 방법을 알아본 후 정적 파일로 서비스하는 방법을 알아보겠습니다.

핵심 키워드

파일 업로드 멀티파트, 컨텐트 디스포지션
multer 패키지 스토리지, 인터셉터, 파일 인터셉터
정적 파일 서비스, 서버 정적 모듈, NestExpressApplication

학습 코스

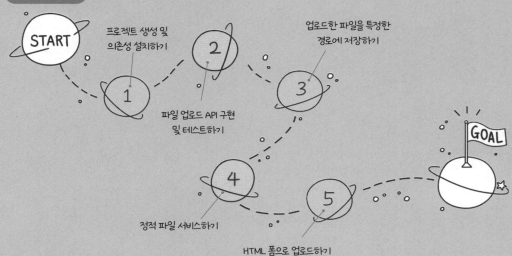

프로젝트 생성 및
의존성 설치하기

업로드한 파일을 특정한
경로에 저장하기

파일 업로드 API 구현
및 테스트하기

정적 파일 서비스하기

HTML 폼으로 업로드하기

---

1 6.6절 'REST 클라이언트로 API 테스트하기'

난이도	★★☆☆☆
예제 위치	https://github.com/wapj/jsbackend/tree/main/chapter12/nest-file-upload
프로젝트명	nest-file-upload
개발 환경	Node.js 20.9.0
미션	NestJS로 파일 업로드 기능을 구현합니다.
기능	• 파일 업로드 API 작성 • 정적 파일 서비스
테스트	• 서버 기동 후 웹페이지에서 실행 • REST Client를 사용해 테스트
컴포넌트	웹 애플리케이션 서버 : NestJS

▼ 실행 결과

12.1 프로젝트 생성 및 의존성 설치하기

To do **01** 먼저 nest-cli를 사용해 실습에 사용할 프로젝트를 생성하겠습니다. 그동안 많이 사용한 명령어이므로 설명은 생략합니다.

```
$ mkdir chapter12
$ cd chapter12
$ nest new nest-file-upload
// 에러가 나면 npx @nestjs/cli new nest-file-upload를 실행하세요.
```

02 NestJS에서는 파일 업로드에 multer라는 패키지를 사용합니다. multer는 파일 업로드에 사용되는 multipart/form-data를 다루는 Node.js 라이브러리입니다. multer는 nest-file-upload에 이미 포함되어 있습니다. 타입 정보가 있다면 더욱 안전한 코딩이 가능하니 타입 정보를 제공하는 @types/multer 패키지를 추가합시다.

```
$ cd nest-file-upload
$ npm i -D @types/multer
```

12.2 파일 업로드 API를 만들고 테스트하기

To do **01** 다음으로는 간단한 파일 업로드 API를 만들고 REST 클라이언트로 테스트하겠습니다. 만든 프로젝트에는 app.controller.ts 파일이 이미 있으므로 해당 컨트롤러 파일을 사용하겠습니다. 다음과 같이 file-upload 핸들러 함수를 추가해줍시다.

▼ 파일 업로드 API 만들기

chapter12/nest-file-upload/src/app.controller.ts

```typescript
import {
  Controller,
  Get,
  Post,
  UploadedFile,
  UseInterceptors,
} from '@nestjs/common';
import { FileInterceptor } from '@nestjs/platform-express';
import { AppService } from './app.service';
```

```
@Controller()
export class AppController {
  constructor(private readonly appService: AppService) {}

// ... 생략 ...

  @Post('file-upload')  // ❶ POST 메서드로 localhost:3000/file-upload 호출 시 동작
  @UseInterceptors(FileInterceptor('file'))    // ❷ 파일 인터셉터
  // ❸ 인터셉터에서 준 파일을 받음
  fileUpload(@UploadedFile() file: Express.Multer.File) {
    console.log(file.buffer.toString('utf-8'));    // ❹ 텍스트 파일 내용 출력
    return 'File Upload';
  }
}
```

❶ 파일 업로드는 POST 메서드로만 가능하며, Content-Type을 multipart/form-data로 해야 합니다. 여기서는 http://localhost:3000/file-upload를 POST 메서드로 호출하면 동작합니다. ❷ 인터셉터는 클라이언트와 서버 간의 요청^{request}과 응답^{response} 간에 로직을 추가하는 미들웨어입니다. FileIntercepter()는 클라이언트의 요청에 따라 파일명이 file인 파일이 있는지 확인합니다. 함수의 인수로 넘겨줍니다.

❸ @UploadedFile() 데코레이터는 핸들러 함수의 매개변수 데코레이터입니다. 인수로 넘겨진 값 중 file 객체를 지정해 꺼내는 역할을 합니다. 여러 파일을 업로드할 때 사용하는 @UploadedFiles() 데코레이터도 있습니다. 각 파일의 타입은 Express.Multer.File 타입입니다.

❹ 텍스트 파일은 버퍼에 바이너리값으로 저장되어 있습니다. toString('utf-8')을 사용해 읽을 수 있는 문자열로 변환해줍니다.

02 컨트롤러 코드는 작성이 되었으니 이제 파일 업로드 테스트를 하겠습니다. [chapter12/nest-file-upload/src] 디렉터리 밑에 file-upload.http 파일을 생성하고 다음과 같이 테스트 코드를 작성합니다.

▼ 파일 업로드 테스트 코드 작성

```
                                                   chapter12/nest-file-upload/src/file-upload.http
POST http://localhost:3000/file-upload
# ❶ Content-Type과 boundary 설정
Content-Type: multipart/form-data; boundary=test-file-upload

--test-file-upload # ❷ 파일 매개변수 정보 시작
Content-Disposition: form-data; name="file"; filename="test.txt" # ❸ 파일 정보

여기에 텍스트 파일의 내용을 넣을 수 있습니다.       # ❹ 파일의 내용
--test-file-upload-- # ❺ 파일 매개변수 정보 종료
```

❶ Content-Type은 multipart/form-data입니다. 파일과 각종 데이터를 동시에 보낼 때 사용합니다. boundary는 각 매개변수를 구분지어주는 구분자의 역할을 하며 7비트의 US-ASCII(https://en.m.wikipedia.org/wiki/ASCII)만 허용합니다. 70자가 넘어서는 안 됩니다.

❷ --에 설정한 바운더리값을 같이 주면 데이터가 여러 개일 때 구분할 수 있습니다. 파일 업로드 테스트 코드에는 데이터가 파일 하나만 있으므로 바운더리가 하나만 있습니다.

❸ Content-Disposition은 전송하려는 매개변수가 어떤 데이터인지 정의하는 공간입니다. form-data이고 이름은 file이며 파일의 이름은 text.txt로 되어 있습니다. 이번에는 실제로 텍스트 파일을 전송하지는 않고 ❹에서 텍스트 내용을 채웁니다. 아래에 빈 줄이 필수입니다.

❹ 텍스트 파일에 들어가는 내용입니다.

❺ **--{바운더리 문자 }--**는 폼 전송을 위한 내용을 종료한다는 의미입니다.

12.2.1 테스트하기

To do 01 npm run start:dev로 서버를 기동하고 Send Request를 눌러서 실행을 해봅시다.

콘솔에 다음과 같이 나온다면 성공입니다.

```
[Nest] 21844  - 2022. 10. 30. 오후 10:40:13
[Nest] 21844  - 2022. 10. 30. 오후 10:40:13
[Nest] 21844  - 2022. 10. 30. 오후 10:40:13
[Nest] 21844  - 2022. 10. 30. 오후 10:40:13
[Nest] 21844  - 2022. 10. 30. 오후 10:40:13
[Nest] 21844  - 2022. 10. 30. 오후 10:40:13
여기에 텍스트 파일의 내용을 넣을 수 있습니다.
```

02 파일을 만들지 않고 업로드했는데 이번에는 기존에 있는 파일을 업로드하겠습니다.

[src] 디렉터리 아래에 test.txt를 만들고 임의의 문자열을 입력해줍시다. "실제 파일의 테스트입니다."라는 문자열을 적은 test.txt 파일을 chapter12/nest-file-upload/src/test.txt 경로에 저장했습니다.

03 file-upload.http에 파일 업로드 테스트용 요청을 더 추가해줍시다.

▼ 실제 파일을 사용해 텍스트 파일 업로드

```
chapter12/nest-file-upload/src/file-upload.http
### 실제 파일로 업로드
POST http://localhost:3000/file-upload
Content-Type: multipart/form-data; boundary=test-file-upload

--test-file-upload
Content-Disposition: form-data; name="file"; filename="test.txt"

# ❶ 텍스트 파일 지정
< test.txt
--test-file-upload--
```

❶ 실제 파일의 상대 경로 혹은 절대 경로를 지정해 파일을 지정할 수 있습니다. 파일명 앞에 〈 문자가 먼저 나오는 것에 주의해주세요!

04 방금 작성한 file-upload.http의 코드를 실행하면 다음과 같이 나올 겁니다.

▼ 실행 결과

```
[Nest] 22890  - 2022. 10. 30. 오후 10:45:55
[Nest] 22890  - 2022. 10. 30. 오후 10:45:55
[Nest] 22890  - 2022. 10. 30. 오후 10:45:55
[Nest] 22890  - 2022. 10. 30. 오후 10:45:55
[Nest] 22890  - 2022. 10. 30. 오후 10:45:55
[Nest] 22890  - 2022. 10. 30. 오후 10:45:55
실제 파일의 테스트입니다.
```

12.3 업로드한 파일을 특정한 경로에 저장하기

FileInterceptor에는 첫 번째 인수로 폼 필드의 이름을 넣습니다. 이전에는 첫 번째 인수만 사용했지만, 두 번째 인수에는 어디에 저장할지, 어떤 파일의 형식을 허용할지, 파일명은 변경할지, 크기는 얼마까지 허용할지 등의 옵션을 제공합니다. 해당 옵션은 NestJS의 기능은 아니고 multer에서 제공하는 기능입니다. 제공하는 옵션은 다음 표에 정리했습니다.[1]

▼ multer에서 제공하는 옵션

옵션명	설명
storage	파일이 저장 될 위치 및 파일 이름 제어
fileFilter	어떤 형식의 파일을 허용할지 제어
limits	필드명, 값, 파일 개수, 파일 용량, multipart 폼의 인수 개수, 헤더 개수 제한 설정
preservePath	파일의 전체 경로를 유지할지 여부

To do **01** 디스크에 파일을 저장해야 하므로 storage를 사용해야 합니다. storage의 타입에는 디스크에 저장하는 diskStorage()와 메모리에 저장하는 memoryStorage()가 있습니다. 아무것도 설정하지 않은 상태에서는 memoryStroage()를 사용하며 이때 파일 속성은 buffer입니다. 따라서 메모리가 기본값입니다. 디스크를 사용하는 diskStorage()를 사용해야 합니다. diskStorage()는 buffer 속성을 가지고 있지 않으므로 제거해야 합니다. 디스크에 저장하는 옵션을 활성화하고 메모리를 사용하는 코드를 핸들러 함수에서 빼둡시다.

▼ fileUpload() 함수에서 buffer 속성 삭제

chapter12/nest-file-upload/src/app.controller.ts

```
import { multerOption } from './multer.options';

@Controller()
export class AppController {
// ... 생략 ...
  @Post('file-upload')
  @UseInterceptors(FileInterceptor('file', multerOption))
  fileUpload(@UploadedFile() file: Express.Multer.File) {
```

---

1   https://github.com/expressjs/multer/blob/master/doc/README-ko.md

```
console.log(file.buffer.toString('utf-8')); // 삭제
console.log(file);
return 'File Upload';
}
```

02 diskStorage( )의 옵션으로는 **destination(문자열 속성)**과 **filename(함수)**이 있습니다. destination은 파일이 저장될 장소를 지정하는 것이며, filename은 destination에 저장될 때의 파일명을 말합니다. 보안을 위해서 파일을 저장할 때는 랜덤한 값으로 변경해 저장하는 것이 좋습니다. [src] 디렉터리 아래에 multer.options.ts라는 파일을 생성하고 다음과 같이 옵션을 설정하겠습니다.

▼ multer 옵션 파일 설정

```
                                        chapter12/nest-file-upload/src/multer.options.ts
import { randomUUID } from 'crypto';
import { diskStorage } from 'multer';
import { extname, join } from 'path';

export const multerOption = { // ❶ multerOption 객체 선언
  storage: diskStorage({        // ❷ 디스크 스토리지 사용
    destination: join(__dirname, '..', 'uploads'), // ❸ 파일 저장 경로 설정
    filename: (req, file, cb) => { // ❹ 파일명 설정
      cb(null, randomUUID() + extname(file.originalname));
    },
  }),
};
```

❶ multer의 옵션은 객체 형태로 만들어줍니다. ❷ 디스크에 파일을 저장하도록 diskStorage 타입의 객체를 만듭니다. ❸ 파일의 저장 경로는 최상단 경로의 [uploads] 디렉터리입니다. ❹ 파일명은 randomUUID() 함수로 랜덤한 이름을 지어주고, extname() 함수를 사용해 파일의 확장자를 붙여줍니다.

파일을 업로드할 디렉터리인 [uploads]를 chapter12/nest-file-upload 아래에 생성해줍니다. [nest-file-upload]의 디렉터리 구조는 다음과 같은 형태가 됩니다(개별 파일은 생략했습니다).

```
├── dist
├── node_modules
├── src
├── test
└── uploads
```

로컬에서 빌드 시 dist에 소스가 들어갈 것이므로 최상단의 바로 아래에 디렉터리를 만들어주어야
경로를 찾아가기가 쉽습니다.

12.3.1 테스트하기

To do **01** npm run start:dev를 실행해 서버를 재시작하고 다시 파일 업로드 테스트를 해봅시다. uploads에 다
음과 같은 랜덤한 이름의 텍스트 파일이 생성되면 성공입니다.

```
∨ 📁 uploads
   📄 3f29bb4b-2a21-452d-9060-c40f007e789d.txt
```

12.4 정적 파일 서비스하기

To do **01** 파일을 업로드하는 이유는 결국 서비스에서 사용하기 위함입니다. 텍스트, 이미지, 동영상 같
은 파일은 한 번 저장되면 변경되지 않으므로 정적 파일(static file)이라고 부릅니다. NestJS에서
정적 파일을 서비스할 수 있게 해봅시다. 그러려면 @nestjs/serve-static을 설치하고 설정해야 합니다. 터미
널에서 다음과 같이 입력해 패키지를 설치해줍시다.

```
$ npm i @nestjs/serve-static
```

02 설치한 @nestjs/server-static에는 ServeStaticModule이 있습니다. 해당 모듈을 초기화
하면 정적 파일 서비스가 가능합니다. 초기화 시에는 forRoot() 함수를 사용해 초기화하면 됩니
다. app.module.ts에 설정을 추가해봅시다.

▼ 정적 파일 서비스를 위한 모듈 초기화

```ts
chapter12/nest-file-upload/src/app.module.ts
// 모듈 생략
import { ServeStaticModule } from '@nestjs/serve-static';

@Module({
  imports: [
    ServeStaticModule.forRoot({ // ❶ 초기화 함수 실행
      rootPath: join(__dirname, '..', 'uploads'), // ❷ 실제 파일이 있는 디렉터리 지정
      serveRoot: '/uploads', // ❸ url 뒤에 붙을 경로를 지정
    }),
  ],
  controllers: [AppController],
  providers: [AppService],
})
export class AppModule {}
```

❶ ServeStaticModule.forRoot() 함수를 실행하면 정적 파일을 서비스하는 ServeStatic Module이 초기화됩니다. app.module.ts의 @Module 데코레이터 내의 imports 옵션에 추가해줍니다.

❷ rootPath 옵션은 업로드한 파일이 저장되어 있는 경로를 설정해줍니다. 프로젝트의 최상위 디렉터리 바로 아래에 있는 [uploads] 디렉터리(chapter12/nest-file-upload/uploads)가 됩니다.

❸ serverRoot 옵션이 없으면 업로드한 파일에 **localhost:3000/{파일명}**으로 접근할 수 있습니다. 이 경우 파일명과 API의 경로가 같다면 문제가 발생할 수 있습니다. serverRoot 옵션에 경로명을 추가해 **localhost:3000/uploads/{파일명}**으로 접근할 수 있습니다.

03 설정은 끝났으니 file-upload.http에 예제를 추가해봅시다. 이번에는 사진을 업로드하고 브라우저에서 잘 볼 수 있는지 확인해봅시다. [chapter12/nest-file-upload/src] 디렉터리 아래에 cat.jpg 이미지 파일을 저장합니다.

04 file-upload.http에 다음과 같이 코드를 추가합시다.

```
# ... 생략 ...

### 사진 업로드
POST http://localhost:3000/file-upload
Content-Type: multipart/form-data; boundary=image-file-upload


--image-file-upload
Content-Disposition: form-data; name="file"; filename="cat.jpg"
Content-Type: image/jpeg # ❶ 파일의 타입


< cat.jpg # ❷ 파일 경로
--image-file-upload--
```

chapter12/nest-file-upload/src/file-upload.http

❶ 이미지일 때는 Content-Type[2]을 적어줘야 파일의 타입을 인식합니다. cat.jpg은 jpg 파일이므로 image/jpeg로 적어줍니다. png 파일은 image/png로 적으면 됩니다.

❷ 〈 기호 뒤에 이미지의 경로를 적어주면 됩니다. 상대 경로, 절대 경로 모두 가능합니다. 여기서는 cat.jpg 파일이 file-upload.http와 같은 경로에 있으므로 상대 경로인 cat.jpg를 적어줍니다.

12.4.1 테스트하기

To do **01** npm run start:dev로 서버를 기동 후 Send Request를 눌러서 실행해 파일을 업로드합니다.

```
### 사진 업로드
Send Request
POST http://localhost:3000/file-upload
Content-Type: multipart/form-data; boundary=image-file-upload

--image-file-upload
Content-Disposition: form-data; name="file"; filename="cat.jpg"
Content-Type: image/jpeg

< cat.jpg
--image-file-upload--
```

---

2   그외 파일 타입은 여기를 참고하세요. https://developer.mozilla.org/en-US/docs/Web/HTTP/Basics_of_HTTP/MIME_types

성공했다면 uploads에 이미지가 업로드되고 다음과 같이 uploads에 jpg 파일이 생길 겁니다.

```
✓ 📁 uploads
    📄 3f29bb4b-2a21-452d-9060-c40f007e789d.txt
    📄 123fbb67-42fe-4e6c-bf94-c6674e102fda.jpg
```

02 해당 파일명은 실행 환경마다 다릅니다. 파일명을 복사하고 브라우저에서 주소로 localhost:3000/uploads/{파일명}을 입력해봅시다. 다음과 같이 이미지가 보인다면 성공입니다!

12.5 HTML 폼으로 업로드하기

지금까지는 REST 클라이언트로 파일 업로드를 하고 테스트했습니다만, 실제로 서비스 사용자가 사용할 수 있게 하려면 HTML 파일에 폼을 만들어 업로드 기능을 제공해야 합니다. NestJS에서 HTML 파일을 볼 수 있게 하려면 스태틱 에셋 설정이 필요합니다. main.ts 파일을 수정해 정적 파일을 서비스할 수 있게 합시다. 이어서 HTML 파일을 생성 후 컨트롤러를 약간만 더 수정한 후에 테스트를 진행해봅시다.

`To do` **01** main.ts 파일은 다음과 같이 수정합니다.

chapter12/nest-file-upload/src/main.ts

```typescript
import { NestFactory } from '@nestjs/core';
import { join } from 'path';
import { NestExpressApplication } from '@nestjs/platform-express';
import { AppModule } from './app.module';

async function bootstrap() {
  const app = await NestFactory.create<NestExpressApplication>(AppModule);
```

```
    app.useStaticAssets(join(__dirname, '..', 'static')); // ❶ 정적 파일 경로 지정
    await app.listen(3000);
}
bootstrap();
```

❶ useStaticAssets( )에 경로만 지정해주면 NestJS에서 정적 파일 서비스가 가능합니다. useStaticAssets() 미들웨어는 익스프레스에 있기 때문에 NestExpressApplication 타입으로 app 인스턴스를 생성했습니다. 익스프레스의 미들웨어를 사용하려면 app 인스턴스를 만들 때 제네릭 타입으로 NestExpressApplication을 선언해 주어야 합니다. nest-file-upload 바로 아래의 [static] 디렉터리에 정적 파일을 위치시키면 됩니다.

02 다음으로 HTML 파일을 생성하겠습니다. 먼저 [static] 디렉터리를 생성해주세요.

```
$ cd nest-file-upload
$ mkdir static
```

03 이제 HTML 파일을 만들고 다음과 같이 코드를 작성해줍시다.

chapter12/nest-file-upload/static/form.html
```
<html>
    <body>
        <!-- HTML 폼 -->
        <form action="file-upload" method="post" enctype="multipart/form-data">
            <input type="file" name="file" /> <!-- 파일 타입 및 파일 변수명 지정 -->
            <input type="submit" value="Upload" /> <!-- 업로드 버튼 -->
        </form>
    </body>
</html>
```

form.html 파일은 input type이 'file'인 파일 업로드 요소와 업로드 버튼이 있는 간단한 코드입니다. action에는 컨트롤러의 URL을 넣어줍니다. 컨트롤러에 @Post로 되어 있으므로 method는 post로 넣어주고, 파일 업로드이므로 enctype을 multipart/form-data로 해주면 됩니다.

04 다음으로 컨트롤러를 조금만 수정하겠습니다.

```
import { Controller, Get, Post,
UploadedFile, UseInterceptors,} from '@nestjs/common';
// 다른 import문 생략
@Controller()
export class AppController {
  constructor(private readonly appService: AppService) {}

// ... 생략 ...

  @Post('file-upload')
  @UseInterceptors(FileInterceptor('file', multerOption))
  fileUpload(@UploadedFile() file: Express.Multer.File) {
    console.log(file);
    return `${file.originalname} File Uploaded check http://localhost:3000/
uploads/${file.filename}`; // ❶ 업로드한 파일명과 경로 반환
  }
}
```

❶ app.controller.ts의 fileUpload() 메서드에서 반환하는 값을 조금 더 자세히 변경하였습니다. file.originalname은 기존 파일명이며, **http://localhost:3000/uploads/${file.filename}**은 파일이 업로드된 경로입니다. 폼에서 업로드 후 확인을 용이하게 하기 위해 변경하였습니다.

05 이제 테스트를 하겠습니다. npm run start:dev로 서버를 켜고 http://localhost:3000/form.html에 접속하면 다음과 같은 화면이 나옵니다. ❶ [파일 선택] 버튼을 클릭해 원하는 파일을 선택한 뒤, ❷ [Upload] 버튼을 클릭해 업로드합니다.

[Upload] 버튼을 눌러서 확인하겠습니다. 다음과 같이 업로드한 파일명과 경로가 나옵니다.

test.txt File Uploaded check http://localhost:3000/uploads/d6f4b15c-ba0f-4d26-857a-1d3710841de4.txt

실제로 해당 경로에 들어가서 살펴보면, 텍스트 파일의 내용이 브라우저에 표시됩니다.

12장에서는 multer 패키지를 사용해 파일을 업로드하는 방법을 알아보았습니다. HTML 폼에 파일 업로드 버튼을 추가해서 화면에서 업로드하고 폼으로 전송하는 방법을 많이 사용합니다만, HTTP 프로토콜의 스펙을 공부하는 겸 REST HTTP 클라이언트를 사용해 파일 업로드 방법을 먼저 학습했습니다. 실제로 폼으로 전송될 때 file-upload.http에 있는 형태(multipart/form-data)로 데이터가 서버로 전송됩니다. Content-Type, boundary, Content-Disposition 등의 생소한 용어가 나옵니다만, 앞으로 개발하는 동안 계속해서 HTTP 프로토콜을 사용하게 될 것이므로 폼에서 전송 버튼을 눌렀을 때 실제로 전송되는 데이터가 어떤 것인지 알려드리기 위해 REST 클라이언트로 먼저 학습했습니다.

또한 NestJS에서 정적 파일을 서비스하는 방법을 알아보았습니다. 파일 업로드를 할 수 있더라도 서비스할 수 없다면 무용지물이겠죠. NestJS는 정적 파일 서비스에 @nestjs/server-static 패키지를 사용합니다. @nestjs/server-static은 NestJS에서 제공하는 모듈 중 하나입니다.

핵심 용어 설명

1 **multer**는 파일 업로드에 사용되는 multipart/form-data를 다루는 Node.js 라이브러리입니다.

2 **인터셉터**는 클라이언트와 서버 사이의 통신에 로직을 추가할 수 있는 미들웨어입니다.

3 **US-ASCII**는 전자기기간 통신의 문자 인코딩의 기본값으로 사용됩니다. 128개의 문자(7비트)로 이루어졌습니다. 흔히 ASCII 코드라 불립니다.

4 **Content-Disposition**은 multipart/form-data로 데이터를 전송할 때 각 하위 부분에 대한 정보를 제공하는 헤더값입니다. 본문에서는 필드명과 파일 이름을 사용했습니다.

추가로 알아보기

1 **NestJS 파일 업로드** 공식 문서 https://docs.nestjs.com/techniques/file-upload

2 **NestJS 인터셉터** 공식 문서 : https://docs.nestjs.com/interceptors

3 **aws s3**에 파일 업로드하기 https://github.com/jeffminsungkim/nestjs-multer-extended

연습문제

1 NestJS에서 파일 업로드 시 사용하는 multipart/form-data를 다루기 위해 사용한 라이브러리는 무엇일까요?

2 클라이언트와 서버 간의 응답 사이에 로직을 추가할 수 있는 미들웨어를 무엇이라 할까요?

3 다음 중 multer에서 제공하는 옵션이 아닌 것을 선택해주세요.

❶ storage   ❷ memory   ❸ fileFilter   ❹ limits   ❺ preservePath

4 파일명 저장 시 랜덤한 파일명을 만드는 데 randomUUID( ) 함수를 사용합니다. UUID는 무엇일까요?

5 NestJS에서 정적 파일 서비스를 사용하기 위해 반드시 설정해야 하는 모듈은 무엇일까요?

---

1 **정답** multer입니다. 타입 정보를 제공하는 @types/multer를 추가로 설치하였습니다.

2 **정답** 인터셉터입니다. 12장에서 FileInterceptor를 사용했습니다.

3 **정답** ❷ memory

4 **정답** UUID는 범용 고유 식별자(Universally Unique Identifier)를 의미합니다, 32개의 16진수 문자와 4개의 하이픈으로 된 문자열입니다. 중복되지 않는 문자열을 만드는 데 사용합니다. UUID로 고유한 문자열을 생성하는 경우 초당 10억 개씩 85년 동안 만들어야 중복이 한 번 될까 말까한 확률을 가진다고 합니다.

5 **정답** ServeStaticModule

13장

웹소켓을 사용한
실시간 채팅
구현하기

실시간 채팅을 구현합니다. 웹소켓은 서버도 클라이언트의 요청 없이 응답을 줄 수 있습니다. 13장에서는 웹소켓이 무엇인지 알아보고, 메아리 애플리케이션과 채팅 애플리케이션을 만들어보면서 실시간으로 갱신되는 애플리케이션에 대한 감을 잡아봅시다.

핵심 키워드

실시간 웹 애플리케이션 폴링, 롱폴링, 웹소켓

socket.io 채팅방, 브로드캐스팅, 네임스페이스

게이트웨이 @WebSocketGateway

학습 코스

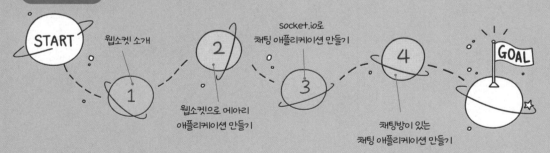

START

웹소켓 소개

1

웹소켓으로 메아리
애플리케이션 만들기

2

socket.io로
채팅 애플리케이션 만들기

3

4

채팅방이 있는
채팅 애플리케이션 만들기

GOAL

난이도	★★★☆☆
예제 위치	https://github.com/wapj/jsbackend/tree/main/chapter13
프로젝트명	echo-websocket, simple-nest-chat, nest-chat
개발 환경	Node.js 20.9.0
미션	NestJS와 websocket을 활용해 채팅 서버를 만들어봅시다.
기능	• 에코 서버 • 채팅방 만들기 • 채팅방에서 채팅하기
테스트	서버 기동 후 웹페이지에서 실행
컴포넌트	웹 애플리케이션 서버 : NestJS

▼ 실행 결과

Simple Nest Chat

채팅방 목록

- 초보만 [join]

나 : 안녕하세요!
앤디: 반갑습니다.
생규이: 좋은 밤입니다.

[안녕하세요!] [전송] [방만들기]

공지

승귤님이 초보만방을 만들었습니다.
승귤님이 초보만방에 입장했습니다.
앤디님이 초보만방에 입장했습니다.
생규이님이 초보만방에 입장했습니다.

Simple Nest Chat

채팅방 목록

- 초보만 [join]

승귤: 안녕하세요!
나 : 반갑습니다.
생규이: 좋은 밤입니다.

[반갑습니다.] [전송] [방만들기]

공지

승귤님이 초보만방을 만들었습니다.
승귤님이 초보만방에 입장했습니다.
앤디님이 초보만방에 입장했습니다.
생규이님이 초보만방에 입장했습니다.

Simple Nest Chat

채팅방 목록

- 초보만 [join]

승귤: 안녕하세요!
앤디: 반갑습니다.
나 : 좋은 밤입니다.

[좋은 밤입니다.] [전송] [방만들기]

공지

승귤님이 초보만방을 만들었습니다.
승귤님이 초보만방에 입장했습니다.
앤디님이 초보만방에 입장했습니다.
생규이님이 초보만방에 입장했습니다.

13.1 웹소켓 소개

지금까지는 서버에 요청을 보내서 응답을 받는 애플리케이션을 만들었습니다. 당연히 요청을 줘야지만 응답을 받는 것이 아닌가라고 생각할 수 있지만, 사용자가 직접 화면을 갱신하지 않아도 자동으로 화면을 갱신하는 애플리케이션도 있습니다. 주식이나 채팅 애플리케이션이 그 예입니다. 이러한 일을 하려면 서버에 주기적으로 요청을 보내서 받아오거나 서버에서 데이터를 보내주어야 합니다.

▼ 요청에 대해서만 응답하는 HTTP 통신

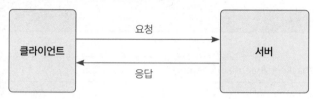

웹은 HTTP 프로토콜 위에서 동작하고 있기 때문에 요청을 보내야지만 서버가 응답을 주게 됩니다. 즉 양방향 통신을 지원하지 않습니다. 그렇다고 주기적으로 받아오는 것은 매우 비효율적입니다. 몇 초에 한 번씩 서버가 알아서 응답을 주면 좋은데, 단방향 통신이므로 클라이언트에서 주기적으로 의미없는 요청을 보내야 하기 때문입니다.

▼ 주기적으로 요청을 보내서 응답을 받는 폴링 방식

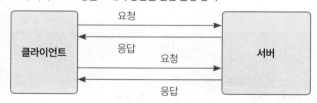

그렇다면 화면 갱신 없이 실시간성을 요구하는 애플리케이션을 어떻게 만들어야 할까요? 웹소켓WebSocket을 사용하면 됩니다. 웹소켓 이전에는 폴링 또는 롱폴링이라는 방법을 사용했습니다. 폴링은 주기적으로 요청을 보내는 방식이고, 롱폴링은 클라이언트와 서버 간의 커넥션을 유지한 상태로 응답을 주고받는 방식입니다. 클라이언트가 서버로 요청을 보내면 서버는 클라이언트의 요청을 기다립니다. 그리고 요청한 데이터에 변화가 있을 때 응답을 보냅니다. 폴링이나 롱폴링이나 둘 다 클라이언트가 서버에게 요청을 보내야 합니다.

▼ 요청을 보내고 서버에서 응답이 올 때까지 대기 후, 응답이 오면 바로 다시 요청을 보내는 롱폴링

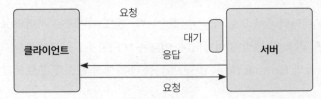

웹소켓은 하나의 TCP 커넥션으로 서버와 클라이언트 간에 양방향 통신을 할 수 있게 만든 프로토콜입니다.[1] 2023년 현재 거의 대부분의 웹브라우저에서 안정적으로 사용할 수 있습니다.[2] 다만 IE9 등 오래된 웹브라우저는 지원하지 않습니다. 오래된 브라우저를 지원하려면 socket.io 같은 라이브러리를 사용해 폴링이나 롱폴링을 사용해 기능을 구현해야 합니다. 웹소켓은 양방향 통신을 지원하므로 브라우저 상에서 리프레시 없이 실시간성을 요구하는 애플리케이션을 구현할 수 있습니다.

▼ 양방향 통신이 가능한 웹소켓

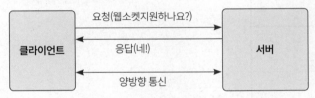

웹소켓의 특징은 크게 두 가지입니다. 첫 번째 특징은 양방향 통신입니다. 이는 데이터의 송수신을 동시에 처리한다는 뜻이며 클라이언트와 서버가 원하는 때 데이터를 주고받을 수 있다는 의미입니다. 통상적인 HTTP 통신은 클라이언트가 요청하는 때만 서버가 응답하는 단방향 통신이었습니다. 두 번째 특징으로는 실시간 네트워킹을 구현하는 것이 용이하다는 겁니다. 웹 환경에서 연속된 데이터를 빠르게 노출하고 싶은 때, 예를 들어 채팅이나 주식 앱에 적합합니다. 또한 브로드캐스팅을 지원하므로 여러 클라이언트와 빠르게 데이터를 교환할 수 있어 편리합니다.

---

1 2011년 12월에 인터넷의 표준을 정하는 기관인 IETF에 의해서 RFC 6455로 표준화되었습니다.

2 웹소켓 브라우저 호환성 https://developer.mozilla.org/en-US/docs/Web/API/WebSocket#browser_compatibility
단축 url http://bit.ly/3YTkzzs

13.1.1 웹소켓의 동작 방법

웹소켓 프로토콜은 크게 핸드 쉐이크와 데이터 전송으로 나눌 수 있습니다. 핸드 쉐이크는 서버와 클라이언트가 커넥션을 맺는 과정으로써 최초 한 번만 일어납니다. 이때는 HTTP 1.1 프로토콜을 사용하고 헤더에 Upgrade: websocket과 Connection: Upgrade를 추가해서 웹소켓 프로토콜을 사용하도록 해줍니다.

▼ 웹소켓 프로토콜 작동 과정

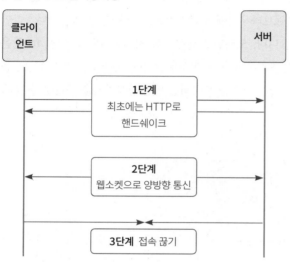

1단계에서는 HTTP 핸드쉐이크를 수행해 연결을 맺습니다. 클라이언트가 다음과 같은 데이터를 서버로 보냅니다.

```
GET /chat HTTP/1.1      // ❶ HTTP 1.1 이상
Host: server.example.com
Upgrade: websocket      // ❷ 현재 프로토콜에서 다른 프로토콜로 업그레이드하는 규칙
Connection: Upgrade     // ❸ Upgrade 필드가 있으면 반드시 같이 명시
Sec-WebSocket-Key: dGhlIHNhbXBsZSBub25jZQ==      // 클라이언트 키
Origin: http://example.com      // 필수 항목. 클라이언트 주소
Sec-WebSocket-Protocol: chat, superchat
// ❹ 클라이언트가 요청하는 하위 프로토콜
Sec-WebSocket-Version: 13
```

❶ 핸드쉐이킹은 GET으로 보내야 하며 HTTP 1.1 이상이 필수입니다. ❷ Upgrade 필드는 HTTP 프로토콜에서 웹소켓 프로토콜로 변경에 필요한 값입니다. 프로토콜을 업그레이드하려면 반드시 명시해야 합니다. ❸ Upgrade 필드가 있으면 반드시 같이 명시해야 합니다. 없으면 연결이 되지 않습니다. ❹ Sec-WebSocket-Protocol은 클라이언트가 요청하는 하위 프로토콜입니다. 순서에 따라서 우선순위를 부여하며, 서버에서 여러 프로토콜이나 프로토콜 버전을 나눠서 서비스할 때 필요한 정보입니다.

그러면 서버는 핸드쉐이크의 응답으로 다음과 같은 데이터를 보내줍니다.

```
HTTP/1.1 101 Switching Protocols   // ❶ 연결 성공
 Upgrade: websocket
 Connection: Upgrade
 // ❷ 클라이언트로부터 받은 키를 사용해 계산된 값
 Sec-WebSocket-Accept: s3pPLMBiTxaQ9kYGzzhZRbK+xOo=
 Sec-WebSocket-Protocol: chat
```

❶ 101 Switching Protocols로 응답이 오면 웹소켓 프로토콜로 전환되어 연결이 잘된다는 것을 의미합니다. 이제부터는 양방향 송수신을 할 수 있습니다. ❷ Sec-WebSocket-Accept는 클라이언트로부터 받은 키를 사용해 계산한 값입니다. 해당 값은 클라이언트와 서버 간 인증에 사용됩니다. 핸드쉐이크가 완료되면 프로토콜이 HTTP에서 ws로, HTTPS라면 wss로 변경되어 데이터를 전송할 수 있는 **2단계**로 접어듭니다. 데이터는 메시지^{message}라 부르며 메시지는 프레임^{frame}의 모음입니다. 프레임은 바이트의 배열이며 다음과 같은 형태를 가집니다.

▼ **프레임 구조**(출처 : https://www.rfc-editor.org/rfc/rfc6455#page-28)

```
 0                   1                   2                   3
 0 1 2 3 4 5 6 7 8 9 0 1 2 3 4 5 6 7 8 9 0 1 2 3 4 5 6 7 8 9 0 1
+-+-+-+-+-------+-+-------------+-------------------------------+
|F|R|R|R| opcode|M| Payload len |    Extended payload length    |
|I|S|S|S|  (4)  |A|     (7)     |             (16/64)           |
|N|V|V|V|       |S|             |   (if payload len==126/127)   |
| |1|2|3|       |K|             |                               |
+-+-+-+-+-------+-+-------------+ - - - - - - - - - - - - - - - +
|     Extended payload length continued, if payload len == 127  |
+ - - - - - - - - - - - - - - - +-------------------------------+
|                               |Masking-key, if MASK set to 1  |
+-------------------------------+-------------------------------+
| Masking-key (continued)       |          Payload Data         |
+-------------------------------- - - - - - - - - - - - - - - - +
:                     Payload Data continued ...                :
+ - - - - - - - - - - - - - - - - - - - - - - - - - - - - - - - +
|                     Payload Data continued ...                |
+---------------------------------------------------------------+
```

프레임은 헤더와 페이로드Payload로 이루어져 있습니다. 헤더는 FIN, RSV1~3, 오프코드opcode, 마스크MASK, 페이로드 길이, 마스킹 키가 있습니다.

▼ 프레임 필드

이름	설명
FIN	1이면 마지막 프레임입니다. 0이면 데이터가 더 있다는 의미입니다.
RSV1~3	Reserved bits의 약자이며 확장을 위해 준비한 비트입니다. 보통은 0으로 둡니다.
opcode	Operation code의 의미이며 페이로드(전송하는 데이터)의 타입을 의미합니다. 4비트가 할당되어 있습니다. 값이 0001이면 텍스트, 0010이면 바이너리, 1000이면 커넥션을 끊을 때 사용합니다. 1001은 ping, 1010은 pong[3]입니다. 그 외의 부분은 미래를 위해서 남겨두었습니다.
MASK	데이터를 마스킹할지 말지 결정하는 값입니다. 1은 사용, 0은 사용하지 않음을 의미합니다.
Payload Len	전송할 데이터의 길이를 알려주는 값입니다. 이 값은 7, 16 또는 64일 수 있습니다. payload의 길이에 따라 3가지로 변경됩니다. payload가 125바이트 이하이면 7비트입니다. payload가 126~65535바이트이면 16비트입니다. payload가 65536 이상이면 64비트입니다. payload의 최대 길이는 18,446,744,073,709,551,615바이트(16엑사바이트, 16,000,000테라바이트)입니다.
Masking-key	MASK 비트가 1이면 4바이트를 사용해 마스킹 키를 설정합니다. 이 값은 각 메시지마다 랜덤하게 생성됩니다. 마스킹 키가 있는 경우 payload를 4바이트 단위로 XOR 연산된 데이터를 클라이언트로 보냅니다. 클라이언트에서는 같은 마스킹 키로 한 번 더 XOR 연산을 하면 원본 데이터가 나오게 됩니다.

마지막 **3단계**에서는 접속을 끊습니다. 접속은 클라이언트와 서버 양쪽에서 모두 끊을 수 있으며, opcode에 1000을 담아서 보내면 됩니다.

지금까지 웹소켓의 양방향성과 웹소켓 프로토콜의 동작 방법을 알아보았습니다. 웹소켓은 데이터를 전송하는 것만 지원할 뿐 전송되는 데이터를 가지고 무엇을 할지는 개발자의 몫입니다. 예를 들어 채팅 애플리케이션을 만들고자 할 때 채팅방 만들기, 채팅방에 들어온 사람들 전체에게 메시지 발송하기, 접속이 끊어진 경우 자동으로 다시 연결하기 등의 기능을 구현하고자 한다면 이런 부분은 개발자가 모두 만들어줘야 합니다. socket.io를 사용하면 추가로 이런 부분들을 지원해주므로 웹소켓보다는 코드 작성의 부담이 적습니다.

---

3 ping, pong은 서버와 클라이언트의 연결 확인 시 사용하는 코드입니다. 클라이언트가 ping을 날리면 서버는 pong으로 응답합니다.

13.2 메아리 애플리케이션 만들기 : 웹소켓

동작 방법을 알아보았으니, 이제 웹소켓을 사용해 간단한 애플리케이션을 만들어봅시다. 클라이언트에서 메시지를 보내면 서버에서 같은 메시지를 반환하는 프로그램입니다. Node.js와 웹소켓만 사용해서 딱 3가지만 차례대로 진행하면 됩니다.

1. ws 패키지 설치하기
2. 서버 측 구축하기(server.js 파일 작성 및 서버 구동)
3. 클라이언트 측 구현하기(index.html 파일 작성)

13.2.1 ws 패키지 설치하기

To do 01 ws는 Node.js에서 웹소켓 서버를 구동하는 라이브러리입니다. 먼저 프로젝트 디렉터리를 생성하고 패키지를 설치합시다.

```
$ mkdir chapter13
$ cd chapter13
$ mkdir echo-websocket
$ cd echo-websocket
$ npm install ws
```

여기까지 진행하면 [echo-websocket] 디렉터리 아래에 package.json과 package-lock.json 파일, 그리고 [node_modules] 디렉터리가 생길 겁니다. 다음으로 웹소켓 서버를 작성하겠습니다.

13.2.2 서버 측 구축하기 : server.js 파일 작성 및 서버 구동

ws 패키지를 설치했으니 이제 웹소켓 서버를 Node.js를 사용해 구동할 수 있습니다. 웹소켓은 서버와 클라이언트가 양방향으로 통신하는 프로토콜이므로 서버와 클라이언트를 모두 작성해야 합니다. 서버는 Node.js를, 클라이언트는 웹브라우저를 사용합시다.

To do 01 먼저 서버를 구동하기 위해 server.js 파일을 생성하고 다음과 같이 작성해봅시다.

▼ 메아리 애플리케이션 웹소켓 서버

```
const WebSocket = require('ws');     // ws 패키지 임포트
const server = new WebSocket.Server({ port: 3000 }); // ❶ 서버 인스턴스 생성

server.on('connection', ws => {     // ❷ 서버 접속 이벤트 핸들러
  ws.send('[서버 접속 완료!]');      // 클라이언트 접속 시 클라이언트로 메시지를 보냄

  // ❸ 클라이언트에서 메시지가 수신된 경우의 이벤트 핸들러
  ws.on('message', message => {
    ws.send(`서버로부터 응답: ${message}`);
  });

  ws.on('close', () => {            // ❹ 클라이언트 접속 종료 이벤트
    console.log(' 클라이언트 접속 해제');
  });
});
```

ws의 Server() 함수를 사용해 서버 인스턴스를 생성하고 server 변수에 저장합니다. server는 WebSocketServer 클래스의 인스턴스입니다. ❷ 웹소켓 서버(server 변수)의 on() 함수는 이벤트를 받는 함수입니다. 첫 번째 인수로 이벤트 유형을 받습니다. 'connection'은 클라이언트가 접속 시 발생하는 이벤트입니다. 두 번째 인수로 이벤트 발생 시 실행할 콜백 함수를 인수로 설정합니다. 콜백 함수의 인수로 ws를 받는데 WebSocket 클래스의 인스턴스입니다.

▼ WebSocketServer의 이벤트

이벤트	설명
close	서버가 close될 때 발생하는 이벤트
connection	핸드셰이크가 완료되면 발생하는 이벤트
error	서버에서 에러가 발생하면 발생하는 이벤트
headers	응답의 헤더가 핸드쉐이크로 소켓에 기록되기 전에 발생하는 이벤트. 헤더를 보내기 전에 검사, 수정을 할 수 있습니다.
listening	서버가 바인딩되었을 때 발생하는 이벤트
wsClientError	WebSocket 연결이 되기 전에 에러가 나면 발생하는 이벤트

ws.on() 함수는 클라이언트에서 이벤트가 발생할 때 실행하는 함수입니다. WebSocketServer의 on() 함수처럼 첫 번째는 이벤트 타입, 두 번째는 콜백 함수를 인수로 사용합니다. ws.on('message')는 클라이언트로부터 메시지가 서버로 발송되었을 때 실행합니다.

▼ WebSocket의 이벤트

이벤트	설명
close	연결을 닫을 때 발생하는 이벤트
error	에러가 나면 발생하는 이벤트
message	메시지를 수신할 때 발생되는 이벤트
open	서버와 연결이 되면 발생하는 이벤트
ping	서버에서 ping을 수신하면 발생
pong	서버에서 pong을 수신하면 발생
redirect	리디렉션을 하기 전에 발생하는 이벤트
unexpected-response	서버 응답이 예상한 응답이 아닐 때(예시 : 401 응답) 발생하는 이벤트
upgrade	핸드셰이크의 일부러 서버에서 응답 헤더를 수신할 때 발생하는 이벤트

❹ ws.on('close', 콜백 함수)는 클라이언트가 접속을 종료했을 때 실행합니다.

13.2.3 클라이언트 측 구현하기 : client.html 파일 작성

To do 01 클라이언트로 사용할 index.html 파일에 웹소켓 연결을 하고 메시지를 주고받을 수 있도록 작성해봅시다. 개인적으로 백엔드 개발자도 기본적인 HTML과 CSS 문법을 읽고 쓸 줄 알면 더 좋다고 생각하지만 반드시 그래야만 하는 것은 아니므로 익숙하지 않다면 어떻게 흘러가는지 주석을 보면서 흐름만 판단해도 됩니다.

▼ 애플리케이션 웹소켓 클라이언트

chapter13/echo-websocket/client.html

```
<style>
/* ❶ 메시지를 꾸미는 CSS 코드 */
  .message {
    width: 300px; color: #fff; background-color: purple; margin-top: 5px;
padding: 5px;
  }
```

```
</style>
<body>
  <!-- ❷ 메시지를 적을 텍스트 영역 -->
  <textarea id="message" cols="50" rows="5"></textarea>
  <br />

  <!-- ❸ 버튼 -->
  <button onclick="sendMessage()">전송</button>
  <button onclick="webSocketClose()">종료</button>
  <div id="messages"></div>
</body>

<script>
// ❹ 웹소켓 연결
const ws = new WebSocket('ws://localhost:3000');

// ❺ send 함수로 메시지 발송
function sendMessage() {
  ws.send(document.getElementById('message').value);
}

// ❻ 웹소켓 연결 종료
function webSocketClose() {
  console.log("종료 누름");
  ws.close();
}

// ❼ WebSocket의 open 이벤트 핸들러
ws.onopen = function() {
  console.log(" 클라이언트 접속 완료!");
};

// ❽ WebSocket의 message 이벤트 핸들러. 서버에서 메시지 수신 시 실행
ws.onmessage = function(event) {
  // ❾ 엔터 키를 <br /> 태그로 변경
  let message = event.data.replace(/(\r\n|\n|\r)/g,"<br />");
  let el = document.createElement('div'); // ❿ div 태그 생성
  el.innerHTML = message;        // ⓫ <div>{메시지}</div>값이 됨. HTML로 파싱
  el.className = 'message';      // ⓬ <div class='message'>{메시지}</div>값이 됨
  document.getElementById('messages').append(el); // ⓭ messages 요소에  추가
```

```
}

// ⑭ 접속 종료 시 실행
ws.onclose = function(e) {
  console.log('종료');
  document.getElementById('messages').append("서버 접속 종료");
}
</script>
```

❶ 메시지 영역을 꾸미는 CSS 코드입니다. 가로 폭을 300픽셀, 글자색을 흰색, 배경색을 보라색으로 지정하고, 마진과 패딩을 추가했습니다. ❷ 메시지를 넣는 영역은 textarea 태그를 사용했습니다. id는 getElementById를 사용하는 데 필요합니다. getElementById는 주어진 id값으로 해당 요소를 찾아서 해당 엘리먼트 객체를 가져오는 데 사용합니다. cols는 가로 길이 50자, rows는 5줄 크기를 가지는 텍스트 영역이 생깁니다. ❸ 버튼으로는 메시지 전송, 종료 버튼이 있습니다. onclick에 각각 sendMessage(), webSocketClose() 함수를 바인딩해두었습니다. ❹ 웹소켓 연결은 new WebSocket(서버 주소)를 하면 맺어집니다. 웹브라우저에는 웹소켓 기능이 이미 있기 때문에 별도로 라이브러리를 추가하지 않아도 됩니다. 반환값으로 WebSocket의 인스턴스가 돌아오는데 해당 값을 ws 변수에 저장합니다.

❺ 메시지를 서버로 발송하는 함수입니다. 웹소켓 인스턴스 ws의 send() 함수를 사용합니다. 텍스트 영역의 값을 서버로 송신합니다. 서버에서는 웹소켓의 message 이벤트가 발생합니다. ❻ 웹소켓 연결 종료 시 사용하는 함수입니다. 종료 버튼에 바인딩되어 있으며 종료 버튼 클릭 시 웹소켓 연결을 종료합니다. ❼ 서버와 연결되면 발생하는 이벤트인 open의 이벤트 핸들러입니다. 서버와 연동되면 실행됩니다. '클라이언트 접속 완료' 문구가 브라우저의 콘솔에 찍힙니다. ❽ 서버에서 메시지를 수신하면 발생하는 이벤트의 핸들러입니다.

❾ replace(/(\r\n|\n|\r)/g,"〈br /〉");은 텍스트 영역에서 enter 를 입력하면\r\n을 새 줄을 뜻하는 태그인 〈br /〉로 변경하는 코드입니다.

❿ 서버에서 입력받은 값을 화면에 나타내려면 웹페이지이므로 HTML 태그로 표현해야 합니다. document.createElement('div') 함수를 사용해 〈div〉〈/div〉 태그를 생성해 el에 저장합니다.

⓫ el은 〈div〉〈/div〉입니다. innerHTML 함수로 〈div〉와 〈/div〉 사이에 태그를 넣을 수 있습니다. 값은 텍스트 영역에서 받은 메시지입니다. 빈 줄이 있다면 〈br/〉로 변경된 값입니다. 예를 들

어 "안녕\r\n하세요"라는 문자열은 **\<div\>안녕\<br /\>하세요\<div\>**라는 태그로 변경해 저장됩니다.

⓬ 〈div〉〈/div〉에 클래스를 붙여줍니다. 클래스명은 message이므로 **\<div class='message'\>{메시지}\</div\>**가 됩니다.

⓭ ❾~⓫에 걸쳐 만든 메시지를 HTML의 mesages라는 id를 가진 요소에 추가해줍니다. ⓮ 접속 종료 시 실행되는 코드입니다. 콘솔에는 '종료'가 찍히고 화면에는 서버 접속 종료가 찍힙니다.

13.2.4 테스트하기

만든 웹소켓 메아리 애플리케이션을 테스트해봅시다.

To do 01 우선 서버를 띄우겠습니다. 다음과 같이 서버를 실행합니다.

▼ 웹소켓 서버 실행

```
$ cd chapter13/echo-websocket
$ node server.js
```

터미널에 아무 값도 안 올라오겠지만, 에러가 나면서 종료되는 게 아니라면 성공한 겁니다.

02 다음으로 브라우저에서 client.html을 실행해서 서버에 접속해봅시다. 다음과 같은 화면이 보이면 성공입니다.

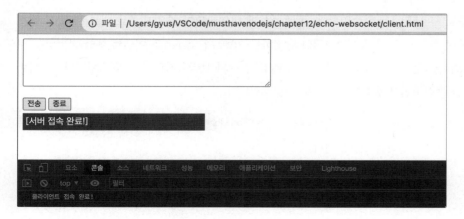

화면에 "[서버 접속 완료!]" 문구가 있고, 콘솔에는 " 클라이언트 접속 완료!"라는 문구가 있습니다. '[서버 접속 완료!]'는 서버에서 보내준 값입니다. WebSocketServer의 'connection'에서

ws.send('[서버 접속 완료!]');를 실행해 클라이언트 측의 message 이벤트를 발생시켰습니다. "클라이언트 접속 완료!"는 클라이언트에서 open 이벤트가 발생할 때 출력되는 값입니다.

03 개발자 도구의 네트워크 탭으로 들어가면 client.
html이 있고 localhost가 있을 겁니다. localhost를 선택
해줍시다.

Tip 개발자 도구는 크롬 기준 브라우저 오른쪽 상단의 버튼에서 → [도구 더보기] → [개발자 도구]를 선택해주면 보입니다.

그러면 오른쪽에 🔽 [서버 접속 완료!]라고 되어 있을 겁니다. 🔽는 서버에서부터 메시지를 받았다
는 의미입니다. 🔼는 아직 안 나왔
습니다만, 클라이언트에서 서버로
메시지를 보낸다는 의미입니다.

이제부터 HTML 화면과 서버의 콘솔과 메시지 창을 모두 확인해주세요.

04 텍스트 영역에 입력 후 [전송] 버튼을
클릭해 서버로 메시지를 보내봅시다.

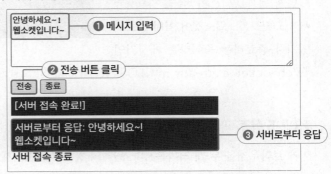

웹소켓으로 서버로 메시지를 보내
었고, 서버가 같은 메시지를 응답으
로 주었습니다.

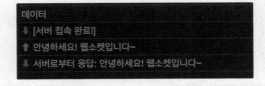

05 메시지가 잘 보내지고 받아지는
것을 확인했습니다. 이제 종료 버튼을
눌러서 연결을 끊어봅시다.

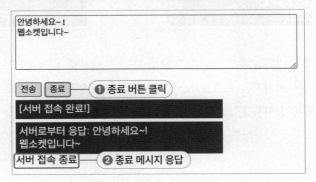

접속을 종료하면 서버로부터 종료 메시지를 받고 onclose() 함수에서 처리합니다. 서버의 터미널에서도 close 이벤트를 받아서 클라이언트 접속 해제를 띄워줍니다.

네트워크 탭에서 [콘솔] 탭으로 다시 돌아오면, 로그들이 나와있습니다. webSocketClose 함수를 실행 후, onclose 이벤트가 발생한 것을 알 수 있습니다.

06 접속을 끊고 메시지를 보내려면 어떻게 될까요? [전송] 버튼을 다시 눌러서 시도해봅시다. 웹소켓이 이미 종료되었거나 종료하는 중이라는 메시지인 "WebSocket is already in CLOSING or CLOSED state"가 보일 겁니다.

13.2.5 향후 과제 확인하기

이제 브라우저를 두 개 띄워봅시다. 원래의 창은 리프레시해서 최초 상태를 유지합시다. 각각 메시지를 전송하면 어떻게 될까요?

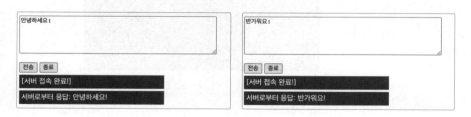

채팅 대화를 주고받을 수 있으면 좋을 것 같은데, 안타깝게도 따로따로 동작합니다. 이는 웹소켓의 경우 메시지를 브로드캐스팅(접속한 클라이언트에 각각 보내주는 것) 기능을 따로 구현해야 하기 때문입니다. 13.1절에서 설명드렸지만, 웹소켓은 데이터를 주고받을 수 있게 하는 것뿐이라서 웹소켓을 사용하는 경우 데이터 전송 이외의 부분은 모두 개발자가 개발해야 합니다.

그래서 웹소켓으로 된 애플리케이션을 만들 때 도움을 주는 sockjs, socket.io 같은 라이브러리 구현체들이 있습니다. 이 중 대표적인 것이 socket.io이고 채팅방 기능이나 연결이 끊어졌을 때 재접속, 브로드캐스팅 기능을 제공해줍니다. 다음으로는 NestJS에서 socket.io를 활용해 채팅 애플리케이션을 만들겠습니다.

13.3 간단한 채팅 애플리케이션 만들기 : socket.io

앞에서는 프레임워크의 도움 없이 웹소켓을 사용한 메아리 애플리케이션을 만들어보았습니다. 이 번에는 한걸음 더 나아가서 NestJS로 채팅 애플리케이션을 만들어봅시다. 채팅을 만들려면 채팅 방도 만들어야 하고, 접속한 유저 모두에게 메시지를 발송하는 브로드캐스팅 기능도 필요하고, 접 속이 의도치 않게 끊어졌을 때 재접속하는 방법도 필요합니다. 웹소켓은 프로토콜이기 때문에 이 렇게 특화된 기능은 제공하지 않고 메시지 전송만을 제공해주고 있어서 개발자가 모든 것을 다 만 들어야 합니다.

socket.io^{소켓아이오}는 웹소켓을 기반으로 서버와 클라이언트의 양방향 통신을 지원하는 라이브 러리입니다. 기본적으로 웹소켓을 지원합니다. 웹소켓을 지원하지 않는 브라우저에서는 롱폴 링 방식을 사용한 통신을 지원합니다. 또한 재접속, 브로드캐스팅, 멀티플렉싱(채팅방) 기능도 제공합니다.

NestJS에서는 웹소켓과 socket.io 기반의 실시간 애플리케이션 제작을 모두를 지원합니다. socket.io를 사용하면 socket.io 라이브러리를 사용하도록 클라이언트에 추가 작업이 필요합니 다. 지금부터는 다양한 기능을 제공하는 socket.io를 기반으로 설명하겠습니다.

작업 순서는 다음과 같습니다.

1 프로젝트 생성 및 패키지 설치
2 정적 파일 서비스를 위한 main.ts 설정
3 socket.io 서버 구동을 위한 게이트웨이 만들기
4 클라이언트 측 코드 작성(index.html)
5 테스트

13.3.1 socket.io 프로젝트 생성하기

nest-cli를 사용해 프로젝트를 생성합니다. 프로젝트명은 nest-chat입니다.

```
$ cd chapter13
$ nest new nest-chat
// 에러가 나면 npx @nestjs/cli new nest-chat을 실행하세요.
```

다음과 같은 파일이 생성됩니다.

```
├── README.md
├── nest-cli.json
├── package-lock.json
├── package.json
├── src
│   ├── app.controller.spec.ts
│   ├── app.controller.ts
│   ├── app.module.ts
│   ├── app.service.ts
│   └── main.ts
├── test
├── tsconfig.build.json
└── tsconfig.json
```

[test] 디렉터리는 사용하지 않으니 통째로 삭제합니다. src/app.controller.spec.ts도 사용하지 않으므로 삭제합니다.

13.3.2 패키지 설치하기

다음으로 필요한 패키지를 설치합시다. 양방향 통신 애플리케이션을 작성하려면 @nestjs/websockets과 @nestjs/platform-socket.io 패키지가 필요합니다. 첫 번째 @nestjs/websockets 패키지는 웹소켓 프로토콜 기반의 프로그램 작성 시에는 꼭 필요합니다. @nestjs/platform-socket.io는 @nestjs/platform-ws로 변경할 수도 있습니다. @nestjs/platform-ws를 사용하면 socket.io가 아닌 웹소켓을 사용합니다. 우리는 socket.io를 사용하므로 @nestjs/platform-socket.io를 설치를 합니다. 또한 개발 시 타입 정보를 편하게 가져오기 위해 @types/socket.io도 개발용 패키지로 설치합니다.

```
$ npm i @nestjs/websockets @nestjs/platform-socket.io
$ npm i -D @types/socket.io
```

13.3.3 html 파일을 불러오도록 main.ts 설정하기

13.2절 '메아리 애플리케이션 만들기 : 웹소켓'에서는 프레임워크를 사용하지 않았기 때문에 .html 파일을 직접 열어서 테스트했습니다. NestJS에서는 정적 파일을 불러오는 기능을 제공합니다. 12.4절 '정적 파일 서비스하기'에서는 server-static 패키지를 설치했지만, 이번에는 익스프레스를 사용해서 정적 파일을 서비스할 수 있게 설정을 추가합니다. 설정이 간단할 때는 익스프레스, 정밀한 설정을 원할 때는 server-static을 사용하면 됩니다.

▼ 정적 파일 설정 추가

```
                                                    chapter13/nest-chat/src/main.ts
import { NestFactory } from '@nestjs/core';
import { NestExpressApplication } from '@nestjs/platform-express';
import { join } from 'path';
import { AppModule } from './app.module';

async function bootstrap() {
// ❶ NestExpressApplication의 인스턴스 생성
  const app = await NestFactory.create<NestExpressApplication>(AppModule);
  app.useStaticAssets(join(__dirname, '..', 'static')); // ❷ 정적 파일 경로 지정
  await app.listen(3000);
}
bootstrap();
```

❶ NestFactory.create() 메서드에 NestExpressApplication으로 반환값의 타입을 지정했습니다. NestExpressApplication에는 useStaticAssets() 메서드가 있습니다. 해당 메서드는 정적 파일의 경로를 지정하는 데 사용합니다.

❷ useStaticAssets()에 정적 파일의 경로를 지정합니다. 정적 파일 경로는 chapter13/nest-chat/static입니다.

다음으로 [static] 디렉터리 아래에 index.html 파일을 생성합시다. index.html로 하면 URL 경로와 파

일명을 모두 적지 않고 경로만 적어도 index.html을 불러오기 때문에 테스트가 편합니다. 잘 불러오는지만 테스트하는 용도이므로 간단히 코드를 작성하겠습니다.

▼ 정적 파일 index.html 추가

```
chapter13/nest-chat/static/index.html
<!DOCTYPE html>
<html>
  <head>
    <meta charset="utf-8">
    <title>Nest Chat</title>
  </head>
  <body>
    <div id="chat">Nest Chat</div>
  </body>
</html>
```

터미널에서 npm run start:dev를 실행해 서버를 켠 다음 http://localhost:3000으로 접속해봅시다. 다음과 같이 나온다면 성공입니다! 이제부터 index.html 파일에 채팅에 필요한 코드를 추가해나가겠습니다.

13.3.4 서버 측 작업을 위한 게이트웨이 만들기

NestJS에서는 웹소켓을 사용한 통신을 받아주는 클래스를 게이트웨이라고 부릅니다. 8.4.2 '컨트롤러 만들기'에서 API를 작성할 때 통신을 주고받던 컨트롤러 클래스와 같은 개념이라고 생각하면 됩니다. 게이트웨이를 사용하면 의존성 주입, 데코레이터, 필터, 가드 등의 NestJS 기능을 사용할 수 있습니다. 단순하게 말하자면 프로토콜이 HTTP라면 컨트롤러로부터 요청을 받고, 프로토콜이 ws라면 게이트웨이로부터 요청을 받는 차이입니다. 진입점이 다르고, 사용하는 데코레이터가 약간 달라집니다.

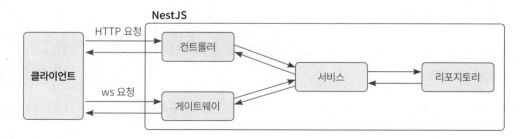

게이트웨이를 만드는 방법은 쉽습니다. @WebSocketGateway() 데코레이터를 클래스에 붙이면 해당 클래스는 게이트웨이 역할을 합니다. NestJS에서 게이트웨이를 만들어야 웹소켓 애플리케이션을 만들 수 있다는 것을 알았으니 바로 게이트웨이 파일을 만들어봅시다. nest-cli 명령어로 만들 수 있습니다만, 불필요한 디렉터리가 생성됩니다. 그러므로 수동으로 만들겠습니다.

> **Note** nest-cli 명령어로 src/chat/chat.gateway.ts 파일을 만들 수 있습니다.

```
$ cd nest-chat
$ nest g gateway chat
```

게이트웨이 파일을 다음과 같이 작성해봅시다.

▼ 게이트웨이 파일

chapter13/nest-chat/src/app.gateway.ts

```
import {
  WebSocketGateway,
  WebSocketServer,
  SubscribeMessage,
} from '@nestjs/websockets';

import { Server, Socket } from 'socket.io';

@WebSocketGateway() // ❶ 웹소켓 서버 설정 데코레이터
export class ChatGateway {
  @WebSocketServer() server: Server; // ❷ 웹소켓 서버 인스턴스 선언

  @SubscribeMessage('message') // ❸ message 이벤트 구독
  handleMessage(socket: Socket, data: any): void {
    // ❹ 접속한 클라이언트들에 메시지 전송
    this.server.emit('message', `client-${socket.id.substring(0, 4)} : ${data}`,);
  }
}
```

❶ @WebSocketGateway() 데코레이터는 게이트웨이 설정을 위한 데코레이터입니다. 내부적으로는 socket.io 서버를 생성하는 것과 같고 생성 시의 옵션도 동일하게 줄 수 있습니다. 생성 방법을 표로 정리해뒀습니다. socket.io 서버 옵션 중 자주 사용하는 옵션은 네임스페이스^{namespace}가 있습니다. 네임스페이스에 대해서는 잠시 후 알아볼 예정입니다. 다른 옵션들은 저수준의 옵션이 많으니 크게 사용할 일이 많지는 않습니다. 옵션 관련해서는 https://socket.io/docs/v4/

server-options/를 참고하세요.

▼ @WebSocketGateway( ) 데코레이터 설정 방법

@WebSocketGateway( )	기본 포트 3000을 사용하는 설정
@WebSocketGateway(port)	매개변수로 주어진 포트를 사용
@WebSocketGateway(options)	기본 포트 3000을 사용하며 옵션을 적용
@WebSocketGateway(port, options)	포트와 옵션이 있는 설정

❷ @WebSocketGateway( )가 웹소켓 서버 설정을 위한 데코레이터였다면, @WebSocket Server( )는 웹소켓 서버 인스턴스에 접근하는 데코레이터입니다. 직접 웹소켓 서버의 인스턴스를 생성하는 것이 아니기에 웹소켓 인스턴스 접근은 @WebSocketServer( ) 데코레이터를 사용해야 합니다.

❸ @SubscribeMessage('message')는 'message'라는 이벤트를 구독하는 리스너입니다. 클라이언트에서 message라는 이벤트로 데이터가 전송되는 경우 data 인수에 데이터가 담겨 있습니다. socket: Socket은 하나의 웹소켓 연결에 대한 인스턴스입니다. @SubscribeMessage( ) 데코레이터가 붙어 있는 메서드는 socket과 data 두 가지 인수를 사용할 수 있는데, 필요 없는 때는 생략할 수 있습니다. 다만 생략하면 매개변수의 순서를 변경할 때 별도의 데코레이터를 붙여주어야 합니다. data는 @MessageBody( ) 데코레이터가 필요하며, socket에는 @ConnectedSocket( ) 데코레이터가 필요합니다. socket이 필요 없는 함수라면 handleMessage(@MessageBody( ) data)와 같은 형태로 사용할 수 있습니다.

❹에서는 ❷에서 선언한 웹소켓 서버 인스턴스의 emit( ) 메서드를 사용해 클라이언트 전체에 메시지를 보냅니다. 첫 번째 인수인 'message'는 이벤트명, 두 번째 인수는 보내주는 데이터입니다. socket.io에서는 모든 클라이언트 인스턴스에 임의의 id값을 줍니다. id에는 무작위 문자열이 저장되어 있습니다. substring(0, 4)는 문자열의 첫 번째부터 네 번째 문자까지 분리하는 데 사용합니다. 임의의 id값으로 20자를 이름으로 사용하기엔 길다고 생각해 4자로 줄였습니다.

13.3.5 게이트웨이를 모듈에 등록하기

To do 01 작성한 게이트웨이를 사용하려면 모듈에 등록해야 합니다. app module에 있는 클래스이므로 app.module.ts에 등록을 해줍시다.

▼ 모듈에 게이트웨이 등록

```
                                          chapter13/nest-chat/src/app.module.ts
import { Module } from '@nestjs/common';
import { AppController } from './app.controller';
import { ChatGateway } from './app.gateway';
import { AppService } from './app.service';

@Module({
  imports: [],
  controllers: [AppController],
  providers: [AppService, ChatGateway], // ❶ 게이트웨이를 프로바이더로 등록
})
export class AppModule {}
```

컨트롤러와 같은 개념이라 컨트롤러에 등록해야 되는 거 아닌가 생각할 수 있습니다만, 게이트웨이는 다른 클래스에 주입해서 사용할 수 있는 프로바이더입니다. 게이트웨이 주입은 잠시 후 13.4절 '채팅방 기능이 있는 채팅 애플리케이션 만들기'에서 살펴봅니다.

socket.io는 클라이언트도 필요하니 다음으로 클라이언트로 사용할 index.html 파일을 작성하겠습니다.

13.3.6 클라이언트를 위한 index.html 수정하기

웹소켓은 클라이언트인 브라우저에서 따로 라이브러리를 사용할 필요가 없었습니다. 이유는 표준 프로토콜이라서 브라우저 자체적으로 웹소켓을 지원하기 때문입니다. 반면 socket.io는 브라우저에서 따로 지원해주지 않으므로 클라이언트에서 socket.io를 사용하도록 라이브러리 설정도 필요합니다. src/static/index.html 파일을 다음과 같이 수정해봅시다.

▼ 채팅 클라이언트 측 코드 작성

```
                                          chapter13/nest-chat/static/index.html
<!DOCTYPE html>
<html>
  <head>
    <meta charset="utf-8">
    <title>Simple Nest Chat</title>
  </head>
  <body>
```

```html
    <h2>Simple Nest Chat</h2>
    <div id="chat"></div>  <!-- ❶ 채팅 영역  -->


    <!-- ❷ 글 입력 영역  -->
    <input type="text" id="message" placeholder="메시지를 입력해주세요.">
    <button onclick="sendMessage()">전송</button> <!-- ❸ [전송] 버튼  -->

  </body>
  <!-- ❹ jquery 로드  -->
  <script  src="https://code.jquery.com/jquery-3.6.1.slim.js"></script>
  <!-- ❺ socket.io 클라이언트 로드 -->
  <script src="http://localhost:3000/socket.io/socket.io.js"></script>
  <script>
    // ❻ socket.io 인스턴스 생성
    const socket = io('http://localhost:3000');

    // ❼ [전송] 버튼 클릭 시 입력된 글을 message 이벤트로 보냄
    function sendMessage() {

      const message = $('#message').val();
      socket.emit('message', message);
    }

    socket.on('connect', () => {        // ❽ 서버 접속을 확인을 위한 이벤트
      console.log('connected');
    });


    socket.on('message', (message) => { // ❾ 서버에서 message 이벤트 발생 시 처리
      $('#chat').append(`<div>${message}</div>`);
    });
  </script>
</html>
```

❶ 채팅 영역으로 사용하는 곳입니다. id에 있는 chat으로 HTML 요소를 찾아서 추가합니다.

❷ 글을 입력하는 인풋박스입니다. 역시나 id에 있는 message로 입력한 문자열을 얻어옵니다.

❸ [전송] 버튼입니다. 클릭 시 sendMessage() 함수를 실행합니다. ❹ jQuery[4]를 로딩하기 위한 스크립트 태그입니다. ❺ socket.io 클라이언트를 로드하는 스크립트 태그입니다. **{서버 주소}** 뒤에 오는 socket.io 경로는 서버 생성 시 path로 설정할 수 있으며 기본값은 /socket.io입니다. ❻ socket.io 인스턴스를 생성합니다. 네임스페이스를 사용하는 경우는 **io({서버 주소}/{네임스페이스})** 형식으로 인스턴스를 생성할 수 있습니다.

❼ [전송] 버튼 클릭 시 입력된 문자열을 읽어와서 socket.emit 함수를 실행해 'message' 이벤트에 message값을 실어서 보냅니다. emit() 함수는 특정 이벤트로 데이터를 보내는 데 사용합니다. ❽ socket.on() 함수로 데이터를 받습니다. connect는 socket.io에서 제공하는 이벤트입니다. 최초로 서버 접속이 성공했을 때 실행됩니다. 서버 실행 후 브라우저에서 http://localhost:3000으로 접속하면 index.html 파일을 읽어오게 되고 콘솔창에 'connected'라는 메시지를 출력해줍니다.

❾ 서버 측에서 message라는 이벤트로 메시지를 전송했을 때 실행됩니다. 서버에서는 **server.emit('message', 콜백 함수)** 형태로 실행하고 있으므로 접속해 있는 클라이언트 모두에게 메시지를 전송합니다. 각 클라이언트에서는 **socket.on('message', 콜백 함수)**가 실행되며, id가 'chat'인 영역에 서버에서 받은 메시지를 ⟨div⟩{message}⟨div⟩와 같은 형태로 html 태그를 추가합니다. ⟨div⟩로 감싸주는 이유는 개행을 위해서입니다. ⟨div⟩를 빼고 {message}만 넣었을 때는 개행이 제대로 표현되지 않는 것을 볼 수 있습니다.

13.3.7 테스트하기

코드는 몇 줄 안 되지만, 간단한 채팅 기능을 완성했습니다. 테스트를 하겠습니다.

To do 01 이제 npm run start:dev로 서버를 기동시키고 브라우저 3개를 켜서 모두 http://localhost:3000에 접속합니다.

접속하면 콘솔창에 connected가 보여야 합니다.

---

4   jQuery는 HTML의 DOM 조작과 이벤트 제어, 애니메이션 그리고 Ajax까지 웹 화면을 다루는 자바스크립트 라이브러리입니다. 참고 https://jquery.com/

02 이제 3개의 브라우저에서 각각 입력 메시지를 적어 [전송] 버튼을 눌러봅니다. 다음과 같이 채팅이 잘되면 성공입니다. 테스트에서는 순서대로 사파리, 파이어폭스, 크롬을 이용했습니다.

여기까지 socket.io를 사용해 간단한 채팅 애플리케이션을 만들어보았습니다. 다음으로는 조금은 더 복잡한 채팅 애플리케이션을 만듭시다. 닉네임을 입력할 수 있고 채팅방 기능도 있는 애플리케이션입니다.

13.4 채팅방 기능이 있는 채팅 애플리케이션 만들기

socket.io은 채팅방을 만드는 room룸 기능을 제공합니다. 채팅방별로 메시지를 통신해야 하므로 네임스페이스도 같이 사용하겠습니다. 네임스페이스는 네임스페이스로 지정된 곳에만 이벤트를 발생시키고 메시지를 전송하는 개념입니다(다른 말로 멀티플렉싱이라고도 합니다). 슬랙의 워크스페이스나 게임의 채널 개념과 비슷하다고 생각하면 됩니다. 네임스페이스 안에 룸을 만들 수도 있습니다. 네임스페이스와 룸을 같이 사용함으로써 조금 더 정교하게 메시지 송수신을 제어할 수 있습니다.

13.4.1 네임스페이스 사용하기

서버와 클라이언트는 실제적으로는 하나의 연결(HTTP 혹은 웹소켓)만을 사용합니다. 하나의 연결을 로직으로 나누어서 사용할 수 있게 한 것이 네임스페이스입니다. 예를 들어 사용자가 채팅방에 입장하기 전에 메시지를 주고받는 내용은 chat 네임스페이스의 message 이벤트를 사용하고, 채팅방에 입장 후에는 room 네임스페이스의 message 이벤트를 사용하게 할 수 있습니다. 게이트웨이 파일 수정, 자바스크립트 파일 분리, 네임스페이스 설정 추가 순서로 기존 채팅 애플리케이션을 변경하겠습니다.

To do **01** 기존 채팅 애플리케이션을 조금 수정해 기본값 대신 chat 네임스페이스를 할당하겠습니다. gateway를 수정합니다.

▼ 게이트웨이 파일 수정하기

```
// import문 생략


@WebSocketGateway({ namespace: 'chat' }) // ❶ 네임스페이스 추가
export class ChatGateway {
// ... 생략 ...
}
```
chapter13/nest-chat/src/app.gateway.ts

❶ 게이트웨이 설정을 위한 데코레이터(@WebSocketGateway)에 옵션값으로 네임스페이스를 지정해주면 됩니다.

02 index.html에서 자바스크립트 코드를 분리 후 수정하는 작업을 진행하겠습니다. 코드가 적다면 index.html 파일에 포함시켜도 되지만, 앞으로 기능을 추가할 예정이므로 분리하는 겁니다. index.html에서 자바스크립트 파일을 불러오도록 script 부분을 수정해줍니다.

▼ index.html에 자바스크립트 부분을 새로운 파일로 분리하기

```
<!DOCTYPE html>
<html>
<!-- html 코드 생략 -->
  <script src="https://code.jquery.com/jquery-3.6.1.slim.js"></script>
  <script src="http://localhost:3000/socket.io/socket.io.js"></script>
  // ❶ 자바스크립트 파일 분리
  <script src="http://localhost:3000/script.js"></script>
</html>
```
chapter13/nest-chat/static/index.html

① 기존에 〈script〉 태그로 감싸져 있던 자바스크립트 파일을 분리합니다.

03 자바스크립트 부분은 따로 떼어서 src/static/script.js 파일로 새로 생성하겠습니다.

▼ 자바스크립트 파일에 네임스페이스 설정 추가

chapter13/nest-chat/static/script.js

```javascript
const socket = io('http://localhost:3000/chat'); // ❶ 네임스페이스 추가
socket.on('connect', () => {
  console.log('connected');
});

function sendMessage() {
  const message = $('#message').val();
  socket.emit('message', message);
}

socket.on('message', (message) => {
  $('#chat').append(`<div>${message}</div>`);
});
```

① 클라이언트 측에서 네임스페이스를 추가하는 방법은 socket.io 객체 생성 시의 주소값 뒤에 네임스페이스를 붙여주면 됩니다. 기존 서버 주소는 http://localhost:3000이었습니다. chat 네임스페이스를 붙이면 'http://localhost:3000/chat이 됩니다.

지금까지 네임스페이스를 붙여보았습니다. 아직은 네임스페이스가 하나라서 크게 유용하다고 느끼지 못할 수도 있을 것 같습니다. 복잡한 프로그램을 만들면 네임스페이스는 반드시 필요합니다. 다음으로 채팅방 기능을 추가하면서 네임스페이스도 하나 더 추가하겠습니다.

13.4.2 닉네임 추가하기

`To do` **01** 이전에는 임의로 정해지는 클라이언트 id를 이름으로 사용했습니다만, 웹페이지 진입 시 입력한 닉네임을 사용하도록 변경해봅시다. 게이트웨이와 script.js 수정이 약간 필요합니다. 메시지를 보내는 쪽인 script.js를 먼저 수정하겠습니다.

▼ 스크립트에 닉네임 추가

```
const socket = io('http://localhost:3000/chat');
const nickname = prompt('닉네임을 입력해주세요.'); // ❶ 닉네임 입력받기

socket.on('connect', () => {
  console.log('connected');
});

function sendMessage() {
  const message = $('#message').val();
  $('#chat').append(`<div>나 : ${message}</div>`); // ❷ 내가 보낸 메시지 바로 추가
  socket.emit('message', {message, nickname}); // ❸ 메시지 보낼 때 닉네임 같이 전송
}

socket.on('message', (message) => {
  $('#chat').append(`<div>${message}</div>`);
})
```

❶ 서버 기동 후 http://localhost:3000/ 페이지 접속하면 '닉네임을 입력해주세요.'라는 메시지가 보이는 입력창이 뜹니다. 여기에 입력한 닉네임은 nickname 변수에 저장됩니다.

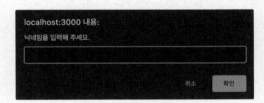

❷ 내가 작성한 메시지는 **"나 : {메시지}"**와 같은 형태로 채팅 영역에 표시합니다. 서버에 전송한 메시지는 내 화면에 표시되지 않고 다른 사람 화면에만 표시되도록 브로드캐스팅을 합니다. ❸ 닉네임을 저장했으므로 닉네임도 같이 전송합니다.

02 다음으로 게이트웨이를 수정해봅시다.

▼ 닉네임을 사용하도록 게이트웨이 코드 수정

```
import {
  WebSocketGateway,
  WebSocketServer,
```

```
  SubscribeMessage,
  MessageBody,
} from '@nestjs/websockets';

import { Server, Socket } from 'socket.io';

@WebSocketGateway({ namespace: 'chat' })
export class ChatGateway {
  @WebSocketServer() server: Server;

  @SubscribeMessage('message')
  handleMessage(socket: Socket, data: any): void {
    const { message, nickname } = data; // ❶ 메시지와 닉네임을 데이터에서 추출
    // ❷ 닉네임을 포함한 메시지 전송
    socket.broadcast.emit('message', `${nickname}: ${message}`);
  }
}
```

❶ 클라이언트 측에서 data에 nickname과 message 정보를 객체 형태로 전송했으므로 해당 데이터를 풀 때 비구조화 할당 문법을 사용해서 바로 추출해낼 수 있습니다. ❷ 데이터를 다시 클라이언트에 전송할 때 기존에는 server.emit() 함수를 사용했습니다만, server.emit()은 나를 포함한 모든 클라이언트에게 전송합니다. socket.broadcast.emit() 함수를 사용하면 전송을 요청한 클라이언트를 제외하고 다른 클라이언트들에게 데이터를 전송하므로 채팅할 때 내 메시지와 상대방 메시지를 구분하기 용이합니다.

테스트하기

npm run start:dev 명령으로 서버를 띄우고 간단하게 테스트를 해봅시다. 브라우저 3개에서 각각 http://localhost:3000/으로 접속하고 나서 닉네임을 입력하고 메시지 전송을 눌러봅니다. 내가 전송한 메시지와 상대방이 전송한 메시지가 다르게 나옵니다. 닉네임도 잘 나오면 성공입니다.

13.4.3 채팅방 생성하기

socket.io의 room 기능을 사용해 채팅방을 구현할 수 있습니다. 채팅방 생성 및 입장 기능을 만듭시다. app.gateway.ts, app.module.ts, static/index.html, static/script.js 4개의 파일을 수정해야 합니다.

To do 01 index.html부터 수정하겠습니다. 채팅방 목록을 보여주는 기능과 채팅방 추가 기능을 구현합시다. 채팅방 추가 버튼을 클릭하면 동작하는 함수는 script.js에서 작성합니다.

▼ 채팅방 리스트 영역 및 버튼 추가

```
                                        chapter13/nest-chat/static/index.html
<!DOCTYPE html>
<html>
  <head>
    <meta charset="utf-8">
    <title>Simple Nest Chat</title>
  </head>
  <body>
    <h2>Simple Nest Chat</h2>

    <div> <!-- ❶ 채팅방 목록 -->
      <h2>채팅방 목록</h2>
      <ul id="rooms"></ul>
    </div>

    <div id="chat"></div>

    <input type="text" id="message" placeholder="메시지를 입력해주세요.">
    <button onclick="sendMessage()">전송</button>
    <button onclick="createRoom()">방 만들기</button> <!-- ❷ [방 만들기] 버튼 -->

  </body>
  <script src="https://code.jquery.com/jquery-3.6.1.slim.js"></script>
  <script src="http://localhost:3000/socket.io/socket.io.js"></script>
  <script src="http://localhost:3000/script.js"></script>
</html>
```

❶ 채팅방 목록을 추가할 리스트 요소입니다. id가 rooms인 곳에 li 태그로 추가할 예정입니다.

❷ [방 만들기] 버튼입니다. 클릭 시 createRoom() 함수가 실행됩니다.

02 createRoom( ) 함수는 script.js에 추가하겠습니다.

▼ createRoom( ) 함수 및 관련 이벤트 추가

```
                                               chapter13/nest-chat/static/script.js
const socket = io('http://localhost:3000/chat');
const roomSocket = io('http://localhost:3000/room'); // ❶ 채팅방용 네임스페이스 생성
const nickname = prompt('닉네임을 입력해주세요.');
let currentRoom = '';

// ... 생략 ...

// ❷ 채팅방 생성 버튼 클릭 시 실행하는 함수
function createRoom() {
  const room = prompt('생성할 방의 이름을 입력해주세요.');
  roomSocket.emit('createRoom', { room, nickname });
}

// ❸ 클라이언트 측에서 채팅방 추가하는 함수
roomSocket.on("rooms", (data) => {
  console.log(data);
  $('#rooms').empty(); // ❹ 채팅방 갱신 시 일단 리스트를 비움
  data.forEach((room) => { // ❺ 루프를 돌면서 서버에서 준 데이터 추가
    $('#rooms').append(`<li>${room} <button onclick="joinRoom('${room}')">join</
button></li>`);
  });
});
```

❶ room이라는 채팅방용 네임스페이스를 하나 더 만들어서 채팅방용 이벤트만 처리하는 용도로 사용합니다. 서버 측에서는 게이트웨이 클래스를 하나 더 추가해야 합니다. ❷ 채팅방 생성 버튼 클릭 시 실행하는 함수입니다. 방이름을 prompt()로 받은 다음, 서버에 createRoom 이벤트로 nickname과 함께 보내줍니다. ❸ 서버에서 createRoom 이벤트 처리 후 다시 클라이언트로 데이터를 송신할 때 해당 데이터를 받아주는 이벤트 핸들러입니다. rooms라는 이름을 사용하며 data에는 채팅방의 배열이 들어 있습니다. ❹ 채팅방이 생성될 때 서버에서 리스트 값을 새로 받아오게 되므로 우선 비우고 다시 갱신합니다. ❺ 서버에서 받은 data를 순회하면서 rooms라는 id값을 가진 HTML 요소에 li 태그를 사용해 추가합니다. 채팅방 참가하는 [join] 버튼을 클릭하면 joinRoom( ) 함수를 실행합니다. 해당 함수는 다음 절에서 생성합니다.

03 클라이언트 측 코드는 여기까지입니다. 이제 서버 쪽 코드를 수정해봅시다. 게이트웨이 추가 및

추가한 게이트웨이를 프로바이더로 모듈에 등록하는 작업이 필요합니다. 게이트웨이부터 작성해봅시다.

▼ 게이트웨이에 채팅방에 기능 추가

```ts
                                        chapter13/nest-chat/src/app.gateway.ts
import {
  WebSocketGateway,
  WebSocketServer,
  SubscribeMessage,
  MessageBody,
} from '@nestjs/websockets';

import { Server, Socket } from 'socket.io';

// ... 생략 ...
@WebSocketGateway({ namespace: 'room' }) // ❶ room 네임스페이스 사용하는 게이트웨이
export class RoomGateway {
  rooms = [];

  @WebSocketServer()  // ❷ 서버 인스턴스 접근을 위한 변수 선언
  server: Server;

  @SubscribeMessage('createRoom') // ❸ createRoom 핸들러 메서드
  handleMessage(@MessageBody() data) { // ❹ 소켓 없이 데이터만 받음
    const { nickname, room } = data;
    this.rooms.push(room); // ❺ 채팅방 정보 받아서 추가
    this.server.emit('rooms', this.rooms); // ❻ rooms 이벤트로 채팅방 리스트 전송
  }
}
```

❶ room이라는 네임스페이스를 사용하는 RoomGateway 클래스를 새로 추가합니다. 내부에 빈 리스트로 초기화한 rooms라는 변수를 선언합니다. ❷ @WebSocketServer() 데코레이터는 서버 인스턴스 접근을 위해 사용합니다. server 변수를 통해 socket.io 서버 인스턴스에 접근해 서버의 메서드를 사용할 수 있습니다. 본문에서는 server.emit() 메서드를 사용합니다. ❸ 클라이언트에서 요청한 createRoom 이벤트를 처리하는 핸들러 메서드입니다. ❹ 소켓은 따로 사용하지 않으므로 data만 있습니다. 그러므로 @MessageBody() 데코레이터가 필요합니다. ❺ 클라이언트에서 받은 채팅방 정보를 미리 선언해둔 rooms 리스트에 추가합니다. ❻ 서버에서는 접속해 있는 클라이언트들에게 갱신된 채팅방 정보를 rooms 이벤트를 사용해 전송합니다.

이전에도 말씀드렸지만, 게이트웨이 클래스는 프로바이더로 등록되어야지만 사용할 수 있습니다. app.module.ts에 등록해줍니다.

▼ 모듈에 RoomGateway 설정 추가

```
                                                              chapter13/src/app.module.ts
import { Module } from '@nestjs/common';
import { AppController } from './app.controller';
import { ChatGateway, RoomGateway } from './app.gateway';
import { AppService } from './app.service';

@Module({
  imports: [],
  controllers: [AppController],
  providers: [AppService, ChatGateway, RoomGateway], // ❶ 프로바이더로 등록
})
export class AppModule {}
```

❶ RoomGateway를 프로바이더로 등록합니다.

04 이제 채팅방이 추가되는지 간단하게 테스트를 해봅시다. 닉네임을 추가할 때와 마찬가지로 서버 기동 후 브라우저로 http://localhost:3000에 접속해 테스트를 할 수 있습니다. 브라우저 여러 개를 띄워두고 닉네임을 등록해주고 [방 만들기]를 클릭해서 방을 만들어봅시다.

각각 접속해 있는 브라우저에서 채팅방이 동일하게 생성이 되면 성공입니다.

다음으로는 채팅방 생성 및 채팅방 입장 시 "ㅇㅇ님이 ㅁㅁ방을 만들었습니다.", "ㅇㅇ님이 ㅁㅁ방에 입장했습니다." 같은 메시지를 띄워주는 공지 영역을 추가해봅시다. 또한 채팅방 입장 기능도 같이 구현하겠습니다.

13.4.4 공지 영역과 채팅방 입장 구현하기

공지 영역은 html에 영역을 추가해야 합니다. 채팅방 입장은 script.js를 수정해야 하고 게이트웨이에도 핸들러 이벤트를 추가해야 합니다. 가장 할 일이 적은 index.html부터 시작해봅시다.

To do 01 index.html에는 공지 영역만 추가하면 됩니다.

▼ 공지 영역 추가

```html
                                                            chapter13/nest-chat/static/index.html
<!DOCTYPE html>
<html>
<!-- ... 생략 ... -->
    <button onclick="sendMessage()">전송</button>
    <button onclick="createRoom()">방 만들기</button>


    <div> <!-- ❶ 공지 영역 추가 -->
      <h2>공지</h2>
      <div id="notice"></div>
    </div>

    <div>
      <h2>채팅</h2>
      <div id="chat"></div>
    </div>
    <script  src="https://code.jquery.com/jquery-3.6.1.slim.js"></script>
    <script src="http://localhost:3000/socket.io/socket.io.js"></script>
    <script src="http://localhost:3000/script.js"></script>
  </body>
</html>
```

❶ 채팅 영역 위에 공지 영역을 추가합니다. 공지 영역은 notice라는 아이디를 가지고 있습니다.

02 다음으로 script.js에서는 채팅방 입장 시 실행하는 함수인 joinRoom( ) 함수를 추가로 구현하겠습니다.

▼ 채팅방 입장 및 공지 코드 추가

chapter13/nest-chat/static/script.js

```
const socket = io('http://localhost:3000/chat');
const roomSocket = io('http://localhost:3000/room');
let currentRoom = ''; // ❶ 채팅방 초깃값
// ... 생략 ...



// ❷ notice 이벤트를 받아서 처리
socket.on('notice', (data) => {
  $('#notice').append(`<div>${data.message}</div>`);
})

roomSocket.on("rooms", (data) => {
  console.log(data);
  $('#rooms').empty();
  data.forEach((room) => {
    $('#rooms').append(`<li>${room} <button onclick="joinRoom('${room}')">join</
button></li>`);
  });
});



// ❶ 방에 들어갈 때 기존에 있던 방에서는 나가기
function joinRoom(room) {
  // ❸ 서버 측의 joinRoom 이벤트를 발생시킴
  roomSocket.emit('joinRoom', { room, nickname, toLeaveRoom: currentRoom });
  currentRoom = room;  // ❹ 현재 들어 있는 방의 값을 변경
}
```

❶ 이제 채팅방에 들어가는 기능을 만들어야 하니 어떤 방에 들어 있는지에 대한 변수가 필요합니다. 초깃값은 "으로 비워놓습니다. ❷ 서버에서 chat 네임스페이스의 notice 이벤트로 요청이 오는 경우 해당 데이터를 처리합니다. 받은 데이터를 id가 notice인 HTML 요소에 추가합니다.

❸ joinRoom 함수에서는 room 네임스페이스에 joinRoom 이벤트를 발생시킵니다. 특정 방에 소속되어 있으면 반드시 나가기를 해줘야 방이 바뀌므로 입장 전에 현재 방에서 나가야 합니다. 그러므로 현재 속한 방(currentRoom)값을 나가야 하는 방(toLeaveRoom)값으로 변경해서 서버로 보내줍니다. ❹ 현재 속한 방의 값을 변경해줍니다.

03 클라이언트에서 보낸 값을 처리할 서버 측 게이트웨이 클래스를 수정해봅시다. 공지사항과 채팅방 입장 기능을 같이 구현하겠습니다.

▼ 공지 기능 및 방 생성 시 이벤트 핸들러 추가

```ts
                                        chapter13/nest-chat/src/app.gateway.ts
import {
  WebSocketGateway,
  WebSocketServer,
  SubscribeMessage,
  MessageBody,
} from '@nestjs/websockets';
import { Server, Socket } from 'socket.io';

// ... 생략 ...

@WebSocketGateway({ namespace: 'room' })
export class RoomGateway {
  // ❶ 채팅 게이트웨이 의존성 주입
  constructor(private readonly chatGateway: ChatGateway) {}
  rooms = [];

  @WebSocketServer()
  server: Server;

  @SubscribeMessage('createRoom')
  handleMessage(@MessageBody() data) {
    const { nickname, room } = data;
    // ❷ 방 생성 시 이벤트 발생시켜 클라이언트에 송신
    this.chatGateway.server.emit('notice', {
      message: `${nickname}님이 ${room}방을 만들었습니다. `,
    });
    this.rooms.push(room);
    this.server.emit('rooms', this.rooms);
  }

  @SubscribeMessage('joinRoom')    // ❸ 방입장 시 실행되는 핸들러 메서드
  handleJoinRoom(socket: Socket, data) {
    const { nickname, room, toLeaveRoom } = data;
    socket.leave(toLeaveRoom);                // ❹ 기존의 방에서 먼저 나간다
      this.chatGateway.server.emit('notice', { // ❺ 공지 이벤트 발생
        message: `${nickname}님이 ${room}방에 입장했습니다. `,
```

```
      });
    socket.join(room);              // ❻ 새로운 방에 입장
  }
}
```

❶ 게이트웨이는 프로바이더입니다. 즉 다른 곳에 의존성을 주입해 사용할 수 있습니다. 이는 게이트웨이 클래스 간에도 동일하게 적용할 수 있습니다. 이미 만들어둔 ChatGateway를 RoomGateway에 의존성 주입해 사용할 수 있게 했습니다. ChatGateway의 인스턴스는 공지를 처리하는 데 사용합니다. ❷ 방 생성 시 기존에는 방의 데이터만 추가되었습니다만, 이제 공지 영역에 데이터를 나태내는 기능을 추가했습니다. **${nickname}님이 ${room}방을 만들었습니다.**라는 내용이 나오게 됩니다.

❸ handleJoinRoom() 메서드는 joinRoom 이벤트를 처리하는 이벤트 핸들러 메서드입니다.

❹ 데이터로 닉네임(nickname), 입장할 방(room), 퇴장할 방(toLeaveRoom) 정보를 받습니다. 기존의 방에서 나가야만 다른 방에 입장이 가능하므로 다른 방에 입장 시 먼저 나가는 함수를 실행합니다. 채팅방에 입장하는 법은 socket.join(채팅방)을 사용하면 되며, 나가는 방법은 socket.leave(채팅방)을 사용하면 됩니다. ❺ 채팅방 입장 시 ChatGateway를 사용해 공지를 날려줍니다. ❻ 새로운 방에 들어가줍니다.

테스트하기

To do 01 npm run start:dev를 실행해 서버를 기동시키고 3개의 웹브라우저에서 localhost:3000에 접속해 공지 기능과 채팅방 입장 기능이 잘 동작하는지 테스트를 해봅시다. 다음은 채팅방 생성 시의 입력 화면입니다.

입력 후 확인을 누르면 다음과 같이 3개의 브라우저에 공지사항이 나오게 됩니다.

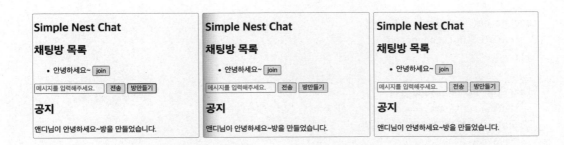

02 다음으로 각 브라우저에서 만든 채팅방의 [join] 버튼을 눌러서 채팅방에 들어가보겠습니다.

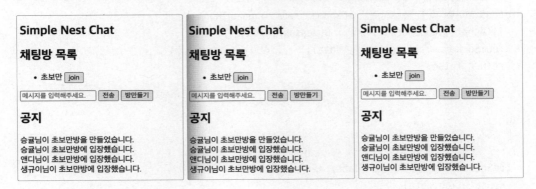

채팅방 입장 시에도 공지가 잘 나오고 있습니다.

이제 채팅 애플리케이션의 마지막 기능인 채팅방에서 대화 나누기 기능만 남았습니다. 마지막까지 힘내서 작성을 해봅시다!

13.4.5 채팅방에서 대화 나누기 구현하기

`To do` **01** 채팅방에서 대화 나누기는 기존의 [전송] 버튼 클릭 시의 동작을 변경해야 합니다. [전송] 버튼 클릭 시에 채팅방으로 메시지가 가도록 script.js 파일과 RoomGateway에 핸들러 함수를 추가해야 합니다. 바로 추가하겠습니다.

▼ 채팅방에서 메시지 전송시 동작 수정

chapter13/nest-chat/static/script.js

```javascript
const socket = io('http://localhost:3000/chat');
const roomSocket = io('http://localhost:3000/room');
const nickname = prompt('닉네임을 입력해주세요.');
let currentRoom = '';
```

```javascript
socket.on('connect', () => {
  console.log('connected');
});

function sendMessage() {
  if (currentRoom === '') { // ❶ 선택된 방이 없으면 에러
    alert('방을 선택해주세요.');
    return;
  }
  const message = $('#message').val();
  const data = { message, nickname, room: currentRoom };
  $('#chat').append(`<div>나 : ${message}</div>`);
  roomSocket.emit('message', data);     // ❷ RoomGateway로 메시지를 보내기
  return false;
}

// ... 생략 ...

// ❸ 채팅방 내에서 대화를 나눌 때 사용하는 이벤트
roomSocket.on('message', (data) => {
  console.log(data);
  $('#chat').append(`<div>${data.message}</div>`);
});

roomSocket.on("rooms", (data) => {
  console.log(data);
  $('#rooms').empty();
  data.forEach((room) => {
    $('#rooms').append(`<li>${room} <button onclick="joinRoom('${room}')">join</
button></li>`);
  });
});

function joinRoom(room) {
  roomSocket.emit('joinRoom', { room, nickname, toLeaveRoom: currentRoom });
  $('#chat').html(''); // ❹ 채팅방 이동 시 기존 메시지 삭제
  currentRoom = room;
}
```

채팅을 위해 [전송] 버튼을 누를 때 ❶ 채팅방을 선택된 상태가 아니면 대화를 할 수 없도록 수정합니다. ❷ 채팅방용 이벤트를 사용하기 위해 roomSocket.emit()을 사용해 RoomGateway로 메시지를 전달합니다. ❸ RoomGateway에서 발생한 message 이벤트를 처리하는 핸들러 함수입니다. 채팅 영역에 메시지를 추가합니다. ❹ 기존 채팅방 입장 시 사용하는 함수에 채팅방 입장 시 기존의 채팅을 모두 삭제하도록 수정했습니다.

클라이언트 부분은 이 정도면 충분합니다.

02 서버 쪽의 게이트웨이 코드를 수정해봅시다.

▼ 작성자 이외의 사람에게 메시지를 전송하도록 게이트웨이 수정

```ts
// ... 생략 ...                                    chapter13/nest-chat/src/app.gateway.ts

@WebSocketGateway({ namespace: 'room' })
export class RoomGateway {
  constructor(private readonly chatGateway: ChatGateway) {}

// ... 생략 ...
// ❶ RoomGateway로 message 이벤트가 오면 처리
  @SubscribeMessage('message')
  handleMessageToRoom(socket: Socket, data) {
    const { nickname, room, message } = data;
    console.log(data);
    socket.broadcast.to(room).emit('message', {  // ❷ 나 이외의 사람에게 데이터 전송
      message: `${nickname}: ${message}`,
    });
  }
}
```

❶ 클라이언트에서 RoomGateway로 message 이벤트를 보내는 이벤트 핸들러 메서드입니다. ❷ socket(socket.io의 인스턴스)에서 **socket.broadcast.to(방이름).emit(이벤트명, 보내는 메시지)**를 사용해 지정한 채팅방으로 메시지를 나 이외의 사람에게 브로드캐스팅합니다.

13.4.6 테스트하기

여기까지 채팅방에서 대화 나누기를 완성해보았습니다. 테스트를 진행해봅시다.

To do 01 npm run start:dev로 서버를 기동시키고 브라우저 3개를 띄워 클라이언트 쪽을 준비해봅시다.

02 각각 적절한 닉네임을 설정해주시고 입력창에 메시지를 입력 후 [전송] 버튼을 눌러주세요. '방을 선택해주세요'라는 얼럿창이 뜹니다.

03 채팅방을 하나 만들어서 모든 클라이언트가 입장해봅시다.

04 메시지를 전송해 잘 전송되는지 확인합니다.

05 방을 새로 만들고 앞의 두 명의 클라이언트만 방을 옮기고, 방을 옮긴 두 클라이언트만 대화를 해봅시다. 채팅 내역이 마지막 클라이언트는 변경되지 않는 것을 볼 수 있습니다.

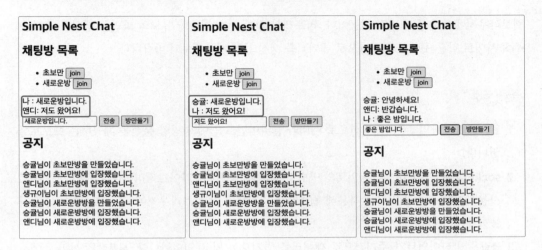

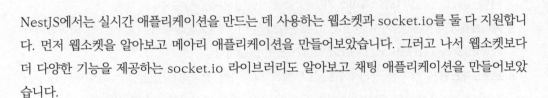

학습 마무리

NestJS에서는 실시간 애플리케이션을 만드는 데 사용하는 웹소켓과 socket.io를 둘 다 지원합니다. 먼저 웹소켓을 알아보고 메아리 애플리케이션을 만들어보았습니다. 그러고 나서 웹소켓보다 더 다양한 기능을 제공하는 socket.io 라이브러리도 알아보고 채팅 애플리케이션을 만들어보았습니다.

성능이 중요하다면 웹소켓을 사용하는 것이 좋습니다. 다만 커넥션이 끊어지는 경우 메시지의 처리는 알아서 구현해야 하는 점이 조금 불편할 수 있습니다.

웹소켓은 프로토콜입니다만, 데이터에 관련해서는 아무것도 정해둔 게 없어서 채팅 같은 정형화된 애플리케이션을 만드는 때 사용하는 하위 프로토콜들이 있습니다. 대표적으로 STOMP 프로토콜[5]이 있습니다. STOMP 프로토콜은 클라이언트/서버 간 전송할 메시지의 유형, 형식, 내용을 정의한 프로토콜로 텍스트 메시지 전송 기능 구현 시 많이 사용합니다. NestJS에서는 공식적으로 지원

---

5 https://stomp.github.io/

하지 않지만, 다른 언어의 라이브러리에서는 지원을 하는 경우가 많습니다. NestJS도 사용자가 더욱 늘어나면 공식적으로 지원할 것이라고 생각합니다.

웹브라우저에서의 동시 편집 기능이나, 리프레시 없이 현재 접속한 유저의 화면을 갱신하는 기능, 주식 사이트 같은 곳에서 실시간으로 데이터를 갱신 등에 사용해보기 바랍니다.

핵심 용어

1 **웹소켓**은 하나의 TCP 커넥션으로 서버와 클라이언트 간에 양방향 통신을 제공하는 프로토콜입니다.

2 **socket.io**는 서버와 클라이언트의 양방향 통신을 제공하는 라이브러리입니다. 웹소켓을 주로 사용하지만 롱폴링 방식을 사용해 웹소켓을 지원하지 않는 브라우저에서도 양방향 통신을 가능하게 해줍니다.

3 **폴링**은 클라이언트가 주기적으로 데이터를 가져오는 것을 의미합니다. **롱폴링**은 서버 측에서 즉시 응답을 주지 않고 기다리다가 응답을 주거나 타임아웃 시에 응답을 줍니다. 서버의 응답을 받은 클라이언트가 즉시 다시 서버에 요청을 보내는 방식입니다.

4 **멀티플렉싱**은 커넥션 하나를 논리적으로 나누어서 데이터를 원하는 채널에만 전송하는 기법입니다. socket.io의 **네임스페이스** 기능이 같은 기능입니다.

5 **게이트웨이**는 NestJS에서 웹소켓으로 전송되는 이벤트를 핸들링하는 클래스를 의미합니다. @WebStocketGateay() 데코레이터가 붙어 있습니다.

6 **브로드캐스팅**은 접속한 클라이언트 모두에게 메시지를 전송하는 것을 의미합니다. socket. broadcast() 메서드에서는 나 이외의 클라이언트에게 메시지를 전송합니다.

추가로 알아보기

1 **STOMP 프로토콜** : http://stomp.github.io/

2 **서버 푸시** : https://ko.wikipedia.org/wiki/푸시_기법

3 NestJS의 **websocket 게이트웨이** : https://docs.nestjs.com/websockets/gateways

1 하나의 TCP 커넥션으로 서버와 클라이언트 간에 양방향 통신을 할 수 있게 한 프로토콜은 무엇일까요?

2 오래된 브라우저는 웹소켓을 지원하지 않습니다. 다음 중 오래된 브라우저에서 양방향 통신을 지원하기 위한 방법을 모두 고르세요.

    ❶ 폴링   ❷ 롱폴링   ❸ socket.io   ❹ lambda

3 웹소켓 사용 시 HTTP 1.1 이상을 사용해야 합니다. 이유가 무엇일까요?

4 NestJS에서 웹소켓을 사용한 통신의 컨트롤러 역할을 하는 클래스를 무엇이라 부를까요?

5 커넥션 하나를 논리적으로 나누어서 데이터를 원하는 채널에만 전송하는 기법을 무엇이라고 부를까요? socket.io에서는 네임스페이스와 같은 기능입니다.

---

1 **정답** 웹소켓
2 **정답** ❶ 폴링 ❷ 롱폴링 ❸ socket.io입니다. socket.io는 웹소켓도 지원하므로 웹소켓과 오래된 브라우저를 동시에 지원해야 하는 경우는 socket.io 같은 라이브러리를 사용하는 것이 좋습니다.
3 **정답** 웹소켓은 클라이언트와 서버 간 연결을 계속해서 유지해야 합니다. HTTP 1.1 이상부터 연결을 유지하는 기능이 있으므로 HTTP 1.1 버전 이상을 사용해야 합니다.
4 **정답** NestJS에서는 웹소켓 연결 시 컨트롤러 역할을 하는 클래스를 '게이트 웨이'라고 부릅니다.
5 **정답** 멀티 플렉싱

타입스크립트 입문부터 고급 기능까지

A.1 타입스크립트 소개

타입스크립트는 자바스크립트로 컴파일되는[1] 언어입니다. 자바스크립트는 컴파일되는 프로그램이 아니기 때문에 프로그램 실행 시에 에러가 났을 때야 비로소 잘못된 것을 알 수 있습니다. 또한 갈수록 대규모 서비스와 제품이 증가하고 있습니다. 타입스크립트는 자바스크립트에 타입을 부여했으며 기존 자바스크립트가 안고 있던 결점을 채워주어 '자바스크립트의 미래'로 추앙받고 있습니다.

타입스크립트는 자바스크립트에 타입을 추가한 언어입니다. 타입을 검사하는 정적 타입 검사기이면서, 타입스크립트의 컴파일의 결과가 자바스크립트로 컴파일되는 언어이기도 합니다. 확장자로는 .ts를 사용합니다.

타입스크립트는 마이크로소프트가 개발했으며 2012년에 0.8 버전을 오픈 소스로 공개했습니다. 공개 당시에는 지원하는 IDE가 적어서 언어가 성숙되지 못했다는 비판을 듣기도 했습니다만, 2023년 현재 거의 대부분의 텍스트 에디터에서 지원을 하며, 수많은 자바스크립트 관련 프로그램들이 타입스크립트 기반으로 작성되고 있습니다.

타입스크립트는 타입 선언에 자유를 준 자바스크립트와는 정반대로 강 타입 언어입니다. 언어에는 동적 타입, 약 타입, 강 타입 언어가 있습니다. 동적 타입은 자바스크립트처럼 타입을 지정하지 않고 인터프리터가 타입을 유추하는 언어입니다. 약 타입 언어는 비슷한 타입 간에는 자동으로 변환하는 언어를 의미합니다. 자바가 대표적인 약 타입 언어입니다. 예를 들어 float형 변수에 int 변수를 할당하는 경우 (float a = 1;) 컴파일 에러가 나지 않고, 컴파일러가 내부적으로 float로 변경해서 넣어줍니다. 강 타입 언어는 타입이 같지 않다면 컴파일 에러를 냅니다.

---

1 엄밀하게 말하면 타입스크립트를 자바스크립트로 변환하므로 트랜스파일한다가 더 정확합니다.

먼저 타입스크립트를 사용했을 때 이점(A.1.1절)을 알아보고 나서 플레이그라운드에서 실행하기(A.1.2절), 노드 런타임에서 실행하기(A.1.3절), ts-node에서 실행하기(A.1.4절)를 순서대로 알아보겠습니다. 부록은 타입스크립트 문법을 익히는 목적이므로 세 방법 중에 원하는 방법 한 가지로 A.2절 '타입스크립트 기초'부터 실습하면 됩니다.

A.1.1 타입스크립트의 이점

자바스크립트에 타입을 추가한 타입스크립트에는 어떤 이점이 있을까요? 최소 두 가지의 이점이 있습니다. 첫 번째는 컴파일 시점에 에러를 확인할 수 있다는 겁니다. 두 번째는 타입이 있기 때문에 개발 툴에서 개발자에게 상대적으로 더 많은 도움을 줄 수 있다는 겁니다. 대표적으로 코드 자동 완성 기능이 있습니다.

입력받은 두 수의 합을 반환하는 자바스크립트 코드가 있다고 해봅시다.

```
// 자바스크립트
function add(a, b) {
  return a + b;
}
```

자바스크립트는 함수 정의 시 매개변수에 타입을 주지 않기 때문에 a, b에 들어가는 값이 숫자인지 문자열인지 알 수가 없습니다. 다음과 같이 매개변수에 숫자를 넣어도 문자를 넣어도 값이 나옵니다. 간단한 함수이지만 사람에 따라 의도와는 다르게 사용할 수 있습니다.

```
add(1, 2) // 3
add('1', '2') // 12
```

같은 함수를 타입스크립트로 만들겠습니다. 함수의 매개변수에서 콜론 왼쪽이 변수명이고, 오른쪽이 타입입니다. number는 숫자 타입을 의미합니다.

```
function add(a: number, b:number) {
  return a + b;
}
```

```
add(3, 5); // 8
add('3', '5') // 컴파일 에러
```

타입스크립트로 만든 함수는 실행 전에 컴파일 에러가 납니다. 코드 작성 시에 IDE에서 함수 정의와 함수 매개변수의 타입도 모두 알고 있기 때문에 코드 자동 완성, 기존에 만들어둔 함수 정의로 이동하기 같은 기능의 지원을 받을 수 있습니다.

A.1.2 플레이그라운드에서 실행하기

타입스크립트 공식 웹사이트에서는 웹브라우저에서 타입스크립트 작성 및 실행을 할 수 있는 플레이그라운드(https://www.typescriptlang.org/play)를 제공합니다. IDE에서 제공하는 기능인 편집 가이드도 동일하게 제공합니다. 플레이그라운드로 가서서 기본으로 제공되는 hello world 기반으로 사용법과 타입스크립트에서의 타입을 알아보겠습니다.

To do **01** 플레이그라운드에 접속합니다. ❶ 샘플 코드가 보입니다. ❷ [Run] 버튼을 클릭해 실행해봅니다. ❸ [logs]탭을 클릭하면 ❹ 출력된 문자열 "hello world"를 확인할 수 있습니다.

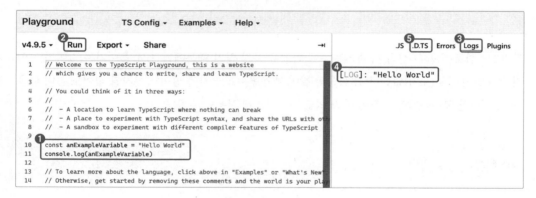

❺ [.D.TS]는 선언한 변수를 보여줍니다(컴파일 과정에서 생성되는 파일입니다). [.D.TS]를 클릭해보세요. 그러면 다음과 같은 출력이 보입니다.

```
declare const anExampleVariable = "Hello World";
```

anExampleVariable 변수의 타입이 지정되지 않았음을 쉽게 확인할 수 있습니다. 이렇게

[.D.TS] 기능을 이용하면 쉽게 타입이 지정되지 않은 변수를 찾아 타입을 지정해 혹시 모를 잘 못된 사용을 방지할 수 있습니다.

02 그럼 다음과 같이 변수를 string 타입으로 지정하는 코드를 작성해봅시다.

```
const message: string = "Hello World"; // 문자열 변수에 Hello World값 넣기
console.log(`[${typeof(message)}] ${message.toUpperCase()}`); // 로그 출력
```

message는 string 타입 변수입니다. [.JS]탭을 눌러보세요. 그러면 string이라는 변수 타입이 코드에서 사라진 것을 확인할 수 있습니다.

```
        .JS  .D.TS  Errors  Logs  Plugins
"use strict";
const message = "Hello World";
console.log(`[${typeof (message)}] ${message.toUpperCase()}`);
```

이번에는 [.D.TS]탭을 눌러보세요. 변수에 타입이 추가되어 message 변수의 타입 정의만 보입니다.

```
        .JS  .D.TS  Errors  Logs  Plugins
declare const message: string;
```

03 문자열 타입인 message에 숫자를 넣어서 강제로 컴파일 에러를 내봅시다.

```
const message: string =  1;
console.log(`[${typeof(message)}] ${message.toUpperCase()}`);
```

실행하지 않았는데도 [Errors]에 문자열에 숫자를 넣으면 안 된다고 에러가 뜹니다.

```
        .JS  .D.TS  Errors[1] Logs  Plugins

Errors in code

  Type 'number' is not assignable to type 'string'.
```

이로써 기본 사용법 안내를 마쳤습니다. 그 외 기능은 한 번씩 눌러보면서 확인해보기 바랍니다.

A.1.3 노드 런타임에서 실행하기

타입스크립트 개발 환경을 구축하려면 Node.js가 먼저 설치되어 있어야 합니다. Node.js 설치는 0장 '개발 환경 구축하기'에서 각 OS별로 안내합니다. 여기서는 Node.js를 설치했다고 가정하고 진행하겠습니다. 터미널을 켜서 npm으로 타입스크립트를 전역으로 설치해줍시다.

참고로 노드 설치 후에 NestJS를 설치하면 NestJS에서 타입스크립트 컴파일도 환경도 알아서 지원해줍니다. 그런데 지금은 타입스크립트 코드만 단독으로 실행시켜야 하므로 타입스크립트 컴파일 환경을 구축하는 겁니다. 타입스크립트 플레이그라운드를 사용해도 여기서 사용하는 모든 예제 코드의 동작을 확인할 수 있습니다. 플레이그라운드를 사용할 분은 A.2절 '타입스크립트 기초'로 건너뛰어주세요.

To do 01 타입스크립트 4.9.5 버전 환경을 명시해 설치합니다. 최신 버전을 설치하고 싶다면 **npm install -g typescript**를 실행하면 됩니다.

```
$ npm install -g typescript@4.9.5
```

tsc의 버전을 확인하는 명령으로 tsc가 잘 실행되는지 확인해봅시다.

```
$ tsc --version
Version 4.9.5
```

02 타입스크립트를 실행할 폴더를 생성하고 tsconfig.json(타입스크립트 설정 파일)을 생성해봅시다.

```
$ mkdir appendix-typescript
$ cd appendix-typescript
$ tsc --init
Created a new tsconfig.json with:
  target: es2016
  module: commonjs
  strict: true
  esModuleInterop: true
  skipLibCheck: true
  forceConsistentCasingInFileNames: true
```

```
You can learn more at https://aka.ms/tsconfig
```

생성된 tsconfig.json에는 많은 옵션이 있습니다. 그중 target 옵션만 다음과 같이 변경합시다. 기본 타입 중 bigInt는 ES2020 버전 이상에서 제공하기 때문입니다.

appendix-typescript/tsconfig.json
```
// ... 생략 ...
"target": "es2020" // 자바스크립트 언어 버전 지정
// ... 생략 ...
```

tsconfig.json의 옵션은 이 책에서 설명하기에는 분량이 부족합니다. 궁금한 독자는 https://aka.ms/tsconfig를 참고해주세요.

03 이전에 만든 타입이 있는 변수 코드를 다음과 같이 수정해봅시다.

appendix-typescript/hello-typescript.ts
```
const message: string = "Hello World";
console.log(message);
```

04 tsc 명령어로 타입스크립트를 자바스크립트로 컴파일할 수 있습니다. 터미널에서 tsc 명령을 실행해 컴파일을 해봅시다.

```
$ tsc hello-typescript.ts
```

에러가 없다면 같은 폴더에 hello-typescript.js가 생성될 겁니다.

▼ appendix-typescript/hello-typescript.js
```
var message = "Hello World";
console.log(message);
```

05 이제 Node.js로 실행해봅시다.

```
$ node hello-typescript.js
Hello World
```

축하합니다. 타입스크립트를 설치하고, 타입스크립트 환경을 설정하고, 타입스크립트를 자바스크

립트로 컴파일한 다음 컴파일된 자바스크립트를 node 런타임 위에서 실행했습니다. 타입스크립트로 만드는 프로젝트들은 모두 이런 식으로 실행이 됩니다.

A.1.4 ts-node를 사용해 실행하기

앞에서 ts 파일을 js 파일로 컴파일해 노드로 실행했습니다. 이번에는 컴파일 과정 없이 바로 실행하는 방법을 알아봅시다. ts-node 패키지를 설치 후 ts-node를 사용해서 실행하면 됩니다.

`To do` **01** ts-node 패키지를 설치합니다.

```
$ npm install -g ts-node
```

02 설치가 잘되었다면 터미널에서 ts-node를 사용해 ts 파일을 실행해봅니다.

```
$ ts-node hello-typescript.ts
Hello World
```

지금까지 3가지로 타입스크립트를 실행하는 방법을 알아보았습니다. 앞으로 나오는 코드들은 본인이 원하는 방법을 사용해 실행하면 됩니다.

`Note` ts-node도 내부적으로는 타입스크립트를 자바스크립트로 변환 후 실행합니다.

A.2 타입스크립트 기초

타입스크립트의 기초 문법을 빠르게 훑어봅시다. 타입이 있다는 것을 제외하면 자바스크립트와 크게 다른 점은 없습니다.

A.2.1 변수 선언

var, let, const 3가지 키워드로 변수를 선언할 수 있습니다. var는 스코프 규칙[2]이 다른 언어와는 다릅니다. 다음의 코드를 한번 보시겠습니다.

---

2 변수 접근 범위를 의미합니다.

```
function foo() {
  if (true) {
    var a = 10;
  }
  return a;
}


console.log(foo());

// 결과
// 10
```

이상한 점을 눈치 채셨나요? if문 블록 안에서 변수 a를 선언하는데 블록 밖에서 리턴을 했고, 놀랍게도 원하는 결과가 콘솔에 출력되었습니다. 이처럼 var는 함수 영역 내의 어디서든 접근할 수 있습니다. 그래서 다른 언어를 배운 사람들이 자바스크립트를 처음 사용할 때 실수를 할 여지가 많습니다. 이때문에 최근에는 let과 const를 주로 사용합니다. 방금 작성한 코드에서 var을 let으로 변경하겠습니다.

```
function bar() {
  if (true) {
    let a = 10;
  }
  return a;
}

console.log(bar());  // 변수 a가 없는 에러 발생
```

실행 시 다음과 같이 a 변수가 선언되지 않았다고 나옵니다. if문의 블록을 벗어나면 a에 접근을 할 수가 없는 것이죠. let은 블록 (중괄호로 감싼 부분) 스코프로 동작합니다.

같은 스코프를 갖는 const 키워드도 있습니다. 그렇다면 let과 const의 차이점은 무엇일까요? let은 변수의 값을 변경할 수 있습니다. const는 변수의 값을 변경할 수 없습니다. 코드로 살펴봅시다.

▼ let으로 선언 시 변숫값 재할당

```
// let은 변숫값 재할당 가능
let a = 10;
a += 1;
console.log(a);     // 11 출력
```

▼ const로 선언 시 변숫값 재할당

```
// const는 변숫값 재할당 불가
const b = 10;
b += 1;     // 에러 출력
console.log(b);
```

const에 값을 재할당할 수 없다고 해서, 불변[3]이라고 생각하면 안 됩니다. const로 할당한 변수에서 변경할 수 없는 것은 해당 변수의 메모리 주소 값(레퍼런스)입니다. const에 배열이나 객체 등을 할당하면 값을 변경할 수 있습니다.

A.2.2 타입 애너테이션

타입 애너테이션type annotations은 말 그대로 타입을 명시하는 방법을 의미합니다. 자료형에 타입을 표기하는 방법을 변수 타입, 함수에서 매개변수와 결괏값 타입, 객체object 타입 순서로 알아보겠습니다. 먼저 기본적인 자료형 중 하나인 숫자, 문자열, 불리언 타입 변수를 정의하는 방법을 알아보겠습니다. var, let, const 이후에 **<변수명> : <타입>** 형식으로 변수를 선언합니다.

```
                                            appendix-typescript/type-annotation.ts
let username: string = "seungkyoo";     // 문자열
let height: number = 179;               // 숫자
let isConditionGood: boolean = true;    // 불리언
```

다음으로 함수에 타입을 선언하는 방법을 알아보겠습니다. 함수에 타입을 지정하는 곳은 기본적으로는 매개변수 부분과 결괏값 부분입니다. 매개변수는 **<변수명> : <타입>** 형식으로 타입을 지정했습니다. 반환값은 매개변수 뒤에 **: <타입>** 형식으로 지정합니다.

```
function printMessage(message : string): void {

    console.log(message);     파라미터의
                              타입 표기
}
```

결괏값의 타입 표기

---

3 변수에 값을 할당할 때, 해당 변수는 값의 메모리 주소를 바라보고 있습니다. let은 값의 메모리 주소를 변경할 수 있지만, const는 변경할 수 없습니다. 변하지 않는 것은 값이 아니라 실제 값을 저장하고 있는 주솟값입니다.

마지막으로 객체에서 타입 선언도 살펴봅시다. 객체 타입은 하나 이상의 타입이 섞여 있을 수 있습니다. myInfo라는 변수에 이름(name), 키(height), 컨디션 양호 유무(isConditionGood)를 할당하는 코드를 예시로 살펴보겠습니다.

```
         변수명                              ❶ 타입 선언부
let myInfo : { name: string; height: number; isConditionGood: boolean } =

{
  name: "seungkyoo",
  height: 179,                ── ❷ 객체
  isConditionGood: true,
};
```

객체의 ❶ 타입 선언부와 ❷ 객체에 값을 대입하는 코드입니다. 둘 다 중괄호로 감싼 JSON 형식입니다. 비교하기 편하도록 표로 확인해봅시다.

▼ myInfo 객체가 가지고 있는 변수의 타입 정보

변수명	name	height	isConditionGood
타입	string	number	boolean
값	"seungkyoo"	179	true

만약에 myInfo에 성별도 넣고 싶은데, 필수가 아닌 값으로 정의하는 것이 가능할까요? 네 가능합니다. 변수명 뒤에 ?를 붙여서 선택적 속성optional property으로 만들 수 있습니다.

appendix-typescript/type-annotation.ts

```
let myInfoWithGender: {
  name: string;
  height: number;
  isConditionGood: boolean;
  gender?: string;  // 선택적 속성
} = {
  name: "seungkyoo",
  height: 179,
  isConditionGood: true,
};
```

myInfoWithGender 변수의 타입 표기에는 gender가 선택적 속성으로 들어 있기 때문에 값을 할당할 때 넣어주지 않아도 문제가 없습니다. 선택적 속성은 함수의 매개변수를 정의할 때도 가능합니다.

appendix-typescript/type-annotation.ts

```
// isCritical값은 옵션
function printMessageWithAlert(message: string, isCritical?: boolean): void {
  console.log(message);

  if (isCritical) {
    alert(message);
  }
}
```

A.2.3 기본 타입 7종

타입스크립트가 제공하는 다양한 타입을 알아보겠습니다. 타입(자료형)은 변수가 어떤 형식의 값을 갖는지 나타냅니다. 타입스크립트는 7가지 기본 자료형을 가지고 있습니다.

- **null** : null은 의도적으로 값이 없음을 나타낼 때 사용합니다.
- **undefined** : undefined는 변수에 값이 할당되지 않은 경우를 뜻합니다. 즉 의도하지 않은 값의 부재를 의미합니다.
- **boolean** : true와 false 두 가지 값을 가지고 있는 타입입니다.
- **string** : "타입스크립트" 같은 문자열을 의미합니다.
- **number** : 이름처럼 숫자를 의미합니다. 숫자는 123과 같은 정수, 1.23 같은 부동소수점, 16진수, 8진수도 숫자 타입입니다.
- **bigint** : 매우 큰 숫자도 할당할 수 있는 타입입니다. 숫자 뒤에 n을 붙여서 123n으로 표시합니다.
- **symbol** : 불변이면서 유니크한 값을 표현하는 자료형입니다.

코드로도 살펴보겠습니다.

appendix-typescript/primitive-types.ts

```
const one: number = 1;                    // 숫자 타입
```

```
const myName: string = "seungkyoo";        // 문자열 타입
const trueOrFalse: boolean = true;         // boolean 타입
const unIntended: undefined = undefined;   // undefined 타입
const nullable: null = null;               // null 타입
const bigNumber: bigint = 12345678901234567890123456789012345678901234567890n; // bigint 타입
const symbolValue: symbol = Symbol("symbol"); // symbol 타입

console.log(one + 1); // 2
console.log(myName + " is my name");       // seungkyoo is my name
console.log(trueOrFalse ? "true" : "false");  // true
console.log(bigNumber / 10000000000000000n);   // 1234567890123456789012345n

// 모든 값이 유일하므로 같은 값을 넣어도 false
console.log(symbolValue === Symbol("symbol"));
```

타입이 지정되어 있다는 것 이외에는 자바스크립트와 차이가 나지는 않습니다. 여기서는 7가지 기본 타입이 있다 정도만 이해하면 됩니다. 소문자로만 되어 있는 number, string 등의 타입 외에 대문자로 시작하는 Number, String 등의 타입도 있습니다만, 해당 타입은 기본 타입이 아닙니다.

각 타입별로 사용할 수 있는 메서드는 VSCode 등의 편집기를 이용하면 손쉽게 알 수 있습니다. 변수명 다음에 . 기호를 찍으면 사용 가능한 메서드가 다음 그림과 같이 나옵니다. 이를 활용하면 실수가 적어지고, 개발 생산성도 올라갑니다.

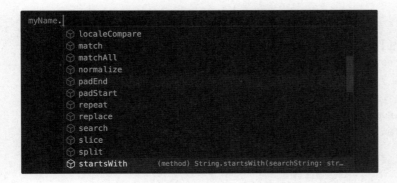

다음 그림은 타입스크립트 타입 계층도입니다. 기본 타입은 굵은 글씨로 표시해두었습니다. 최상위에 unknown이 있으며 그 아래에 any가 있습니다. 다른 절에서 알아보겠지만, 다른 타입들이 any의 하위에 있기 때문에 타입을 알 수 없는 경우 any를 사용하면 타입 검사를 통과합니다.

▼ 타입스크립트 타입 계층도[4]

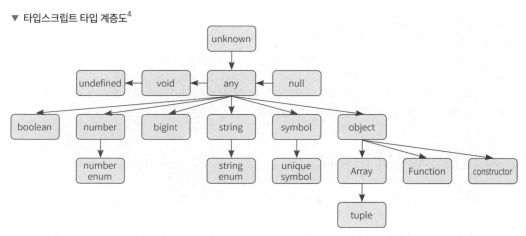

기본 타입 7종을 알아보았으니 조금 더 복잡한 타입들을 알아봅시다. 기본 타입 다음으로 가장 많이 쓰게 될 타입은 배열과 튜플, 객체 타입입니다. 객체는 이미 A.2.2절 '타입 애너테이션'에서 알아보았으니 배열과 튜플을 알아보고 다음으로 any, void. never를 알아봅시다.

A.2.4 배열과 튜플

데이터 여러 개를 넣는다는 면에서 배열과 튜플은 비슷합니다. 크기가 배열은 고정이 아니며, 튜플은 고정이라는 점이 다릅니다. 이에 배열은 각 원소의 타입을 정의하고, 튜플은 원소 개수 만큼 타입을 정의해야 합니다. 배열 코드부터 살펴보겠습니다.

```
appendix-typescript/array-and-tuple.ts
const numbers: number[] = [1, 2, 3, 4, 5];              // ❶ 숫자 배열
const stringArray: Array<string> = ["a", "b", "c", "d", "e"]; // ❷ 문자열 원소

// ❸ 스프레드 연산자로 합치기 가능
const oneToTen = [...numbers, ...numbers2];
console.log(...oneToTen);

// ❹ 객체의 배열 타입
const idols: { name: string; birth: number }[] = [
  { name: "minji", birth: 2004 },
```

---

4 타입 계층도 참고 https://objectcomputing.com/resources/publications/sett/typescript-the-good-parts

```
  { name: "hani", birth: 2004 },
  { name: "danielle", birth: 2005 },
  { name: "haerin", birth: 2006 },
  { name: "hyein", birth: 2008 },
];

// ❺ 배열의 원소가 객체인 타입
const gameConsoleArray: Array<{ name: string; launch: number }> = [
  { name: "플레이스테이션5", launch: 2020 },
  { name: "엑스박스 시리즈 X/S", launch: 2020 },
  { name: "닌텐도 스위치", launch: 2017 },
  { name: "스팀덱", launch: 2021 },
];
```

배열은 두 가지 방법으로 정의가 가능합니다. ❶ 첫 번째로는 number[ ]와 같이 자료형 뒤에 대괄호를 써주는 겁니다. number는 숫자이고 [ ]는 배열을 뜻하므로 '숫자 배열'로 해석하면 됩니다. ❷ 두 번째는 Array를 쓰고 〈 〉 기호 안에 타입을 적어주는 방식입니다. Array는 배열을 뜻하고 〈 〉 기호는 제네릭(A.4.1절 '제네릭 함수' 참조)을 표현할 때 사용합니다. 제네릭은 **클래스<타입>** 형식으로 씁니다. 즉 Array〈string〉은 '배열 내에 있는 원소들의 타입은 문자열이다.'로 해석하면 되겠습니다. ❸ 배열은 자바스크립트에서와 마찬가지로 스프레드 연산자로 합칠 수 있습니다. ❹ 객체를 배열에 넣어야 하는 경우도 있습니다. 이 경우도 **타입[ ]** 또는 **Array<타입>**으로 정의할 수 있습니다. ❹에서는 { name: string, birth: number } 객체 타입의 배열로 선언했습니다. ❺ **Array<타입>**의 경우도 Array〈{name: string, launch: number }〉으로 Array 뒤 〈 〉 기호에 제네릭 표기법으로 넣었습니다.

다음으로 튜플을 알아보겠습니다. 튜플은 리스트와 비슷하지만 원소 개수가 고정되어 있는 점이 다릅니다. 반환되는 개수가 정해져 있는 곳(예를 들어 여러 개의 값을 동시에 반환하는 함수)에서 사용하면 좋습니다.

```
// ❶ 튜플은 원소 개수만큼 타입 정의가 필요
const myTuple: [string, number] = ["seungkyoo", 179];

// ❷ 튜플은 함수의 매개변수가 여러 개 일 때 유용
function printMyInfo(label: string, info: [string, number]): void {
  console.log(`[${label}]`, ...info);
```

```
}

// 결괏값 : [튜플 테스트] seungkyoo 179
printMyInfo("튜플 테스트", myTuple);

// 튜플을 반환하는 함수
function fetchUser(): [string, number] {
  return ["seungkyoo", 179];
}

// ❸ 결괏값을 분해해서 받을 수 있음
const [name24, height24] = fetchUser();
console.log(name24, height24);
```

❶ 튜플은 원소 개수가 고정입니다. 그러므로 원소 개수만큼 타입을 지정해줘야 합니다. 대괄호 안에 콤마로 구분해 타입을 지정하면 됩니다. 첫 번째 원소는 string이고 두 번째 원소는 number인 경우 [string, number]로 정의합니다. ❷ 튜플이 유용한 두 가지 경우를 보여줍니다. 첫 번째는 함수에 여러 개의 값을 한 번에 넣고 싶은 경우입니다. printMyInfo는 두 매개변수가 있으며 첫 번째는 string 타입의 label이고 두 번째는 튜플 타입의 info입니다. info 데이터는 여러 가지 데이터를 넣을 수 있도록 튜플로 타입을 선언했고, 출력 시에는 스프레드 연산자로 풀어서 출력합니다. ❸ 튜플이 유용한 두 번째 경우입니다. 함수의 결괏값이 튜플이면 결괏값을 구조 분해^{destructuring}해서 각각 다른 변수에 할당해 받을 수 있다는 겁니다. 데이터베이스에서의 응답이 튜플로 오는 경우가 많아서 잘 사용하면 매우 유용합니다.

A.2.5 any, void, never

다음과 같이 타입을 바꿔가면서 넣어야 하는 코드를 작성해야 한다고 가정합시다.

```
let anyValue = 10;      // ❶ number 타입으로 추론
anyValue = "hello";     // ❷ 컴파일 에러
anyValue = true;        // ❸ 컴파일 에러
```

타입스크립트는 ❶에서 anyValue의 값을 number 타입으로 추론했기 때문에 ❷와 ❸에서는 컴파일 에러가 나게 됩니다. 말도 안 되는 코드일 수 있지만, 이런 코드를 작성해야 한다면 어떻게 할

까요? 해결 방법으로는 any와 유니온 타입 두 가지가 있습니다. 유니온 타입은 다음 절에서 다룹니다. any는 unknown을 제외하고 가장 상위에 있는 타입입니다. 그래서 타입을 모르거나 지정할 수 없을 때 사용합니다.

any를 써서 수정한 코드는 다음과 같습니다. 컴파일 에러가 사라지고 실행을 할 수 있게 됩니다.

```
                                                           appendix-typescript/2.5-any-void-never.ts
let anyValue: any = 10;
anyValue = "hello";
anyValue = true;
```

> **Note** 타입스크립트로 코드를 작성하고 있으면 다른 서드파티 패키지에서 만든 코드에서 타입이 없는 경우가 가끔 있습니다. 이런 때 any를 사용해 컴파일이 안 되는 상황을 벗어날 수 있습니다. 간혹 타입스크립트에 익숙하지 않아서 any로 타입을 임시 지정하고 넘어가는 경우가 있는데, 이 경우는 추후에 컴파일 시점이 아닌 런타임 시점에 에러가 날 가능성을 높으므로 지양하는 것이 좋습니다.

다음으로 void와 never를 알아봅시다. void와 never는 둘 다 함수의 반환값에 지정하는 타입입니다. void는 함수의 결괏값이 없을 때 사용하며 never는 의도적으로 값을 반환하지 않을 때 사용합니다. 예외를 발생시키는 함수이거나 무한 루프를 실행하는 함수가 이에 해당합니다.

```
                                          appendix-typescript/2.5-any-void-never.tsany-void-never.ts
// 결괏값이 없음
function print(value: any): void {
  console.log(value);
}

// 예외를 던짐
function throwError(message: string): never {
  throw new Error(message);
}

// 무한 루프
function infiniteLoop(): never {
  while (true) {}
}
```

A.2.6 유니온 타입과 내로잉

유니온 타입을 사용하면 변수 하나를 여러 가지 타입으로 지정할 수 있습니다. 유니온 타입은 값에 허용된 타입을 두 개 이상의 타입으로 확장하는 것을 의미합니다. | 기호로 타입을 구분해 여러타입을 정의합니다. anyValue는 number, string, boolean 타입을 지정할 수 있어야 하므로 number | string | boolean으로 정의하면 됩니다.

```typescript
let anyValue: number | string | boolean = 10; // ① 이 시점에서는 number
anyValue = "hello";    // ② string
anyValue = true;       // ③ boolean
```

내로잉은 말그대로 타입의 범위를 좁히는 겁니다. 예제 코드에서 anyValue은 값이 할당되는 시점에서 anyValue의 실제 타입이 정해집니다. ①에서는 number이고 ②에서는 string이며 ③에서는 boolean이 됩니다.

타입의 범위를 좁히는 데 사용하는 검사 방법을 타입 가드^{type guard}라고 하며, 값 할당 또는 조건문으로 검사해 타입을 좁힙니다. 조건문에 사용할 수 있는 연산자로 typeof, instanceof, in이 있습니다. 분량 관계상 typeof를 사용한 방법만 살펴보겠습니다.[5]

```typescript
                                        appendix-typescript/2.6-uniontype-narrowing.ts
let anyValue: number | string | boolean = 10;
printAny(anyValue);
anyValue = "hello";
printAny(anyValue);
anyValue = true;
printAny(anyValue);

// ① 매개변수로 number, string, boolean을 할당할 수 있음
function printAny(value: number | string | boolean): void {
  if (typeof value === "number") {
    console.log(value.toExponential(3));
  } else if (typeof value === "string") {
    console.log(value.toUpperCase());
  } else if (typeof value === "boolean") {
```

---

5 더 궁금한 독자는 공식 문서를 확인해주세요. https://www.typescriptlang.org/docs/handbook/2/narrowing.html

```
    console.log(value ? "참" : "거짓");
  }
}
```
```
10
HELLO
참
```

❶ printAny( ) 함수는 매개변수로 number | string | boolean의 유니온 타입을 받습니다. 해당 값을 출력 시 타입에 따라서 다르게 출력하고 싶은 경우 typeof로 타입 가드를 사용해 타입을 좁힌 다음 타입별로 다르게 동작하도록 했습니다. 여기서는 다루지 않았지만, instanceof는 클래스의 인스턴스 타입을 좁히거나, in 연산자로 interface로 선언된 객체 내부의 속성으로 구분해 타입을 좁힐 수 있습니다.

A.2.7 타입 별칭

anyValue에 유니온 타입으로 선언할 때 매번 number | string | boolean으로 넣어주는 것이 조금 귀찮지 않으셨나요? 자주 재사용해야 하는 유니온 타입의 경우 타입 별칭을 사용하면 편리합니다. number | string | boolean 유니온 타입을 각각 앞자리 알파벳만 따서 nsb 타입 별칭을 만들어봅시다. 타입 별칭을 만들 때는 type 키워드를 사용해 정의합니다. 코드는 다음과 같습니다.

```
type nsb = number | string | boolean;
```

내가 만든 타입에 추가로 타입을 넣어서 다시 별칭을 만드는 것도 가능합니다. nsb에 null과 undefined를 추가해봅시다.

```
type nullableNsb = nsb | null | undefined;
```

만들어본 별칭들을 사용해서 변수에 타입을 지정하겠습니다.

appendix-typescript/2.7-type-alias.ts
```
// 타입 별칭
type nsb = number | string | boolean;
```

```
let anyValue: nsb = 10;
anyValue = "hello";
anyValue = true;
anyValue = null; // ❶ 컴파일 에러

// 타입 별칭에 null, undefined 추가
type nullableNsb = nsb | null;

let nullableValue: nullableNsb = null;
nullableValue = 20;
nullableValue = "nullable";
nullableValue = false;
nullableValue = undefined; // ❷ 컴파일 에러
```

nsb와 nullableNsb라는 타입을 만들어서 각각 anyValue와 nullableValue에 넣었습니다.

❶에서는 컴파일 에러가 나는데 anyValue에는 null을 할당할 수 없기 때문입니다. ❷에서는 nullableValue에 undefined를 할당할 수 없으므로 컴파일 에러가 납니다.

A.2.8 인터섹션 타입

유니온 타입은 여러 타입을 지정할 수 있는 타입이었습니다. 예를 들어 number | string으로 지정을 했을 때 둘 중의 한 타입만 만족하면 되었습니다. 반면 인터섹션 타입은 타입 A가 있고 타입 B가 있다면 A이면서 B인 타입을 정의합니다. 그래서 기호도 and를 뜻하는 &를 사용해 A & B로 표현합니다. type 키워드로 타입을 지정 시에 객체의 타입을 지정하듯 {} 기호로 감싸서 이름 속성을 지정할 수 있습니다.

```
type 타입명 = {
  속성명: 타입;
}
```

간단한 예제를 하나 만들겠습니다. 컵이라는 타입을 주고 컵에 크기(size)라는 속성을 줍니다. 브랜드라는 타입을 하나 더 만들고 브랜드명(brandName)을 속성으로 줍시다. 그리고 컵과 브랜드

를 교차intersection시켜서 브랜드가 있는 컵 타입을 만들어봅시다. 다음은 코드입니다.

```
appendix-typescript/intersection-type.ts
type cup = {
  size: string;
};

type brand = {
  brandName: string;
};

type brandedCup = cup & brand; // ❶ cup이면서 brand가 있는 타입

let starbucksGrandeSizeCup: brandedCup = {
  brandName: "스타벅스",
  size: "grande",
};
```

❶ 컵 타입과 브랜드 타입을 합쳐서 브랜드가 있는 컵 타입을 만들었습니다. 인터섹션 타입을 복잡하게 만들면, 타입 검사 시 에러가 나는 경우 여러 개의 타입을 동시에 표시해야 하므로 에러 메시지를 이해하기가 힘들어집니다. 간결함을 유지해 사용하는 것이 좋습니다.

> **Warning** 인터섹션 타입을 잘못 사용하면 값을 할당할 수 없는 타입을 만들게 될 수 있습니다. 기본 타입인 number와 string을 합쳐서 숫자이면서 동시에 문자열인 타입을 만드는 경우입니다.
>
> ```
> type impossible = number & string;
> let testImpossible: impossible = 10; // Error
> ```
>
> 이 경우는 타입을 지정하면 무조건 컴파일 에러가 나게 됩니다. 사용에 주의해야 합니다.

A.2.9 리터럴 타입

기본 타입 중 참, 거짓을 나타내는 boolean은 true와 false값만 가지고 있습니다. 기본 타입의 값들을 조합해서 한정적인 값들만 나타내는 타입을 만들 수 있는데 이를 리터럴 타입literal type이라고 합니다. 예를 들어 커피 크기가 small, medium, large만 있다고 가정해봅시다. 언급한 3가지 문자열만 가질 수 있는 타입을 만들 수 있습니다.

|로 세 값을 연결하면 리터럴 타입을 만들 수 있습니다.

```
type CoffeeSize = "small" | "medium" | "large";          appendix-typescript/literal-type.ts

let myCoffeeSize: CoffeeSize = "small";
let starbucksCoffeeSize: CoffeeSize = "tall"; // ❶ 타입 에러
```

❶에서 "tall"은 할당되지 못하고 에러가 나는데, 이는 CoffeeSize 타입에는 "small", "medium", "large"만 할당할 수 있기 때문입니다.

A.2.10 함수 타입

자바스크립트와 타입스크립트에서는 함수를 값처럼 사용할 수 있습니다. 이 말은 어떤 변수에 할당된 값이 함수라면 그 타입은 함수 타입이라는 겁니다. message라는 문자열 하나를 받아서 console.log로 출력하고 같은 값을 결괏값으로 반환하는 echo() 함수를 만들겠습니다.

```
function echo(message: string): string {
  console.log(message);
  return message;
}
```

코드는 설명이 필요 없을 정도로 단순합니다. 자 그러면 함수를 값으로 다룰 수 있다고 했으니 값에 할당해봅시다.

```
const funcEcho = echo;
```

funcEcho의 타입은 어떻게 될까요? 우선 아무런 타입 지정 없이 함수를 값으로 할당해도 타입에러가 나지 않습니다. 타입 에러는 나지 않지만, 타입을 모르겠을 때 변수 위에 마우스 커서를 올려봅시다. VSCode는 다음 그림과 같이 타입을 추론해 보여줍니다.

```
    const funcEcho: (message: string) => string
const funcEcho = echo;
```

funcEcho의 타입은 (message: string) => string입니다. 괄호 안은 매개변수 정의 부분이며 =>
기호 다음의 string은 반환 타입을 의미합니다. 매개변수가 문자열 변수 message 하나이며 문자
열을 반환 타입으로 가진다는 의미입니다. funcEcho의 타입을 알았으니 코드도 수정해줍시다.

함수 타입을 타입 별칭으로 지정할 수도 있습니다.

```
                                        appendix-typescript/2.10-function-type.ts
type FuncEcho = (message: string) => string;
const funcEcho2: FuncEcho = echo;
```

기존과 동일하게 **type 타입명 = 타입** 형태로 작성해주면 됩니다. 코드에서는 FuncEcho 타입으로
타입을 만들고 funcEcho2 변수에 echo() 함수를 할당했습니다.

type 지정 시 객체 타입의 속성으로 함수를 지정할 수 있을까요? 가능합니다.

```
                                        appendix-typescript/2.10-function-type.ts
type FuncEcho3 = {
  (message: string): string;   // ❶ =>가 없는 것에 주의
};
const funcEcho3: FuncEcho3 = echo;
funcEcho3("test3");                 // ❷ 함수의 타입을 자동으로 추론해 실행
funcEcho3(123);                     // 매개변수가 문자열이 아니므로 타입 에러
```

❶에 함수 정의가 있습니다. 타입 별칭에 선언하는 것과 달리 객체의 속성에서는 => 대신 : 기호를
사용합니다. ❷ funcEcho3은 FuncEcho3 타입입니다. FuncEcho3 타입에 있는 함수 타입은
이름이 따로 선언되어 있지 않아서, 이름으로 할당할 수 없습니다. 타입스크립트는 FuncEcho3
타입의 정의를 보고 맞는 함수를 찾아서 실행시켜 주게 됩니다. 만약 여기서 funcEcho3(123)을
하면 매개변수 타입이 달라서 타입 에러가 나게 됩니다.

여기까지 타입스크립트를 활용하기 위한 기초를 알아보았습니다. 이제부터는 한 걸음 더 나아간
기능을 공부하겠습니다.

A.3 인터페이스와 클래스

지금까지 타입스크립트가 무엇인지와 타입스크립트의 기본 사용법을 알아보았습니다. 기본적인 학습만 하더라도 책에 있는 내용을 이해하기에는 부족함이 없을 겁니다. 다만, 타입스크립트 장점은 복잡한 구조를 가지고 있는 애플리케이션을 작성할 때 더욱 빛납니다. 복잡한 애플리케이션을 만들려면 타입을 구조화할 수 있는 기능이 필요합니다. 바로 인터페이스와 클래스[6]가 등장할 차례입니다.

다른 언어에서는 보통 클래스를 먼저 설명하고 인터페이스를 설명합니다만, 인터페이스는 타입을 구조적으로 정의하는 방법 중 하나이기에 먼저 설명드립니다. 또한 인터페이스를 구현implement해 클래스를 작성하는 방법을 많이 사용합니다. 그러한 이유로 클래스에 인터페이스를 구현하는 방법을 후에 알아보겠습니다.

A.3.1 인터페이스와 타입 별칭 비교

인터페이스 타입을 선언하는 문법은 객체 타입의 별칭을 만드는 문법과 비슷합니다. 인터페이스는 type을 사용한 객체의 별칭 타입과 비교해 더 읽기 쉬운 오류 메시지, 더 빠른 컴파일러 성능, 클래스와 함께 사용할 수 있는 장점을 제공합니다. type과 interface의 차이점을 표에 정리해두었으니 참고해주세요.

▼ type과 interface의 차이점

type	interface
기존 타입 또는 새 타입을 생성하는 데 사용	객체 타입의 구조를 정의하는 데 사용
다른 타입 또는 인터페이스를 상속하거나 구현할 수 없음	다른 인터페이스를 상속하거나 구현할 수 있음
리터럴 타입, 유니온 타입, 인터섹션 타입을 사용할 수 있음	extends 키워드로 인터페이스 확장이 가능
간단한 타입 별칭을 생성할 때 적합	잘 정의된 구조의 객체 타입을 정의할 때 적합

책이라는 타입을 표현하는 예제를 type과 interface로 각각 만들겠습니다.

---

6 자바스크립트의 클래스 https://developer.mozilla.org/ko/docs/Web/JavaScript/Reference/Classes

```typescript
type BookType = { // ❶ BookType 타입

  title: string;
  price: number;
  author: string;
};

interface Book {              // ❷ Book 인터페이스

  title: string;
  price: number;
  author: string;
}

let bookType: BookType = { // ❸ BookType 타입 객체 할당
  title: "백엔드 개발자 되기",
  price: 10000,
  author: "박승규",
};

let book: Book = {            // ❹ Book 인터페이스 객체 할당
  title: "백엔드 개발자 되기",
  price: 10000,
  author: "박승규",
};
```

❶ BookType은 type 키워드로 생성한 타입입니다. 제목(title), 가격(price), 저자(author) 속성을 가지고 있습니다. ❷ Book 인터페이스 역시 동일하게 제목(title), 가격(price), 저자(author) 속성을 가지고 있습니다. ❸과 ❹는 생성한 타입과 인터페이스의 객체를 할당하는 코드입니다. 자바스크립트에서 객체를 만들어서 할당하는 방법과 같습니다.

A.3.2 인터페이스의 선택적 속성과 읽기 전용 속성

2.2절 '타입 표기'에서 선택적 속성을 알아보았습니다. 인터페이스도 선택적 속성을 사용할 수 있습니다. Car 인터페이스를 만들고 차량의 옵션을 선택적 속성으로 주어서 객체를 만들어봅시다.

```typescript
interface Car {
  name: string;
  price: number;
  brand: string;
  options?: string[]; // ❶ 차량의 옵션은 선택적 속성
}

let avante: Car = {   // ❷ 아반떼에는 에어컨과 내비게이션의 옵션이 있음
  name: "아반떼",
  price: 1500,
  brand: "현대",
  options: ["에어컨", "내비게이션"],
};

let morning: Car = {  // ❸ 모닝은 아무런 옵션이 없음
  name: "모닝",
  price: 650,
  brand: "기아",
};
```

❶ 속성에 '?'를 붙이면 선택적 속성입니다. 이 말은 해당 인터페이스 형태인 객체에는 options값은 있어도 되고 없어도 된다는 뜻입니다. ❷ 아반떼 차량 객체에 옵션으로 에어컨과 네비게이션을 설정했습니다. ❸ 모닝에는 아무런 옵션을 주지 않았는데, options는 선택적 속성이므로 에러가 나지 않습니다.

다음으로 읽기 전용 속성을 알아봅시다. 읽기 전용 속성으로 지정하면 말 그대로 해당 속성의 값이 한 번 정해지면 수정할 수 없습니다.

```typescript
interface Citizen { // 시민을 의미하는 인터페이스 정의
  id: string;
  name: string;
  region: string;
  readonly age: number;  // ❶ 나이는 변경할 수 없음
}

let seungkyoo: Citizen = { // Citizen 인터페이스 객체 생성
```

```
  id: "123456",
  name: "박승규",
  region: "경기",
  age: 40,
};
```

```
seungkyoo.age = 39; // ❷ age 속성은 읽기 전용(read-only)이므로 에러
```

❶ Citizen 인터페이스의 age 속성을 읽기 전용으로 선언합니다. ❷ 40으로 설정된 나이를 39로 변경하려고 하면 읽기 전용이므로 변경할 수 없다는 에러가 납니다.

A.3.3 인터페이스 확장하기

인터페이스는 확장이 가능합니다. 개발을 하다 보면 비슷한 속성을 가진 인터페이스를 여러 개 만들게 되는 상황이 옵니다. 이 경우 공통 속성을 가진 인터페이스를 상속받아서 사용하면 편리합니다. 예를 들어 웹툰 한 편을 의미하는 에피소드와 여러 개의 에피소드를 모은 시리즈 인터페이스를 만들었다고 가정할 때 제목, 생성 일시, 수정 일시는 공통으로 넣을 수 있습니다. 각각 Episode, Series, WebtoonCommon으로 구분 지어서 인터페이스를 만들고 Episode, Series는 WebtoonCommon의 확장(extends) 인터페이스로 만들어봅시다.

appendix-typescript/3.3-interface-extends.ts

```
interface WebtoonCommon {   // ❶ 공통으로 사용할 인터페이스
  title: string;
  createdDate: Date;
  updatedDate: Date;
}

interface Episode extends WebtoonCommon { // ❷ 에피소드 인터페이스
  episodeNumber: number;
  seriesNumber: number;
}

interface Series extends WebtoonCommon {   // ❸ 시리즈 인터페이스
  seriesNumber: number;
```

```
    author: string;
}

const episode: Episode = { // ❹ 에피소드 객체
  title: "나 혼자도 레벨업 1화",
  createdDate: new Date(),
  updatedDate: new Date(),
  episodeNumber: 1,
  seriesNumber: 123,
};

const series: Series = { // ❺ 시리즈 객체
  title: "나 혼자도 레벨업",
  createdDate: new Date(),
  updatedDate: new Date(),
  seriesNumber: 123,
  author: "천재작가",
};
```

❶ WebtoonCommon은 공통으로 사용할 인터페이스입니다. 제목(title), 생성 일시(createdDate), 수정 일시(updatedDate)를 속성으로 가집니다. ❷ 에피소드 인터페이스는 에피소드 번호(episodeNumber)와 시리즈 번호(seriesNumber)를 속성으로 가지며 공통 인터페이스를 확장했습니다. ❸ 시리즈 인터페이스는 시리즈 번호(seriesNumber)와 작가(author) 속성을 가지며 공통 인터페이스를 확장했습니다. ❹ 에피소드 객체는 Episode와 WebtoonCommon에 있는 속성들이 모두 있어야 객체를 생성할 수 있습니다. ❺ 시리즈 객체도 역시 Series와 WebtoonCommon에 있는 속성들이 모두 있어야 객체를 생성할 수 있습니다.

A.3.4 인터페이스 병합

보통은 같은 이름의 인터페이스가 있다면 에러가 난다고 생각합니다. 그렇지만 타입스크립트에서는 같은 이름의 인터페이스가 있다고 해서 에러가 나지는 않습니다. 오히려 같은 이름의 인터페이스가 여러 개인데, 각각 속성이 다르다면 해당 인터페이스를 내부적으로는 병합해줍니다. 코드를 보면서 자세히 알아보겠습니다.

```typescript
interface Clock {
  time: Date;
}

interface Clock {
  brand: string;
}

interface Clock {
  price: number;
}

const wrongClock: Clock = { // ❶ brand, price 속성이 없어서 에러
  time: new Date(),
};

const clock: Clock = {         // ❷ Clock 인터페이스 병합
  time: new Date(),
  brand: "놀렉스",
  price: 10000,
};
```

예제에서는 Clock 인터페이스를 세 번 정의했습니다. 각각 하나의 속성을 가지도록 했습니다. ❶ 에서 하나의 속성만 지정했을 때 brand, price 속성을 지정하라고 에러가 납니다. ❷ 3가지 속성 을 모두 지정하면 타입 에러가 나지 않습니다.

즉 인터페이스는 병합되어서 내부적으로는 다음과 같은 선언과 같습니다.

```typescript
interface Clock {
    time: Date;
    brand: string;
    price: number;
}
```

A.3.5 클래스의 메서드와 속성

자바스크립트에 클래스가 추가된 것은 ES2015부터입니다. 이름에서 유추할 수 있듯 ES2015[7]는 2015년 6월에 스펙이 나왔습니다. 타입스크립트는 ES2015에 추가된 클래스를 완벽하게 지원합니다. 이제부터 클래스의 메서드와 속성을 정의하는 방법을 알아봅시다.

```typescript
                                        appendix-typescript/3.5-class-method-property.ts
class Hello {  // 클래스 선언부
  // ❶ 생성자 메서드
  constructor() {
    this.sayHello("created");
  }

  // ❷ 메서드
  sayHello(message: string) {
    console.log(message);
  }
}

// ❸ Hello 클래스의 인스턴스 생성
const hello = new Hello();
hello.sayHello("안녕하세요~");
```

```
created              ◀── 생성자에서 실행
안녕하세요~            ◀── hello.sayHello("안녕하세요~")의 결과
```

클래스는 **class <클래스명>** 형식으로 선언합니다. 클래스명은 기본적으로 파스칼케이스[8]를 따르되 첫 글자를 대문자로 씁니다. ❶ 생성자 메서드는 **constructor(<매개변수>:타입, …, <매개변수>:타입) { }** 형식으로 정의합니다. 여기서는 매개변수를 받지 않았습니다. this는 인스턴스 자신을 가리킬 때 사용하는 키워드입니다. ❷ 클래스 내부에 정의된 함수를 메서드라고 합니다. sayHello()는 Hello 클래스의 메서드입니다. ❸ 클래스의 인스턴스는 **new <클래스명>();** 형식으로 생성합니다. 그러면 생성자를 실행합니다.

다음으로 클래스 속성을 알아봅시다. 클래스 몸체 블록에 변수를 선언하면 클래스 속성이 됩니다. 해당 클래스 내부의 메서드에서 클래스 속성에 접근할 때는 **this.< 변수명>** 형식으로 사용해야 합니

---

7 https://262.ecma-international.org/6.0/

8 첫 글자와 각 합성어의 첫 글자를 대문자로 표기하고 나머지는 소문자로 표기합니다.

다. 사각형을 뜻하는 클래스를 예제로 만들겠습니다.

```typescript
appendix-typescript/3.5-class-method-property.ts
class Rectangle {
  width: number;      // ❶ 클래스 변수, 가로를 의미
  height: number;     // 클래스 변수, 세로를 의미

  // 클래스 생성 시 가로, 세로 값을 넣어줌
  constructor(width: number, height: number) {
    // ❷ this.width는 클래스 변수이며 width는 매개변수로 받은 값을 담은 변수
    this.width = width;
    this.height = height;
  }

  // ❸ 반환 타입은 number 타입
  getArea() {
    return this.width * this.height;
  }
}

// 클래스 인스턴스 생성
const rectangle = new Rectangle(10, 5);

// getArea() 메서드 실행
rectangle.getArea();
```

```
50
```

❶ Rectangle 클래스 내에 가로, 세로를 뜻하는 width, height 클래스 변수를 지정했습니다. ❷ 클래스 변수는 클래스의 메서드 내에서는 **this.< 변수명>** 형식으로 접근할 수 있습니다. ❸ getArea() 메서드는 반환값을 명시적으로 지정하지 않았지만, 가로 X 세로는 number 타입인 것이 명백하므로 타입스크립트에서 암묵적으로 number 타입을 넣어줍니다. VSCode라면 마우스 커서를 getArea() 함수에 대보면 알 수 있습니다.

```
(method) Rectangle.getArea(): number
```

클래스도 선택적 속성과 읽기 전용 속성을 사용할 수 있습니다. 인터페이스와 사용법은 같습니다.

A.3.6 인터페이스를 구현한 클래스

클래스에서 인터페이스 상속을 할 때 implements 키워드를 사용합니다. 클래스가 인터페이스를 구현implement하도록 하면 클래스에 반드시 선언해야 하는 속성과 메서드를 강제할 수 있습니다. 클릭할 때마다 카운트가 올라가는 기능에 사용할 인터페이스를 만들고 해당 인터페이스를 클래스에 구현하는 코드를 작성하겠습니다. 인터페이스를 구현 해두었는데, 아무것도 만들지 않으면 에러가 납니다.

```typescript
// appendix-typescript/3.6-implement-interface-in-class.ts
interface IClicker {
    count: number;
    click():number;
}

class Clicker implements IClicker {
// 인터페이스를 상속받아 놓고 인터페이스를 구현하지 않아서 에러 발생
}
```

다음과 같이 IClicker 인터페이스를 잘못 구현했다는 에러가 나게 됩니다.

```
class Clicker
Class 'Clicker' incorrectly implements interface 'IClicker'.
  Type 'Clicker' is missing the following properties from type 'IClicker':
count, click ts(2420)
```

간단하게 인터페이스 구현을 추가해봅시다.

```typescript
// appendix-typescript/3.6-implement-interface-in-class.ts
interface IClicker {
    count: number;
    click():number;
}

class Clicker implements IClicker {
    // count의 기본값(0)을 설정
    count: number = 0;

    click(): number {
        this.count += 1
        console.log(`Click! [count] : ${this.count}`);
```

```
        return this.count;
    }
}

const clicker = new Clicker();
clicker.click();   // Click! [count] : 1
clicker.click();   // Click! [count] : 2
clicker.click();   // Click! [count] : 3
```

이처럼 인터페이스는 클래스에 구현을 강제하기 위한 용도로도 사용할 수 있습니다.

A.3.7 추상 클래스

추상 클래스는 **abstract** 키워드가 붙어 있는 클래스로 추상 메서드를 가지고 있는 클래스를 말합니다. 추상 메서드는 메서드의 구현체가 없는 메서드입니다. 추상 메서드를 사용하면 반드시 구현해야 하는 기능을 강제할 수 있어 깜빡하고 구현하지 않는 실수를 예방할 수 있습니다. 추상 클래스는 인터페이스와 유사하지만, 조금은 다른 용도를 가지고 있습니다. 대부분의 코드가 비슷하지만, 특정 부분만 다르게 구현하는 클래스를 여러 개 작성할 때 유용합니다.

추상 클래스는 선언 시 class 앞에 **abstract** 키워드를 추가해 선언합니다. **abstract** 키워드가 있는 클래스는 추상 클래스가 됩니다. 추상 클래스는 추상 메서드를 선언할 수 있습니다. 추상 메서드는 메서드명 앞에 abstract 키워드를 붙이며 인터페이스와 마찬가지로 메서드의 구현부가 없습니다.

로그를 남기는 방법을 추상 클래스로 구현하고, 어떻게 로그를 남길지는 개별 클래스로 만들겠습니다.

appendix-typescript/3.7-abstract-class.ts

```
abstract class Logger { // abstract 키워드가 있으면 추상 클래스

    prepare() {
        console.log("=======================")
        console.log("로그를 남기기 위한 준비")
    }
```

```typescript
    // ❶ 로그를 남기는 절차를 정의한 메서드
    log(message: string) {
        this.prepare();
        this.execute(message);
        this.complete();
    };

    // 추상 메서드
    abstract execute(message: string): void;

    complete() {
        console.log("작업 완료")
        console.log("")
    }
}

// ❷ 추상 클래스는 상속해 사용
class FileLogger extends Logger {
    filename: string;

    // ❸ 상속을 받은 경우, 기본 생성자가 아니라면 super()를 먼저 실행
    constructor(filename:string) {
        super();
        this.filename = filename;
    }

    // ❹ 추상 메서드 구현
    execute(message: string): void {
        // 파일에 직접 쓰지는 않지만 쓴다고 가정
        console.log(`[${this.filename}] > `, message);
    }
}

class ConsoleLogger extends Logger {
    // 추상 메서드 구현
    execute(message: string): void {
        console.log(message);
    }
}
```

```
const fileLogger = new FileLogger("test.log");
fileLogger.log("파일에 로그 남기기 테스트")

const consoleLogger = new ConsoleLogger();
consoleLogger.log("로그 남기기")
```

```
====================        ← fileLogger.log() 실행 결과
로그를 남기기 위한 준비
[test.log] >  파일에 로그 남기기 테스트
작업 완료


====================        ← consoleLogger.log() 실행 결과
로그를 남기기 위한 준비
로그 남기기
작업 완료
```

❶ 로그를 남기는 절차를 정의한 Logger 클래스의 핵심 메서드입니다. 준비(prepare), 실행 (execute), 완료(complete) 단계로 되어 있습니다. execute() 메서드를 추상 메서드로 정의해 자녀 클래스에서 구현하도록 강제했습니다. ❷ extends 키워드를 사용해 추상 클래스를 상속합니다. 추상 클래스를 상속받은 자녀 클래스는 추상 클래스의 모든 메서드를 사용할 수 있습니다. 또한 추상 메서드인 execute()를 반드시 구현해야 하며, 구현하지 않으면 컴파일 에러가 발생합니다. ❸ 상속을 받은 자녀 클래스의 생성자는 부모 클래스의 생성자를 반드시 호출해야 합니다. 부모 클래스인 Logger는 기본 생성자만 있으므로 super()로 매개변수가 없는 부모의 기본 생성자 메서드를 호출합니다. ❹ FileLogger와 ConsoleLogger의 execute() 메서드는 추상 메서드를 구현한 메서드입니다. 반드시 구현해야 한다는 점외에는 다른 메서드와 차이는 없습니다.

A.3.8 클래스의 접근 제어자

클래스 내의 변수와 메서드에는 접근 제어자인 public, protected, private을 사용할 수 있습니다. 접근 제어자가 있는 변수와 메서드는 클래스 외부에서 해당 클래스의 구현을 공개할지 여부를 결정합니다. 접근 제어자는 타입스크립트의 기능으로, 자바스크립트로 컴파일 후에는 제거됩니다.

▼ 접근 제어자

접근 제어자	설명
public	모든 곳에서 접근 가능(기본값)
protected	클래스 내부 혹은 자녀 클래스에서만 접근 가능
private	클래스 내부에서만 접근 가능

접근 제어자도 예제로 확인하겠습니다. 이해를 돕기 위해 클래스명을 Parent, Child, Someone 으로 지었습니다.

```ts
// 부모 클래스                              appendix-typescript/3.8-access-control-class.ts
class Parent {
    openInfo = "공개 정보"
    protected lagacy = "유산";
    private parentSecret = "부모의 비밀 정보";

    // private 정보에 접근 가능
    checkMySecret() {
        console.log(this.parentSecret);
    }
}

// 자녀 클래스, 부모 상속
class Child extends Parent{
    private secret = "자녀의 비밀 정보";

    // ❶ 자녀는 부모의 protected 확인 가능
    checkLagacy() {
        console.log(super.lagacy);
    }

    // ❷ 부모의 private 변수에는 접근 불가능
    checkParentSecret() {
        console.log(super.parentSecret);
    }
}

class Someone {
```

```
    checkPublicInfo() {
        const p = new Parent();
        // 다른 클래스가 public 변수 접근 가능
        console.log(p.openInfo);
        // protected와 private는 접근 불가능
        console.log(p.lagacy)
        console.log(p.parentSecret)
    }
}
```

❶ 자녀 클래스는 부모의 보호된 변수인 protected에 접근할 수 있습니다. checkLagacy() 메서드에서 유산 정보에 접근합니다. ❷ 그렇지만 아무리 자녀라 하더라도 부모의 비밀 정보에는 접근하지 못합니다. 여기서는 에러가 발생합니다. parentSecret 정보는 Parent 클래스 내에서만 접근할 수 있습니다.

여기까지 인터페이스와 클래스를 알아보았습니다. 타입스크립트는 클래스와 인터페이스를 활용한 객체지향 프로그래밍을 지원하고 있으니, 잘 활용해보세요.

A.4 타입스크립트의 고급 기능

타입을 추상화하는 데 사용하는 제네릭과 타입을 만들 때 복사붙이기가 아닌 프로그래밍적인 방법으로 타입을 만들 수 있게 하는 맵드 타입, 실험적인 기능인 데코레이터를 알아보겠습니다.

A.4.1 제네릭 함수

제네릭은 함수의 매개변수와 결괏값의 타입을 함수 선언 시점이 아니라, 함수를 호출하는 시점에 정하는 기법입니다. 다음과 같이 any로 선언한 echo() 함수가 있다고 합시다.

appendix-typescript/4.1-generic.ts

```
function echo(message: any) : any {
    console.log("in echo : ", message);
    return message;
}
```

```
type phone = {
    name: string,
    price : number,
    brand: string,
}

const myPhone = {name: "iPhone", price: 1000, brand: "Apple"}
echo(1)
echo("안녕")
echo(myPhone);
```

echo() 함수의 매개변수인 message는 any 타입이기 때문에 무엇이든 받을 수 있습니다. 다만
타입스크립트에서는 any를 사용하는 것을 지양합니다. echo()와 같은 다양한 타입을 받을 수 있
는 함수를 만드는 방법으로 타입스크립트에서는 제네릭을 사용하면 됩니다. 제네릭은 클래스, 인
터페이스, 타입 별칭, 함수 등 사실상 타입을 선언하는 모든 곳에서 사용할 수 있습니다. echo()
함수를 any가 아닌 제네릭을 활용하는 함수로 변경하겠습니다.

타입 파라미터

```
function genericEcho<T>(message: T) : T {
    console.log(message);
    return message;
}
```

해당 제네릭 함수를 사용하는 코드는 다음과 같습니다.

appendix-typescript/4.1-generic.ts

```
genericEcho(1)                  // 타입을 명시하지 않으면 컴파일러가 타입 추론
genericEcho<string>("안녕")      // 타입을 명시적으로 지정
genericEcho<any>(myPhone);       // any를 타입으로 넣으면 제네릭을 쓸 이유가 없음
genericEcho<string>(myPhone);    // ERROR 타입이 달라서 에러 발생
```

함수의 선언과 사용 시 함수명 뒤에 〈T〉가 있습니다. T는 타입 매개변수라고 부릅니다. T는 어떤
특별한 타입을 지칭하는 것이 아닌 런타임에 변경되는 타입 대신 T라고 선언해둔 것에 불과합니
다. 따라서 T가 아닌 Type, Return, Value 등으로 변경해도 문제는 없습니다. 제네릭 타입 매개

변수는 첫 글자를 대문자로 적는 파스칼케이스를 사용하는 것이 관례입니다.

▼ 관례적으로 사용하는 제네릭 문자들

문자	설명
T	변수 타입을 표현할 때 흔히 사용됩니다. 예) T value;
E	리스트 내부 요소들의 타입을 표현할 때 흔히 사용됩니다. 예) List<E>
K	키를 표현할 때 흔히 사용됩니다. 예) Map<K, V>
V	값을 표현할 때 흔히 사용됩니다. 예) Map<K, V>

타입 매개변수는 해당 함수를 실행하는 런타임에 변경이 됩니다. 사용 시에는 명시적으로 genericEcho⟨string⟩("hello")와 같이 타입을 지정할 수 있으며, 타입을 지정하지 않는 경우 컴파일러가 알아서 타입을 추론합니다. 명시적으로 타입을 적어주면 컴파일러에서 타입을 체크할 수 있으므로 실수를 방지할 수 있습니다. any를 사용하면 컴파일 시에는 타입 검증을 하지 않습니다.

A.4.2 제네릭 인터페이스

인터페이스의 매개변수 타입도 제네릭으로 지정할 수 있습니다. 함수에서와 마찬가지로 타입 매개변수는 인터페이스명 뒤에 타입 매개변수를 추가합니다. label이라는 속성을 하나 가지고 있는 ILabel 인터페이스를 제네릭으로 선언하면 다음과 같습니다.

타입 파라미터

```
interface ILabel<Type> {
    label:Type;
}
```

사용할 때도 마찬가지로 인터페이스명 뒤의 ⟨ ⟩ 기호 안에 타입을 명시하면 됩니다.

appendix-typescript/4.2-generic-interface.ts

```
const stringLabel:ILabel<string> = {
    label: "Hello"
```

```
}

const numberLabel:ILabel<number> = {
    label: 100
}

const booleanLabel:ILabel<boolean> = {
    label: 3.14 // ❶ 컴파일 에러 boolean에 number를 넣을 수 없음
}
```

❶ booleanLabel에서 타입을 boolean으로 선언하고 값으로 number 타입을 넣었기 때문에 컴파일 에러가 납니다.

제네릭 클래스와 제네릭 타입 별칭 부분도 큰 차이가 없으므로 관련 내용은 생략합니다.[9]

A.4.3 제네릭 제약 조건

제네릭은 컴파일 시에 타입이 적용다는 점 이외에는 any와 큰 차이점이 없어 보입니다만, 제약 조건을 추가하면 any와는 다르게 조금 더 세밀하게 타입을 제약할 수 있습니다. 예를 들어 **속성에 숫자타입 length가 있는 타입**을 매개변수로 넘기는 것을 허용하는 함수를 작성할 수 있습니다. 제약 조건 추가할 때는 extends 키워드를 사용합니다. 사용법은 다음과 같습니다.

제약조건으로 사용할 인터페이스

```
interface ICheckLength {
    length: number;
}

function echoWithLength<T extends ICheckLength>(message: T){
    console.log(message);
}                                    제약조건 키워드
```

---

9 디지털오션의 문서를 참고하세요. https://www.digitalocean.com/community/tutorials/how-to-use-generics-in-typescript (단축 URL http://bit.ly/3lzl0kw)

T extends ICheckLength에서 T는 임의의 타입입니다. 또한 T는 ICheckLength를 확장한 (extends) 타입이므로 최소한 ICheckLangth의 속성을 가져야만 하는 겁니다. 〈T extends string | number〉와 같이 유니온 타입을 넣을 수도 있습니다.

echoWithLength() 함수의 사용 예시도 살펴보겠습니다.

```
appendix-typescript/4.3-generic-constriants.ts
echoWithLength("Hello");
echoWithLength([1,2,3]);
echoWithLength({length: 10});
echoWithLength(10); // 10 length가 없기 때문에 에러 발생
```

10은 number 타입으로 length 속성을 가지고 있지 않습니다. 따라서 에러가 발생합니다.

지금까지 제네릭의 제약 조건을 알아보았습니다. 제네릭은 어떤 타입이라도 받을 수 있어야 하면서 컴파일할 때 타입 체크까지 되므로 범용으로 사용해야 하는 함수나 클래스, 인터페이스를 만들어야 하는 때 좋습니다. 이에 프레임워크를 만드는 곳에서 많이 사용합니다.

A.4.4 데코레이터

데코레이터는 클래스, 메서드, 속성, 매개변수, 접근자(get, set)에 추가할 수 있는 특수한 문법입니다. **@데코레이터명**의 형식을 사용합니다. 데코레이터가 적용된 클래스, 메서드, 속성, 매개변수의 정보를 읽어서 동작을 변경할 수 있기에 메타-프로그래밍[10]을 지원하는 기능입니다. 여러 개의 클래스 혹은 메서드에 같은 패턴의 코드가 나오는 경우 데코레이터를 사용하면 좋습니다.

자바스크립트에서는 아직 정식 기능은 아니지만, 향후 릴리즈 포함 후보[11]에 들어 있는 3단계에 와있습니다. 2023년 2월 기준 타입스크립트에서 사용하려면 tsconfig.json에 **"experimentalDecorators": true** 설정을 추가해야 합니다. 기본적으로 만들어져 있는 tsconfig. json에는 주석 처리가 되어 있으므로 주석을 풀기만 하면 됩니다. 타입스크립트 플레이그라운드에는 기본적으로 활성화가 되어 있습니다만, 그렇지 않다면 직접 해당 기능을 체크해주면 됩니다.

---

10 메타 프로그래밍은 프로그램이 코드를 수정할 수 있게 하는 것을 의미합니다. 데코레이터를 사용하면 작성된 코드의 동작을 변경할 수 있으므로 메타 프로그래밍이라 할 수 있습니다.

11 https://github.com/tc39/proposal-decorators

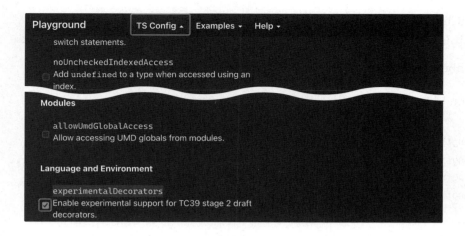

가장 간단한 데코레이터는 다음과 같이 생겼습니다.

```
                                           appendix-typescript/4.4-decorator.ts

function HelloDecorator(constructor: Function) {    // ❶ 데코레이터 정의
    console.log(`HELLO!`);
};


@HelloDecorator         // ❷ 데코레이터 실행됨
class DecoratorTest {
    constructor() {
        console.log(`인스턴스 생성됨`);
    }
}
```

❶ 코드에서 보시듯 데코레이터는 함수입니다. 타입스크립트에서는 함수의 시그니처[12]를 확인해 데코레이터를 구분합니다. 다음의 표에 각 데코레이터별 시그니처를 정리해두었습니다.

▼ 데코레이터 함수의 시그니처

데코레이터	시그니처
클래스 데코레이터	(constructor:{new(...args: any[ ]) => { }})
메서드 데코레이터	(target:any, propertyKey:string, propertyDescriptor:PropertyDescriptor)

---

12 메서드 시그니처는 메서드명, 파라미터명, 파라미터 순서를 말합니다. 동일한 메서드인지 구분하는 기준이 됩니다.

속성 데코레이터	(target:any, propertyKey: string)
매개변수 데코레이터	(target:object, propertyKey:string, parameterIndex:number)
접근자 데코레이터	(target: any, propertyKey: string, descriptor: PropertyDescriptor)

클래스 데코레이터의 사용은 간단합니다. 클래스명 앞에 **@<데코레이터명>**을 붙이면 됩니다. 코드
에서는 가독성을 고려해 개행을 해두었습니다. 예제 코드를 실행하면 클래스를 생성하지 않았는데
도 HELLO! 문자열이 나옵니다. 코드를 로딩할 때 @HelloDecorator가 실행됐기 때문입니다.
모든 데코레이터는 런타임에 클래스, 메서드, 속성, 매개변수, 접근자의 동작을 변경해야 합니다.
그러므로 코드를 로딩할 때 미리 실행합니다.

예제 코드에 있는 데코레이터는 로그만 남기고 하는 것이 없습니다. 클래스 데코레이터는 클래스
의 생성자 함수의 동작을 변경할 수 있습니다. 간단하게, 생성자 실행 시 추가로 로그를 남기는 데
코레이터로 수정하겠습니다.

예제를 다음과 같이 변경해봅시다.

appendix-typescript/4.4-decorator.ts

```
type Constructor = new(...args: any[]) => {} ; // ❶ 생성자 메서드 타입
function HelloDecorator(constructor: Constructor) {
    return class extends constructor {          // ❷ 익명 클래스 반환
        constructor() {                          // ❸ 생성자 재정의
            console.log(`HELLO!`);
            super();                             // ❹ DecoratorTest의 생성자 실행
        }
    }
};


@HelloDecorator
class DecoratorTest {
    constructor() {
        console.log(`인스턴스 생성됨`);
    }
}

const decoTest = new DecoratorTest();
```

```
HELLO!                      ◀— ❸ constructor()의 실행 결과
인스턴스 생성됨              ◀— ❹ DecoratorTest()의 생성자의 실행 결과
```

❶ 데코레이터에 넘겨지는 constructor는 생성자 메서드입니다. **type Constructor = new(...args: any[ ]) => { };**는 생성자 메서드를 나타내는 타입입니다. new로 실행을 하며 any의 배열인 여러 인자를 받을 수 있습니다. 몸체가 비어 있는 타입으로 정의했습니다. 타입스크립트에서는 생성자 타입을 생성 시 관용적으로 나오니 알아두시면 좋습니다. ❷ 데코레이터를 적용한 클래스를 상속 받은 익명 클래스를 반환합니다. ❸ 생성자를 재정의하였으며 인스턴스 생성 시 "HELLO!"라는 로 그를 출력합니다. ❹ super() 메서드는 데코레이터를 적용한 클래스의 생성자 메서드입니다. 예제 에서는 '인스턴스 생성됨'을 출력합니다.

다음으로 많이 사용하는 메서드 데코레이터를 만들겠습니다. 메서드의 실행 시간을 측정하는 코드 는 자주 사용합니다. 자바스크립트에서는 console.time(label), console.timeEnd(label)를 사 용해 만들 수 있습니다. label값에 같은 값을 넣어주면 실행한 시간을 확인할 수 있습니다. 예제로 살펴보겠습니다.

```
console.time("실행 시간");           // ❶ 실행 시간 측정 시작
execute();                          // ❷ 오래 걸리는 함수 실행
function execute() {
    setTimeout(() => {
        console.log(`실행`);
        console.timeEnd("실행 시간");  // ❸ 시간 측정 끝
    }, 500);
}
```
```
실행
실행 시간: 503.181ms
```

❶ console.time(label);로 실행 시간 측정을 시작합니다. ❷ execute() 함수는 내부에 서 setTimeout()을 사용해서 0.5초가 걸리도록 했습니다. ❸ execute() 함수 실행 종료 후 console.timeEnd(label)을 사용해 실행 시간 측정을 종료합니다.

시간을 측정하는 작업은 간단한 작업이지만, 시작 지점과 끝 지점에서 각각 한 번씩 두 번 코드를 작성해야 하기 때문에 실수하기 십상입니다. 실행 시간 측정을 하는 코드를 메서드 데코레이터로 만들어봅시다. 코드는 다음과 같습니다.

```
function Timer() {              // ❶ 데코레이터 팩토리 함수
    return function (target: any, key: string, descriptor: PropertyDescriptor) {
    // ❷ 데코레이터
        const originalMethod = descriptor.value;        // ❸ 메서드
        descriptor.value = function (...args: any[]) {  // ❹ 메서드의 동작을 변경함
          console.time(`Elapsed time`);
          const result = originalMethod.apply(this, args); // ❺ 메서드 실행
          console.timeEnd(`Elapsed time`);
          return result;
        };
    }
}

class ElapsedTime {
    @Timer()
    hello() {
        console.log(`Hello`);
    }
}
```

```
Hello              ◀── ❺ ElapsedTime 클래스의 hello() 메서드 실행 결과
Elapsed time: 0.062ms  ◀── @Timer() 데코레이터 실행 결과
```

❶ function Timer()는 데코레이터 팩토리 함수입니다. 데코레이터를 만들어서 반환하는 함수를 데코레이터 팩토리라고 합니다. ❷ 메서드 데코레이터 선언입니다. 결괏값으로 익명 함수를 반환합니다. ❸ 메서드 데코레이터의 매개변수 중 descriptor의 value값에는 기존 메서드가 값으로 할당되어 있습니다. 자바스크립트/타입스크립트에서는 함수도 값으로 할당할 수 있습니다. 기존 메서드의 동작을 ❹에서 덮어쓸 것이므로 originalMethod 변수에 담아둡니다. ❹ 기존 메서드의 동작을 변경합니다. console.time(label) console.timeEnd(label)을 사용해 시간 측정 동작을 추가하였습니다. ❺ this는 데코레이터가 적용된 클래스의 인스턴스를 의미합니다. args는 기존 메서드의 매개변수 인자들입니다. 따라서 기존 메서드를 실행합니다.

결괏값으로 "Hello"가 나오고 다음 행에 "Elapsed time : 〈실행시간〉ms"가 출력됩니다. console.time(label)의 label값을 변경하려면 어떻게 할까요? 바로 데코레이터 팩토리 함수에 매개변수로 label을 추가하고, label을 console.time()과 console.timeEnd의 매개변수로 주

면 됩니다. 해당 코드는 소스의 A.4.4-decorator.ts에 NamedTimer 데코레이터를 만들어두었으니 관심 있는 독자는 코드를 확인해보길 바랍니다.

데코레이터는 이처럼 런타임에 클래스, 메서드, 매개변수, 속성, 접근자의 동작을 변경하는 데 사용합니다. 본문에서는 클래스와 메서드 데코레이터를 만드는 방법만 알아보았습니다만, 두 가지 데코레이터의 사용법만 익혀두시면 매개변수 데코레이터, 속성 데코레이터, 접근자 데코레이터들도 활용하는 데 문제가 없을 겁니다.

A.4.5 맵드 타입

맵드 타입^{mapped type}은 기존의 타입으로 새로운 타입을 만들어내는 타입스크립트 문법입니다. 기존 타입의 속성들을 배열처럼 사용해서 새로운 타입을 만드는 데 사용합니다. 문법은 다음과 같습니다.

```
{ [ key in <기존타입> ] : <새로운 타입 속성의 타입> }
```

문법에서 key는 임의의 키워드입니다.

어떤 기능을 표현한 타입이 있고, 해당 기능에 대한 권한을 부여하는 타입을 따로 만들면 다음과 같이 됩니다.

```
                                                   appendix-typescript/4.5-mapped-type.ts
type Feature = {         // 기능을 표현한 타입
    event: string;
    coupon: string;
}

type FeaturePermission = {   // 해당 기능에 대한 권한을 표현한 타입
    event?: boolean;
    coupon?: boolean;
}
```

FeaturePermission 타입은 기존 Feature 타입의 속성명을 같이 사용합니다. Feature와 관련된 타입을 또 만들어야 하면 복사붙이기를 해야 합니다. 이 경우 기존 타입의 속성들을 활용해 새로운 타입을 만드는 데 사용하는 것이 맵드 타입입니다. FeaturePermission 타입을 맵드 타입으로 변경하면 다음과 같습니다.

```
type Feature = {
    event: string;
    coupon: string;
}


type FeaturePermission = { [key in keyof Feature]?: boolean };
// ❶ 맵드 타입으로 변경
```

❶ keyof 연산자는 객체 타입을 값으로 받으며 해당 객체 타입 키들의 리터럴 타입을 결괏값으로 반환합니다. 따라서 이 코드는 { [key in "event" | "coupon"]?: boolean }와 같습니다. 실행하면 결과로 이전에 직접 타이핑한 FeaturePermission과 동일한 { event? : boolean; coupon?: boolean; } 타입을 얻을 수 있습니다.

```
type FeaturePermission = {
    event?: boolean | undefined;
    coupon?: boolean | undefined;
}
type FeaturePermission = { [key in keyof Feature]?: boolean };
```

타입스크립트에서는 같은 타입인데 기존 속성을 선택 속성으로 변경한다거나, 읽기 전용으로 변경하는 등의 자주 사용하는 로직을 유틸리티 타입으로 제공합니다. 유틸리티 타입을 만들 때 맵드 타입 문법을 사용했습니다. 선택 속성으로 바꾸고 싶을 때의 유틸리티 타입은 Partial이며, 읽기 전용은 Readonly입니다. 코드로 작성해 본다면 다음과 같습니다. 맵드 타입을 직접 만들어서 사용할 경우도 있겠지만, 이미 정의된 유틸리티 타입이 많이 있으니 활용해보시길 추천드립니다.

appendix-typescript/4.5-mapped-type.ts

```
// 선택 가능 속성으로 모두 변경
type PartialFeature = Partial<Feature>;


// 읽기 전용으로 변경
type ReadonlyFeature = Readonly<Feature>;
```

PartialFeature는 다음과 같이 모든 속성이 ?가 붙은 선택 속성으로 변경되었습니다.

```
type PartialFeature = {
    event?: string | undefined;
```

```
    coupon?: string | undefined;
}
```

ReadonlyFeature는 모든 속성이 readonly가 붙은 읽기 전용으로 변경되었습니다.

```
type ReadonlyFeature = {
    readonly event: string;
    readonly coupon: string;
}
```

더 알아보기

1 인터페이스의 인덱스 시그니처 :

- https://www.typescriptlang.org/docs/handbook/interfaces.html#indexable-types
  단축 url http://bit.ly/3SCxtAt

2 타입스크립트 생성자의 제네릭 타입 :

- https://www.simonholywell.com/post/typescript-constructor-type.html
  단축 url https://bit.ly/3SEoZZB

3 타입스크립트 믹스인 :

- https://www.typescriptlang.org/docs/handbook/mixins.html
  단축 url https://bit.ly/3SIaGTV

4 유틸리티 타입 :

- https://www.typescriptlang.org/docs/handbook/utility-types.html
  단축 url http://bit.ly/3E76Uxo

5 맵드 타입 :

- https://www.typescriptlang.org/docs/handbook/2/mapped-types.html
  단축 url http://bit.ly/3jXy3Mc

꼭 알아야 하는 리눅스 명령어 21개

백엔드 개발자가 아니면 리눅스를 사용할 일이 거의 없습니다. 그러므로 백엔드 입문자인 여러분께 리눅스 명령어는 낯설기 마련입니다. 명령어는 방대하기 때문에 처음부터 모든 명령어를 다 외우고 사용할 수는 없습니다. 그래서 백엔드 개발자라면 꼭 알아야 하는, 자주 사용하는 명령어의 사용법을 정리해두었습니다. 이 정도만 알면 명령어 입문은 뗀 겁니다. 그 외 명령어는 현업에서 부딪히며 그때그때 익히거나, 명령어 관련 서적으로 익히면 됩니다.

> **notice** 유닉스 계열인 리눅스에서는 대소문자를 구분합니다. 명령어는 모두 소문자입니다. 일부 옵션에서 대문자를 사용하기도 합니다.

▼ 다루는 명령어 요약표

01 pwd	02 ls	03 cd	04 mkdir
현재 위치 출력	현재 디렉터리 내의 파일과 디렉터리 출력	디렉터리 이동	디렉터리 생성
05 cp	06 mv	07 rm	08 cat
파일 또는 디렉터리 복사	파일 또는 디렉터리 이동	파일 또는 디렉터리 삭제	파일 내용을 확인
09 touch	10 echo	11 ip addr / ifconfig	12 ss
빈 파일을 생성	문자열 화면에 표시	IP 정보 확인	네트워크 상태 확인
13 nc	14 which, whereis, locate	15 tail	16 find
서버의 포트 확인	명령어 위치 확인	파일의 마지막 부분 확인하기	파일이나 디렉터리 찾기
17 ps	18 grep	19 kill	20 alias
현재 실행 중인 프로세스 목록과 상태 확인	주어진 입력값에서 패턴에 맞는 값 출력	프로세스 종료	명령어 별칭 만들기
21 vi / vim	편집기		

01 pwd

pwd는 print work directory의 약자로 작업 중인 디렉터리를 보여줍니다.

```
$ pwd
/Users/gyus
```

02 ls

list segments의 약자로 현재 디렉터리의 파일과 디렉터리를 보여줍니다. 보통 단독으로 잘 사용하지 않고 a, l 등의 옵션을 함께 사용합니다.

- **ls -l** : 파일들의 상세 정보를 보여줌
- **ls -a** : 숨김 파일 표시
- **ls -t** : 최신 파일부터 표시
- **ls -rt** : 오래된 파일부터 표시
- **ls -F** : 파일을 표시할 때 파일의 타입을 나타내는 문자열을 표시(/ 디렉터리, * 실행 파일, @ 심볼릭 링크)
- **ls -R** : 하위 디렉터리의 내용까지 표시

> **심볼릭 링크(symbolic link)**
> 원본 파일을 가리키도록 링크만 연결시켜둔 겁니다. 윈도우의 바로가기 링크와 같은 개념입니다.

보통은 위 옵션들을 조합해 ls -al, ls -alt, ls -altF 등으로 사용합니다.

03 cd

change directory의 약자로 말그대로 디렉터리 이동 시 사용하는 명령입니다.

- **cd ~** : 홈디렉터리로 이동
- **cd ..** : 상위 디렉터리로 이동. cd ../../ 같은 식으로 여러 단계를 한 번에 이동 가능
- **cd /dir** : 절대 경로를 지정해 이동 가능
- **cd –** : 바로 전의 디렉터리로 이동

04 mkdir

make directory의 약자로 디렉터리를 만들 때 사용합니다.

```
# <이름>의 디렉터리를 현재 디렉터리에 만듭니다.
$ mkdir <이름>
```

```
# -p 옵션으로 하위 디렉터리까지 한 번에 생성할 수 있습니다.
$ mkdir -p <디렉터리명>/<하위 디렉터리명>
```

05 cp

copy의 약자입니다. 파일 또는 디렉터리를 복사할 때 사용합니다.

```
# source를 target으로 복사하기
$ cp source target

# target 파일이 이미 있는 경우 덮어쓰기
$ cp -f source target

# 디렉터리를 복사할 때 사용. 하위 디렉터리도 모두 복사하기
$ cp -R sourceDir targetDir
```

06 mv

move의 약자입니다. 파일 또는 디렉터리의 위치를 옮길 때 사용합니다. 혹은 이름을 변경할 때도 사용합니다.

```
# afile 이름을 bfile로 변경
$ mv afile bfile

# afile을 상위 디렉터리로 옮김
$ mv afile ../

# afile을 /opt 이하 디렉터리로 옮김
$ mv afile /opt/
```

07 rm

remove의 약자입니다. 파일 또는 디렉터리를 삭제할 때 사용합니다.

```
# afile을 삭제
$ rm afile
```

```
# 디렉터리 adir을 삭제. 삭제 시 확인을 함
$ rm -r adir

# 디렉터리 adir을 삭제. 삭제 시 확인 안 함
$ rm -rf adir

# txt로 끝나는 모든 파일을 삭제할지 물어보면서 삭제
$ rm -i *.txt
```

08 cat

catenate (잇다 연결하다)의 약자입니다. 파일의 내용을 확인할 때 사용합니다.

```
# test.txt 파일의 내용을 확인
$ cat test.txt
```

09 touch

touch는 빈 파일을 생성합니다. 혹은 파일의 날짜와 시간을 수정할 때 사용합니다.

```
# afile을 생성
$ touch afile

# afile의 시간을 현재 시간으로 갱신
$ touch -c afile

# bfile의 날짜 정보를 afile의 정보와 동일하게 변경
$ touch -r afile bfile
```

10 echo

echo는 어떤 문자열을 화면에 보여줄 때 사용합니다. echo와 리다이렉션을 사용해 파일을 생성, 추가하는 작업을 많이 합니다.

```
# helloworld 출력
$ echo 'helloworld'
```

```
# 패스로 지정된 문자열을 출력
$ echo $PATH

# 이스케이프 문자열을 해석
$ echo -e 문자열

# 개행을 표시할 수 있음
$ echo -e "안녕하세요\n이렇게 하면\n새 줄이생겨요"

# ls와 유사하게 현재 디렉터리의 파일과 폴더를 출력
$ echo *

# 리다이렉션 '>'을 사용해 hello.txt 파일 생성. 파일 내용에는 echo로 표시되는 내용이 들어감
$ echo hello redirection > hello.txt

# 추가 연산자 >>를 사용해 기존 파일에 문자열 추가
$ echo hello2 >> hello.txt
```

11 ip addr / ifconfig

접속한 리눅스의 IP 정보를 알아낼 때 사용합니다.

```
$ ip addr
1: lo: <LOOPBACK,UP,LOWER_UP> mtu 65536 qdisc noqueue state UNKNOWN group default
qlen 1000
    link/loopback 00:00:00:00:00:00 brd 00:00:00:00:00:00
    inet 127.0.0.1/8 scope host lo
       valid_lft forever preferred_lft forever
2: eth0: <BROADCAST,MULTICAST,UP,LOWER_UP> mtu 1500 qdisc pfifo_fast state UP
group default qlen 50000
    link/ether fa:16:3e:5d:0b:d7 brd ff:ff:ff:ff:ff:ff
    inet 10.201.1.10/16 brd 10.202.255.255 scope global eth0
       valid_lft forever preferred_lft forever
```

ip addr이 설치되어 있지 않은 경우 ifconfig를 사용하면 됩니다.

```
$ ifconfig
eth0      Link encap:Ethernet  HWaddr 06:4d:de:ae:a8:50
          inet addr:172.31.27.212  Bcast:172.31.31.255  Mask:255.255.240.0
```

```
          inet6 addr: fe80::44d:deff:feae:a850/64 Scope:Link
          UP BROADCAST RUNNING MULTICAST   MTU:9001  Metric:1
          RX packets:68903966 errors:0 dropped:0 overruns:0 frame:0
          TX packets:75295223 errors:0 dropped:0 overruns:0 carrier:0
          collisions:0 txqueuelen:1000
          RX bytes:15691124260 (15.6 GB)  TX bytes:42265387295 (42.2 GB)

lo        Link encap:Local Loopback
          inet addr:127.0.0.1  Mask:255.0.0.0
          inet6 addr: ::1/128 Scope:Host
          UP LOOPBACK RUNNING  MTU:65536  Metric:1
          RX packets:6623596 errors:0 dropped:0 overruns:0 frame:0
          TX packets:6623596 errors:0 dropped:0 overruns:0 carrier:0
          collisions:0 txqueuelen:1
          RX bytes:349206971 (349.2 MB)  TX bytes:349206971 (349.2 MB)
```

12 ss

socket statistics의 약자입니다. 네트워크 상태를 확인하는 데 사용합니다. 원래는 netstat를 사용했는데, 최근에는 ss를 주로 사용합니다. 옵션으로 a, t, u, l, p, n 등이 있습니다.

- **ss -a** : 모든 포트 확인
- **ss -t** : TCP 포트 확인
- **ss -u** : UDP 포트 확인
- **ss -l** : LISTEN 상태 포트 확인
- **ss -p** : 프로세스 표시
- **ss -n** : 호스트, 포트, 사용자명을 숫자로 표시

TCP 포트 중 LISTEN 상태인 포트의 번호를 알고 싶을 때 다음과 같이 합니다.

```
$ ss -tln
LISTEN     0      511                       *:443                  *:*
LISTEN     0      1              127.0.0.1:8006                    *:*
LISTEN     0      511                        *:80                  *:*
```

13 nc

netcat의 약자입니다. 예전에는 포트가 열렸는지 확인하는 데 telnet 명령어를 사용했지만 요즘은 주로 nc를 사용합니다.

```
# 포트가 오픈됐는지 확인
$ nc IP주소 포트

# 더 자세한 정보가 남음
$ nc -v IP주소 포트

# 현재 서버의 포트를 오픈(방화벽에 해당 포트 번호가  설정 함)
$ nc -l 포트
```

14 which, whereis, locate

which는 특정 명령어의 위치를 찾아줍니다.

```
$ which git
/usr/local/bin/git

# which -a : 검색 가능한 모든 경로에서 명령어를 찾아줍니다.
$ which -a git
/usr/local/bin/git
/usr/bin/git

# where : which -a와 같습니다.
$ where git
/usr/local/bin/git
/usr/bin/git

# whereis는 실행 파일, 소스, man 페이지의 파일을 찾아줍니다.
$ whereis ssh
ssh: /usr/bin/ssh /usr/share/man/man1/ssh.1

# locate는 파일명을 패턴으로 빠르게 찾아줍니다.
# 아래 예제는 .java 파일을 찾아주는 명령입니다.
$ locate *.java
```

15 tail

tail은 꼬리라는 의미처럼 파일의 마지막 부분을 보여줍니다. tail이 있으면 당연히 head도 있는데 사용법은 같습니다. 필자는 **tail -f {파일}**을 가장 많이 쓰는 편입니다. 서버의 로그를 실시간으로 보고 싶을 때 사용합니다.

```
# 파일의 마지막 라인부터 숫자만큼의 파일의 라인 수를 보여주기
$ tail -n {숫자} {파일경로}

# 숫자로 지정한 라인부터 보여주기
$ tail -n +{숫자} {파일경로}

# 파일의 마지막 라인부터 숫자로 지정한 바이트 수 만큼 보여주기
$ tail -c {숫자} {파일경로}

# Ctrl + C로 중단하기 전까지 지정한 파일의 마지막에 라인이 추가되면 계속 출력하기
$ tail -f {파일경로} :

# 파일의 마지막 라인부터 지정한 숫자만큼을
# {초}로 지정한 시간이 지날 때마다 리프레시해서 보여주기
$ tail -n {숫자} -s {초} -f {파일경로}
```

16 find

find는 명령어의 뜻 그대로 파일이나 디렉터리를 찾는 데 사용하는 명령어입니다. 굉장히 많은 옵션이 있으나 그중에 자주 사용되는 것만 소개합니다.

```
# 확장자 명으로 찾기
$ find {디렉터리} -name '*.bak'

# 디렉터리를 지정해 찾기
$ find {디렉터리} -path '**/검색 시 사용하는 디렉터리명/**.*.js'

# 파일명을 패턴으로 찾기
& find {디렉터리} -name '*패턴*'

# 파일명을 패턴으로 찾되 특정 경로는 제외하기
$ find {디렉터리} -name '*.py' -not -path '*/site-packates/*'
```

```
# 파일을 찾은 다음 명령어 실행하기
$ find {디렉터리} -name '*.ext' -exec wc -l {} \;

# 최근 7일간 수정된 파일을 찾고 삭제하기
$ find {디렉터리} -daystart -mtime -7 -delete

# 0바이트인 파일을 찾고 삭제하기
$ find {디렉터리} -type f -empty -delete
```

17 ps

현재 실행 중인 프로세스 목록과 상태를 보여줍니다.

```
# 실행 중인 모든 프로세스를 보여주기
$ ps aux

# 실행 중인 모든 프로세스를 전체 커맨드를 포함해 보여주기
$ ps auxww

# 특정 문자열과 매칭되는 프로세스 찾기(grep은 바로 다음에 나옵니다)
$ ps aus | grep {패턴}

# 메모리 사용량에 따라 정렬하기
$ ps --sort size
```

18 grep

grep은 입력에서 패턴에 매칭되는 내용을 찾는 명령어입니다. grep이라는 이름은 ed의 명령어인 g/re/p(내용 전체를 정규식으로 찾은 다음 프린트하라: globally search for a regular expression and print matching lines)에서 왔습니다. 보통 find, ps 등과 조합해 사용합니다.

```
# 파일에서 특정 패턴을 만족하는 부분 찾기
$ grep "패턴" 파일경로

# 파일명과 라인을 함께 표시하기
$ grep --with-filename --line-number "패턴" 파일경로
```

```
# 매칭하지 않는 부분 표시하기
$ grep --invert-match "패턴"

# cat과 함께 사용하기
$ cat 파일경로 | grep "패턴"
```

19 kill

프로세스를 죽이는 명령어입니다. 프로세스를 죽인다고는 하지만 원리는 프로세스에 중지하라는 시그널을 보내는 겁니다. SIGKILL, SIGSTOP은 강제 종료이며 나머지는 정상적으로 종료시킵니다. 프로세스 아이디는 ps 명령어로 알아낼 수 있습니다.

```
# kill에서 사용할 수 있는 시그널 표시하기
$ kill -l

# 프로세스 죽이기 SIGTERM(terminate)
$ kill 프로세스ID

# 백그라운드 잡 종료시키기
$ kill {잡ID}

# 프로세스 강제 종료
$ kill -9 | KILL 프로세스ID
```

20 alias

자주 사용하는 명령어가 길면 타이핑하려면 귀찮습니다. 이때 alias를 사용하면 줄여서 사용할 수 있습니다.

```
# 모든 alias 표시하기
$ alias

# alias 만들기
# 예) alias ll="ls -al"
$ alias 단어="명령"

# cd ../..을 cd ...으로 줄여 쓰기
# cd ../../../은 cd ....으로 가능
```

```
$ alias ...=../..
$ alias ....=../../..
$ alias .....=../../../..
$ alias ......=../../../../..

# alias 삭제하기
$ unalias 단어
```

21 vi / vim

vi 혹은 vim은 대부분의 리눅스에 기본적으로 설치되어 있는 텍스트 에디터입니다. 백엔드 개발 환경에서는 적지 않게 사용할 기회를 만나게 됩니다. 최소한의 vim 사용법을 알려드리겠습니다.

vi {파일명 혹은 디렉터리명}을 사용해 진입할 수 있습니다.

```
$ vi test.txt
```

test.txt 파일이 있다면 text.txt 파일을 읽어서 화면에 보여주고 없다면 다음과 같이 빈 화면을 보여줍니다.

여기서 i, 혹은 a를 눌러서 편집 모드로 들어갈 수 있습니다.

편집 모드에서 "hello vim"을 적고 esc 를 누르면 편집 모드가 종료되고 명령 모드로 변경됩니다.

명령모드에서 :wq 또는 :x를 입력하고 enter 를 누르면 저장하고 vim을 빠져나오게 됩니다.

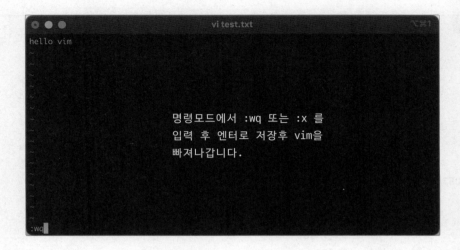

명령 모드에서 커서 이동은 **h**(왼쪽), **j**(아래), **k**(위), **l**(오른쪽) 키로 합니다.

vim은 여기서 소개한 것보다 더 강력한 편집 도구입니다. 공들여 공부할 가치가 있으니 추가로 공부해두기 바랍니다.

Node.js 백엔드

개발자 되기

TypeScript + Node.js + Express + NestJS로 배우는
자바스크립트 백엔드 입문자를 위한 풀 패키지

초판 1쇄 발행 2023년 04월 15일
초판 2쇄 발행 2023년 12월 01일

> 2쇄에서는 Node.js 2.0 버전으로 판올림하여 적용 후 모든 테스트를 완료했습니다.

지은이 박승규

펴낸이 최현우 · **기획** 최현우 · **편집** 최현우, 박현규 · **코드 테스트** 송진영
디자인 Nu:n · **조판** SEMO · **일러스트** 주형

펴낸곳 골든래빗(주)
등록 2020년 7월 7일 제 2020-000183호
주소 서울 마포구 양화로 186 LC타워 5층 514호
전화 0505-398-0505 · **팩스** 0505-537-0505
이메일 ask@goldenrabbit.co.kr
SNS facebook.com/goldenrabbit2020
ISBN 979-11-91905-27-4   93000

* 파본은 구입한 서점에서 바꿔드립니다.

우리는 가치가 성장하는 시간을 만듭니다.

골든래빗은 가치가 성장하는 도서를 함께 만드실 저자님을 찾고 있습니다.

내가 할 수 있을까 망설이는 대신, 용기 내어 골든래빗의 문을 두드려보세요.

apply@goldenrabbit.co.kr